2027 NEW

박문각
소방직

정태화

소방학개론,
소방관계법규

Dreams come true!

FINAL
동형모의고사

소방직
공무원

실전동형

각 15 회분

이 책의 머리말
PREFACE

2025년 시험을 기점으로 소방학개론과 소방관계법규의 난이도가 매우 올라가리라 예상이 되고 있습니다.

소방학개론의 경우 범위의 확장을 통해서 더 많은 분야의 문제가 출제되고 있으며, 소방관계법규의 경우 용어 하나하나까지 신경써야 틀리지 않을 수 있는 문제와 매우 지엽적이라 할 수 있는 문제 위주로 구성되기 시작했다 할 수 있습니다. 이는 소방공무원 시험이 전문과목으로만 구성되고 과목의 수 또한 3과목으로 줄어든 것으로 예상이 되었던 부분이기도 했으나 다소 이르게 온 감이 있습니다. 이번 동형 모의고사는 소방학개론의 경우 기본을 중심으로 여러 분야의 문제를 수록하여 폭 넓은 시야를 가질 수 있게 도와 주며, 소방관계법규의 경우 조문별로 나올 수 있는 여러 형태의 문제를 경험하여서 수험생이 빠진 부분을 채워 주는 데 도움이 될 것입니다.

동형 모의고사를 통해서 부족한 부분을 채워 원하는 성과를 꼭 이루기를 기원 드립니다.

정태화 편저

이 책의 **차례**
CONTENTS

소방학개론 문제편

1회 소방학개론 동형 모의고사 · · · 6

2회 소방학개론 동형 모의고사 · · · 10

3회 소방학개론 동형 모의고사 · · · 14

4회 소방학개론 동형 모의고사 · · · 18

5회 소방학개론 동형 모의고사 · · · 23

6회 소방학개론 동형 모의고사 · · · 27

7회 소방학개론 동형 모의고사 · · · 31

8회 소방학개론 동형 모의고사 · · · 35

9회 소방학개론 동형 모의고사 · · · 39

10회 소방학개론 동형 모의고사 · · · 43

11회 소방학개론 동형 모의고사 · · · 47

12회 소방학개론 동형 모의고사 · · · 51

13회 소방학개론 동형 모의고사 · · · 55

14회 소방학개론 동형 모의고사 · · · 59

15회 소방학개론 동형 모의고사 · · · 64

소방관계법규 문제편

1회 소방관계법규 동형 모의고사 · · · 70

2회 소방관계법규 동형 모의고사 · · · 75

3회 소방관계법규 동형 모의고사 · · · 79

4회 소방관계법규 동형 모의고사 · · · 83

5회 소방관계법규 동형 모의고사 · · · 88

6회 소방관계법규 동형 모의고사 · · · 92

7회 소방관계법규 동형 모의고사 · · · 96

8회 소방관계법규 동형 모의고사 · · · 100

9회 소방관계법규 동형 모의고사 · · · 104

10회 소방관계법규 동형 모의고사 · · · 109

11회 소방관계법규 동형 모의고사 · · · 114

12회 소방관계법규 동형 모의고사 · · · 119

13회 소방관계법규 동형 모의고사 · · · 124

14회 소방관계법규 동형 모의고사 · · · 129

15회 소방관계법규 동형 모의고사 · · · 134

이 책의 차례
CONTENTS

소방학개론 정답과 해설편

1회 소방학개론 동형 모의고사 정답과 해설 · · · 140

2회 소방학개론 동형 모의고사 정답과 해설 · · · 143

3회 소방학개론 동형 모의고사 정답과 해설 · · · 146

4회 소방학개론 동형 모의고사 정답과 해설 · · · 149

5회 소방학개론 동형 모의고사 정답과 해설 · · · 152

6회 소방학개론 동형 모의고사 정답과 해설 · · · 155

7회 소방학개론 동형 모의고사 정답과 해설 · · · 157

8회 소방학개론 동형 모의고사 정답과 해설 · · · 160

9회 소방학개론 동형 모의고사 정답과 해설 · · · 162

10회 소방학개론 동형 모의고사 정답과 해설 · · · 164

11회 소방학개론 동형 모의고사 정답과 해설 · · · 166

12회 소방학개론 동형 모의고사 정답과 해설 · · · 169

13회 소방학개론 동형 모의고사 정답과 해설 · · · 171

14회 소방학개론 동형 모의고사 정답과 해설 · · · 173

15회 소방학개론 동형 모의고사 정답과 해설 · · · 176

소방관계법규 정답과 해설편

1회 소방관계법규 동형 모의고사 정답과 해설 · · · 180

2회 소방관계법규 동형 모의고사 정답과 해설 · · · 184

3회 소방관계법규 동형 모의고사 정답과 해설 · · · 187

4회 소방관계법규 동형 모의고사 정답과 해설 · · · 190

5회 소방관계법규 동형 모의고사 정답과 해설 · · · 193

6회 소방관계법규 동형 모의고사 정답과 해설 · · · 196

7회 소방관계법규 동형 모의고사 정답과 해설 · · · 199

8회 소방관계법규 동형 모의고사 정답과 해설 · · · 202

9회 소방관계법규 동형 모의고사 정답과 해설 · · · 205

10회 소방관계법규 동형 모의고사 정답과 해설 · · · 209

11회 소방관계법규 동형 모의고사 정답과 해설 · · · 212

12회 소방관계법규 동형 모의고사 정답과 해설 · · · 215

13회 소방관계법규 동형 모의고사 정답과 해설 · · · 218

14회 소방관계법규 동형 모의고사 정답과 해설 · · · 221

15회 소방관계법규 동형 모의고사 정답과 해설 · · · 225

빠른 정답 찾기

소방학개론 빠른 정답 찾기 · · · 228

소방관계법규 빠른 정답 찾기 · · · 230

소방학개론

문제편

1회 소방학개론 동형 모의고사

2회 소방학개론 동형 모의고사

3회 소방학개론 동형 모의고사

4회 소방학개론 동형 모의고사

5회 소방학개론 동형 모의고사

6회 소방학개론 동형 모의고사

7회 소방학개론 동형 모의고사

8회 소방학개론 동형 모의고사

9회 소방학개론 동형 모의고사

10회 소방학개론 동형 모의고사

11회 소방학개론 동형 모의고사

12회 소방학개론 동형 모의고사

13회 소방학개론 동형 모의고사

14회 소방학개론 동형 모의고사

15회 소방학개론 동형 모의고사

01

기계포 소화약제에 관한 설명으로 옳지 않은 것은?

① 수성막포 소화약제는 흑갈색의 원액이며, 내유성이 커서 표면하주입방식에 적당하지만 비내열성으로 인하여 윤화(Ring fire)현상이 일어날 수 있다.

② 단백포 소화약제는 유면봉쇄성이 좋고, 내열성이 좋아 윤화(Ring fire)현상이나 재연소 방지효과가 좋으나 내유성이 약하여 오염이 잘된다.

③ 내알코올포 소화약제는 포의 소멸을 방지하기 위하여 단백질의 가수분해물, 계면활성제에 금속비누 등을 첨가하여 유화 분산시킨 것을 주성분으로 한 것으로 알코올류, 케톤류, 에스터류 등과 같은 수용성 액체물질에 적합하다.

④ 합성계면활성제포 소화약제는 저발포와 고발포가 가능하며, 환원성과 내열성이 좋아 윤화(Ring fire)현상이나 재연소방지에 효과적이다.

02

「위험물안전관리법 시행령」상 위험물의 지정수량과 위험등급이 같은 것끼리 묶인 것은?

> ㉠ 과염소산염류   ㉡ 과염소산
> ㉢ 질산염류   ㉣ 질산
> ㉤ 차아염소산염류

① ㉠, ㉡
② ㉠, ㉤
③ ㉢, ㉣
④ ㉣, ㉤

03

실내화재 진행단계에 관한 설명 중 〈보기〉의 내용에 해당하는 것은?

> **[보기]**
> • 연소과정에서 발생된 가연성가스가 공기 중 산소와 혼합되어 천장부분에 집적된 상태에서 발화온도에 도달하여 발화함으로써 화재의 선단부분이 매우 빠르게 확대되어 가는 현상이다.
> • 화재지역의 상층에 집적된 고압의 뜨거운 가연성 가스가 화재가 발생되지 않은 저압의 다른 부분으로 이동하면서 화재가 매우 빠르게 확대되면서 발생한다.

① 플레임오버(Flame over) 현상
② 풀오버(Pool over) 현상
③ 롤오버(Roll over) 현상
④ 플래시오버(Flash over) 현상

04

폭연과 폭굉에 대한 내용으로 옳지 않은 것은?

① 폭연은 폭굉으로 전이될 수 있으며, 에너지 방출속도가 물질전달속도에 영향을 받는다.

② 폭굉은 폭연으로 전이되지 않으며, 파면에서 온도, 압력, 밀도가 불연속적으로 나타난다.

③ 정상연소속도가 작은 가스일수록, 관경이 클수록 폭연에서 폭굉 전이가 일어나기 쉽고 유도거리가 짧아진다.

④ 폭연에서 폭굉으로 전이되는 과정은 '착화 → 화염전파 → 압축파 → 충격파 → 폭굉파' 순이다.

05

화재현장에서 발생하는 유독가스 허용범위로 옳지 않은 것은?

	가스의 종류	허용농도(TWA)
①	일산화탄소(CO)	50ppm
②	아황산가스(SO_2)	10ppm
③	시안화수소(HCN)	10ppm
④	암모니아(NH_3)	25ppm

06

회독 ☐ ☐ ☐

다음 〈보기〉의 화학반응식에 대한 설명으로 틀린 것은?

〈보기〉

$$CH_4 + 2O_2 \rightarrow CO_2 + 2H_2O$$

① 메탄 0.5몰과 산소 1몰이 반응하면 이산화탄소 0.5몰과 수증기 1몰이 생성된다.
② 0℃, 1atm에서 메탄 11.2L를 완전연소시키기 위해서는 산소 44.8L가 필요하다.
③ 0℃, 1atm에서 메탄 16g과 산소 64g을 반응시키면 이산화탄소 44g과 수증기 36g이 생성된다.
④ 0℃, 1atm에서 메탄 1몰과 산소 2몰로 구성된 반응물의 부피는 67.2L이다.

07

회독 ☐ ☐ ☐

연소하한계(LFL)가 5.0vol%인 메탄(CH_4)가스 화재 시 소화할 때 필요한 이산화탄소 소화약제의 농도는 최소 몇 vol%를 초과해야 하는가? (단, 공기 중 산소농도는 20vol%로 한다.)

① 25
② 34
③ 50
④ 67

08

회독 ☐ ☐ ☐

「재난 및 안전관리 기본법」 및 그 하위법령상 재난사태 선포에 관한 사항으로 옳지 않은 것은?

① 행정안전부장관은 대통령령으로 정하는 재난이 발생하거나 발생할 우려가 있는 경우 사람의 생명·신체 및 재산에 미치는 중대한 영향이나 피해를 줄이기 위하여 긴급한 조치가 필요하다고 인정하면 중앙위원회의 심의를 거쳐 재난사태를 선포할 수 있다.
② 행정안전부장관은 재난상황이 긴급하여 중앙위원회의 심의를 거칠 시간적 여유가 없다고 인정하는 경우에는 중앙위원회의 심의를 거치지 아니하고 재난사태를 선포할 수 있다.
③ 시·도지사는 관할 구역에서 재난이 발생하거나 발생할 우려가 있는 등 대통령령으로 정하는 경우 사람의 생명·신체 및 재산에 미치는 중대한 영향이나 피해를 줄이기 위하여 긴급한 조치가 필요하다고 인정하면 시·도위원회의 심의를 거쳐 재난사태를 선포할 수 있다.
④ 시·도지사는 재난상황이 긴급하여 시·도위원회의 심의를 거칠 시간적 여유가 없다고 인정하는 경우에는 시·도위원회의 심의를 거치지 아니하고 재난사태를 선포할 수 있고, 이 경우에는 지체 없이 행정안전부장관의 승인을 받아야 하고, 승인을 받지 못하면 선포된 재난사태를 즉시 해제하여야 한다.

09

회독 ☐ ☐ ☐

두께 8cm, 면적 1m²인 방열벽이 있다. 이 벽의 양쪽면의 온도가 각각 30℃, 5℃일 때, 열유속은? (방열벽의 열전도율은 0.65kcal/mhr℃)

① 103kcal
② 153kcal
③ 183kcal
④ 203kcal

10

회독 ☐ ☐ ☐

상온에서 고체 및 액체 상태로 존재하는 가연물의 연소 형태에 해당하는 것만을 〈보기〉에서 고른 것은?

〈보기〉

ㄱ. 표면연소	ㄴ. 분무연소
ㄷ. 폭발연소	ㄹ. 자기연소
ㅁ. 증발연소	ㅂ. 분해연소

① ㄱ, ㄴ
② ㄱ, ㅂ
③ ㄴ, ㄷ
④ ㅁ, ㅂ

11

회독 ☐ ☐ ☐

〈보기〉의 내용은 물질의 특성에 관한 내용이다. 다음 중 칼륨(K)과 트리에틸알루미늄[$(C_2H_5)_3Al$]의 공통성질로 옳은 것은?

〈보기〉

㉠ 상온에서 고체이다.
㉡ 물과 반응하여 수소를 발생시킨다.
㉢ 「위험물안전관리법」상 위험등급 Ⅰ이다.

① ㉠
② ㉡
③ ㉢
④ ㉠, ㉡

12

회독 ☐ ☐ ☐

화재발생 시 연기가 침입하는 것을 방지하고 산소와 함께 외부의 신선한 공기를 불어 넣음으로써 인명대피와 동시에 소방대원의 소화활동을 원활하게 돕는 제연설비에 대한 설명으로 옳지 않은 것은?

① 하나의 제연구역 면적은 600m² 이내로 할 것
② 통로상 제연구역은 보행중심선의 길이가 60m를 초과하지 말 것
③ 하나의 제연구역은 직경 60m 원내에 들어갈 수 있을 것
④ 제연설비의 자동 작동과정은 '화재감지기 작동 → 수신기 → 급·배기댐퍼 작동 → 팬 작동 → 제연' 순이다.

13

회독 ☐☐☐

「소방공무원법」 관련 법령상 승진에 관한 내용으로 옳지 않은 것은?

① 「소방공무원 승진임용 규정」에 따라 소방공무원의 승진임용은 심사승진임용, 시험승진임용 및 특별승진임용으로 구분한다.
② 소방정 이하 계급으로의 승진은 승진심사에 의하여 한다. 다만, 소방령 이하 계급으로의 승진은 대통령령으로 정하는 비율에 따라 승진심사와 승진시험을 병행할 수 있다.
③ 근속승진은 소방경까지 가능하며, 소방위를 소방경으로 근속승진임용하려는 경우에는 해당 계급에서 8년 이상 근속자를 대상으로 할 수 있다.
④ 소방사 · 소방교 · 소방장 · 소방위의 승진소요 최저근무 연수는 1년이다.

14

회독 ☐☐☐

우리나라 소방조직에 관한 설명으로 옳지 않은 것은?

① 우리나라 최초의 소방관 · 소방수는 금화도감이다.
② 우리나라에 최초로 설립된 소방서는 경성소방서이다.
③ 우리나라 최초의 소방청은 미군정시대에 설치되었다.
④ 우리나라의 소방법은 1958년에 제정되었다.

15

회독 ☐☐☐

「화재조사 및 보고규정」에 따른 화재조사에 관한 설명으로 옳지 않은 것은?

① 「소방의 화재조사에 관한 법률」에 따라 화재조사관은 화재발생 사실을 인지하는 즉시 화재조사를 시작해야 한다.
② 전소란 화재의 소실 정도가 70% 이상이거나 70% 미만이라도 재사용이 되지 않는 경우를 말한다.
③ 사상자가 20명 이상이거나 2개 시 · 군 · 구 이상에 발생한 화재는 소방청장이 화재합동조사단을 구성하여 운영하여야 한다.
④ 화재사고 발생 후 72시간 내에 사망한 자는 인명피해 구분 시 사망자로 구분한다.

16

회독 ☐☐☐

「재난 및 안전관리 기본법 시행령」상 재난 및 사고의 유형에 따른 재난관리주관기관의 연결로 옳지 않은 것은?

① 일반인이 자유로이 모이거나 통행하는 도로, 광장 및 공원의 다중운집인파사고로 인해 발생하는 대규모 피해 : 행정안전부 및 경찰청
② 「소방기본법」 제2조 제1호에 따른 소방대상물의 화재로 인해 발생하는 대규모 피해 : 행정안전부 및 소방청
③ 「해양사고의 조사 및 심판에 관한 법률」 제2조 제1호에 따른 해양사고(해양에서 발생한 사고로 한정하며, 해양오염은 제외한다)로 인해 발생하는 대규모 피해 : 해양수산부 및 해양경찰청
④ 「우주개발 진흥법」 제2조 제3호 나목에 따른 자연우주물체의 추락 · 충돌 등으로 인해 발생하는 재해 : 과학기술정보통신부 및 우주항공청

17

회독 ☐☐☐

「재난 및 안전관리 기본법」 및 그 하위 법령상 지역축제 개최 시 안전관리조치 중 관할 소방관서의 장의 협조 또는 역할 분담으로 옳지 않은 것은?

① 긴급자동차 대기 및 소방관 배치
② 소방안전점검
③ 지역축제 행사장 현장 소방연락관 운영
④ 다중운집 위험정보 수집 및 관계기관 공유

18

회독 ☐☐☐

구획실 화재에 관한 설명으로 옳지 않은 것은?

① 플래시오버(flash over)는 성장기와 최성기 간의 과도기적 시기에 발생하며, 급작스러운 복사열 공급으로 발생한다.
② 굴뚝효과가 발생할 때는 개구부에 형성된 중성대 하부에서 공기가 유입되고, 중성대 상부에서 연기가 유출된다.
③ 연료지배형 화재는 환기지배형 화재보다 산소 공급이 원활하고 연소속도가 빠르다.
④ 화재플룸(fire plume)은 실내 공기의 압력 차이로 가연성가스가 천장을 따라 화재가 발생하지 않은 복도 쪽으로 굴러다니는 것처럼 뿜어져 나오는 현상이다.

19

회독 ☐ ☐ ☐

〈보기〉에서 설명하고 있는 소화 전술로 옳은 것은?

[보기]

대폭발 등에서 다수의 인명보호를 위하여 피난로, 피난예정지 확보작전 등을 통해 중점적으로 방어하는 데 사용되는 소화전술이다.

① 포위전술　　　　② 블록전술
③ 중점전술　　　　④ 집중전술

20

회독 ☐ ☐ ☐

다음은 BLEVE에 대한 설명이다. 가장 옳은 것은?

① 화재에 노출되어 가열된 가스용기 또는 탱크가 열에 의한 가열로 압력이 증가하여 강도를 상실하면서 폭발하는 화학적 현상이다.
② 직접 열을 받는 부분이 탱크의 인장강도를 초과하는 경우 기상부에 면하는 지점에서 파열이 일어나는 화학적 폭발이 일어나고 이후 분출된 액화가스의 증기가 공기와 혼합하여 일어나는 연소범위가 형성되어 공 모양의 대형 화염이 상승하는 물리적 폭발로 이어진다.
③ BLEVE의 방지대책으로 감압시스템으로 압력을 낮추거나 용기 외벽에 열전도성이 높은 물질로 단열시공을 하는 방법이 있다.
④ BLEVE의 규모는 파열 시 액체의 기화량, 탱크의 용량에 따라 차이가 있다.

21

회독 ☐ ☐ ☐

화재에 관한 내용으로 옳지 않은 것은?

① 단위 시간당 축적되는 열의 값을 화재강도라 한다.
② 화재강도와 화재하중이 클수록 화재가혹도는 높아진다.
③ 화재 시 최고온도는 화재가혹도의 양적 개념으로 화재강도와 관련이 있다.
④ 건물의 단열성능이 좋으면 화재강도나 성장률이 매우 높다.

22

회독 ☐ ☐ ☐

연료지배형 화재에 관한 설명으로 옳지 않은 것은?

① 주로 발생하는 발화장소는 목조건물, 개방된 건물, 큰 창문이 있는 층 등이다.
② 발생시기는 플래시오버 이전이며 성장기로서 온도가 높지 않다.
③ 환기요소에 영향을 받으므로 환기요소인 개구부 면적에 지배를 받는다.
④ 공기공급이 충분한 조건에서 발생한 화재가 일반적이다.

23

회독 ☐ ☐ ☐

소화원리 중 냉각소화의 사례에 해당하는 것은?

① 촛불을 입으로 불어 소화하는 방법
② 식용유 화재 시 주변의 야채를 집어 넣어 소화하는 방법
③ 전기화재 시 신속하게 전원을 차단하여 소화하는 방법
④ 산림화재 시 화재 진행 방향의 나무를 벌목하여 소화하는 방법

24

회독 ☐ ☐ ☐

물 소화약제에 관한 설명으로 옳지 않은 것은?

① 물은 분자 내에서는 수소결합을, 분자 간에는 극성공유결합을 하여 소화약제로써의 효과가 뛰어나다.
② 물의 증발잠열은 100℃, 1기압에서 539kcal/kg이므로 냉각소화에 효과적이다.
③ 중질유화재에 물을 무상으로 주수 시 급속한 증발에 의한 질식효과와 함께 에멀션(emulsion) 형성에 의한 유화효과가 있다.
④ 물 소화약제를 알코올 등과 같은 수용성 액체 위험물 화재에 사용하면 희석작용을 하여 소화효과가 있다.

25

회독 ☐ ☐ ☐

다음 보기에서 설명하는 유류화재 이상현상으로 옳은 것은?

가열된 아스팔트와 같이 물의 비점(100℃)보다 온도가 높은 액체를 용기에 부을 때 용기바닥에 고여 있는 물과 닿으면서 물이 비등하여 거품이 넘치는 현상으로 화염은 발생하지 않는다.

① 프로스오버(Froth over)　　② 보일오버(Boil over)
③ 오일오버(Oil over)　　④ 슬롭오버(Slop over)

소방학개론 동형 모의고사

01

「화재알림설비의 화재안전성능기준(NFPC 207)」에 따른 화재알림설비의 화재알림형 감지기에 관한 설명으로 옳지 않은 것은?

① 화재알림형 감지기는 열을 감지하는 경우 공칭감지온도범위에 따라 적합한 장소에 설치해야 한다.

② 무선식의 경우 화재를 유효하게 검출하기 위해 해당 특정소방대상물에 음영구역이 없도록 설치해야 한다.

③ 동작된 감지기는 자체 내장된 음향장치에 의하여 경보를 발해야 한다.

④ 음향장치의 음압은 부착된 화재알림형 감지기의 중심으로부터 1미터 떨어진 위치에서 90데시벨 이상으로 해야 한다.

02

「위험물안전관리법 시행규칙」에 따른 유별을 달리하는 위험물의 혼재에 관한 내용으로 옳지 않은 것은?

① 이황화탄소 50리터와 마그네슘 500킬로그램은 혼재가 가능하다.

② 등유 1,000리터와 칼륨 20킬로그램은 혼재가 가능하다.

③ 다이크로뮴산염류 50킬로그램과 철분 10킬로그램은 혼재가 가능하다.

④ 과염소산 50킬로그램과 황린 20킬로그램은 혼재가 가능하다.

03

다음의 〈보기〉는 포소화약제의 혼합장치에 관한 내용이다. 〈보기〉에서 설명하는 혼합방식으로 옳은 것은?

> **보기**
> - 화학소방차 등에서 주로 사용하는 방식으로 가격이 저렴하고 시설이 용이하나 혼합 가능한 유량의 범위가 좁으며 포소요량이 많아 다른 방호대상물과는 같이 사용이 불가하다.
> - 펌프의 토출측과 흡입측 사이를 바이패스 배관으로 연결하고, 그 바이패스 배관 도중에 혼합기와 포약제를 접속한 후 펌프에서 토출된 물의 일부를 보내고, 벤투리 작용에 의해 포원액이 흡입된다. 이때 포약제 탱크에서 농도조절밸브를 통하여 펌프흡입측으로 흡입된 약제가 유입되어 이를 지정농도로 혼합하여 발포기로 보내주는 방식이다.

① 라인 프로포셔너방식   ② 펌프 프로포셔너방식

③ 프레져 프로포셔너방식   ④ 프레져사이드 프로포셔너방식

04

폭굉(Detonation)에 관한 설명으로 옳은 것은?

① 충격파를 형성하지 않는다.

② 에너지 방출속도가 물질전달속도에 영향받지 않고, 온도의 상승은 열에 의한 전파보다 충격파의 압력에 기인한다.

③ 화염의 전파속도가 음속보다 느린 것을 말하며, 그 화염의 전파속도는 0.1 ~ 10m/sec 정도이다.

④ 화염면에서 상대적으로 완만한 에너지 변화에 의해서 온도, 압력, 밀도 변화가 연속적으로 나타난다.

05

건축물 화재에 관한 내용으로 옳지 않은 것은?

① Fire Load란 건축물에서 가연성 건축 구조재와 수용물의 양으로서 화재 시 예상 최대 가연물질의 양을 뜻한다.

② Fire Severity란 화재심도라고도 하며 화재발생으로 건물 내 수용재산 및 건물자체에 손상을 입히는 정도를 말한다.

③ Fire Intensity란 건축물 화재 시 단위시간당 축적되는 열의 값을 화재강도라 한다.

④ 건출물 화재 시 최고온도는 화재가혹도의 양적 개념으로 화재강도와 관련이 있고, 지속시간은 화재가혹도의 질적 개념으로 화재하중과 관련이 있다.

06

단면적이 $1m^2$인 단열재를 통하여 258kcal/hr의 열이 이동하고 있다. 이 물체의 두께는 2.5cm이고, 단열재의 열전도계수는 0.172kcal/m · hr℃일 때, 양면 사이의 온도차는 얼마인가?

① 27.5℃   ② 32.5℃

③ 37.5℃   ④ 42.5℃

07

회독 ☐ ☐ ☐

기상폭발에 해당하는 것만을 〈보기〉에서 고른 것은?

보기
ㄱ. 증기폭발	ㄴ. 분진폭발
ㄷ. 분해폭발	ㄹ. 전선폭발
ㅁ. 분무폭발	

① ㄱ, ㄴ
② ㄱ, ㄹ
③ ㄴ, ㄷ, ㅁ
④ ㄴ, ㄹ, ㅁ

08

회독 ☐ ☐ ☐

가연성물질이 되기 쉬운 조건에 해당하지 않는 것은?

① 열전도도 값이 작아야 한다.
② 연쇄반응을 일으킬 수 있어야 한다.
③ 활성화에너지가 작고 발열량이 커야 한다.
④ 연소열은 작아야 하고 비점은 커야 한다.

09

회독 ☐ ☐ ☐

우리나라 소방의 시대별 발전과정에 관한 내용으로 옳은 것만을 〈보기〉에서 고른 것은?

보기
ㄱ. 고려시대 : 화통도감을 설치하였다.
ㄴ. 조선시대 : 중국에서 들여온 수총기를 궁정소방대에 처음으로 구비하였다.
ㄷ. 일제강점기 : 소방을 경찰에서 분리하여 최초로 독립된 자치적 소방제도를 시행하였다.
ㄹ. 미군정시대 : 우리나라 최초로 소방서를 설치하였다.

① ㄱ, ㄴ
② ㄱ, ㄹ
③ ㄴ, ㄷ
④ ㄴ, ㄹ

10

회독 ☐ ☐ ☐

표준상태에서 프로판올(C_3H_7OH) 1mol을 완전연소시키기 위한 공기의 양(g)은? (단, 공기의 조성비는 질소(N_2) 80vol%, 산소(O_2) 20vol%이고, N의 원자량은 14g, O의 원자량은 16g이다.)

① 144g
② 504g
③ 648g
④ 782g

11

회독 ☐ ☐ ☐

화재가혹도(fire severity)에 관한 설명으로 옳지 않은 것은?

① 화재가혹도는 발생한 화재가 당해 건물과 그 내부의 수용 재산 등을 파괴하거나 손상을 입히는 정도를 말한다.
② 화재가혹도의 주요 요소에는 화재강도와 화재하중이 있다.
③ 화재강도가 크면 열축적이 크므로 주수율이 높아져야 한다.
④ 화재하중은 입체면적(m^3)당 중량(kg)으로 계산한다.

12

회독 ☐ ☐ ☐

다음의 〈보기〉에 있는 물질을 보관하기 위한 보호용제로 바르게 짝지어진 것은?

보기
• 이황화탄소(CS_2)	• 황린(P_4)
• 칼륨(K)	• 나트륨(Na)

	물	등유
①	이황화탄소(CS_2), 황린(P_4)	칼륨(K), 나트륨(Na)
②	이황화탄소(CS_2), 칼륨(K)	황린(P_4), 나트륨(Na)
③	칼륨(K), 나트륨(Na)	이황화탄소(CS_2), 황린(P_4)
④	황린(P_4), 나트륨(Na)	이황화탄소(CS_2), 칼륨(K)

13

회독 ☐ ☐ ☐

재난관리의 분산관리방식에 대한 설명으로 옳지 않은 것은?

① 단일 부처 조정하의 병렬적 다수 부처 및 기관을 관리한다.
② 소관 재난에 대한 관리책임 및 부담이 분산된다.
③ 특정재난에 대한 관리 활동이기 때문에 전문성을 제고하기 용이하다.
④ 재난에 대한 인지 능력이 통합관리방식에 비해 상대적으로 미약하고 단편적이다.

14

회독 ☐☐☐

스프링클러설비의 종류별 특징에 대한 설명으로 옳지 않은 것은?

① 일제살수식의 경우 개방형스프링클러헤드가 설치된다.
② 습식의 경우 2차측 배관에 가압수를 충전시킨다.
③ 건식의 경우 감지기와 폐쇄형스프링클러 헤드가 설치된다.
④ 준비작동식의 경우 슈퍼비조리판넬(Supervisory Panel)이 설치된다.

15

회독 ☐☐☐

소방시설 중 경보설비에 관한 설명으로 옳지 않은 것은?

① 비상방송설비는 수신기에 화재신호가 도달하면 방송으로 화재 사실을 알리는 설비이다.
② 시각경보기는 청각장애인에게 점멸 형태로 시각경보를 하는 장치이다.
③ P형 수신기는 감지기 또는 발신기에서 1:1 접점방식으로 전송된 신호를 수신한다.
④ 음향장치의 음량은 부착된 음향장치의 중심으로부터 1m 떨어진 위치에서 80dB 이상이 되어야 한다.

16

회독 ☐☐☐

「재난 및 안전관리 기본법」상 재난의 대응에 포함되어야 할 내용으로 옳은 것만을 〈보기〉에서 있는 대로 고른 것은?

보기
ㄱ. 국가핵심기반의 지정
ㄴ. 위기경보의 발령
ㄷ. 재난사태 선포
ㄹ. 재난현장 긴급통신수단의 마련
ㅁ. 재난분야 위기관리 매뉴얼 작성·운용

① ㄱ, ㄴ
② ㄴ, ㄷ
③ ㄷ, ㄹ
④ ㄹ, ㅁ

17

회독 ☐☐☐

연소가스에 대한 설명으로 옳지 않은 것은?

① 포스겐($COCl_2$)은 폴리염화비닐(PVC), 수지류 등이 연소할 때 발생하며, 일반적인 물질이 연소할 때는 거의 생성되지 않지만 이산화탄소(CO_2)와 염소가 반응하여 생성되기도 한다.
② 이산화질소(NO_2)는 폴리우레탄이나 질산셀룰로스 등이 불완전연소 또는 분해될 때 생성되며, 냄새가 자극적인 적갈색의 기체로서 아질산가스라고도 한다.
③ 암모니아(NH_3)는 질소함유물이 연소할 때 발생하는 연소생성물로서 유독성이 있으며, 비료공장·냉매공업 분야에 많이 사용되고 있으므로 이러한 공장에서는 암모니아를 흡입하지 않도록 주의하여야 한다.
④ 염화수소(HCl)는 염화비닐수지(PVC), 건축물에 설치된 전선의 피복·절연재 및 배관재료 등이 연소할 때 발생하며, 유독성이 있어 독성가스로 취급하고 있다.

18

회독 ☐☐☐

합성계면활성제포 소화약제에 관한 내용으로 옳은 것만을 〈보기〉에서 있는 대로 고른 것은?

보기
ㄱ. 유류화재와 일반화재 공용이다.
ㄴ. 고발포는 저발포에 비해 환원성이 좋지 않다.
ㄷ. 내유성이 있어 탱크 하부에서 발포하는 표면하주입방식이 가능하며 분말소화약제와 함께 사용 시 소화능력이 강화된다.
ㄹ. 저발포형과 고발포형이 있으며, 고발포형이 있어 팽창범위가 넓다.

① ㄱ
② ㄴ, ㄷ
③ ㄱ, ㄹ
④ ㄱ, ㄷ, ㄹ

19

회독 ☐☐☐

분말소화약제 중 제3종 분말 소화기의 특징으로 옳지 않은 것은?

① A·B·C급 화재에 적합하며, 비누화 현상이 없다.
② 담홍색(혹은 황색)으로 착색된다.
③ 화재 시 분말은 열을 만나 열분해 반응에서 H_2O와 CO_2가 생성된다.
④ 열분해되어 나온 오쏘인산(H_3PO_4)이 연소물의 섬유소를 난연성의 탄소와 물로 분해시키는 탄화와 탈수작용을 가진다.

20

그림에서 'A'에 대한 설명으로 옳은 것은?

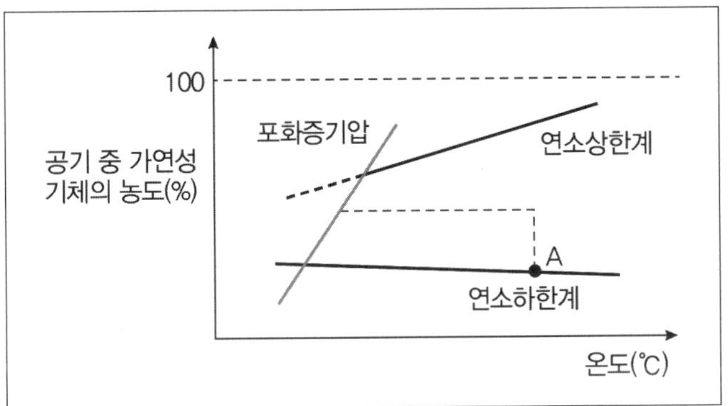

① 외부에너지에 의해 발화하기 시작하는 최저연소온도이다.
② 물질적 조건과 에너지 조건이 만나는 최저연소온도이다.
③ 가연성 혼합기를 형성하는 최저연소온도이다.
④ 화학양론비(stoichiometric ratio)에서의 최저연소온도이다.

21

열에너지원의 종류에서 기계적 점화원으로 옳은 것만을 〈보기〉에서 고른 것은?

> [보기]
> ㄱ. 분해열　　　　ㄴ. 연소열
> ㄷ. 압축열　　　　ㄹ. 산화열

① ㄷ
② ㄱ, ㄴ
③ ㄷ, ㄹ
④ ㄱ, ㄴ, ㄹ

22

「재난 및 안전관리 기본법」 및 그 하위 법령상 중앙긴급구조통제단에 관한 내용으로 옳지 않은 것은?

① 긴급구조에 관한 사항의 총괄·조정, 긴급구조기관 및 긴급구조지원기관이 하는 긴급구조활동의 역할 분담과 지휘·통제를 위하여 소방청에 중앙긴급구조통제단을 둔다.
② 중앙긴급구조통제단의 단장은 소방청장이 되며, 중앙긴급통제단장은 중앙긴급통제단을 대표하고, 그 업무를 총괄한다.
③ 중앙긴급통제단에는 부단장을 두고, 부단장은 소방청 차장이 되며, 중앙긴급통제단에는 대응계획부·현장지휘부 및 자원지원부를 둔다.
④ 중앙긴급통제단에 두는 대응계획부는 위험진압, 수색구조, 응급의료, 항공·현장통제, 안전관리, 자원대기소 운영 임무를 수행한다.

23

소방행정관계법령상 소방 행정 및 조직에 관한 설명으로 잘못된 것은?

① 소방공무원은 연령정년과 단계에 따른 계급정년이 있다.
② 소방공무원은 경력직 중 특정직공무원이다.
③ 소방공무원의 계급구분은 11단계이다.
④ 119특수대응단 및 소방체험관은 「소방청과 그 소속기관 직제」에서 정하는 소방기관이다.

24

다음 중 가연성 물질들의 인화점을 높은 것에서 낮은 순서대로 옳게 나열한 것은?

① 글리세린 > 벤젠 > 등유 > 톨루엔 > 휘발유
② 등유 > 글리세린 > 톨루엔 > 휘발유 > 벤젠
③ 글리세린 > 등유 > 톨루엔 > 벤젠 > 휘발유
④ 등유 > 톨루엔 > 휘발유 > 글리세린 > 벤젠

25

다음 화재진행상태 그래프에 대한 설명으로 바르지 않은 것은?

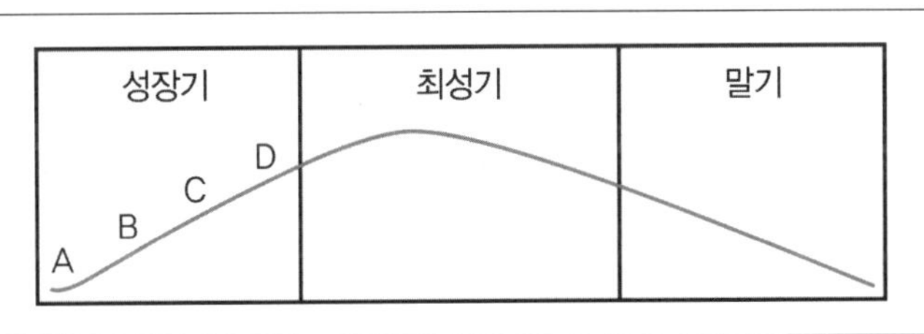

① A : 구획실 내의 다른 가연물들의 표면에는 관련되지 않고 단지 연소생성가스와 관련된다.
② B : 개방된 공간에서 훈소를 원인으로 한다.
③ C : 화재 초기 화염의 가연성가스가 실내의 천장을 빠른 속도로 산발적으로 구르는 현상이다.
④ D : 화염이 실내전체에 확대되는 현상이다.

소방학개론 동형 모의고사

□ 빠른 정답 p.228
✎ 해설 p.146

01
회독 □ □ □

다음의 〈보기〉는 연소 시 생성되는 연소생성물이다. 이 중 가연성인 것은?

보기
- ㉠ 일산화탄소(CO)
- ㉡ 이산화탄소(CO_2)
- ㉢ 황화수소(H_2S)
- ㉣ 이산화황(SO_2)
- ㉤ 포스겐($COCl_2$)
- ㉥ 이산화질소(NO_2)
---

① ㉠, ㉡, ㉤
② ㉠, ㉢, ㉣
③ ㉢, ㉣, ㉤, ㉥
④ ㉠, ㉡, ㉢, ㉣, ㉥

02
회독 □ □ □

「긴급구조대응활동 및 현장지휘에 관한 규칙」에 따라 긴급구조지휘대를 구성하는 사람과 그 주요 임무에 관한 내용이다. 해당 임무를 수행하는 사람으로 적당한 것은?

가. 화재 등 재난사고의 발생 시 지휘대장 보좌
나. 통제단 가동 전 재난현장 대응활동 계획 수립 등
---

① 자원지원요원
② 현장지휘요원
③ 안전관리요원
④ 상황조사요원

03
회독 □ □ □

폭연에서 폭굉으로 발전할 수 있는 폭굉 유도거리가 짧아지는 조건으로 옳지 않은 것은?

① 압력이 높을수록 폭굉 유도거리가 짧아진다.
② 점화에너지가 강할수록 유도거리가 짧아진다.
③ 연소속도가 큰 가스일수록 유도거리가 짧아진다.
④ 관경이 클수록 유도거리가 짧아진다.

04
회독 □ □ □

위험물에 대한 설명으로 옳지 않은 것은?

① 제1류 위험물-불연성물질로서 가열, 충격에 의해 산소를 방출하는 강산화성 고체이다.
② 제2류 위험물-가연성물질로서 마그네슘, 황화인의 소화는 건조사가 적응성이 있다.
③ 제3류 위험물-금수성 및 자연발화의 위험성이 있는 것을 말하며, 황린을 제외한 금수성 물질은 물과 반응하여 가연성가스를 발생하고 발열한다.
④ 제5류 위험물-자기 자신이 산소를 함유하고 있는 자기반응성 물질이며, 포에 의한 질식소화가 가장 적응성이 좋다.

05
회독 □ □ □

복사열전달 현상에 관한 설명으로 옳지 않은 것은?

① 열이 매질을 통하지 않고 직접 전자기파의 형태로 전달되는 현상으로서 열이 가연물에 직선으로 흡수되어 그 표면온도가 발화점에 도달하면 연소가 시작된다.
② 슈테판-볼츠만의 법칙에 따르면 복사체로부터 방사되는 복사열은 열전달 면적에 비례하고, 절대온도의 4제곱에 비례한다.
③ N_2, O_2, H_2 등의 이원자분자나 단원자분자는 복사열을 흡수하지 않으며, 투사되는 방사를 전부 흡수하고 반사도 투과도 되지 않는 가상적인 물체를 흑체라 한다.
④ 복사에너지는 전자기파의 파장에 비례하여 파장이 길수록 에너지가 커지고, 파장이 짧을수록 에너지가 작아진다.

06
회독 □ □ □

금속성 위험물 중 물에 반응하여 발생하는 가연성가스의 종류가 다른 것은?

① 탄화나트륨
② 탄화칼륨
③ 탄화망가니즈
④ 탄화칼슘

07
회독 □ □ □

다음은 아세톤의 연소반응식이다. ( ) 안에 들어갈 산소의 계수로 옳은 것은?

$$CH_3COCH_3 + (\quad)O_2 \rightarrow 3CO_2 + 3H_2O$$
---

① 1
② 2
③ 3
④ 4

08

회독 ☐ ☐ ☐

포소화약제에 관한 내용으로 옳지 않은 것은?

① 수성막포 소화약제는 무독성의 불소계 계면활성제를 주성분으로 안정제를 첨가한 것으로 피막의 포로 연소물을 덮어서 소화하는 갈색의 약제로서 일명 Light Water라 한다.

② 내알코올포 소화약제는 포의 소멸을 방지하기 위하여 단백질의 가수분해물, 계면활성제에 금속비누 등을 첨가하여 유화 분산시킨 것을 주성분으로 하며, 알코올류, 케톤류, 에스터류 등과 같은 수용성 액체물질 화재에 적합하다.

③ 합성계면 활성제포 소화약제는 저발포형과 고발포형이 있으며, 고발포형은 팽창범위가 넓고 내열성이 좋아 소화속도가 빠르며, 저발포는 고발포에 비해 환원성이 좋다.

④ 불화단백포 소화약제는 단백포 소화약제에 불소계 계면활성제를 첨가한 것으로 단백포의 단점인 유동성과 수성막포의 단점인 내열성을 보완한 소화약제이다.

09

회독 ☐ ☐ ☐

할론 소화약제에 관한 내용으로 옳은 것은?

① 할론 1301과 할론 1211은 에탄(C_2H_6)의 수소원자와 할로겐족원소와의 치환체로 만들어진 소화약제이고, 할론 2402는 메탄(CH_4)의 수소원자와 할로겐족원소와의 치환체로 만들어진 소화약제이다.

② 할론 2402는 증기압이 낮아 가압용가스로 질소를 사용하며, 질소의 사용으로 소화력도 좋은 편이다.

③ 할론 소화약제의 반응성은 'F > Cl > Br > I' 순으로 낮아지고, 부촉매효과는 'F < Cl < Br < I' 순으로 커진다.

④ 할론 소화약제는 일반적으로 유류화재, 전기화재에 적합하나 전역방출방식으로 방사하면 금속화재에도 사용할 수 있다.

10

회독 ☐ ☐ ☐

민간소방조직에 관한 내용으로 옳지 않은 것은?

① 민간소방조직으로는 의용소방대, 자체소방대, 자위소방대 등이 있다.

② 자체소방대는 「소방기본법」 및 「위험물안전관리법」에 명시적 규정이 있다.

③ 의용소방대원이란 화재진압, 구조·구급 등의 소방업무를 체계적으로 보조하기 위하여 시·도 및 시·읍·면에 두며, 비상근으로 재난현장으로 배치해서 활동하는 대원을 말한다.

④ 자체소방대는 소방대가 현장에 도착한 경우 소방대장에게 협력하여야 한다.

11

회독 ☐ ☐ ☐

「국가공무원법」 및 「소방공무원법」, 「소방공무원 징계령」에서 정하고 있는 소방공무원의 징계에 관한 내용으로 옳지 않은 것은?

① 중징계의 종류에는 파면, 해임, 강등, 정직이 있고, 경징계의 종류에는 감봉, 견책이 있다.

② 징계처분에 대한 행정소송의 경우에는 소방청을 피고로 한다. 다만, 시·도지사가 임용권을 행사하는 경우에는 관할 시·도를 피고로 한다.

③ 시·도 소속 소방경 이하에 관한 징계는 시·도에 설치된 징계위원회에서 심의·의결한다.

④ 정직은 1개월 이상 3개월 이하의 기간으로 하고, 정직 처분을 받은 자는 그 기간 중 공무원의 신분은 보유하나 직무에 종사하지 못하며 보수는 전액을 감한다.

12

회독 ☐ ☐ ☐

분말소화약제에 관한 설명으로 옳지 않은 것은?

① 제2종 분말소화약제의 주성분은 $KHCO_3$이다.

② 제1·2·3종 분말소화약제는 열분해 반응에서 CO_2가 생성된다.

③ $NaHCO_3$이 주된 성분인 분말소화약제는 B·C급 화재에 사용하고 분말 색상은 백색이다.

④ $NH_4H_2PO_4$이 주된 성분인 분말소화약제는 A·B·C급 화재에 유효하고 비누화현상이 일어나지 않는다.

13

회독 ☐ ☐ ☐

「재난 및 안전관리 기본법」상 용어의 정의로 옳지 않은 것은?

① "국가재난관리기준"이란 모든 유형의 재난에 공통적으로 활용할 수 있도록 재난관리의 전 과정을 통일적으로 단순화·체계화한 것으로서 행정안전부장관이 고시한 것을 말한다.

② "재난관리"란 재난이나 그 밖의 각종 사고로부터 사람의 생명·신체 및 재산의 안전을 확보하기 위하여 하는 모든 활동을 말한다.

③ "안전기준"이란 각종 시설 및 물질 등의 제작, 유지관리 과정에서 안전을 확보할 수 있도록 적용하여야 할 기술적 기준을 체계화한 것을 말한다.

④ "긴급구조"란 재난이 발생할 우려가 현저하거나 재난이 발생하였을 때에 국민의 생명·신체 및 재산을 보호하기 위하여 긴급구조기관과 긴급구조지원기관이 하는 인명구조, 응급처치, 그 밖에 필요한 모든 긴급한 조치를 말한다.

14

「재난 및 안전관리 기본법 시행령」상 긴급구조기관의 장이 수립하는 긴급구조대응계획 중 기능별 긴급구조대응계획에 대한 내용으로 옳지 않은 것은?

① 대중정보 : 주민보호를 위한 비상방송시스템 가동 등 긴급 공공정보 제공에 관한 사항 및 재난상황 등에 관한 정보 통제에 관한 사항
② 재난통신 : 긴급구조기관 및 긴급구조지원기관 간 정보통신체계 운영 등에 관한 사항
③ 긴급오염통제 : 오염 노출 통제, 긴급 감염병 방제 등 재난현장 공중보건에 관한 사항
④ 긴급복구 : 긴급구조요원 및 긴급대피 수용주민에 대한 위기상담, 임시 의식주 제공 등에 관한 사항

15

「소방의 화재조사에 관한 법률」 및 「화재조사 및 보고규정」의 내용으로 옳지 않은 것은?

① 「소방기본법」에 따른 소방대상물에서 발생한 화재, 그 밖에 소방관서장이 화재조사가 필요하다고 인정하는 화재는 화재조사 대상이다.
② 화재조사 사항으로는 화재원인에 관한 사항과 화재로 인한 인명·재산피해상황 등이 있다.
③ 화재조사관은 화재발생 사실을 알게 된 때에는 지체 없이 화재조사를 하여야 한다.
④ 사상자가 20명 이상이거나 2개 시·군·구 이상에 발생한 화재는 소방본부장이 화재합동조사단을 구성하여 운영하여야 한다.

16

「피난기구의 화재안전성능기준(NFPC 301)」에 따른 피난기구 중 사용자의 몸무게에 따라 자동적으로 내려올 수 있는 기구 중 사용자가 교대하여 연속적으로 사용할 수 있는 것은?

① 완강기
② 간이완강기
③ 피난용트랩
④ 승강식 피난기

17

화재조사의 특징으로 바르지 않은 것은?

① 강제성이 있다.
② 효율성이 있다.
③ 현장성이 있다.
④ 프리즘식이 있다.

18

다음의 〈보기〉는 자연발화에 관한 설명이다. (   ) 안에 들어갈 내용으로 옳은 것은?

> [보기]
> • (ㄱ)에 의해 햇빛에 방치한 기름걸레가 자연발화가 일어났다.
> • (ㄴ)에 의해 셀룰로이드, 나이트로셀룰로오스가 분해할 때 발생되는 열을 축적함으로써 자연발화가 일어났다.
> • (ㄷ)에 의해 목탄, 활성탄에 물질이 흡착될 때 발생되는 열을 축적함으로써 자연발화가 일어났다.

	ㄱ	ㄴ	ㄷ
①	산화열	분해열	중합열
②	발효열	중합열	흡착열
③	산화열	분해열	흡착열
④	발효열	분해열	흡착열

19

가스 연소 시 발생되는 이상현상에 대한 설명으로 옳지 않은 것은?

① 주염은 분출하는 기체연료와 공기의 화학양론비에서 공기량이 적을 때 발생한다.
② 블로우오프란 선화상태에서 연료가스의 분출속도가 증가하거나 공기의 유동이 강하여 불꽃이 노즐에서 정착되지 않고 떨어져서 꺼져버리는 현상이다.
③ 선화란 연료가스의 분출속도가 연소속도보다 빠를 때 불꽃이 노즐에 정착되지 않고 떨어져서 연소하는 현상이다.
④ 역화란 기체 연료를 연소시킬 때 혼합가스의 압력이 비정상적으로 낮거나 혼합가스의 양이 너무 적을 때 발생되는 이상 연소현상이다.

20

LNG(액화천연가스)와 LPG(액화석유가스)의 일반적 특성을 비교 설명한 내용으로 옳지 않은 것은?

① LNG의 자연발화온도는 약 600℃로 LPG보다 비교적 안전하다.
② LNG와 도시가스는 메탄이 주원료이다.
③ 용기 내에 LPG를 저장하는 경우 가스가 일부 방출되고 난 후에는 압력은 감소한다.
④ 가스누설경보기는 LNG는 천장면에서 하방으로 30cm 이내에 설치하고, LPG는 지면에서 상방으로 30cm 이내에 설치한다.

21

이산화탄소(CO_2) 소화약제가 공기 중에 37vol% 공급되면 산소의 농도는 약 몇 vol%가 되는가? (소수점 둘째 자리에서 반올림한다.)

① 약 13.2vol% ② 약 13.9vol%
③ 약 14.2vol% ④ 약 14.9vol%

22

화재의 제반사항에 대한 설명으로 옳지 않은 것은?

① 화재하중이란 건물화재 시 단위면적당 등가가연물량의 가열온도(발열량) 및 화재의 위험성과 화재구획의 내표면적에 대한 실내장식물의 화재위험도를 말한다.

② 화재가혹도는 화재심도라고도 하며 화재발생으로 건물 내 수용재산 및 건물자체에 손상을 입히는 정도를 말한다.

③ 화재강도는 단위시간당 축적되는 열의 값으로 화재실의 열방출률이 작을수록 화재강도는 증가한다.

④ 구조물이 갖는 단열효과가 클수록 열의 외부 누출이 용이하지 않고 화재실 내에 축적상태로 유지되어 화재강도가 커진다.

23

BLEVE(Boiling Liquid Expanding Vapor Explosion)현상에 대한 설명으로 옳지 않은 것은?

① 액화가스탱크 등에서 외부에서 가해지는 열에 의하여 액체가 비등하면서 액체와 기체의 동적 균형을 이룬 상태에서 내용기가 파열되는 현상을 말한다.

② BLEVE 현상은 비등하는 액체가 팽창하여 용기가 파손되면서 분출하는 물리적 폭발현상이며, 이때 분출되는 가스가 가연성이면 가스가 폭발적으로 연소하는 화학적인 폭발이 이어질 수 있다.

③ 탱크가 계속 가열되면 용기 강도는 저하되고 내부압력은 상승하여 어느 시점이 되면 저장탱크의 실제압력을 초과하게 되고 탱크가 파괴되어 급격한 폭발현상을 일으킨다.

④ 냉각살수장치 설치, 용기 내압강도 유지, 감압시스템 설치 등이 BLEVE 현상 방지에 도움이 된다.

24

액체연료와 고체연료의 연소방법에 대한 설명으로 옳지 않은 것은?

① 액체연료의 분무연소란 점도가 높고 비휘발성인 액체의 점도를 낮추어 버너를 이용하여 액체의 입자를 안개상태로 분출하여 표면적을 넓게 함으로서 공기와의 접촉면을 많게 하여 연소시키는 형태를 말하며, 분젠버너 등으로 연료를 분무함으로써 비표면적을 감소시켜 연소하는 방식으로 인하점에 도달하면 연소가 가능하다.

② 고체연료의 표면연소란 휘발성이 없는 고체 가연물이 고온 시 열분해나 증발 없이 표면에서 가연성가스를 발생하지 않고 산소와 급격히 산화 반응하여 그 물질 자체가 불꽃이 없이 연소하는 형태로서, 가연물이 빨갛게 되고 불꽃연소에 비하여 연소속도가 느리며 화학적소화가 없다. 숯, 목탄, 코크스, 마그네슘(Mg), 나무의 연소말기, 금속분 등의 연소가 예이다.

③ 고체연료의 분해연소란 목재, 종이, 섬유, 플라스틱, 고무류 등과 같은 고체가연물에 충분한 열이 공급되면 복잡한 연소 메커니즘을 거쳐 열분해에 의하여 발생된 가연성가스가 공기와 혼합되어 연소하는 형태를 말한다.

④ 액체연료의 증발연소란 액체 가연물의 가장 일반적인 연소 형태로 액체 가연물질이 액체 표면에 발생한 가연성 증기와 공기가 혼합된 상태에서 연소가 되는 형태를 말한다. 알코올류, 아세톤, 휘발유, 경유, 등유 등과 제1석유류·제2석유류·알코올류 등이 해당된다.

25

다음 〈보기〉에서 설명하는 화재 현상으로 옳은 것은?

> **[보기]**
>
> 연소과정에서 발생된 가연성가스가 공기 중 산소와 혼합되어 천장부분에 집적된 상태에서 발화온도에 도달하여 발화함으로써 화재의 선단부분이 매우 빠르게 확대되어 가는 현상을 보이며, 플래시오버(Flash over)의 전조현상이다.

① 백드래프트(Backdraft) ② 롤오버(Roll over)
③ 플레임오버(Flame over) ④ 감퇴기(Decay stage)

소방학개론 동형 모의고사

□ 빠른 정답 p.228
✐ 해설 p.149

01

회독 ☐☐☐

연소이론에 관한 일반적인 설명으로 옳은 것은?

① 파라핀계 탄화수소는 탄소 수가 증가할수록 연소범위는 좁아지고, 연소속도는 늦어지며, 열과 닿는 표면적이 증가하여 발화점이 높아진다.

② 가연성가스를 공기 중에서 연소시킬 때 공기 중의 산소농도 증가 시 연소속도는 빨라지고, 점화에너지는 커진다.

③ 가솔린 증기가 폭발한계 내에 있는 곳에 담뱃불을 가지고 있어도 또는 그곳에서 담뱃불을 빨아도 가솔린에 착화하지 않는다.

④ 표면연소란 불꽃연소의 한 형태로 가연성 고체가 뜨거운 열을 만나 으스러지면서 분해생성물이 공기와 혼합기체를 만들어 연소하는 현상이다.

02

회독 ☐☐☐

화재에 관한 내용으로 옳지 않은 것은?

① 화재하중은 화재구획의 실내 표면적에 대한 실내장식물의 화재 위험도를 나타내고 있으며 발열량이 클수록 화재하중이 크고 내장재의 불연화가 화재하중을 감소시킨다.

② 화재가혹도는 화재발생으로 건물 내 수용재산 및 건물자체에 손상을 입히는 정도를 말하며, 최고온도는 화재가혹도의 질적 개념으로 화재강도와 관련이 있다.

③ 화재강도는 단위시간당 축적되는 열의 값을 의미하며, 화재실의 열방출률이 클수록 화재강도는 증가한다.

④ 공기공급이 원활할수록 소진율 및 열발생률이 커져 화재강도가 커지나 건물의 단열성능이 좋으면 화재강도나 성장률이 매우 낮다.

03

회독 ☐☐☐

「화재안전성능기준(NFPC 106)」에 따른 이산화탄소소화설비의 내용으로 옳지 않은 것은?

① 이산화탄소소화설비의 방호구역에는 소화약제 방출 시 발생하는 과압이나 부압으로 인한 구조물 등의 손상을 방지하기 위해 과압배출구를 설치해야 한다.

② 이산화탄소소화설비가 설치된 장소에는 시각경보장치, 위험경고표지 등의 안전시설을 설치해야 한다.

③ 방호구역 내에 이산화탄소 소화약제가 방출되는 경우 후각을 통해 이를 인지할 수 있도록 부취발생기를 설치해야 한다.

④ 부취발생기를 소화약제 저장용기실 내의 소화배관에 설치하여 소화약제의 방출에 따라 부취제가 혼합되도록 하는 방식 또는 방호구역 내에 부취발생기를 설치하여 소화약제 방출 후에 부취제가 방출되도록 하는 방식으로 설치해야 한다.

04

회독 ☐☐☐

재난(재해)에 관한 설명으로 옳지 않은 것은?

① 아네스(Br. J. Anesth)는 재난을 크게 자연재난과 인적(인위)재난으로 구분하였다.

② 존스(David K. Jones)는 재난을 크게 자연재난, 준자연재난, 인적(인위)재난으로 구분하였다.

③ 하인리히(H. W. Heinrich)의 도미노이론은 재해발생과정을 "유전적 요인 및 사회적 환경 → 개인적 결함 → 불안전 행동 및 불안전 상태 → 사고 → 재해(상해)"라는 5개 요인의 연쇄작용으로 설명하였다.

④ 재난관리주관기관에 따른 재난 대응 방식은 통합관리 방식이다.

05

「위험물안전관리법 시행규칙」상 제조소와 다른 작업장 사이에 설치하는 방화상 유효한 격벽(隔壁)을 설치한 때의 내용으로 옳지 않은 것은?

① 방화벽은 내화구조로 할 것, 다만 취급하는 위험물이 제6류 위험물인 경우에는 불연재료로 할 수 있다.

② 방화벽에 설치하는 출입구 및 창 등의 개구부는 가능한 한 최소로 하여야 한다.

③ 방화벽 출입구 및 창에는 60분+ 방화문·60분 방화문 또는 30분 방화문을 설치하되, 연소의 우려가 있는 외벽에 설치하는 출입구에는 수시로 열 수 있는 자동폐쇄식의 60분+ 방화문 또는 60분 방화문을 설치하여야 한다.

④ 제조소와 다른 작업장 사이에 방화상 유효한 격벽(隔壁)을 설치한 때에는 공지를 보유하지 아니할 수 있다.

06

「재난 및 안전관리 기본법」상 재난관리 단계 중 대응단계에 해당하지 않는 것은?

① 위험구역의 설정

② 재난현장 긴급통신수단의 마련

③ 재난 예보·경보체계 구축·운영

④ 재난사태 선포

07

「재난 및 안전관리 기본법」상 재난의 분류가 다른 것은?

① 대한민국의 영역 밖에서 대한민국 국민의 생명·신체 및 재산에 피해를 주는 재난으로서 정부차원에서 대처할 필요가 있는 재난

② 「미세먼지 저감 및 관리에 관한 특별법」에 따른 미세먼지로 인한 피해

③ 「우주개발 진흥법」에 따른 인공우주물체의 추락·충돌 등으로 인한 피해

④ 다중운집인파사고로 인하여 발생하는 대통령령으로 정하는 규모 이상의 피해

08

가연물이 연소할 때 발생하는 독성가스에 대한 설명으로 옳지 않은 것은?

① 일산화탄소(CO)는 공기보다 가벼운 무색, 무취, 무미의 유독성 기체이며 연소가 가능한 가연성 물질로서 혈액 중의 헤모글로빈과 결합력이 산소보다 210배에 이르고 흡입하면 산소결핍 상태가 된다.

② 황화수소(H_2S)는 황(S)이 함유된 털, 고무, 나무, 가죽소파와 일부 목재류 등 물질의 완전연소 시 발생하며, 눈 및 호흡기 등에 점막을 상하게 하고 질식사할 우려가 있는 불연성가스이다.

③ 염화수소(HCl)는 염소성분이 함유되어 있는 염화비닐수지, 전선 피복 등이 연소할 때 발생하며, 물에 녹아 염산이 되고, 불연성으로 폭발성은 없지만 수분이 존재하면 금속과 반응하여 수소를 발생한다.

④ 브로민화수소(HBr)는 방염수지류 등이 연소할 때 발생하며, 상온·상압에서 물과 알코올에 잘 용해되고, 불연성인 무색 기체이다.

09

폭발에 대한 설명으로 옳지 않은 것은?

① 분해폭발 : 기상폭발의 한 종류로서 분해연소성 기체 폭발을 말한다.

② 압력폭발 : 가압에 의한 내압 한계 초과에 의한 폭발로 응상폭발에 해당한다.

③ 증기폭발 : 위험물저장탱크에서 유출된 가스가 구름을 형성하며 떠다니다가 점화원과 접촉하는 동시에 폭발이 일어나는 기상폭발이다.

④ 금속선 폭발 : 가는 금속선의 형태를 한 시료에 대전류(大電流) 통과시 순간적으로 일어나는 응상폭발이다.

10

펌프와 발포기의 중간에 설치된 벤투리관의 벤투리작용과 펌프 가압수의 포소화약제 저장탱크에 대한 압력에 따라 포소화약제를 흡입·혼합하는 방식은?

① 프레져사이드 프로포셔너(Pressure-side Proportioner)

② 프레져 프로포셔너(Pressure Proportioner)

③ 라인 프로포셔너(Line Proportioner)

④ 펌프 프로포셔너(Pump Proportioner)

11

회독 ☐☐☐

금속분에 의한 화재 시 적응성이 있는 소화약제로 옳은 것은?

① 이산화탄소 소화약제
② 인산염류 소화약제
③ 중탄산염류 소화약제
④ 팽창질석 · 팽창진주암

12

회독 ☐☐☐

표준상태(0℃, 1atm)에서의 부탄올의 완전연소식이다. 〈보기〉의 내용에 대한 설명으로 옳지 않은 것은?

> **보기**
>
> $$C_4H_9OH + 6O_2 \rightarrow 4CO_2 + 5H_2O$$

① C_4H_9OH 1몰을 완전연소하기 위해서는 산소 192g이 필요하다.
② C_4H_9OH 1몰을 완전연소하면 89.6L의 이산화탄소가 발생한다.
③ C_4H_9OH 0.5몰을 완전연소하면 45g의 수증기가 발생한다.
④ C_4H_9OH의 「위험물안전관리법 시행령」에 의한 지정수량은 400L이다.

13

회독 ☐☐☐

음향장치가 설치된 특정소방대상물의 경보대상에 대한 기준으로 옳지 않은 것은?

① 층수가 11층(공동주택의 경우에는 16층) 이상인 특정소방대상물에서 발화층이 2층 이상의 층인 경우 발화층 및 그 직상 4개층에 경보한다.
② 층수가 11층(공동주택의 경우에는 16층) 이상인 특정소방대상물에서 발화층이 1층인 경우 발화층 · 그 직상 4개층 및 지하층에 경보한다.
③ 층수가 11층(공동주택의 경우에는 16층) 이상인 특정소방대상물에서 발화층이 지하층인 경우 발화층 · 그 직상층 및 기타의 지하층에 경보한다.
④ 층수가 11층(공동주택의 경우에는 16층) 미만인 특정소방대상물에서 발화층이 1층인 경우 발화층 · 그 직상 4개층 및 지하층에 경보한다.

14

회독 ☐☐☐

「소방공무원법」 및 그 하위법령에 따른 소방공무원 임용에 관한 내용 중 옳지 않은 것은?

① 소방령 이상의 소방공무원은 소방청장의 제청으로 국무총리를 거쳐 대통령이 임용한다.
② 소방정인 지방소방학교장에 대한 전보, 휴직, 직위해제, 정직 및 복직에 관한 권한은 시 · 도지사가 행사한다.
③ 소방공무원 중 시 · 도 소속 소방경 이하의 소방공무원은 시 · 도지사가 임용한다.
④ 소방령 이상 소방준감 이하의 소방공무원에 대한 정직 · 복직 · 직위해제 · 전보 · 휴직 · 강등은 소방청장이 행한다.

15

회독 ☐☐☐

제6류 위험물의 안전관리와 소화방법으로 옳지 않은 것은?

① 불연성이지만 연소를 돕는 물질이므로 화재가 발생한 경우에는 가연물과 격리하여야 한다.
② 주수소화를 원칙으로 하며, 초기화재 시는 상황에 따라 이산화탄소와 할로젠화합물 소화기를 이용한 질식소화를 한다.
③ 유출사고에는 마른 모래 및 중화제를 사용하며, 과산화수소 화재 시에는 다량의 물을 사용하여 희석소화가 가능하다.
④ 화기엄금과 직사광선을 차단하고 강환원제, 유기물질, 가연성 위험물과의 접촉을 피한다.

16

회독 ☐☐☐

화재발생 시 생성되는 연기에 대한 설명으로 옳지 않은 것은?

① 굴뚝효과란 건축물 상 · 하층의 내부와 외부의 온도, 기압차 때문에 건축물 하부에서 외부의 찬 공기가 유입되고 건물 내부의 더운 공기가 천장 위쪽으로 올라가 빠져나가는 현상이다.
② 불연속선은 실내천장 쪽의 고온가스와 바닥 쪽의 찬공기의 경계선을 말한다.
③ 고층건물에서는 굴뚝효과에 의하여 연기가 상승하고, 저층건물에서는 열, 대류이동, 화재압력 및 바람의 영향으로 통로 등을 따라 연기가 이동한다.
④ 개구부에 방풍실을 설치하면 산소의 농도를 낮추어 굴뚝효과 방지에 도움이 된다.

17

할로겐화합물 및 불활성기체 소화약제에 관한 설명으로 옳지 않은 것은?

① IG-01, IG-55, IG-100, IG-541 중 질소를 포함하지 않는 약제는 IG-01이며, 최대허용설계농도는 10%이다.
② IG-01, IG-55, IG-100, IG-541 중 아르곤을 포함하지 않는 약제는 IG-100이며, 최대허용설계농도는 43%이다.
③ 부촉매 소화효과는 불활성기체 소화약제에는 없으나 할로겐화합물 소화약제에는 있다.
④ 할로겐화합물 소화약제는 불소, 염소, 브로민 또는 아이오딘 중 하나 이상의 원소를 포함하고 있는 유기화합물을 기본성분으로 하는 소화약제를 말한다.

18

다음 중 유류화재 이상현상에 대한 설명으로 옳지 않은 것은?

① 중질유 탱크에서 장시간 진행되는 현상으로서 탱크바닥에 물과 기름의 에멀전으로 존재할 때 물이 끓어오르면서 유류가 비등하여 탱크 내의 유류가 갑작스럽게 분출되는 것을 보일오버라고 한다.
② 중질유 탱크의 화재발생 시 물분무 또는 포 소화약제를 방사하였을 때 유류내부에서 표면까지 격렬하게 석유류, 식용유 일부를 외부로 비산시키는 현상을 슬롭오버라고 한다.
③ 화재를 수반하지 않고 기름과 섞여 있는 물이 갑자기 수증기화되면서 넘쳐흐르는 단순한 물리적 작용을 프로스오버라고 한다.
④ 탱크 내의 유류가 50% 미만 저장된 경우 화재로 인한 내부 압력상승으로 나타나는 탱크 폭발현상을 오일오버라고 한다.

19

피난방향 및 피난로의 유형 중 피난자들에게 확실한 피난로가 보장되는 형태로 옳은 것은?

①	Y형	
②	T형	
③	I형	
④	Z형	

20

「화재조사 및 보고규정」상 화재조사의 용어 설명으로 옳은 것은?

① '최초착화물'이란 연소가 확대되는 데 있어 결정적 영향을 미친 가연물을 말한다.
② '동력원'이란 발화에 관련된 불꽃 또는 열을 발생시킨 기기 또는 장치나 제품을 말한다.
③ '발화지점'이란 열원과 가연물이 상호작용하여 화재가 시작된 지점을 말한다.
④ '잔가율'이란 피해물의 내용연수가 다한 경우 잔존하는 가치의 재구입비에 대한 비율을 말한다.

21

메탄(CH_4) 50%, 헥산(C_6H_{14}) 50% 혼합가스의 MOC(최소산소농도)와 완전연소를 위한 산소 몰(mol)수를 계산하라. (단, 메탄의 연소범위 : 5~15%, 헥산의 연소범위 : 1.1~7.5%)

	최소산소농도(MOC)	mol
①	9.35	4.75
②	10.35	5.75
③	13.35	7.75
④	15.35	9.75

22

백드래프트(back draft)에 대한 설명으로 옳지 않은 것은?

① 불완전연소에 의해 발생된 일산화탄소가 가연물로 작용하여 폭발하는 현상이다.
② 화재진압 시 지붕 등 상부를 개방하는 것이 효과적인 전술이다.
③ 백드래프트의 발생 요인은 축적된 복사열이다.
④ 환기지배형화재가 진행되고 있는 공간에 산소가 일시적으로 다량 공급됨에 따라 가연성가스가 폭발적으로 연소하는 현상이다.

23

「위험물안전관리법 시행규칙」에 의할 때 위험물 운반용기 외부에 표시하는 주의사항을 잘못 나타낸 것은?

① 다이크로뮴산염류 · 아이오딘산염류 : "화기 · 충격주의" 및 "가연물접촉주의"
② 철분 · 금속분 · 마그네슘 : "화기주의" 및 "물기엄금"
③ 황린 : "화기엄금" 및 "공기접촉엄금"
④ 유기과산화물 · 질산에스터류 : "화기엄금" 및 "공기접촉엄금"

24

회독 ☐ ☐ ☐

가연성 액체의 연소현상에 관한 설명으로 옳지 않은 것은?

① 액체연소는 액체 자체가 연소하는 것이 아니라 증발이라는
변화 과정을 거쳐 발생된 기체가 타는 것을 말한다.

② 점도가 높고 비휘발성인 액체의 점도를 낮추어 버너를 이
용하여 액체의 입자를 안개상태로 분출하여 표면적을 넓게
함으로써 공기와의 접촉면을 많게 하여 연소시키는 형태를
분해연소라 한다.

③ 액체 가연물질이 휘발성인 경우에 외부로부터 열을 받아서
증발하여 연소하는 것을 증발연소라 한다.

④ 액체가 비휘발성이거나 비중이 커 증발하기 어려운 경우에
높은 온도를 가해 열분해하여 그 분해가스를 연소시키는
것을 분해연소라 한다.

25

회독 ☐ ☐ ☐

**건물에 화재가 발생했을 때, 중성대에 관한 설명으로 옳은 것만
을 〈보기〉에서 고른 것은?**

보기

ㄱ. 중성대의 하부 개구부로 외부 공기가 유입되면, 중성대
는 위쪽으로 상승한다.

ㄴ. 중성대의 상부 면적이 커질수록 대피자들의 활동공간과
시야가 확보되어 신속히 대피할 수 있다.

ㄷ. 중성대의 상부에서는 실내에서 외부로 기체가 유출되고,
중성대의 하부에서는 외부에서 실내로 기체가 유입된다.

ㄹ. 중성대의 상부 개구부를 개방한다면 연소는 확대될 수
있지만, 연기가 빠른 속도로 상승하여 외부로 배출되므
로, 중성대의 상부 면적은 감소하고 중성대의 하부 면적
은 증가한다.

① ㄱ, ㄴ

② ㄱ, ㄷ

③ ㄴ, ㄷ

④ ㄷ, ㄹ

소방학개론 동형 모의고사

01

회독 □ □ □

우리나라 소방 역사에 대한 설명으로 옳은 것만을 모두 고른 것은?

> ㄱ. 고려시대에는 소방(消防)을 소재(消災)라 하였으며, 화통도감을 신설하였다.
> ㄴ. 조선시대 세종 8년에 금화도감을 설치하였다.
> ㄷ. 1915년에 우리나라 최초 소방본부인 경성소방서를 설치하였다.
> ㄹ. 1945년에 중앙소방위원회 및 중앙소방청을 설치하였다.
> ㅁ. 1958년 소방기본법을 제정하였다.

① ㄱ, ㄴ
② ㄱ, ㄴ, ㄷ
③ ㄴ, ㄷ, ㄹ, ㅁ
④ ㄱ, ㄴ, ㄷ, ㄹ

02

회독 □ □ □

다음 중 소방조직에 관한 설명으로 바르지 않은 것은?

① 소방공무원 중 소방령 이상 소방감 이하의 직급은 계급정년과 연령정년이 있다.
② 소방공무원은 경력직 중 특정직 공무원으로 소방공무원의 계급은 11계급이다.
③ 2025년 현재 소방체제는 광역자치체계로 운영되고 있다.
④ 소방공무원 임용령에서 정하는 소방기관에는 소방청, 소방본부, 소방서 및 119특수대응단, 소방체험관이 포함되어 있다.

03

회독 □ □ □

그림은 구획실의 크기가 가로 1,500cm, 세로 1,000cm, 높이 350cm이며 가연물 A와 가연물 B, 가연물 C가 놓여 있는 상태를 나타낸다. 다음과 같은 조건일 때 구획실의 화재하중[kg/m²]은? (단, 주어지지 않은 조건은 무시하고, 소수점 셋째 자리에서 반올림한다.)

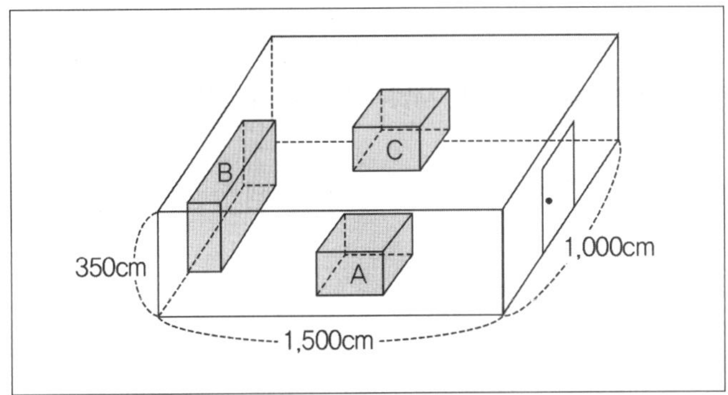

	단위발열량 [kcal/kg]	질량 [kg]
목재	4,500	−
가연물 A	2,000	200
가연물 B	9,000	100
가연물 C	5,000	300

① 1.91
② 2.75
③ 3.75
④ 4.15

04

회독 □ □ □

「119구조·구급에 관한 법률 시행령」상 특수구조대의 종류에 해당하지 않는 것은?

① 화학구조대
② 수난구조대
③ 고속도로구조대
④ 산악구조대

05

회독 □ □ □

「119구조·구급에 관한 법률 시행령」상 구조·구급 요청 거절 사유로 바르지 않은 것은?

① 단순 열상 또는 찰과상으로 지속적인 출혈이 없는 외상환자
② 만성질환자로서 검진 또는 입원목적의 이송 요청자
③ 단순 문개방 요청
④ 38도 이상의 고열이 있거나 호흡곤란이 동반된 경우

06

「재난 및 안전관리 기본법」상 국가적 차원에서 관리가 필요한 재난에 대하여 재난관리 체계와 관계 기관의 임무와 역할을 규정한 재난관리주관기관의 장이 작성하는 문서는?

① 위기관리 표준매뉴얼
② 위기관리 대응매뉴얼
③ 현장조치 행동매뉴얼
④ 현장조치 표준매뉴얼

07

「재난 및 안전관리 기본법」상 행정안전부장관 및 지방자치단체장이 재난사태가 선포된 재난지역에 할 수 있는 조치로 바르지 않은 것은?

① 재난경보의 발령, 인력·장비 및 물자의 동원, 위험구역 설정, 대피명령, 응급지원 등
② 재난 발생지역에 소재하는 행정기관 소속 공무원의 비상소집
③ 응급대책 및 재난구호와 복구에 필요한 행정상·재정상·금융상·의료상의 특별지원
④ 재난지역에 대한 여행 등 이동 자제권고

08

「재난 및 안전관리 기본법 시행령」상 행정안전부장관이 재난상황에서 해당 기관·단체의 핵심 기능을 유지하는 것이 특별히 필요하다고 인정하여 고시하는 기관·단체(민간단체를 포함한다) 및 민간업체는 기능연속성계획을 수립·시행하여야 한다. 이 경우 기능연속성계획에 포함되어야 하는 사항으로 바르지 않은 것은?

① 기능연속성계획수립기관의 핵심기능의 선정과 우선순위에 관한 사항
② 생활안전, 교통안전, 산업안전, 시설안전, 범죄안전, 식품안전, 안전취약계층 안전 및 그 밖에 이에 준하는 안전관리에 관한 대책
③ 핵심기능의 유지를 위한 대체시설, 장비 등의 확보에 관한 사항
④ 재난상황에서의 소속 직원의 활동계획 등 기능연속성계획의 구체적인 시행절차에 관한 사항

09

재해의 기본원인이 되는 4개의 M이론 중 그 분류가 다른 것은?

① 작업정보의 부적절
② 작업자세·작업동작의 결함
③ 작업방법의 부적절
④ 표준화의 부족

10

〈보기〉에서 공기 중 연소범위가 가장 넓은 것(㉠)과 위험도가 가장 낮은 것(㉡)을 순서대로 나열한 것은?

> [보기]
>
> 수소, 아세틸렌, 메탄, 프로판

	㉠	㉡
①	수소	메탄
②	수소	아세틸렌
③	아세틸렌	메탄
④	아세틸렌	프로판

11

0℃ 1기압(atm)인 밀폐된 지하실에서 화재가 발생하였다. 화재로 인해 화재실의 온도가 300℃로 증가하였다. 화재실 안에서 화재로 인한 공기와 연기의 평균 분자량은 동일하고, 모두 이상기체로 거동하게 될 때, 화재로 인해 화재실의 압력은 몇 배 증가하는가? (소수점 둘째자리에서 반올림한다)

① 2.1배
② 2.3배
③ 2.5배
④ 2.7배

12

「재난 및 안전관리 기본법 시행령」상 재난 및 사고유형별 재난관리주관기관으로 바르게 짝지어지지 않은 것은?

① 「도로법」 제2조 제1호에 따른 도로의 화재 등으로 인해 발생하는 대규모 피해 — 국토교통부
② 「산림보호법」 제2조 제7호에 따른 산불로 인해 발생하는 대규모 피해 — 소방청
③ 「해양환경관리법」 제2조 제2호에 따른 해양오염으로 인해 발생하는 대규모 피해 — 해양수산부 및 해양경찰청
④ 「소방기본법」 제2조 제1호에 따른 소방대상물의 화재로 인해 발생하는 대규모 피해 — 행정안전부 및 소방청

13

회독 □ □ □

밀폐된 구획공간에서 이산화탄소 방사 시 산소농도를 10%로 설계할 때 방사하는 이산화탄소의 농도는? (단, 소수점은 올림 처리한다.)

① 15% ② 24%
③ 35% ④ 53%

14

회독 □ □ □

「재난 및 안전관리 기본법 시행령」상 긴급구조기관의 장이 수립하는 재난유형별 긴급구조대응계획에 포함되어야 할 내용으로 옳은 것은?

> ㄱ. 긴급구조대응계획의 기본방침과 절차
> ㄴ. 긴급구조대응계획의 목적 및 적용범위
> ㄷ. 주요 재난유형별 대응 매뉴얼에 관한 사항
> ㄹ. 비상경고 방송메시지 작성 등에 관한 사항
> ㅁ. 긴급구조대응계획의 운영책임에 관한 사항
> ㅂ. 재난 발생 단계별 주요 긴급구조 대응활동 사항

① ㄱ, ㄴ, ㄷ ② ㄱ, ㄴ, ㅁ
③ ㄴ, ㄹ, ㅂ ④ ㄷ, ㄹ, ㅂ

15

회독 □ □ □

「재난 및 안전관리 기본법 시행령」상 긴급구조대응계획의 내용으로 바르지 않은 것은?

① 긴급오염통제 ② 피해상황분석
③ 동원명령 ④ 긴급구호

16

회독 □ □ □

포(foam)에 대한 일반적인 설명으로 옳지 않은 것은?

① 불화단백포 및 수성막포는 표면하 주입방식에 사용할 수 있다.
② 불소를 함유하고 있는 합성계면활성제포는 친수성이므로 유동성은 좋으나 내유성은 좋지 않다
③ 수성막포는 3%, 6% 저발포형과 1%, 1.5%, 2% 고발포형이 있으며, 고발포형이 있어 팽창범위가 넓다.
④ 알콜형포 사용 시 비누화현상이 일어나면 소화능력이 우수하다.

17

회독 □ □ □

소화 방법에 대해 옳지 않은 설명만을 모두 고른 것은?

> ㄱ. 질식소화는 일반적으로 공기 중 산소 농도를 낮추어 소화하는 방법을 말한다.
> ㄴ. 냉각소화가 가능한 약제로는 물, 강화액, CO_2, 할론 등이 있다.
> ㄷ. 피복소화는 비중이 물보다 큰 비수용성 유류화재 시 무상주수하여 소화하는 방법을 말한다.
> ㄹ. 부촉매소화는 가스화재 시 가스공급을 차단하여 소화하는 방법을 말한다
> ㅁ. 제기소회는 연소의 연쇄반응을 차단·억제하여 소화하는 방법으로 억제소화, 화학적소화작용이라 한다.

① ㄱ, ㄴ ② ㄱ, ㄴ, ㄷ
③ ㄷ, ㄹ, ㅁ ④ ㄱ, ㄴ, ㄷ, ㄹ

18

회독 □ □ □

위험물의 종류에 따른 소화 방법으로 옳지 않은 것은?

① 제2류 위험물인 마그네슘은 건조사를 사용한다.
② 제3류 위험물인 알킬알루미늄은 건조사를 사용한다.
③ 제4류 위험물인 알코올은 내알코올포(泡, foam)를 사용한다.
④ 제5류 위험물인 질산에스터류는 질식소화를 한다.

19

회독 □ □ □

가솔린, 등유, 경유 등 유류화재 발생 시 가장 적합한 소화 방식은?

① 냉각소화 ② 질식소화
③ 희석소화 ④ 부촉매소화

20

회독 □ □ □

피난구조설비에 대한 설명으로 옳지 않은 것은?

① 인공소생기란 호흡 부전 상태인 사람에게 인공호흡을 시켜 환자를 보호하거나 구급하는 기구이다.
② 피난구유도등이란 피난구 또는 피난경로로 사용되는 출입구를 표시하여 피난을 유도하는 등을 말한다.
③ 복도통로유도등이란 피난통로가 되는 복도에 설치하는 통로유도등으로서 피난구의 방향을 명시하는 것을 말한다.
④ 구조대(대피용 자루)란 사용자의 몸무게에 의하여 자동으로 하강하고 내려서면 스스로 상승하여 연속적으로 사용할 수 있는 무동력 피난기구를 말한다.

21

회독 ☐☐☐

다음 특성에 해당하는 소화약제는?

- 헬륨(He), 네온(Ne), 아르곤(Ar), 질소(N_2) 중 하나 이상의 원소를 포함하고 있는 소화약제를 말한다.
- 질소(N_2), 아르곤(Ar), 이산화탄소(CO_2)로 구성되어 있기 때문에 오존파괴지수(ODP)와 지구온난화지수(GWP)가 0이다.
- 부촉매소화(화학적소화) 효과가 없어서, 밀폐된 공간에서 산소농도를 낮추는 것에 의해 소화한다.
- 소화성능을 발휘할 수 있는 약제의 농도에서도 사람의 호흡에 문제가 없으므로 사람이 있는 곳에서도 사용이 가능하다.

① 이산화탄소 소화약제
② 산·알칼리 소화약제
③ 불활성기체 소화약제
④ 할로겐화합물 소화약제

22

회독 ☐☐☐

「소방시설 설치 및 관리에 관한 법률 시행령」에 따른 소방시설의 분류와 해당 소방시설의 종류가 옳게 연결된 것은?

① 소화설비－옥내소화전설비, 포소화설비, 간이스프링클러설비
② 경보설비－화재알림설비, 자동화재탐지설비, 제연설비
③ 피난구조설비－공기호흡기, 인공소생기, 비상콘센트설비
④ 소화용수설비－상수도소화용수설비, 소화수조, 연결살수설비

23

회독 ☐☐☐

스프링클러소화설비와 물분무소화설비를 비교했을 때 물분무소화설비의 장점이 아닌 것은?

① 질식효과뿐만 아니라 산소 희박효과, 복사·차단 효과가 있어 매연을 제거하고 방어하는 데에도 효과가 있다.
② 소화수 사용량이 적어서 소화작업 시 물에 의한 피해를 줄일 수 있다.
③ 전기에 대한 절연성이 높아서 고압 통전기기의 화재에도 사용할 수 있다.
④ 스프링클러소화설비와 비교했을 때 심부화재에 사용하면 매우 효과적이다.

24

회독 ☐☐☐

다음 중 물소화약제에 첨가할 수 있는 동결방지제로서 틀린 것은?

① 에틸렌글리콜
② 프로필렌글리콜
③ 중탄산나트륨
④ 염화칼슘

25

회독 ☐☐☐

할로겐화합물 및 불활성기체 소화약제에 대한 설명으로 바르지 않은 것은?

① HFC－125는 인체에 무해하다.
② HCFC－124는 HCFC BLEND-A 중 9.5%를 차지한다.
③ FIC－1311의 성분은 CF_3I가 100%이며, 이중 I는 요오드이다.
④ IG－541의 성분은 N_2 : 50%, Ar: 40%, CO_2 : 10%이다.

소방학개론 동형 모의고사

01

회독 □ □ □

우리나라 소방행정체제의 변천과정에 관한 내용으로 옳은 것은?

① 중앙소방위원회 설치(1946년) 당시에는 자치소방체제였다.
② 정부수립(1948년) 당시에는 국가소방과 자치소방의 이원적 체제였다.
③ 중앙소방학교 실립(1978년) 딩시에는 국가소방체제였디.
④ 소방공무원의 국가직신분전환(2020년) 당시에는 국가소방체제였다.

02

회독 □ □ □

이산화탄소 소화약제에 관한 내용으로 옳지 않은 것은?

① 소화성능을 발휘할 수 있는 약제의 농도에서도 사람의 호흡에 문제가 없으므로 사람이 있는 곳에서도 사용이 가능하다.
② 자체적으로 산소를 함유하고 있는 물질에는 사용이 제한된다.
③ 마그네슘과 반응하면 이산화탄소를 분해하여 탄소나 일산화탄소가 발생하기 때문에 사용이 제한된다.
④ 공기보다 무거워서 심부화재에 효과가 있으며, 표면화재에도 우수하다.

03

회독 □ □ □

환기지배형 화재에 관한 설명으로 옳지 않은 것은?

① 발화장소는 내화구조, 콘크리트 지하층, 무창층이다.
② 발생시기는 플래시오버 이전이며 성장기로서 온도가 높지 않다.
③ 화세가 강하며 산소가 소진되어 부족하다.
④ 연소속도는 느리고 연소시간은 연료지배형 화재에 비해 길다.

04

회독 □ □ □

프로판(C_3H_8)이 완전연소한다고 가정했을 때 존스(Jones)식에 따라 산출된 연소하한계(LFL)는? (단, 계산 결과는 소수점 둘째 자리에서 반올림한다.)

① 1.7
② 2.2
③ 3.1
④ 5.2

05

회독 □ □ □

「소화기의 형식승인 및 제품검사의 기술기준」상 소화기의 적응화재별 표시 사항으로 옳지 않은 것은?

① 일반화재용 소화기의 경우 "A(일반화재용)"으로 표시하여야 한다.
② 주방화재용 소화기의 경우 "B(주방화재용)"으로 표시하여야 한다.
③ 전기화재용 소화기의 경우 "C(전기화재용)"으로 표시하여야 한다.
④ 금속화재용 소화기의 경우 "D(금속화재용)"으로 표시하여야 한다.

06

회독 □ □ □

「위험물안전관리법 시행규칙」에서 정한 다음의 소화설비 중 능력 단위가 가장 큰 것은?

	소화설비	용량
①	팽창진주암	160L(삽 1개 포함)
②	수조	80L(소화전용 물통 3개 포함)
③	마른 모래	50L(삽 1개 포함)
④	팽창질석	160L(삽 1개 포함)

07

회독 □ □ □

다음 백드래프트의 징후 중 그 관점이 다른 것은?

① 압력차에 의해 공기가 빨려들어 오는 특이한 소리(휘파람 소리 등)와 진동이 발생한다.
② 화염은 보이지 않으나 창문이나 문이 뜨겁다.
③ 유리창 안쪽에서 타르와 같은 물질(검은색 액체)이 흘러내린다.
④ 건물 내 연기가 소용돌이친다.

08

회독 ☐ ☐ ☐

다음 설명에 해당하는 포 혼합장치 방식은?

> 압축공기 또는 압축질소를 일정비율로 포수용액에 강제 주
> 입 혼합하는 장치로서 팽창비가 20배 이하인 저발포형에 사
> 용며, 원거리 방수가 가능하며, 물 사용량을 줄여 수손피해를
> 최소화할 수 있는 방식이다.

① 라인 프로포셔너방식
② 펌프 프로포셔너방식
③ 압축공기포 혼합방식
④ 프레져 프로포셔너방식

09

회독 ☐ ☐ ☐

「재난 및 안전관리 기본법」상 시·도 긴급구조통제단장과 시·
군·구 긴급구조통제단장(지역통제단장)의 응급조치사항에 해
당하는 것은?

> ㉠ 경보의 발령 또는 전달이나 피난의 권고 또는 지시
> ㉡ 재난 예방을 위한 안전조치
> ㉢ 수방·지진방재
> ㉣ 진화
> ㉤ 피해시설의 응급복구 및 방역과 방범, 그 밖의 질서 유지
> ㉥ 긴급수송 및 구조 수단의 확보
> ㉦ 급수 수단의 확보, 긴급피난처 및 구호품 등 재난관리자
> 　원의 확보
> ◎ 현장지휘통신체계의 확보

① ㉠, ㉡, ㉢
② ㉢, ㉣, ㉤
③ ㉣, ㉥, ◎
④ ㉥, ㉦, ◎

10

회독 ☐ ☐ ☐

「재난 및 안전관리 기본법」상 재난의 예방에 포함되어야 할 내
용으로 옳은 것만을 〈보기〉에서 있는 대로 고른 것은?

> **보기**
> ㄱ. 국가핵심기반의 지정
> ㄴ. 재난안전분야 종사자 교육
> ㄷ. 재난분야 위기관리 매뉴얼 작성·운용
> ㄹ. 재난현장 긴급통신수단의 마련

① ㄱ, ㄴ
② ㄴ, ㄷ
③ ㄷ, ㄹ
④ ㄹ, ㅁ

11

회독 ☐ ☐ ☐

고체 가연물의 연소 형태가 옳게 연결된 것은?

① 목재, 나프탈렌－증발연소
② 목탄, 종이－표면연소
③ 마그네슘, 질산에스터류－자기연소
④ 플라스틱, 석탄, 면－분해연소

12

회독 ☐ ☐ ☐

가연물 구비조건과 위험도와의 상관관계로 옳지 않은 것은?

① 가연성기체의 화학적 활성도가 클수록 위험도가 커진다.
② 가연성액체의 발열량이 클수록 위험도가 커진다.
③ 가연성액체의 활성화에너지가 작을수록 위험도가 커진다.
④ 가연성기체의 비중이 작을수록 위험도가 커진다.

13

회독 ☐ ☐ ☐

인화성액체에 의한 화재의 패턴 중 〈보기〉에서 설명하는 화재패
턴으로 옳은 것은?

> **보기**
> 인화성액체 가연물이 바닥에 쏟아졌을 때 쏟아진 부분과 쏟
> 아지지 않은 부분의 탄화 경계 흔적으로, 액체가연물이 있는
> 곳은 다른 곳보다 연소형태가 강하기 때문에 정도의 강약에
> 의해서 구분된다.

① 도넛패턴(Doughnut pattern)
② 스플래시패턴(Splash pattern)
③ 원형패턴(Circular shaped pattern)
④ 포어패턴(Pour pattern)

14

회독 ☐ ☐ ☐

위험물의 자연발화에 영향을 주는 인자로 옳지 않은 것은?

① 열의 전도율 : 열전도율이 작을수록 자연발화하기 쉽다.
② 퇴적방법 : 열축적이 용이하도록 가연물이 적재되어 있으
　면 자연발화하기 쉽다.
③ 공기의 유통 : 공기의 유통이 잘 될수록 열축적이 용이하여
　자연발화하기 쉽다.
④ 발열량 : 발열량이 큰 물질인 경우 자연발화하기 쉽다.

15

물을 안개처럼 무상으로 방사하여 유류표면에 유화층을 형성시켜 공기의 접촉을 막아 소화하는 방법은 무엇인가?

① 피복소화
② 유화소화
③ 희석소화
④ 부촉매소화

16

일반적으로 목조건물은 빠르면 출화 후 5~10분에 플래시오버 현상이 발생될 수 있는데, 이때의 실내온도를 대략 얼마 정도로 추정하는가?

① 700~800℃
② 800~1,000℃
③ 1,000~1,200℃
④ 1,200~1,300℃

17

기체의 연소는 공기 중 가연성가스의 확산에 의해 혼합가스를 생성하여 연소하는 현상을 말하는데, 다음 중 기체의 연소에 해당하지 않는 것은?

① 폭발연소
② 확산연소
③ 증발연소
④ 예혼합연소

18

「위험물안전관리법 시행규칙」에 의할 때 위험물 운반용기 외부에 표시하는 주의사항을 잘못 나타낸 것은?

① 적린 : 화기주의
② 탄화칼슘 : 물기엄금
③ 아세톤 : 화기엄금
④ 과산화수소 : 화기주의

19

'A' 기체 2g이 100℃에서 압력이 730mmHg, 부피가 600mL일 때 이 기체의 분자량은 얼마인가? (A는 이상기체 상태이며, 계산 시 소수점은 반올림한다.)

① 약 98
② 약 100
③ 약 106
④ 약 110

20

5℃ 물 2L가 100℃ 수증기로 변화하는 데 필요한 열량은 얼마인가?

① 634cal
② 634kcal
③ 1,268cal
④ 1,268kcal

21

「화재조사 및 보고규정」에 따른 화재건수의 결정으로 옳지 않은 것은?

① 1건의 화재란 1개의 발화지점에서 확대된 것으로 발화부터 진화까지를 말한다.
② 동일 소방대상물의 발화점이 2개소 이상 있는 누전점이 동일한 누전에 의한 화재는 1건의 화재로 한다.
③ 동일 소방대상물의 발화점이 2개소 이상 있는 지진, 낙뢰 등 자연현상에 의한 다발화재는 1건의 화재로 한다.
④ 동일범이 아닌 각기 다른 사람에 의한 방화, 불장난이 동일 대상물에서 발화했다면 1건의 화재로 한다.

22

제1류 위험물의 일반적 성질이 아닌 것은?

① 대부분 유기화합물이며, 그 자체에 산소를 가지고 있다.
② 가열·충격·마찰 등으로 분해되어 쉽게 산소가 발생한다 (화기·충격·접촉 주의).
③ 대부분 수용성이고, 수용성 상태에서도 산화성이다.
④ 불연성 물질이지만 산소를 방출하여 가연성물질의 연소를 돕는다.

23

회독 ☐☐☐

「재난 및 안전관리 기본법」에서 사용하는 용어의 정의로 옳지 않은 것은?

① '재난'이란 국민의 생명·신체·재산과 국가에 피해를 주거나 줄 수 있는 것으로 자연재난, 사회재난 등으로 나뉘며 태풍, 화재, 환경오염사고 등으로 인한 피해를 말한다.
② '재난관리'란 재난이나 그 밖의 각종 사고로부터 사람의 생명·신체 및 재산의 안전을 확보하기 위하여 하는 모든 활동을 말한다.
③ '재난관리책임기관'이란 재난관리업무를 하는 중앙행정기관 및 지방자치단체와 지방행정기관·공공기관·공공단체 및 재난관리의 대상이 되는 중요시설의 관리기관 등으로서 대통령령으로 정하는 기관을 말한다.
④ '긴급구조'란 재난이 발생할 우려가 현저하거나 재난이 발생하였을 때에 국민의 생명·신체 및 재산을 보호하기 위하여 긴급구조기관과 긴급구조지원기관이 하는 인명구조, 응급처치 그 밖에 필요한 모든 긴급한 조치를 말한다.

24

회독 ☐☐☐

연소이론에 대한 설명으로 옳지 않은 것은?

① 목탄, 활성탄은 흡착열에 의하여 자연발화가 가능하다.
② 공기 중에 있는 가연성가스 중 아세틸렌의 연소범위가 가장 넓다.
③ 증발연소하는 고체 가연물로는 파라핀, 왁스, 장뇌 등이 있다.
④ 연소란 물질이 공기 중에서 산소를 공급받아 열과 빛을 발하는 산화작용으로 외부의 점화원 접촉으로 연소를 시작할 수 있는 최저온도를 발화점이라 한다.

25

회독 ☐☐☐

제연설비의 풍속 기준에 관한 내용으로 옳지 않은 것은?

① 예상제연구역의 공기유입 풍속은 5m/sec 이하로 할 것
② 배출기의 흡입측 풍도(유입풍도)의 풍속은 15m/sec 이하로 할 것
③ 유입풍도 안의 풍속은 15m/sec 이하로 할 것
④ 배출측 풍도(배출풍도)의 풍속은 20m/sec 이하로 할 것

01

회독 □ □ □

연소에 관한 설명으로 옳지 않은 것은?

① 연소는 빛과 열의 발생을 수반하는 급격한 산화반응이다.
② 연소의 3요소는 가연물, 산소, 점화원이다.
③ 열분해에 의해 산소를 발생시키며 연소하는 현상은 분해연소이다.
④ 가연물의 인화점이 낮을수록 연소 위험성이 커진다.

02

회독 □ □ □

플래시오버(Flash Over)현상에 대한 설명으로 옳지 않은 것은?

① 플래시오버현상은 점화원의 위치와 크기, 가연물의 양과 성질, 개구부의 크기, 실내 마감재 등에 영향을 받는다.
② 단열성이 작은 내장재일수록 플래시오버현상을 촉진시킬 수 있다.
③ 천장부근에 가연성가스가 축적되어 어느 시기에 이르러 폭발적으로 연소하는 현상이다.
④ 플래시오버현상은 벽재료보다 천장재에 더 크게 영향을 받으며, 개구부의 크기가 클수록 플래시오버현상을 촉진시킨다.

03

회독 □ □ □

가연성 물질의 화재 위험성에 대한 설명으로 옳은 것은?

① 비열, 연소열, 비점이 작거나 낮을수록 위험하다.
② 증발열, 연소열, 연소속도가 크거나 빠를수록 위험하다.
③ 점성, 인화점, 발화점이 작거나 낮을수록 위험하다.
④ 비중, 압력, 융점이 크거나 높을수록 위험하다.

04

회독 □ □ □

「소방의 화재조사에 관한 법률」 및 「화재조사 및 보고규정」상 내용으로 옳지 않은 것은?

① 「소방기본법」에 따른 소방대상물에서 발생한 화재는 화재조사 대상이다.
② 화재조사 사항으로는 화재원인에 관한 사항과 화재로 인한 인명·재산피해상황 등이 있다.
③ 건축물의 동수 산정 시 건물의 외벽을 이용하여 실을 만들어 헛간, 목욕탕, 작업실, 사무실 및 기타 건물 용도로 사용하고 있는 것은 주건물과 1동으로 본다.
④ 건물의 소실면적 산정은 소실 입체면적의 비율이 기준이다.

05

회독 □ □ □

화재현장에서 발생하는 유독가스의 발생조건과 허용범위로 옳지 않은 것은?

	유독가스	발생조건	허용농도
①	일산화탄소(CO)	가연물의 불완전연소 시 발생	50ppm
②	아황산가스(SO_2)	중질유, 고무, 황화합물 등의 연소 시 발생	5ppm
③	염화수소(HCl)	플라스틱, PVC 등의 연소 시 발생	5ppm
④	암모니아(NH_3)	프레온 가스와 불꽃의 접촉 시 발생	0.1ppm

06

회독 □ □ □

다음의 그래프에 대한 설명으로 옳지 않은 것은?

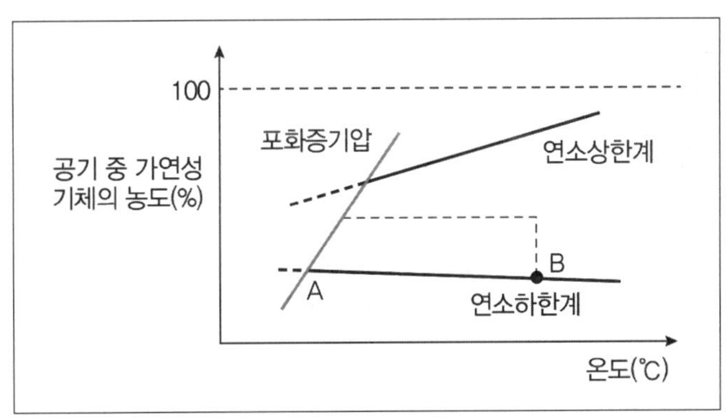

① 'A'점은 외부에너지에 의해 발화하기 시작하는 최저연소온도이다.
② 'B'점은 'A'점보다 일반적으로 온도가 수백 도가 높다.
③ 'A'점은 화학양론비(stoichiometric ratio)에서의 최저연소온도이다.
④ 'B'점은 외부의 직접적인 점화원 없이 가열된 열의 축적에 의하여 발화가 되고 연소가 시작되는 최저온도이다.

07

연소 시 발생하는 이상 현상으로, 연료가 연소될 때 연료의 분출 속도가 연소속도보다 느려 불꽃이 염공(焰孔)속으로 빨려 들어가 혼합관 속에서 연소하는 현상으로 옳은 것은?

① 역화(back fire)
② 선화(lifting)
③ 블로우 오프(blow off)
④ 황염(yellow tip)

08

다음 중 건축물 화재 시 일어날 수 있는 연기의 유동에 대한 설명으로 옳지 않은 것은?

① 굴뚝효과를 방지하려면 개구부에 방풍실을 설치하면 찬공기의 유입으로 인한 부력효과를 억제할 수 있어 도움이 된다.
② 건물 화재 시 실내·외의 압력이 같아지는 지점 또는 실내·외 정압이 같아지는 경계면이 생성되고, 건축물 내부의 압력이 외부의 압력과 일치하는 수평적인 위치를 중성대라 한다.
③ 역굴뚝효과 발생 시 화재 시 외부 공기는 상층으로 유입되고, 실내의 연기는 건물 하부로 배출된다.
④ 고층 건물에서는 굴뚝효과에 의하여 연기가 상승하고, 저층 건물에서는 열, 대류이동, 화재압력과 같은 영향 및 바람의 영향으로 통로 등을 따라 연기 이동이 일어나는 원인이 된다.

09

화재와 소화의 일반적인 설명으로 옳지 않은 것은?

① 플래시오버현상의 발생점은 성장기 마지막이자 최성기 시작점이다.
② 플래시오버현상의 원인은 화재 시 서서히 공급되는 복사열로 인해 발생한다.
③ 부촉매소화는 라디칼(유리기)을 흡착하여 연소상태를 저지하는 화학적 소화방법이다.
④ 화재 시 전기전원 차단, 가스밸브를 잠그는 것과 촛불을 입으로 불어서 끄는 것은 제거소화이다.

10

「재난 및 안전관리 기본법」의 제정 목적으로 옳은 것을 모두 고르시오.

> ㉠ 안전문화 활동
> ㉡ 재난의 예방, 경계, 진압
> ㉢ 국민의 생명·신체 및 재산을 보호
> ㉣ 재난의 예방·대비·대응·복구

① ㉠, ㉡
② ㉠, ㉢
③ ㉠, ㉢, ㉣
④ ㉠, ㉡, ㉢

11

다음 설명 중 옳지 않은 것은?

① 물에 계면활성제를 첨가하면 표면장력이 커진다.
② 환기지배형 화재는 통기가 적고 가연물이 적절하다.
③ 산소 또는 압력이 많아지면 연소범위의 상한계는 커진다.
④ 냉각에 의한 소화는 점화에너지를 차단하여 연소를 막는다.

12

폭발에 대한 설명으로 옳은 것은?

① 기상폭발은 분해폭발, 분무폭발, 분진폭발, 수증기폭발이 있다.
② 폭발한계에 영향을 주는 요소는 온도, 압력, 산소, 환원제이다.
③ 폭발의 영향은 압력, 비산, 열, 지진의 4가지로 구분할 수 있다.
④ 폭굉은 반응 또는 화염면의 전파가 분자량이나 난류확산에 영향을 받는다.

13

「재난 및 안전관리 기본법」의 용어의 정의로 옳지 않은 것은?

① 긴급구조기관이란 소방청·소방본부 및 소방서를 말한다. 다만, 해양에서 발생한 재난의 경우에는 해양경찰청·지방해양경찰청 및 해양경찰서를 말한다.
② 다중운집인파사고 등으로 인하여 발생하는 대통령령으로 정하는 규모 이상의 피해와 국가핵심기반의 마비는 사회재난에 속한다.
③ 해외재난은 대한민국의 영역 밖에서 대한민국 국민의 생명·신체 및 재산에 피해를 주거나 줄 수 있는 재난으로서 정부차원에서 대처할 필요가 있는 재난을 말한다.
④ 재난관리주관기관은 중앙행정기관, 지방자치단체, 지방행정기관·공공기관·공공단체 등을 말한다.

14

회독 ☐ ☐ ☐

질식, 냉각의 주효과를 가지며 소화속도가 느리고 사용 후 오염이 큰 것은?

① 물 소화약제
② 할론 소화약제
③ 이산화탄소 소화약제
④ 포 소화약제

15

회독 ☐ ☐ ☐

분말소화약제에 대한 설명으로 옳지 않은 것은?

① 제1종 분말－연소 시 생성된 활성기가 분말의 표면에 흡차되거나, 탄산수소나트륨의 Na+이온에 의해 안정화되어 연쇄반응이 차단되는 효과가 있다.
② 제2종 분말－소화능력은 제1종 분말소화약제보다 약 1.67배 우수하지만 요리용 기름이나 지방질 기름과 비누화 반응을 일으키지 않는다.
③ 제3종 분말－소화효과는 냉각, 질식, 방진, 부촉매, 열차단, 탈수·탄화작용이 있으나 불씨연소 및 작열연소에는 소화력을 발휘하지 못하는 특징이 있다.
④ 제4종 분말－분말 소화약제 중 가장 우수하다. 특히 B급, C급 화재에는 소화효과가 우수하나 A급 화재에는 효과가 적다.

16

회독 ☐ ☐ ☐

위험물안전관리법령의 분류에 따른 제3류 위험물에 대한 설명으로 옳지 않은 것은?

① 자연발화성 물질 및 금수성 물질이며 고체 또는 액체로서 공기 중에서 발화의 위험성이 있거나 물과 접촉하여 발화하거나 가연성가스를 발생하는 위험성이 있는 것이다.
② 칼륨, 나트륨, 알킬알루미늄, 알킬리튬, 황린은 직접연소하고 나머지는 직접연소하지 않는다.
③ 황린을 제외한 제3류 위험물은 주수소화를 금지한다.
④ 칼륨, 나트륨, 알킬알루미늄, 알킬리튬은 물보다 가볍고 나머지는 물보다 무겁다.

17

회독 ☐ ☐ ☐

자동화탐지설비의 음향장치에 관한 설치 기준으로 옳은 것만을 모두 고르시오.

> ㉠ 주 음향장치는 수신기의 상부 또는 그 직근에 설치한다.
> ㉡ 음향장치의 경보거리는 수평거리 25m 이하로 한다.
> ㉢ 정격전압의 80% 전압에서 음향을 발할 수 있어야 한다.
> ㉣ 음량은 부착된 음향장치의 중심으로부터 2m 떨어진 위치에서 90dB 이상이 되는 것으로 할 것
> ㉤ 11층 이상의 층에서 발화한 때에는 발화층 및 그 직상층에 한하여 우선적으로 경보를 발할 수 있도록 하여야 한다.

① ㉠
② ㉠, ㉡
③ ㉠, ㉡, ㉢
④ ㉠, ㉡, ㉢, ㉣, ㉤

18

회독 ☐ ☐ ☐

「응급의료에 관한 법률 시행규칙」상 2급 응급구조사의 업무 범위로 옳은 것은?

① 심폐소생술의 시행을 위한 기도유지(기도기(airway)의 삽입 등)
② 외부출혈의 지혈 및 창상의 응급처치
③ 심정지 시 에피네프린 투여
④ 아나필락시스 쇼크 시 자동주입펜을 이용한 에피네프린 투여

19

회독 ☐ ☐ ☐

다음 중 〈보기〉에서 설명하는 것은?

> **보기**
> • 펌프와 발포기관의 배관 중간에 포소화약제 저장탱크 및 혼합기를 설치하여 약제탱크로 소화용수를 유입시켜 소화용수의 수압에 의한 압입과 혼합기의 벤투리효과에 의한 흡입을 이용한 것으로 약제 탱크에는 격막이 있는 것과 없는 것의 2종류가 있다.
> • 혼합비에 도달하는 시간이 다소 소요된다(소형 : 2~3분, 대형 : 15분).
> • 격막이 없는 저장탱크의 경우 물이 유입되면 재사용이 불가능해진다.

① 라인 프로포셔너
② 펌프 프로포셔너
③ 프레져 프로포셔너
④ 압축공기포 혼합장치

20

회독 ☐☐☐

다음 설명 중 옳지 않은 것은?

① 소방행정의 특수성 중 업무적 특성은 긴급성, 계층성, 규제성, 전문성, 신속·대응성, 위험성, 현장성, 결과성, 가외성 등으로 구분한다.
② 소방조직의 기본원리는 분업의 원리, 명령 통일 원리, 업무 조정 원리, 계층제의 원리, 통솔범위 원리, 계선의 원리, 부분화 원리 등을 말한다.
③ 민간소방조직은 의용소방대, 자체소방대, 자위소방대, 위험물안전관리자, 소방안전관리자, 민간민방위대 등이 있다.
④ 의용소방대원이란 화재진압, 구조·구급 등의 소방업무를 체계적으로 하기 위하여 시·도 및 시·읍·면에 두며, 비상근으로 재난현장으로 배치해서 활동하는 대원을 말한다.

21

회독 ☐☐☐

다음 중 병원 전(前) 응급환자 중증도 분류에 대한 내용으로 옳지 않은 것은?

① 병원 전(前) 응급환자 중증도 분류상 잠재응급은 응급환자 이송이 아닌 경우로 응급실 진료가 필요하지 않다.
② 경증환자보다 중증환자의 안전·이송·분류에 효과가 있다.
③ 병원 전(前) 응급환자 중증도 분류상 응급은 불안정한 활력증후 등의 증상이다.
④ 병원 전(前) 응급환자 중증도 분류상 준응급은 수시간 내 처치가 필요한 경우이다.

22

회독 ☐☐☐

20℃, 1기압에서 황(S) 2kg이 공기 중에서 완전연소할 때 발생되는 이산화황의 발생량(kg)은? (단, 완전연소 시 발생되는 물질은 이산화황만 발생하며, 압축성의 유체로 가정한다. 황(S)의 원자량은 32g, 산소(O)의 원자량은 16g이다.)

① 4.00
② 4.35
③ 4.50
④ 4.75

23

회독 ☐☐☐

백드래프트 징후에 대한 설명으로 옳지 않은 것은?

① 창문에 검은색 액체의 농연 응축물이 흘러내리거나 얼룩이 진 자국이 관찰된다.
② 거의 완전히 폐쇄된 건물이며 밀폐된 공간에서 훈소연소를 한다.
③ 화염은 보이지 않으나 창문이나 문손잡이가 뜨겁다.
④ 균열된 틈이나 작은 구멍을 통하여 건물 밖으로 연기가 밀려 나온다.

24

회독 ☐☐☐

연료지배형화재와 환기지배형화재의 특징으로 옳지 않은 것은?

① 환기지배형화재는 공기공급이 충분하지 않으므로 불완전 연소가 심하다.
② 연료지배형화재는 공기공급이 충분한 조건에서 발생한 화재가 일반적이다.
③ 연료지배형화재는 주로 큰 창문이나 개방된 공간에서, 환기지배형화재는 내화구조 및 콘크리트 지하층에서 발생하기 쉽다.
④ 환기지배형화재에서 연소속도는 환기요소인 개구부 면적(A)과 개구부 높이(H)에 같이 비례하지만, 면적보다는 높이에 더 큰 영향을 받는다.

25

회독 ☐☐☐

다음의 소방행정에 대한 설명으로 옳지 않은 것은?

① 소방조직은 화재를 비롯한 각종 재난과 사고로부터 국민의 생명·신체 및 재산을 보호함으로써 공공의 안녕 및 질서 유지와 복리증진에 이바지함을 목적으로 하는 공익조직이다.
② 도시의 인구집중화 현상, 건물의 고층화와 대형화, 지하 생활공간의 확대, 가스·위험물시설 및 사용량의 증가, 불특정 다수가 운집하는 백화점이나 영화관의 증가 등 생활환경의 변화로 인해 소방의 역할은 날로 증가하고 있다.
③ 우리나라의 소방은 2020년 소방공무원의 국가직으로의 신분 전환 이후 국가소방체제를 운용하고 있다.
④ 소방행정은 위급한 재난에 대응하는 위기관리(emergency management)의 성격을 지니므로 일반 행정과는 다소 다른 특징도 갖는다.

소방학개론 동형 모의고사

01

한계산소지수(LOI)와 최소산소농도(MOC)에 대한 설명으로 바르지 않은 것은?

① 물질을 연소시킬 때 산소 소모량이 적다는 것은 해당 물질이 가연성, 즉 가연물의 구비조건이 좋다는 의미이다.
② 한계산소지수(LOI)는 섬유류와 같은 고분지 물질을 방염처리하여 연소 시 많은 산소가 필요한 제품을 생산하는 데 적용한다.
③ 가연성 기체의 화염을 전파하기 위해서는 최소한의 산소농도(MOC)가 요구되며 이를 산소최소농도라 한다.
④ CO_2, 수증기, N_2 등의 불활성기체를 가연성 혼합기에 첨가하면 최소산소농도(MOC)는 증가한다.

02

특수화재 대응절차에 관한 설명으로 옳지 않은 것은?

① 비등액체팽창증기폭발(BLEVE)은 화염이나 복사열에 의해 탱크가 가열되는 것을 방지하기 위해 소방대는 소화작업과 별도로 보호하고자 하는 위험물 탱크에 냉각주수를 실시하고 열화상 카메라로 탱크 전표면적의 온도를 체크하며 대응하는 것이 효율적이다.
② 보일오버(Boil over)가 발생한 경우 탱크의 드레인(drain) 밸브를 개방하여 탱크에 고인 물을 제거하거나 모래 등을 탱크 내부로 던져서 물이 끓기 전에 비등석이 기포를 막아 갑작스러운 물의 비등을 억제한다.
③ 파이어볼(Fire ball)이 발생한 경우 밸브나 배관에서 누출되는 가스가 연소하는 화염은 소화하지 않고, 그 화염에 의해서 가열되는 면을 냉각한다.
④ 백드래프트(Back draft)의 3대 소화 전술로는 배연·배열 지연법, 공기차단 지연법, 냉각 지연법이 있다.

03

화학적 폭발에 대한 설명으로 관계 없는 것은?

① 수증기폭발은 밀폐 공간 속의 물이 급속히 기화하면서 많은 양의 수증기가 발생함으로써 증기압이 높아져 이것이 공간을 구획하고 있는 용기나 구조물의 내압을 초과하여 파열되는 현상이나.
② 분해폭발은 산소에 관계없이 단독으로 발열 분해 반응을 하는 물질에 의해서 발생하는 폭발이다.
③ 중합폭발은 단량체의 중합반응에 따른 발열량에 의한 폭발로 대표적인 예로는 산화에틸렌, 시안화수소, 염화비닐 등이 있다.
④ 가스폭발은 가연성가스가 폭발범위 내의 농도로 공기나 조연성가스 중에 존재할 때 점화원에 의해 폭발하는 현상이다.

04

위험물에 대한 일반적 성질로 옳지 않은 것은?

① 제1류 위험물은 불연성 물질이지만, 다른 가연물의 연소를 돕는 조연성(지연성) 물질이다.
② 제2류 위험물 중 금속분은 물이나 산과 접촉하면 발열하게 된다.
③ 제3류 위험물 중 황린을 제외하면 물에 대한 위험반응을 초래하는 고체 및 액체 물질이다.
④ 제4류 위험물은 산소의 공급 없이 가열·충격으로 연소·폭발이 가능하다.

05

회독 ☐☐☐

상온에서 고체상태로 존재하는 물질의 연소에 대한 설명으로 옳지 않은 것은?

① 증발연소란 파라핀, 나프탈렌 등 가연성 고체가 열에 녹아 액체가 되어 가연성 증기와 공기의 혼합상태에서 연소하는 현상이다.

② 자기연소란 분자 내 산소를 갖고 있어 외부로부터 산소 공급 없이 자기내부의 연소형태를 갖는 현상이다.

③ 표면연소란 휘발성이 있는 고체 가연물이 고온 시 표면에서 공기와 접촉해 그 자체에 불꽃을 가지고 연소하는 현상이다.

④ 분해연소는 불꽃연소의 한 형태로 가연성 고체가 뜨거운 열을 만나 으스러지면서 분해생성물이 공기와 혼합기체를 만들어 연소하는 현상이다.

06

회독 ☐☐☐

자연발화에 관한 설명으로 옳지 않은 것은?

① 자연발화는 가연물의 열전도율이 낮을수록 발생하기 쉽다.

② 저장공간의 온도가 높으면 자연발화가 촉진될 수 있다.

③ 황린의 자연발화를 방지하기 위해서는 물 속에 저장해야 한다.

④ 유지류의 경우 아이오딘값(Iodine value)이 작을수록 자연발화하기 쉽다.

07

회독 ☐☐☐

최소 발화에너지에 대한 설명 중 옳은 것은?

① 가연성가스의 조성이 화학양론적 농도 부근일 경우 최소발화에너지가 최저가 된다.

② 온도가 클수록 분자 간의 거리가 멀어져 최소발화에너지는 작아진다.

③ 농도가 높으면 분자 간의 거리가 멀어져 최소발화에너지는 작아진다.

④ 열전도율이 높을수록 열축적이 잘 일어나서 최소발화에너지가 작아진다.

08

회독 ☐☐☐

제6류 위험물에 대한 설명 중 바르지 않은 것은?

① 산화성액체로서 강산성 물질이라 하며 강한 부식성을 갖는 물질 및 많은 산소를 함유하고 있는 물질 등으로 이루어져 있다.

② 가연물과 혼합한 것은 접촉발화하거나 가열 등에 의해 위험한 상태로 된다.

③ 제6류 위험물은 모두 물과 접촉하면 심하게 발열한다.

④ 제6류 위험물은 과염소산, 과산화수소, 질산, 할로젠간화합물이나 이 중 어느 하나 이상을 함유한 것이다.

09

회독 ☐☐☐

연소속도의 특징에 대한 설명으로 옳지 않은 것은?

① 연소속도는 온도와 압력이 높을수록 빨라지며, 화염이 미연소 혼합가스에 대하여 직각으로 들어오는 속도를 말한다.

② 연소속도는 혼합가스에서 연소속도가 빠른 수소, 메틸렌가스의 함유율이 많을수록 빨라진다.

③ 연소속도는 보통 가스의 층류 연소속도를 말하는데, 화재는 '난류' 연소속도이다.

④ 파라핀계 탄화수소는 탄소 수가 증가할수록 연소범위는 넓어지고, 연소속도는 빨라진다.

10

회독 ☐☐☐

이산화탄소 소화설비에 대한 설명으로 옳지 않은 것은?

① 전역방출방식의 경우 피복효과를 통하여 일반화재에도 적응성이 있다.

② 국소방출방식의 경우 냉각과 질식효과를 동반한다.

③ 화학적 소화효과가 있다.

④ 고압가스이므로 별도의 방사 압력원 없이 자체 압력만으로 사용이 가능하다.

11

회독 ☐☐☐

연소반응이 일어나고 있는 연소물이나 화원을 제거함으로써 연소반응을 중지시켜 소화하는 방법에 대한 설명으로 옳지 않은 것은?

① 산불화재가 발생한 경우 방화선을 구축한다.

② 가스화재가 발생한 경우 원료 공급관의 밸브를 잠근다.

③ 전기화재가 발생한 경우 물분무 주수하거나 할로젠화합물 소화설비를 가동한다.

④ 유전화재가 발생한 경우 질소폭탄을 투하하여 순간적으로 유전표면의 증기를 날려 보낸다.

12

「소방의 화재조사에 관한 법률」 및 그 하위법령과 「화재조사 및 보고규정」에 따른 화재조사에 관한 설명으로 옳지 않은 것은?

① 「소방의 화재조사에 관한 법률」에 따른 화재란 사람의 의도에 반하거나 고의 또는 과실에 의하여 발생하는 연소 현상으로서 소화할 필요가 있는 현상 또는 사람의 의도에 반하여 발생하거나 확대된 화학적 폭발현상을 말한다.

② 「소방의 화재조사에 관한 법률 시행령」에 따라 소방관서장은 화재조사전담부서에 화재조사관을 2명 이상 배치해야 한다.

③ 「화재소사 및 보고규정」에 따른 1건의 화재란 1개의 발화지점에서 확대된 것으로 발화부터 진화까지를 말한다.

④ 「화재조사 및 보고규정」에 따라 화재의 소실정도의 산정은 소실 바닥면적으로 산정한다.

13

전기설비 **방폭구조** 중 〈보기〉가 설명하고 있는 **방폭구조**는 어느 것인가?

> **보기**
>
> 폭발 분위기에 노출된 상태에 있는 기계 기구 내의 전기에너지, 권선 상호접속에 의한 전기불꽃 또는 열 영향을 점화에너지 이하의 수준까지 제한하는 것을 기반으로 하는 방폭구조

① 압력 방폭구조   ② 안전증가 방폭구조

③ 유입 방폭구조   ④ 본질안전 방폭구조

14

포소화약제 혼합방식에 대한 설명으로 옳은 것은?

① 라인 프로포셔너 : 펌프와 발포기의 중간에 설치된 벤투리관의 벤투리 작용에 의하여 포소화약제를 흡입, 혼합하는 방식

② 펌프 프로포셔너 : 펌프와 발포기의 중간에 설치된 벤투리관의 작용과 펌프 가압수의 포소화약제 저장탱크에 대한 압력에 의하여 포소화약제를 흡입, 혼합하는 방식

③ 프레져 프로포셔너 : 펌프 토출관에 압입기를 설치하여 포소화약제 압입용 펌프로 포소화약제를 압입시켜 혼합하는 방식

④ 프레져사이드 프로포셔너 : 펌프의 토출관과 흡입관 사이의 배관 도중에 설치한 흡입기에 펌프에서 토출된 물의 일부를 보내고 농도 조절밸브에서 조정된 포소화약제의 필요량을 포소화약제 탱크에서 펌프 흡입측으로 보내어 약제를 혼합하는 방식

15

「재난 및 안전관리 기본법」상의 내용이다. 다음 〈보기〉의 괄호 안에 들어갈 내용으로 바른 것은?

> **보기**
>
> (㉠)는/은 재난 및 안전관리에 관한 과학기술의 진흥을 위하여 (㉡)마다 관계 중앙행정기관의 재난 및 안전관리기술개발에 관한 계획을 종합하여 조정위원회의 심의와 「국가과학기술자문회의법」에 따른 국가과학기술자문회의의 심의를 거쳐 재난 및 안전관리기술개발 종합계획(개발계획)을 수립하여야 한다.

	㉠	㉡
①	국무총리	1년
②	국무총리	5년
③	행정안전부장관	1년
④	행정안전부장관	5년

16

분말소화약제는 제1종·제2종·제3종·제4종으로 구분하고 있는데, 현재 사무실이나 복도 등에서 흔히 볼 수 있는 제3종 분말소화약제의 주성분으로 바른 것은?

① $KHCO_3$ ② $NaHCO_3$

③ $KHCO_3 + (NH_2)_2CO$ ④ $NH_4H_2PO_4$

17

조선 초기에 최초의 소방관 또는 소방수를 지칭하는 용어로 바른 것은?

① 금화도감   ② 금화군

③ 멸화군   ④ 상비소방수

18

「소방공무원법」 및 그 임용령상 소방공무원 임용 등에 관하여 옳지 않은 것은?

① 소방공무원 중 소방경 이하는 소방청장이 임용한다.

② 소방공무원 중 소방령 이상은 대통령이 임용한다.

③ 소방공무원 중 시·도 소속 소방공무원은 시·도지사가 임용한다.

④ 소방령 이상 소방준감 이하의 소방공무원에 대한 정직·복직·직위해제·전보·휴직·강등은 소방청장이 행한다.

19

회독 □ □ □

자동화재탐지설비 수신기의 화재신호와 연동으로 작동하여 관계인에게 화재발생을 경보함과 동시에 소방관서에 자동적으로 통신망을 통한 당해 화재발생 및 당해 소방대상물의 위치 등을 음성으로 통보하여 주는 것은?

① 통합감시시설   ② 비상경보설비
③ 비상방송설비   ④ 자동화재속보설비

20

회독 □ □ □

화재 시의 제연 방식 중 다음 〈보기〉에서 설명하고 있는 제연방식으로 바른 것은?

> **보기**
>
> 기계급기, 자연배기로서 불의 확대로 복도로의 역류에 주의하며, 아파트의 피난계단, 특별피난계난 등에 주로 사용한다.

① 제1종 제연방식   ② 제2종 제연방식
③ 제3종 제연방식   ④ 제4종 제연방식

21

회독 □ □ □

기체연소에 대한 설명으로 옳지 않은 것은?

① 기체연소는 가연성 기체가 공기와 결합하여 연소범위에 들어가면서 연소가 시작되는 연소형태이다,
② 기체연소는 물적조건(연소범위) 및 에너지 조건(발화에너지)을 만족하여야 한다.
③ 확산연소는 가연성 기체가 확산되면서 연소하는 것으로 기체의 일반적인 연소형태이며, 연료노즐에서 흐름이 난류인 경우 확산연소에서 화염의 높이는 분출 속도에 비례한다.
④ 예혼합연소는 연소시키기 전에 이미 연소 가능한 혼합가스를 만들어 연소시키는 것으로서 예혼합연소는 확산연소보다 반응속도, 즉 연소속도가 더 빠르게 진행된다.

22

회독 □ □ □

다음의 천장제트흐름(Ceiling Jet Flow)에 대한 설명으로 틀린 것은?

① 화재 플럼의 부력에 의하여 발생되며 천장면을 따라 빠르게 흐르는 기류이다.
② 화원의 크기와 위치의 영향을 받으나 화원에서 천장까지의 높이에 영향을 받지 않는다.
③ 스프링클러 헤드나 화재 감지기는 이 현상의 영향 범위에 설치한다.
④ 흐름의 두께는 천장에서 화염까지 높이의 5~12% 내의 범위이다.

23

회독 □ □ □

다음 중 폭연과 폭굉에 대한 설명으로 옳은 것은?

① 폭굉은 화염면에서 상대적으로 완만한 에너지 변화에 의해서 온도, 압력 밀도가 연속적이다.
② 폭연은 열에 의한 전파보다 충격파에 의한 압력에 영향을 받는다.
③ 폭굉은 반응 또는 화염면의 전파가 물질의 분자량이나 공기의 난류확산에 영향을 받는다.
④ 폭연은 물질의 전달속도에 영향을 받는다.

24

회독 □ □ □

제3종 분말소화약제에서 볼 수 있는 소화작용으로 메타인산(HPO_3)이 숯불 모양으로 연소하는 가연물질을 덮어 소화하는 방법은 무엇인가?

① 피복소화   ② 방진소화
③ 희석소화   ④ 부촉매소화

25

회독 □ □ □

화재실의 내부에서 발생한 화염에 의해 벽으로 열이 전달된 경우 화염으로부터 벽에 전달되는 대류 열 유속은 얼마인가? (대류열 전달 계수는 $1W/m^2℃$, 화염의 온도는 $930℃$, 벽의 온도는 $30℃$, 벽의 면적은 $3m^2$이다.)

① $300W/m^2$ ② $900W/m^2$
③ $1,800W/m^2$ ④ $2,700W/m^2$

소방학개론 동형 모의고사

01

회독 □ □ □

제6류 위험물의 안전관리와 소화방법으로 옳지 않은 것은?

① 불연성이지만 연소를 돕는 물질이므로 화재가 발생한 경우에는 가연물과 격리하여야 한다.

② 원칙적으로 질식소화보다 물로 소화하는 것이 좋다.

③ 용기를 밀선하고 파손방지, 전도방지, 변형방지에 주의한다.

④ 화기엄금과 직사광선을 차단하고 강환원제, 유기물질, 가연성 위험물과의 접촉을 피한다.

02

회독 □ □ □

위험물 저장탱크에서 유출된 가스가 구름을 형성하며 떠다니다가 점화원과 접촉하는 동시에 폭발이 일어나는 기상폭발을 무엇이라고 하는가?

① 가스폭발　　　　　② 분진폭발

③ 분무폭발　　　　　④ 증기운폭발

03

회독 □ □ □

재난관리기금의 적립 및 운용에 관한 설명 중 옳지 않은 것은?

① 지방자치단체는 재난관리에 드는 비용에 충당하기 위하여 매년 재난관리기금을 적립하여야 한다.

② 재난관리기금의 매년도 최저적립액은 최근 3년 동안의 「지방세법」에 의한 보통세 수입결산액의 평균연액의 100분의 1에 해당하는 금액으로 한다.

③ 재난관리기금에서 생기는 수입의 70%는 재난관리기금에 편입하여야 한다.

④ 매년도 최저적립액 중 일정비율 이상은 응급복구 또는 긴급한 조치에 우선적으로 사용하여야 한다.

04

회독 □ □ □

다음 중 열 감지기에 해당되는 것은?

① 정온식 감지선형 감지기

② 광전식 분리형 감지기

③ 이온화식 스포트형 감지기

④ 광전식 공기흡입형 감지기

05

회독 □ □ □

이산화탄소 소화설비 등의 설치 장소에 관한 기준으로 옳지 않은 것은?

① 방호구역 외의 장소에 설치할 것

② 방화문으로 구획된 실에 설치할 것

③ 용기 간의 간격은 점검에 지장이 없도록 10cm 이상 유지할 것

④ 저장용기와 집합관을 연결하는 배관에는 체크밸브를 설치할 것

06

회독 □ □ □

소화에 대한 용어설명으로 옳지 않은 것은?

① 질식소화는 소화에 필요한 산소를 차단하거나 그 농도를 낮추어 소화하는 방법으로서, 일반적으로 공기 중의 산소 농도를 15% 이하로 낮추어 소화하는 방법이다.

② 부촉매소화는 연소의 4요소 중 가연물의 연속적인 연쇄반응을 차단·억제하여 소화하는 방법으로, 물리적 소화방법에 해당된다.

③ 냉각소화는 연소의 4연소 중 발화원(열)을 발화점 이하로 냉각시켜 소화하는 방법으로서, 다량의 물 등을 이용하여 열을 흡수해 점화에너지를 차단하는 방법이다.

④ 제거소화는 연소물이나 화원을 제거·차단 또는 감량·파괴하여 소화하는 방법으로서, 가연물을 격리시켜 소화하는 방법을 말한다.

07

회독 □ □ □

중유와 같은 중질유탱크 화재를 소화하기 위하여 물 또는 폼 소화약제를 방사한 경우, 연소하는 위험물이 수증기로 변하면서 급격한 부피팽창이 일어나 탱크 외부로 기름이 분출하는 현상을 무엇이라 하는가?

① 보일오버 현상　　　② 슬롭오버 현상

③ 프로스오버 현상　　④ 플래시오버 현상

08

하인리히(Heinrich)의 재해예방 4원칙에 해당하지 않는 것은?

① 예방가능의 원칙
② 손실우연의 원칙
③ 원인결과의 원칙
④ 대책선정의 원칙

09

분말소화약제의 이상적인 조건에 해당되지 않는 것은?

① 분말의 안식각이 크고 유동성이 커야 한다.
② 장치에 대한 부식성과 열분해 시 독성이 나타나지 않아야 한다.
③ 다양한 입자크기(입도)가 유지되어 우수한 소화기능을 가져야 한다.
④ 수분에 대한 내습성과 시간에 따른 안전성이 커서 덩어리지는 현상이 없어야 한다.

10

에너지는 그 형태가 바뀌거나 한 물체에서 다른 물체로 에너지가 옮겨 갈 때에도 항상 전체 에너지의 총량이 변하지 않는다는 법칙은 무엇인가?

① 배수비례의 법칙
② 일정성분비의 법칙
③ 에너지보존의 법칙
④ 열량보존의 법칙

11

가연물의 연소 형태에 대한 설명을 옳지 않은 것은?

① 가연성 기체와 공기가 연소범위 농도 내에서 연소하는 것을 확산연소라 한다.
② 가연물의 증발연소는 액체 및 고체가연물의 연소형태를 말한다.
③ 고체의 분해연소는 가연성가스가 발생하는 과정을 거치지 않고 고체 자체가 연소하는 것을 말한다.
④ 예혼합연소는 기체의 연소형태 중 하나로 화염은 온도가 높고 색깔은 청색, 백색이다.

12

가연성 액체의 연소현상에 관한 설명으로 옳지 않은 것은?

① 가연성 액체의 연소와 관련된 온도는 발화점, 연소점, 인화점 순으로 높다.
② 인화점과 발화점이 가까운 액체일수록 재점화되기 쉽고 냉각에 의한 소화활동이 용이하지 않다.
③ 인화점과 연소점의 차이는 외부 점화원을 제거했을 경우 화염 전파의 지속성 여부에 따라 구분된다.
④ 연소반응은 열생성률(heat production rate)이 외부로의 열손실률(heat loss rate)보다 작은 조건에서 지속된다.

13

M.I.E(최소발화에너지)에 대한 설명이다. 바르지 않은 것은?

① 온도가 높으면 분자 간 운동이 활발해지므로 M.I.E(최소발화에너지)는 감소한다.
② 압력이 높으면 분자 간 거리가 가까워지므로 M.I.E(최소발화에너지)는 감소한다.
③ 가연성가스의 조성이 화학양론적농도 부근일 경우 M.I.E(최소발화에너지)는 최고가 된다.
④ 열전도율이 낮으면 M.I.E(최소발화에너지)는 감소한다.

14

세종 8년 최초의 소방관서라고 할 수 있는 금화도감이 설치되었는데 이 금화도감의 화재 대책이 아닌 것은?

① 통금시간이 시작되면 불을 끄러 가는 사람에게 구화패를 발급하였다.
② 화재가 발생하면 처음에는 소라껍질로 만든 나팔을 불었다.
③ 화재를 진화할 때에 군인은 병조에서 감독하였다.
④ 각 관아의 노비는 한성부에서 감독하였다.

15

화재조사 시 발화부원인의 추정 5원칙에 대한 설명으로 옳지 않은 것은?

① 균열흔은 발화부에 가까울수록 뜨거워서 잘고 가늘어지는 경향이 있다.
② 탄화심도는 발화부에 가까울수록 깊어지는 경향이 있다.
③ 화염은 수직의 가연물을 따라 상승하고 측면과 하부는 연소속도가 완만하다.
④ 발화건물의 기둥, 벽, 건자재 등은 발화부의 반대쪽으로 도괴하는 경향이 있다.

16

화재발생 시 연기가 침입하는 것을 방지하고 산소와 함께 외부의 신선한 공기를 불어 넣음으로써 인명대피와 동시에 소방대원의 소화활동을 원활하게 돕는 제연설비에 대한 설명으로 옳지 않은 것은?

① 하나의 제연구역 면적은 $600m^2$ 이내로 할 것
② 통로상 제연구역은 보행중심선의 길이가 60m를 초과하지 말 것
③ 하나의 제연구역은 직경 60m 원내에 들어갈 수 있을 것
④ 하나의 제연구역은 2개 이상 층에 미치지 말 것

17

「소방공무원법」 및 그 임용령상 소방공무원을 신규채용하는 경우 시보임용을 하는데, 다음 중 시보임용에 대한 설명으로 옳지 않은 것은?

① 휴직기간·직위해제기간 및 징계에 의한 정직 또는 감봉처분을 받은 기간은 시보임용기간에 산입하지 아니한다.
② 시보임용기간에 있는 소방공무원이 근무성적 또는 교육훈련성적이 불량한 때에는 면직시키거나 면직을 제청할 수 있다.
③ 소방공무원으로 임용되기 전에 그 임용과 관련하여 소방공무원 교육훈련기관에서 교육훈련을 받은 기간은 시보임용기간에 산입하지 아니한다.
④ 소방공무원을 신규채용하는 경우에는 소방장 이하는 6월, 소방위 이상은 1년의 기간을 시보로 임용하고 그 기간이 만료된 다음 날에 정규 소방공무원으로 임용한다.

18

「화재조사 및 보고규정」에 따른 화재조사에 관한 설명으로 옳지 않은 것은?

① 「소방의 화재조사에 관한 법률」 제5조 제1항에 따라 화재조사관은 화재발생 사실을 인지하는 즉시 화재조사를 시작해야 한다.
② 전소란 화재의 소실 정도가 70% 이상이 넘는 경우를 말한다.
③ 소방서장이 화재합동조사단을 구성하는 화재는 재산피해액이 50억원 이상 발생한 화재이다.
④ 화재사고 발생 후 72시간 내에 사망한 자는 인명피해 구분 시 사망자로 구분한다.

19

「재난 및 안전관리 기본법」상 특별재난지역의 선포권자는 누구인가?

① 소방청장
② 행정안전부장관
③ 국무총리
④ 대통령

20

데토네이션(폭효)이라고도 불리는 폭굉은 반응의 전파속도가 초음속인데, 폭굉의 설명으로 옳지 않은 것은?

① 온도의 상승은 충격파의 압력에 기인한다.
② 에너지방출 속도가 물질전달 속도에 기인하지 않고 아주 짧다.
③ 파면(화염면)에 온도, 압력, 밀도가 불연속적으로 나타난다.
④ 반응이나 화염면의 전파가 분자량이나 공기 등 난류확산에 영향을 받는다.

21

건축물 화재의 제반사항에 대한 설명으로 옳지 않은 것은?

① 화재하중이란 건물화재 시 단위면적당 등가가연물량의 가열온도(발열량) 및 화재의 위험성과 화재구획의 내표면적에 대한 실내 장식물의 화재위험도를 말한다.
② 화재강도란 화재심도라고도 하며 단위시간당 축적되는 열의 값을 말한다.
③ 화재가혹도란 화재의 발생으로 건물 내 수용재산 및 건물 자체에 손상을 입히는 정도를 말하며 화재가혹도에 영향을 주는 요인으로는 화재하중 등이 있다.
④ 훈소화재는 거의 밀폐된 구조로 실내 화재에서 많이 발생하는데, 가연물이 열로 인해 응축의 액체 미립자인 분해생성물만 발생시키는 것을 말한다.

22

옥내소화전설비용 수조의 설치 기준으로 옳지 않은 것은?

① 동결방지조치를 하거나 동결의 우려가 없는 장소에 설치할 것
② 수조의 상단이 바닥보다 높은 때에는 수조의 외측에 고정식 사다리를 설치할 것
③ 수조가 실외에 설치된 때에는 그 주변에 조명설비를 설치할 것
④ 수조의 밑부분에는 청소용 배수밸브 또는 배수관을 설치할 것

23

회독 □ □ □

황린에 대한 설명으로 옳지 않은 것은?

① 황린은 본래 백색인데 산소와 접촉하면 황색이 되므로 황린이라 한다.

② 순수한 황린은 황색결정이며, 담황색의 투명한 고체이다.

③ 황린은 물 속에 저장하고 수소이온농도 pH9를 유지해야 한다. 독성이 강하므로 피부 접촉 시 화상을 입게 된다.

④ 황린의 자연발화 온도는 습한 공기 중에서는 30℃, 미분인 가루 상태에서는 34℃, 고체에서는 60℃에 자연발화가 가능하다.

24

회독 □ □ □

강한 바람이 불 때 나뭇가지들의 마찰로 일어나는 자연발화현상 등을 무엇이라 하는가?

① 수간화 ② 지표화

③ 플레어업 ④ 수관화

25

회독 □ □ □

고층건물에 화재가 발생한 경우에 연기를 이동시키는 주 요인이라고 볼 수 없는 것은?

① 피스톤 효과

② 강제적인 냉난방 공기조화설비

③ 바람의 영향

④ 열, 대류 이동, 화재압력

□ 빠른 정답 p.228
∅ 해설 p.164

01

각 기체의 법칙에 대한 설명으로 옳지 않은 것은?

① 보일의 법칙 : 일정한 온도에서 기체의 부피는 압력에 반비례한다.
② 샤를의 법칙 : 일정한 압력에서 기체의 부피는 절대온도에 반비례한다.
③ 보일·샤를의 법칙 : 일정량의 기체의 부피는 압력에 반비례하고, 절대온도에 비례한다.
④ 이상기체 상태방정식 : 이상유체란 실제유체를 비압축성이며 점성이 없다고 가정한다.

02

점화원 없이 불이 붙는 최저 온도를 발화점이라고 하는데, 이 발화점이 낮아지는 조건에 해당하지 않는 것은?

① 열전도율이 낮을 것
② 발열량이 클 것
③ 분자구조가 복잡할 것
④ 산소의 농도와 친화력이 적을 것

03

화재 피해조사 시 〈보기〉와 같은 조건의 건물에서 '건물 피해산정' 추정액은?

> [보기]
> ㄱ. 용도 및 구조 : 복합건축물, 철근콘크리트 구조
> ㄴ. 신축단가(m^2 당) : 2,000,000원
> ㄷ. 경과연수 : 10년
> ㄹ. 내용연수 : 40년
> ㅁ. 소실면적 : 100m^2
> ㅂ. 손해율 : 50%
> ㅅ. 잔가율 : 80%

① 40,000,000원
② 50,000,000원
③ 60,000,000원
④ 80,000,000원

04

가정이나 음식점 등에서 많이 사용하는 식용유의 화재에 관한 설명으로 옳지 않은 것은?

① 발화점이 비점 이하이다.
② 발화점과 인화점의 차이가 수백 ℃ 이상으로 그 격차가 비교적 크다.
③ 식용유화재가 수방에 발생한 경우 국내 검정 기준으로는 K급 화재로 분류하고 있다.
④ 화염을 제거해도 식용유의 온도가 발화점 이하로 내려가지 않으면 즉시 재발화할 수 있다.

05

제4류 위험물의 일반적 성질이 아닌 것은?

① 대표적 성질은 인화성 액체이며 유기화합물이다.
② 대부분 물에 잘 녹지 않으며, 모두 물과 반응하지 않는다.
③ 시안화수소를 제외한 대부분의 증기비중은 공기보다 무겁다.
④ 대부분 물보다 가볍고 물에 녹지 않는 것(비수용성)이 많다.

06

화재가 진행되기 위해서는 연소가 시작될 수 있도록 충분한 증기(산소)가 있어야 하는데, 다음 중 화재진행에 영향을 미치는 요인이라고 보기 어려운 것은?

① 구획실의 천장높이
② 구획실의 위치
③ 구획실을 둘러싸고 있는 물질들의 열 특성
④ 배연구 또는 환기구의 크기, 수, 위치

07

화재로 인한 피해 중 간접적 피해에 해당하는 것은?

① 연기로 인한 식료품 등의 피해
② 유독가스로 인한 인명의 피해
③ 소화용수로 인한 수손 피해
④ 화재복구에 수반되는 피해

08

회독 ☐ ☐ ☐

화재발생 시 생성되는 연기에 대한 설명으로 옳지 않은 것은?

① 연기는 가연물질의 연소에 의하여 생성된 가스와 입자가 공기와 일체가 되어 하나의 혼합기체가 된 것으로, 그 입자의 크기는 $0.1 \sim 10\mu$m이다.

② 연기는 녹황색의 염소가스, 백색의 수증기 등과 같이 눈으로 볼 수 있는 성분도 있고, 일산화탄소, 사염화탄소와 같이 무색투명해서 눈으로 볼 수 없는 성분도 있다.

③ 저층건물에서는 굴뚝효과에 의하여 연기가 상승하고, 고층건물에서는 열, 대류 이동, 화재압력 및 바람의 영향으로 통로 등을 따라 연기가 이동한다.

④ 연기로 인한 시각적인 장애로는 주로 연기 속의 주성분인 탄소입자로 인하여 광선이 차단되어 피난유도 표지나 출입구를 찾기 어렵게 되는 경우가 있다. 또한 연기로 인하여 눈의 기능장애도 일으키게 된다.

09

회독 ☐ ☐ ☐

다음 설명에 해당하는 포 소화약제 혼합방식은 무엇인가?

> 펌프와 발포기의 중간에 설치된 벤투리관의 벤투리작용에 의하여 포 소화약제를 흡입·혼합하는 방식으로, 소형이며 경제적이다.

① 라인 프로포셔너 방식
② 펌프 프로포셔너 방식
③ 프레져 프로포셔너 방식
④ 프레져사이드 프로포셔너 방식

10

회독 ☐ ☐ ☐

용기 내부에 불활성가스를 압입하여 외부 폭발성 가스의 침입을 방지하고 점화원과 폭발성 가스를 격리하는 전기설비 방폭 구조로 바른 것은?

① 안전증가 방폭구조
② 압력 방폭구조
③ 내압 방폭구조
④ 유입 방폭구조

11

회독 ☐ ☐ ☐

화재 시 구획실에서 발생하는 현상에 관한 설명으로 옳지 않은 것은?

① 개구부의 크기와 가연물의 난연도 정도는 플래시오버 발생과 관련이 깊다.

② 구획실의 창문과 문손잡이의 온도로 백드래프트의 발생 가능성을 예측할 수 있다. 문손잡이의 온도가 높으면 백드래프트의 전조증상이다.

③ 준불연성이나 불연성의 내장재를 사용할 경우 플래시오버 발생까지의 소요시간이 짧아진다.

④ 구획실 내의 산소가 부족하여 훈소 상태에서 공기가 갑자기 다량 공급될 때 가연성 가스가 순간적으로 폭발하는 현상은 백드래프트이다.

12

회독 ☐ ☐ ☐

유류저장탱크 및 위험물 이송배관 등에서 발생하는 화재 현상에 관한 설명으로 옳지 않은 것은?

① 분출화재(jet fire)는 탄화수소계 위험물의 이송배관이나 저장용기로부터 위험물이 고속으로 누출될 때 점화되어 발생하는 난류확산형 화재이다.

② 증기운폭발(UVCE)은 저장탱크에서 유출된 가스가 증기운을 형성하여 떠다니다가 점화원과 접촉하여 발생하는 누설착화형 폭발에 해당한다.

③ 슬롭오버(slop over)는 상부가 개방된 저장탱크의 하부에 존재하던 물 또는 물-기름 에멀션이 뜨거운 열류층의 온도에 의해 급격히 부피가 팽창되어 다량의 불이 붙은 기름을 저장탱크 밖으로 분출시키는 현상이다.

④ 오일오버(oil over)는 저장된 유류 저장량이 내용적의 50% 미만 충전되어 있는 저장탱크에서 발생한다.

13

회독 ☐ ☐ ☐

「소방의 화재조사에 관한 법률」에서 뜻하는 화재의 정의가 아닌 것은?

① 화학적인 폭발현상은 화재이다.

② 사람의 의도에 반하는 연소현상으로 소화의 필요가 있는 것은 화재이다.

③ 물리적인 폭발현상은 화재이다.

④ 고의에 의해 발생하는 연소로서 소화의 필요가 있는 것은 화재이다.

14

회독 ☐ ☐ ☐

「화재조사 및 보고규정」상 화재조사의 용어 설명으로 옳은 것은?

① '최초착화물'이란 연소가 확대되는 데 있어 결정적 영향을 미친 가연물을 말한다.
② '동력원'이란 발화에 관련된 불꽃 또는 열을 발생시킨 기기 또는 장치나 제품을 말한다.
③ '발화요인'이란 발화의 최초원인이 된 불꽃 또는 열을 말한다.
④ '잔가율'이란 화재 당시에 피해물의 재구입비에 대한 현재가의 비율을 말한다.

15

회독 ☐ ☐ ☐

「소방의 화재조사에 관한 법률」상 화재조사 대상 및 사항으로 바르지 않은 것은?

① 「소방기본법」에 따른 소방대상물에서 발생한 화재는 화재조사 대상이다.
② 화재조사는 화재발생건축물과 구조물, 화재유형별 화재위험성 등에 관한 사항을 조사한다.
③ 화재조사관이 화재조사가 필요하다고 인정하는 화재는 화재조사 대상이다.
④ 화재조사는 「화재예방 및 안전관리에 관한 법률」 제7조에 따른 화재안전조사의 실시 결과에 관한 사항을 조사한다.

16

회독 ☐ ☐ ☐

소방활동에서 후착대의 임무와 행동의 기준으로 가장 옳은 것은?

① 인명구조 활동
② 소방용수시설 점거
③ 경방계획을 고려하여 활동
④ 급수중계

17

회독 ☐ ☐ ☐

방염대상물품의 방염성능 평가기준으로 옳지 않은 것은?

① 잔염시간이란 버너의 불꽃을 제거한 때부터 불꽃을 올리며 연소하는 상태가 그칠 때까지 시간으로 그 시간이 20초 이내가 방염성능 기준이다.
② 탄화면적이란 잔염시간 또는 잔진시간 내에 탄화하는 면적으로 그 면적이 $50cm^2$ 이내가 방염성능 기준이다.
③ 탄화깊이란 잔염시간 또는 잔진시간 내에 탄화하는 길이로 그 길이가 20cm 이내가 방염성능 기준이다.
④ 잔신시간이란 버너의 불꽃을 제거한 때부터 불꽃을 올리지 않고 연소하는 상태가 그칠 때까지 시간으로 그 시간이 30초 이내가 방염성능 기준이다.

18

회독 ☐ ☐ ☐

다음 중 소화원리에 대한 설명으로 옳지 않은 것은?

① 제거소화는 가연물을 제거하여 소화하는 방법으로 산림화재 시 벌목하여 방화선을 구축함으로써 소화하는 경우에 해당한다.
② 냉각소화는 연소 중의 가연물에 물을 주수하여 열 흡수량을 낮추어 연소가 지속되지 못하게 하는 소화방법이다.
③ 질식소화는 산소의 농도를 떨어뜨려 소화하는 방법으로 유류화재에 적합하며, 밀폐된 공간에서 효과적이다.
④ 부촉매 소화는 반응속두를 조절하여 소화하는 방법으로 주로 사용되는 부촉매 물질은 할로젠화합물이다.

19

회독 ☐ ☐ ☐

난류화염의 화원이 전달되는 면적이 $10m^2$일 때, 난류화염으로부터 10℃의 벽으로 전달되는 대류 열유속은? (대류열 전달계수 : $5W/m^2 \cdot ℃$, 최대화염온도 : 900℃)

① 24.5kW/m^2
② 34.5kW/m^2
③ 44.5kW/m^2
④ 54.5kW/m^2

20

회독 ☐ ☐ ☐

위험물의 유형별 소화방법에 대한 설명으로 옳은 것을 모두 고른 것은?

> ㉠ 제1류 위험물 중 무기과산화물은 마른모래 등을 사용한 건조사가 적합하다.
> ㉡ 제2류 위험물 중 철분, 황화인은 주수소화가 가장 적합하다.
> ㉢ 제3류 위험물 중 황린을 제외한 제3류 위험물은 주수소화가 적합하다.
> ㉣ 제5류 위험물 모두는 다량의 물을 이용한 주수소화는 적합하지 않다.

① ㉠
② ㉠, ㉡
③ ㉠, ㉡, ㉢
④ ㉡, ㉢, ㉣

21

회독 ☐ ☐ ☐

불소계 계면활성제이며, 분말과 겸용하면 7~8배 정도 소화효과를 높일 수 있는 포 소화약제는?

① 단백포
② 합성계면활성계포
③ 수성막포
④ 내알콜포

22

회독 ☐ ☐ ☐

자동화재탐지설비에 대한 설명 중 옳지 않은 것은?

① 수신기는 화재 시 발신기 또는 감지기로부터 신호를 직접
또는 중계기를 거쳐 수신하여 건물 관계자에게 표시 및 음
향장치로 알려 주는 설비이며, P형은 고유신호로 수신하고
R형은 공통신호로 수신한다.
② 발신기는 화재발생신고를 수신기 또는 중계기에 수동으로
발신하는 것을 말한다.
③ 경계구역이란 소방대상물 중 화재신호를 발신하고 그 신호
를 수신 및 유효하게 제어할 수 있는 구역을 말한다.
④ 자동화재탐지설비는 화재발생을 자동으로 감지하여 해당
소방대상물의 관계자에게 통보하는 설비로, 자동화재속보
설비와 연동하여 작동할 수 있다.

23

회독 ☐ ☐ ☐

다음 중 우리나라에서 처음으로 독립된 자치소방대체제가 성립
되었던 시기는?

① 1945년~1948년 ② 1948년~1970년
③ 1971년~1992년 ④ 1992년~2003년

24

회독 ☐ ☐ ☐

재난 및 안전관리 기본법상 재난관리를 위하여 필요한 재난관리
정보에 해당하는 것만을 있는 대로 고른 것은?

ㄱ. 재난상황정보	ㄴ. 동원가능 자원정보
ㄷ. 시설물정보	ㄹ. 지리정보

① ㄱ ② ㄱ, ㄷ
③ ㄱ, ㄴ, ㄹ ④ ㄱ, ㄴ, ㄷ, ㄹ

25

회독 ☐ ☐ ☐

「재난 및 안전관리 기본법」상 행정안전부장관과 재난안전관리
책임기관의 장은 긴급안전점검 결과 재난 발생의 위험이 높다고
인정되는 시설 또는 지역에 대하여는 대통령령으로 정하는 바에
따라 그 소유자·관리자 또는 점유자에게 재난예방을 위한 긴급
안전조치를 할 것을 명할 수 있다. 재난 예방단계에서 그 내용으
로 옳지 않은 것은?

① 즉시 퇴피명령
② 보수 또는 보강 등 정비
③ 재난을 발생시킬 위험요인의 제거
④ 정밀안전진단

소방학개론 동형 모의고사

빠른 정답 p.228
해설 p.166

01

회독 ☐☐☐

「재난 및 안전관리 기본법」에 의할 때 재난사태 선포에 관한 내용으로 옳은 것은?

① 소방본부장이 중앙위원회의 심의를 거쳐 직접 선포
② 행정안전부장관이 중앙위원회의 심의를 거쳐 직접 선포
③ 중앙대책본부장이 대통령에게 선포 건의하여 대통령이 선포
④ 중앙대책본부장이 소방청장에게 선포 건의하여 소방청장이 선포

02

회독 ☐☐☐

「긴급구조대응활동 및 현장지휘에 관한 규칙」상 자원대기소, 자원집결지 선정 및 동원자원 관리, 긴급구조지원기관 및 응원협정체결기관 동원요청 등의 임무를 수행하는 요원은?

① 자원지원요원
② 안전관리요원
③ 통신지원요원
④ 상황조사요원

03

회독 ☐☐☐

콘크리트 벽이 높이 4m, 길이 15m, 두께가 300mm이고, 내외의 온도 차는 30℃인 경우 전달되는 열량은? (콘크리트벽의 열전도도는 0.8W/m·℃)

① 4.8kW
② 7.2kW
③ 9.6kW
④ 14.4kW

04

회독 ☐☐☐

고체상태의 연소형태에 대한 설명으로 옳지 않은 것은?

① 셀룰로이드, 트라이나이트로톨루엔은 분자 내에 산소를 가지고 있어 가열 시 열분해에 의해 가연성증기와 함께 산소를 발생하여 자신의 분자 속에 포함되어 있는 산소에 의해 연소한다.
② 목재, 석탄, 종이, 플라스틱은 가열하면 열분해 반응을 일으키면서 생성된 가연성증기와 공기가 혼합하여 연소한다.
③ 황, 나프탈렌은 가열하면 열분해를 일으키지 않고 증발하면서 증기와 공기가 혼합하여 연소한다.
④ 숯, 코크스, 목탄, 금속분은 열분해 반응에 의한 휘발성분이 표면에서 산소와 반응하여 연소한다.

05

회독 ☐☐☐

「위험물안전관리법」상 제2류 위험물의 품명 및 지정수량으로 옳게 연결된 것은?

① 황화인－100kg
② 황－500kg
③ 금속분－100kg
④ 마그네슘－100kg

06

회독 ☐☐☐

위험물의 유별 특성에 대한 설명으로 옳지 않은 것은?

① 제1류 위험물은 인화성액체로 인화위험이 높고, 비교적 발화점이 낮으며 증기비중이 공기보다 무겁다.
② 제2류 위험물은 가연성 고체로 비교적 낮은 온도에서 착화하기 쉬운 환원성 물질이다.
③ 제3류 위험물은 자연발화성 및 금수성 물질로 자연발화성 물질 및 물과 반응하여 가연성가스를 발생하는 물질이다.
④ 제5류 위험물은 자기반응성 물질로 외부로부터 산소의 공급 없이도 가열, 충격 등에 의해 연소폭발을 일으키는 물질이다.

07

회독 ☐☐☐

「위험물안전관리법 시행령」상 제1류 위험물에 관한 내용이다. (　) 안에 들어갈 내용으로 옳은 것은?

> 고체로서 (㉠)의 잠재적인 위험성 또는 (㉡)에 대한 민감성을 판단하기 위하여 소방청장이 정하여 고시하는 시험에서 고시로 정하는 성질과 상태를 나타내는 것을 말한다.

	㉠	㉡
①	폭발력	발화
②	산화력	충격
③	환원력	분해
④	산화력	폭발

08

회독 ☐☐☐

다음 중 보관 시 물속에 저장해야 되는 물질은?

① 이황화탄소
② 칼륨
③ 마그네슘
④ 나트륨

09

마그네슘 48g이 완전이 연소하기 위해 필요한 이론산소량은?
(마그네슘의 원자량은 24g이고, 산소의 원자량은 16g이다.)

① 8 ② 16
③ 24 ④ 32

10

다음 중 물과 반응하여 발생하는 가스가 다른 하나는?

① 나트륨 ② 탄화칼슘
③ 리튬 ④ 칼륨

11

건축물 화재 시 나타나는 중성대에 관한 설명으로 옳지 않은 것은?

① 건물 내부의 압력이 외부의 압력과 일치하는 수직적인 위치가 생기는데, 이 위치를 중성대라 한다.
② 중성대 상부는 실내에서 외부로 기체가 유출되고 중성대 하부는 외부에서 실내로 기체가 유입된다.
③ 중성대 상부는 열과 연기로부터 생존이 어려운 지역이고 중성대 하부는 신선한 공기로 인해 생존 가능성이 높은 지역이다.
④ 중성대 하부 개구부를 개방하면 공기가 유입되면서 연기가 외부로 배출되어 중성대가 위로 상승하고 중성대 하부 면적이 커져 소화활동이 용이하게 된다.

12

「소화기의 형식승인 및 제품검사의 기술기준」상 소화기의 사용 온도범위에 관한 내용으로 옳지 않은 것은?

① 강화액소화기는 $-20℃$ 이상 $40℃$ 이하에서 사용할 경우 소화 및 방사의 기능을 유효하게 발휘할 수 있는 것이어야 한다.
② 분말소화기는 $-20℃$ 이상 $40℃$ 이하에서 사용할 경우 소화 및 방사의 기능을 유효하게 발휘할 수 있는 것이어야 한다.
③ 할로겐화합물 및 불활성기체 소화기는 $0℃$ 이상 $40℃$ 이하에서 사용할 경우 소화 및 방사의 기능을 유효하게 발휘할 수 있는 것이어야 한다.
④ 이산화탄소 소화기는 $-10℃$ 이상 $40℃$ 이하에서 사용할 경우 소화 및 방사의 기능을 유효하게 발휘할 수 있는 것이어야 한다.

13

우리나라의 민간 소방조직에 대한 설명으로 옳지 않은 것은?

① 1939년 소방조와 수방단을 해체하고 경방단으로 통합하여 소방 활동을 하였다.
② 1946년 경무부 소속 소방사무가 각 시·읍·면으로 이관되었다. 이후 각 시·도마다 소방대를 조직하였다.
③ 1954년 「소방법」 제정 시에 의용소방대의 설치규정을 마련하였다.
④ 1983년 「소방법」 개정을 통하여 청원소방원제가 법제화되었다.

14

분말소화약제의 특징과 거리가 먼 것은?

① 분말은 방사 후 흡습하여 약알칼리성 또는 약산성을 나타내기 때문에 금속을 부식시킬 수 있다.
② 분말가루는 입자가 너무 크거나 미세하면 소화효과가 떨어진다. 적당한 소화입도는 $20\sim25\mu m$이다.
③ 분말을 수면에 고르게 살포한 경우, 1시간 이내에 침강하지 않아야 한다.
④ 인산은 물과의 결합 정도에 따라 메타인산, 피로인산, 오쏘인산의 3가지로 나누며 오쏘인산(H_3PO_4)은 고온에서, 메타인산(HPO_3)은 상온에서 안정된 물질이다.

15

〈보기〉는 위험물과 해당 물질의 화재진압에 적응성이 있는 소화방법을 연결한 것이다. 바르게 연결된 것만 모두 고른 것은?

> **보기**
>
> ㄱ. 황린(P_4) – 물을 사용한 냉각소화
> ㄴ. 과산화나트륨(Na_2O_2) – 모래를 사용한 질식소화
> ㄷ. 삼황화인(P_4S_3) – 팽창질석 등을 사용한 질식소화
> ㄹ. 아세톤(CH_3COCH_3) – 수성막포소화약제에 의한 질식소화
> ㅁ. 하이드록실아민(NH_2OH) – 이산화탄소소화약제에 의한 질식소화
> ㅂ. 과염소산($HClO_4$) – 다량의 물에 의한 희석소화(소량 화재 제외)

① ㄱ, ㄴ, ㄷ
② ㄱ, ㄹ, ㅁ
③ ㄴ, ㄷ, ㅂ
④ ㄴ, ㄷ, ㄹ, ㅂ

16

불꽃연소는 가연물이 탈 때 움직이는 불의 모습을 갖는 연소이다. 액체와 기체는 불꽃연소를 하며, 고체는 불꽃연소를 할 수도 있고 불씨연소를 할 수도 있는데, 다음 중 불꽃연소에 해당하는 것은?

① 표면연소　　　　　② 유염연소
③ 작열연소　　　　　④ 응축연소

17

자연발화란, 밀폐된 공간 등에서 외부로부터 점화원 등 인위적인 열의 공급을 받지 않고 온도가 상승하는 현상을 말하는데, 다음 중 자연발화의 조건이라고 볼 수 없는 것은?

① 자연발화하기 위해서는 열전도율이 낮아야 하며 비표면적이 커야 한다.
② 자연발화하기 위해서는 열의 축적이 용이해야 하고 수분이 없어야 한다.
③ 자연발화원인은 공기 중에서 산화에 의한 것, 분해열에 의한 것 등이 있다. 황린은 자연발화성이 큰 물질의 대표물질로 습한 공기 중에서는 30℃에서 자연발화가 가능하며, 일반적으로 미분인 가루상태에서는 34℃에서 자연발화가 가능하다.
④ 자연발화의 방지법으로는 통풍이나 환기를 통해 열이 있는 실내의 공기유통이 잘 되게 하여 열을 분산시키고 습도가 높지 않도록 하는 것이 있다.

18

「소방시설 설치 및 관리에 관한 법률 시행령」상 소화활동설비의 종류가 아닌 것은?

① 제연설비　　　　　② 상수도소화용수설비
③ 비상콘센트설비　　④ 연소방지설비

19

다음 중 물리적 폭발에 해당되는 것은 무엇인가?

① 분해폭발　　　　　② 증기폭발
③ 산화폭발　　　　　④ 중합폭발

20

연소이론에 대한 설명으로 옳지 않은 것은?

① 목탄, 활성탄은 산화열에 의하여 자연발화가 가능하다.
② 이황화탄소의 위험도가 아세틸렌의 위험도보다 크다.
③ 증발연소하는 고체가연물질 중에는 융해성 고체는 파라핀, 왁스, 고형알코올 등이 있으며, 승화작용을 하는 고체는 나프탈렌, 황, 아이오딘, 장뇌 등이 있다.
④ 외부의 점화원 접촉 없이 연소를 시작할 수 있는 최저온도를 발화점이라 한다.

21

화재 시 연소생성물에 관한 설명으로 옳지 않은 것은?

① 황화수소는 썩은 달걀과 비슷한 냄새가 난다.
② 연기로 인한 빛의 감소를 나타내는 감광계수는 가시거리와 비례한다.
③ 일산화탄소는 산소와 헤모글로빈의 결합을 방해하여 질식에 이르게 할 수 있다.
④ TLV(Threshold Limit Value)로 측정한 독성가스의 허용농도는 포스겐, 불화수소, 시안화수소, 암모니아 순으로 높다.

22

화재 용어 중 화재실의 단위 시간당 축적되는 열의 양을 의미하는 것은?

① 훈소　　　　　　　② 화재하중
③ 화재강도　　　　　④ 화재가혹도

23

「소방의 화재조사에 관한 법률」 및 「화재조사 및 보고규정」상 조사업무처리의 기본사항 등에 관한 내용으로 옳지 않은 것은?

① 소방관서장은 화재조사를 위하여 필요한 최대범위에서 화재현장 보존조치를 하거나 화재현장과 그 인근 지역을 통제구역으로 설정할 수 있다.
② 건물의 소실면적 산정은 소실 바닥면적으로 산정한다.
③ 건물 등 자산에 대한 최종잔가율은 건물·부대설비·구축물·가재도구는 20%로 하며, 그 이외의 자산은 10%로 정한다.
④ 건축구조물 화재의 화재소실 정도는 3종류로 구분하며, 그 중 전소는 건물의 70% 이상(70% 미만이라도 재사용이 불가능한 경우 포함), 반소는 30% 이상 70% 미만이 소실된 것을 말한다.

24

「화재조사 및 보고규정」상 화재건수의 결정 기준에 관한 설명으로 옳지 않은 것은?

① 1건의 화재란 1개의 발화지점에서 확대된 것으로 발화부터 진화까지를 말한다.

② 동일 소방대상물의 누전점이 다른 2개소 이상에서 누전에 의해 발생한 화재는 1건의 화재로 한다.

③ 동일 소방대상물에 지진, 낙뢰 등 자연환경에 의해 발생한 여러 화재는 1건의 화재로 한다.

④ 동일범이 아닌 각기 다른 사람에 의한 방화, 불장난은 동일 대상물에서 발화했더라도 각각 별건의 화재로 한다.

25

「119 구조 · 구급에 관한 법률」 및 그 하위법령상 구조대와 구급대의 설치 · 운영에 관한 내용으로 옳지 않은 것은?

① 특수구조대로는 화학구조대, 수난구조대, 고속국도구조대, 항공구조대가 있다.

② 일반구급대는 시 · 도의 규칙으로 정하는 바에 따라 소방서마다 1개 대 이상 설치하되, 소방서가 설치되지 아니한 시 · 군 · 구의 경우에는 해당 시 · 군 · 구 지역의 중심지에 소재한 119안전센터에 설치할 수 있다.

③ 고속국도구급대는 교통사고 발생 빈도 등을 고려하여 소방청, 시 · 도 소방본부 또는 고속국도를 관할하는 소방서에 설치한다.

④ 테러대응구조대는 테러 및 특수재난에 전문적으로 대응하기 위하여 소방청과 시 · 도 소방본부에 각각 설치한다.

01

소화 방법에 대해 옳은 설명만을 모두 고른 것은?

> ㉠ 질식소화는 일반적으로 공기 중 산소농도를 낮추어 소화하는 방법을 말한다.
> ㉡ 냉각소화가 가능한 약제로는 물, 강화액, CO_2, 할론 등이 있다.
> ㉢ 유화소화는 수용성 가연물질인 알코올, 에터, 에스터 등으로 인한 화재 시에 물을 주수하여 소화하는 방법을 말한다.
> ㉣ 부촉매소화는 연소의 연쇄반응을 차단·억제하여 소화하는 방법으로 억제소화라 하며, 가스화재 시 가스공급을 차단하여 소화하는 방법을 말한다.
> ㉤ 제거소화는 유전화재 시 질소폭탄을 투하하여 유증기를 제거하는 소화방법 등을 말한다.
> ㉥ 피복소화는 이산화탄소와 같은 공기보다 무거운 불연성 기체 또는 모래 등으로 가연물을 덮어 질식을 유도하는 소화방법을 말한다.

① ㉠, ㉡, ㉢
② ㉠, ㉡, ㉢, ㉣
③ ㉠, ㉡, ㉤, ㉥
④ ㉠, ㉡, ㉢, ㉣, ㉥

02

물 소화약제의 물리적·화학적 특성으로 옳지 않은 것은?

① 물은 수소 원자 2개와 산소 원자 1개가 극성공유결합을 하고 있다.
② 물의 입자크기가 작아지면 표면적이 증가해서 열을 흡수하여 기화가 용이하게 되므로 입경이 작을수록 냉각과 질식 효과가 크다.
③ 물의 비중은 1기압, 0℃에서 가장 크고, 표면장력은 온도가 상승하면 커진다.
④ 물의 현열은 대기압 상태에서 1cal/g℃이고, 잠열은 539cal/g℃로서 증발잠열이 커서 소화약제로 우수하다.

03

전기화재에 적응성이 있는 소화약제에 해당하지 않는 것은?

① 이산화탄소 소화약제
② 중탄산염류 소화약제
③ 물 소화약제
④ 포 소화약제

04

물의 유실방지 및 소방대상물의 표면에 오랫동안 잔류하도록 무상주수 시 물체의 표면에서 점성의 효력을 올리는 약제로서 산불화재 시 주 첨가제로 바른 것은?

① Viscous Agent
② Rapid Agent
③ Wetting Agent
④ Emulsifier

05

다음의 소화약제 중 부촉매소화와 거리가 먼 것은?

① 강화액 소화약제
② 할론 1301
③ HCFC BLEND A
④ IG−541

06

다음 빈칸에 들어갈 내용으로 옳은 것은?

> • (㉠)는 점화원이 될 우려가 있는 부분을 용기 내에 넣고 불연성 가스인 보호기체를 용기의 내부에 넣어 줌으로써 용기 내부에 압력이 발생하여 외부로부터 폭발성 가스가 침입하지 못하도록 한 구조이다.
> • (㉡)는 정상 또는 이상 상태에 있는 기계 기구 내의 전기에너지 권선 상호접속에 의한 전기불꽃 또는 열영향을 점화에너지 이하의 수준까지 제한하는 것을 기반으로 하는 구조이다.
> • (㉢)는 전기 기기의 불꽃 또는 고온이 발생하는 부분을 절연유 속에 넣고 기름 면 위에 존재하는 폭발성 가스 또는 증기에 인화될 우려가 없도록 한 구조이다.

	㉠	㉡	㉢
①	내압방폭구조	본질안전방폭구조	유입방폭구조
②	압력방폭구조	안전증가방폭구조	유입방폭구조
③	압력방폭구조	본질안전방폭구조	유입방폭구조
④	내압방폭구조	안전증가방폭구조	압력방폭구조

07

화재진압 시 주수소화에 적응성 있는 위험물로 옳은 것은?

① 황화인
② 질산에스터류
③ 유기금속화합물
④ 나트륨

08

회독 ☐ ☐ ☐

펌프 토출관에 압입기를 설치하여 포소화약제 압입용 펌프로 포소화약제를 압입시켜 혼합하는 방식은?

① 프레져사이드 프로포셔너
② 프레져 프로포셔너
③ 라인 프로포셔너
④ 펌프 프로포셔너

09

회독 ☐ ☐ ☐

한 유체내의 흐름에서는 어떤 단면에서도 위치, 속도, 압력과 각 수두의 합은 일정하다는 법칙은 무엇인가?

① 베르누이의 법칙
② 샤를의 법칙
③ 아보가드로법칙
④ 보일의 법칙

10

회독 ☐ ☐ ☐

소화방법에 대한 설명 중 옳지 않은 것은?

① 질식소화는 연소하기 위해서 반드시 필요한 산소공급원의 공급을 차단하여 연소를 중단시키는 방법으로 물질마다 차이는 있지만 액체의 경우는 산소농도가 15% 이하일 때 불이 꺼진다.
② 냉각소화로 많이 이용되는 물은 비열, 증발 잠열의 값이 다른 물질에 비해 커서 가연성 물질을 발화점 혹은 인화점 이하로 냉각하는 효과가 있다.
③ 제거소화는 연소반응이 일어나고 있는 연소물이나 화원을 제거하여 연소반응을 중지시켜 소화하는 방법을 말한다.
④ 억제소화(부촉매효과)는 연소의 4요소 중 연쇄반응의 속도를 빠르게 하는 부촉매를 억제시키는 것으로 화학적 소화방법이다.

11

회독 ☐ ☐ ☐

할로겐화합물 및 불활성기체 소화약제에 대한 설명으로 바르지 않은 것은?

① 불활성기체 소화약제 중 Ar이 포함되어 있지 않은 소화약제는 IG-100이다.
② HCFC-124는 HCFC BLEND-A 중 9.5%를 차지한다.
③ HCFC BLEND A의 최대허용 설계농도는 43%이다.
④ IG-541의 성분은 N_2 : 52%, Ar : 40%, CO_2 : 8%이다.

12

회독 ☐ ☐ ☐

이산화탄소 소화약제의 소화 효과에 대한 설명으로 바르지 않은 것은?

① 질식효과 : 공기 중 산소농도 21vol%를 약 16~15vol% 이하의 저농도로 낮추어 소화하는 효과
② 냉각효과 : 이산화탄소 소화기를 방사할 때 기화열에 의한 열흡수 효과
③ 방진효과 : 이산화탄소 분자량이 공기보다 약 1.5배 무거워 연소물을 덮는 효과
④ 줄톰슨효과 : 방출 시에는 배관 내를 액상으로 흐르지만 분사헤드에서 방출 시에는 기화되면서 분사되는데, 분사헤드에서 액화탄산가스가 기화하는 경우 온도가 급강하며 냉각효과

13

회독 ☐ ☐ ☐

수성막포에 대한 설명으로 옳지 않은 것은?

① 화재 액표면 위에 수성의 막을 형성함으로써 유동성이 좋은 포의 전파속도를 증가시키고 얇은 수막을 형성하여 유류화재에 적합하다.
② 내유성이 커서 표면하주입방식에 적당하고 수용성 유류(알코올 등)에는 매우 효과적이다.
③ 단백포 소화약제의 소화능력보다 3~5배 정도 높으며 드라이케미컬(Dry chemical)과 함께 사용했을 경우는 700~800% 정도 소화성능이 증가한다.
④ 1,000℃이상의 가열된 탱크 벽에서는 벽 주변의 피막이 파괴되어 소화가 곤란한 점이 있다.

14

회독 ☐ ☐ ☐

폭발에 관한 설명으로 옳은 것만을 〈보기〉에서 있는 대로 고른 것은?

보기

㉠ 증기운폭발은 액체의 급속한 기화로 인해 체적이 팽창되어 발생하는 현상이다.
㉡ 가스폭발은 분진폭발보다 최소발화에너지가 작다.
㉢ 분해폭발은 공기나 산소와 섞이지 않더라도 가연성가스 자체의 분해 반응열에 의해 폭발하는 현상이다.
㉣ 폭발(연소)범위는 초기온도 및 압력이 상승할수록 분자 간 유효충돌할 가능성이 높아지기 때문에 좁아진다.
㉤ 반응폭주란 다량의 고온물질이 물속에 투입되었을 때 물의 갑작스러운 상변화에 의한 폭발현상이다.

① ㉠, ㉡
② ㉡, ㉣
③ ㉡, ㉢
④ ㉢, ㉤

15

회독 ☐ ☐ ☐

가연성 물질의 화재 시 소화방법으로 옳은 것은?

① 탄화칼슘은 물을 분무하여 소화한다.
② 황(S)은 물을 분무하여 소화한다.
③ 나트륨은 할론 소화약제로 소화한다.
④ 아세톤은 수성막포 소화약제로 소화한다.

16

회독 ☐ ☐ ☐

자동기동방식의 펌프가 수원의 수위보다 높은 곳에 설치된 옥내소화전설비의 구성요소를 있는 대로 모두 고른 것은?

ㄱ. 기동용수압개폐장치	ㄴ. 릴리프밸브
ㄷ. 동력제어반	ㄹ. 솔레노이드밸브
ㅁ. 물올림장치	

① ㄱ, ㄴ, ㅁ
② ㄷ, ㄹ, ㅁ
③ ㄱ, ㄴ, ㄷ, ㄹ
④ ㄱ, ㄴ, ㄷ, ㅁ

17

회독 ☐ ☐ ☐

자동화재탐지설비 감지기의 종류에 대한 설명이다. ( ) 안에 들어갈 내용으로 옳은 것은?

연기에 의한 광전소자에 접하는 광량의 변화로 작동하는 것을 (ㄱ) 감지기라 하고, 발광부와 수광부 사이 공간의 연기 농도 변화로 작동하는 것을 (ㄴ) 감지기라 한다. 또한 연기에 의한 이온전류 변화에 의해 작동하는 것을 (ㄷ) 감지기라고 한다.

	ㄱ	ㄴ	ㄷ
①	광전식 분리형	광전식 스포트형	광전식 공기흡입형
②	광전식 스포트형	광전식 공기흡입형	이온화식 스포트형
③	광전식 스포트형	광전식 분리형	이온화식 스포트형
④	광전식 분리형	이온화식 스포트형	광전식 공기흡입형

18

회독 ☐ ☐ ☐

다음 중 공동현상의 방지대책으로 옳지 않은 것은?

① 펌프의 임펠러 속도를 작게 한다.
② 펌프의 흡입관경을 크게 한다.
③ 펌프를 2대 이상 설치한다.
④ 펌프의 흡입측 수두를 크게 한다.

19

회독 ☐ ☐ ☐

다음 〈보기〉는 포소화약제 혼합방식의 구조도이다. 〈보기〉 구조도의 혼합방식은?

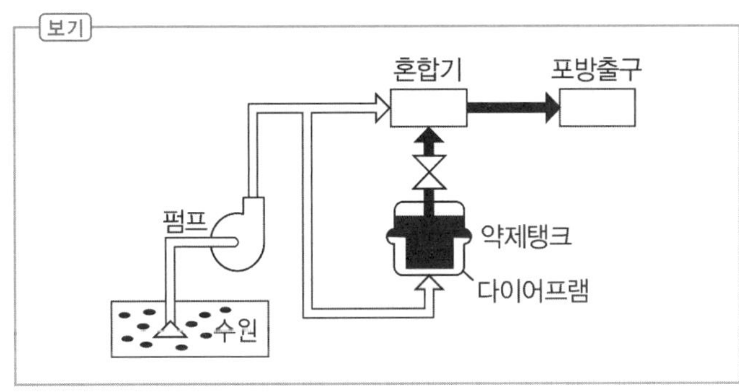

① 라인 프로포셔너
② 펌프 프로포셔너
③ 프레져 프로포셔너
④ 프레져사이드 프로포셔너

20

회독 ☐ ☐ ☐

다음 중 피난시설계획 등의 일반적인 원칙으로 옳지 않은 것은?

① 피난 경로는 간단명료하고 피난 수단은 원시적 방법에 의하는 것을 원칙으로 한다.
② 일정한 구획을 한정하여 피난 Zone을 설정하고 정전 시에도 피난방향을 명백히 할 수 있는 표시를 한다.
③ 피난구는 항시 사용할 수 있도록 하며, 피난방향 중 T형과 I형은 방향이 확실하여 분간하기 쉬운 장점이 있다.
④ 피난대책은 Fool-Proof와 Fail-Safe의 원칙을 배제하고, 피난설비는 이동식기구나 장치 등을 주로 사용하고 고정시설은 보조설비로 사용한다.

21

회독 ☐ ☐ ☐

소방관서에서 실시하는 화재조사에 대한 일반적인 설명으로 옳지 않은 것은?

① 「소방의 화재조사에 관한 법률」 제5조 제1항에 따라 화재조사관은 화재발생 사실을 인지하는 즉시 화재조사를 시작해야 한다.
② 화재조사는 강제성을 지니며, 프리즘식으로 진행한다.
③ 화재조사 시 건축·구조물 화재의 소실정도는 입체면적에 대한 비율을 적용하여 구분한다.
④ 화재조사 용어 중 동력원이란 발화에 관련된 불꽃 또는 열을 발생시킨 기기 또는 장치나 제품을 말한다.

22

회독 ☐ ☐ ☐

화재조사의 과학적 방법에 대한 설명이다. (　)에 들어갈 용어로 옳은 것은?

필요성 인식 → (　㉠　) → 자료수집 → (　㉡　) → 가설수립 → (　㉢　) → 최종가설선택

	㉠	㉡	㉢
①	문제의 정의	자료분석	가설검증
②	문제의 정의	자료가공	가설검증
③	문제의 수립	자료분석	가설분석
④	문제의 정의	자료분석	가설분석

23

회독 ☐ ☐ ☐

화재플럼과 천장제트흐름에 관한 내용으로 옳지 않은 것은?

① 화재플럼이란 화재 시 상승력이 커진 부력에 의해 연소가스와 유입공기가 상승하면서 화염이 섞인 연기기둥 형태를 나타내는 현상을 말한다.

② 천장제트흐름이란 고온의 연소생성물이 부력에 의하여 힘을 받아 상승하며 천장면 아래에 얇은 층을 형성하는 빠른 속도의 가스흐름이다.

③ 천장제트흐름의 특징으로는 높은 천장의 경우 스프링클러나 감지기가 천장으로부터 떨어진 위치가 전체 거리의 12%보다 크면 천장 제트흐름의 범위 외가 되어 응답시간이 증가한다.

④ 화재플럼에 의해 상승한 연소생성물이 천장표면에 부딪혀 먼 곳으로 흐름이 원인이 되어 천장제트흐름이 나타나며, 화재 초기에만 나타나는 현상이다.

24

회독 ☐ ☐ ☐

두께 5cm, 넓이 1m^{2}인 석면판의 한쪽 면의 온도는 500℃, 다른쪽 면의 온도는 150℃일 때, 이 석면판을 통해 일어나는 열전달량은? (석면판의 열전도도는 1W/m·℃이다.)

① 7kW 　　② 14kW
③ 21kW 　　④ 28kW

25

회독 ☐ ☐ ☐

가솔린 액면화재에서 직경이 3m이며 화재의 크기가 10MW일 때 화염중심에서 15m 떨어져 있는 점의 복사열유속은? (단, 복사에너지 분율은 20%이다.)

① 약 0.36kW/m^2 　　② 약 0.71kW/m^2
③ 약 1.17kW/m^2 　　④ 약 1.42kW/m^2

소방학개론 동형 모의고사

01

유류화재의 일반적인 특성으로 옳지 않은 것은?

① 석유류는 극성 이온결합을 하고 있기 때문에 전도성 물질이며, 상호 마찰 등에 의하여 발생한 정전기에 의해서 화재가 발생할 위험성이 크다.

② 동·식물유류에서 '아이오딘 값이 크다.'는 의미는 불포화도가 높다는 것이며, 아마인유가 면실유보다 자연발화 가능성이 더 높다.

③ 분해연소를 하는 클레오소트유 화재시 무상주수하면 유류 표면에 엷은 수막층이 형성되어 공기중의 산소공급을 차단하는 유화효과와 질식소화 효과가 있다.

④ 가솔린, 등유, 중유 등은 인화점의 차이로 인화의 위험성에 대한 차이는 있지만 일반적으로 일단 연소가 확대되면 발열량의 차이가 거의 없기 때문에 유사한 위험성을 나타낸다.

02

건물 화재시 발생한 연기로 인하여 건물 내부에 익숙한 사람이 피난시 약간의 지장을 느낄 정도인 경우의 감광계수와 가시거리로 옳은 것은?

	감광계수	가시거리
①	0.1m^{-1}	$20 \sim 30\text{m}$
②	0.3m^{-1}	5m
③	0.5m^{-1}	3m
④	1.0m^{-1}	$1 \sim 2\text{m}$

03

20℃, 1기압에서 프로판(C_3H_8) 22g이 완전연소할 때 생성되는 이산화탄소의 부피(L)는 몇 L인가? (C의 원자량은 12g, H의 원자량은 1g이다.)

① 약 22.4L
② 약 24L
③ 약 33.6L
④ 약 36L

04

「재난 및 안전관리 기본법 시행령」 상 사회재난 유형에 따른 재난관리주관기관으로 옳지 않은 것은?

① 「위험물안전관리법」 제2조 제1항 제1호에 따른 위험물의 누출·화재·폭발 등으로 인해 발생하는 대규모 피해 : 행정안전부 및 소방청

② 「청소년복지 지원법」 제31조에 따른 청소년복지시설의 화재등으로 인해 발생하는 대규모 피해 : 성평등가족부

③ 「에너지법」 제2조 제1호에 따른 전기 등 에너지의 중대한 수급차질로 인해 발생하는 대규모 피해 : 산업통상부

④ 「전기안전관리법 시행령」 제15조에 따른 전기사고로 인해 발생하는 대규모 피해 : 기후에너지환경부

05

다음의 〈보기〉는 전기설비 안전 방폭구조의 구조도이다. 〈보기〉의 구조에 해당하는 설비에 대한 설명으로 옳지 않은 것은?

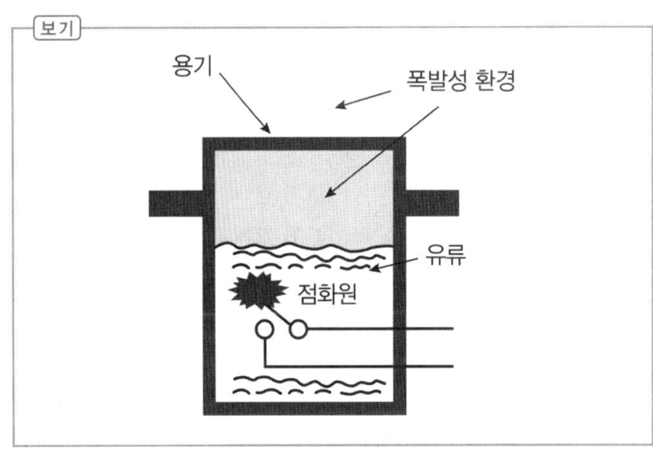

① 용기 내의 전기불꽃을 발생하는 부분을 유(油) 중에 내장시켜 유면상 및 용기의 외부에 존재하는 폭발성 분위기에 점화할 염려가 없게 한 방폭구조이다.

② 가연성가스의 폭발등급에 관계없이 사용하므로 적용 범위가 넓은 구조이다.

③ 유량 유지 및 유면의 온도 상승을 억제해야 하는 구조이다.

④ 점화원 격리방식과 무관하며, 점화원을 본질적으로 억제하는 방식이다.

06

회독 ☐ ☐ ☐

다음은 폭연과 폭굉에 대한 내용이다. 옳지 않은 것은?

① 폭연과 폭굉은 화염의 전파속도에 따라 구분하며, 폭연은 음속보다 느리게 아음속으로 이동하는 것이고, 폭굉은 음속보다 빠르게 이동하는 것을 말한다.
② 폭굉유도는 정상연소속도가 큰 가스일수록, 압력이 클수록, 관경이 가늘고 거칠수록 짧아진다.
③ 폭굉은 폭연으로 변화될 수 있으며, 이러한 전이 현상을 폭굉유도 거리라 한다.
④ 폭연은 에너지 방출속도가 열 전달속도에 영향을 받는다.

07

회독 ☐ ☐ ☐

주수소화 시 가연물에 따라 발생하는 가연성가스의 연결로 옳지 않은 것은?

	가연물	생성가스
①	탄화칼슘(CaC_2)	아세틸렌(C_2H_2)
②	탄화알루미늄(Al_4C_3)	메탄(CH_4)
③	탄화칼륨(K_2C_2)	수소(H_2)
④	에틸리튬(C_2H_5Li)	에탄(C_2H_6)

08

회독 ☐ ☐ ☐

메탄(CH_4) 8g이 완전연소하기 위한 산소의 분자 수는? (C의 분자량은 12g, H의 분자량은 1g)

① 3.01×10^{23}
② 6.02×10^{11}
③ 3.01×10^{11}
④ 6.02×10^{23}

09

회독 ☐ ☐ ☐

「위험물안전관리법 시행령」상 제6류 위험물인 질산에 대한 설명으로 옳지 않은 것은?

① 열분해 시 염소를 발생한다.
② 물과 접촉 시 발열한다.
③ 불연성 물질이다.
④ 조연성 물질이다.

10

회독 ☐ ☐ ☐

수성막포 소화약제를 수용성 알코올 화재 시 사용하면 소화 효과가 떨어지는 가장 큰 이유는?

① 유독가스가 발생하므로
② 화염의 온도를 높이므로
③ 내유성이 약하여 오염되므로
④ 알코올이 포 속의 물을 탈취하여 포가 파괴되므로

11

회독 ☐ ☐ ☐

이산화탄소 소화기에 관한 설명으로 옳지 않은 것은?

① 주된 소화작용은 질식효과와 냉각효과에 의한다.
② A급, B급 및 C급 화재 중 C급 화재에 가장 적응성이 좋다.
③ 비중이 공기보다 무거워 피복효과를 이용한 표면화재에 효과가 있다.
④ 소화약제의 동결, 부패, 변질 우려가 적다.

12

회독 ☐ ☐ ☐

다음 〈보기〉 중 상온에서 상의 상태가 동일한 것을 모두 나열한 것은?

> **보기**
>
> 할론 1301, 할론 1211, 할론 2402

① 할론 1211
② 할론 1301, 할론 1211
③ 할론 1301, 할론 2402
④ 할론 1211, 할론 2402

13

회독 ☐ ☐ ☐

화재하중에 대한 설명으로 옳지 않은 것은?

① 화재하중이 크면 단위면적당의 발열량이 크다.
② 화재하중이 크면 화재구획 공간이 넓다.
③ 화재하중이 같더라도 물질의 상태에 따라 가혹도는 달라진다.
④ 화재하중은 화재구획실 내의 가연물 총량을 목재 중량당비로 환산하여 면적으로 나눈 수치이다.

14

회독 ☐ ☐ ☐

「소방공무원 승진임용 규정」상 승진소요 최저근무 연수가 같은 계급으로 짝지어진 것 중 옳지 않은 것은?

ㄱ. 소방정	ㄴ. 소방령	ㄷ. 소방경	ㄹ. 소방위
ㅁ. 소방장	ㅂ. 소방교	ㅅ. 소방사	

① ㄱ, ㄴ
② ㄴ, ㄷ
③ ㄹ, ㅁ
④ ㅁ, ㅂ, ㅅ

15

[회독] ☐ ☐ ☐

화재 피해조사 시 〈보기〉와 같은 조건으로 건물 피해산정을 하였다. 잔존물제거 비용은?

┌─ 보기 ─
ㄱ. 용도 및 구조 : 아파트, 철근콘크리트 구조
ㄴ. 신축단가(m²당) : 1,000,000원
ㄷ. 경과연수 : 20년
ㄹ. 내용연수 : 40년
ㅁ. 소실면적 : 100m²
ㅂ. 손해율 : 30%
ㅅ. 잔가율 : 80%
└─

① 1,000,000원
② 1,500,000원
③ 1,800,000원
④ 2,000,000원

16

[회독] ☐ ☐ ☐

「소방시설 설치 및 관리에 관한 법률 시행령」에 의할 때 사용되는 시설의 바닥면적의 합계가 600m² 이상인 경우 모든 층에 스프링클러설비를 설치해야 하는 시설로 옳지 않은 것은?

① 문화 및 집회시설 중 지하층의 영화상영관
② 근린생활시설 중 조산원 및 산후조리원
③ 의료시설 중 정신의료기관
④ 노유자 시설

17

[회독] ☐ ☐ ☐

우리나라 소방의 변천 과정에 대한 설명으로 옳지 않은 것은?

① 고려 시대 : 별도의 소방조직은 없었으나 금화원제도가 시행되었으며, 소방을 소재라 칭하기도 했다.
② 조선 시대 : 금화도감이 설치되기 전에도 궁중화재를 진압하기 위하여 금화조건(1423년)이 있었다.
③ 미군정 시대 : 1946년 소방부 및 소방위원회를 설치하고, 소방조직 및 업무를 경찰로부터 독립하여 자치소방체제로 전환하였다.
④ 대한민국 정부수립 이후 : 1948년 정부수립과 동시에 소방법이 제정되었으며, 이때 의용소방대 설치 규정이 마련되었다.

18

[회독] ☐ ☐ ☐

다음의 〈보기〉에서 보일오버 방지 및 소화 방법으로 옳은 것만을 고른 것은?

┌─ 보기 ─
ㄱ. 바닥의 물을 배출하여 수층의 형성을 방지한다.
ㄴ. 화염이 탱크에 접하지 않도록 한다.
ㄷ. 감압시스템으로 탱크 압력을 낮추어야 한다.
ㄹ. 식용유 화재의 경우 뚜껑을 덮거나 젖은 담요 등을 덮어 기름의 비산을 방지하고 질식소화를 해야 한다.
ㅁ. 모래 등을 탱크 내부로 던져서 물이 끓기 전에 비등석이 기포를 믹아 갑작스런 물의 비등을 억제한다.
└─

① ㄱ, ㅁ
② ㄴ, ㄷ
③ ㄹ, ㅁ
④ ㄷ, ㅁ

19

[회독] ☐ ☐ ☐

다음 중 피난시설계획 등이 일반적인 원칙으로 옳지 않은 것은?

① 피난 경로는 간단명료하고, 피난 수단은 원시적 방법에 의하는 것을 원칙으로 한다.
② 피난설비는 고정적인 시설을 주로 사용하고 이동식기구나 장치는 보조 설비로 사용한다.
③ 피난로의 유형 중 T형과 I형은 확실한 피난로가 보장된다.
④ 피난대책은 Fool-Proof와 Fail-Safe의 원칙을 중시해야 한다.

20

[회독] ☐ ☐ ☐

다음의 〈보기〉는 화재 원인조사 시 발견한 현상이다. 해당 현상으로 옳은 것은?

┌─ 보기 ─
전극 사이 절연체 표면에 먼지·습기 등 오염물이 쌓여 불꽃 방전이 반복되며 탄화 도전로가 형성되고 절연이 파괴되고 화재로 이어지는 현상
└─

① 보이드현상
② 합선현상
③ 스파크현상
④ 트래킹현상

21

「재난 및 안전관리 기본법」상 재난관리 단계 중 대비단계에 해당하지 않는 것은?

① 재난관리자원의 비축·관리
② 재난현장 긴급통신수단의 마련
③ 재난분야 위기관리 매뉴얼 작성·운용
④ 위험구역의 설정 및 특별재난구역의 선포

22

캠핑장 바베큐판에서 삼겹살을 구울 때 불과 함께 연기가 많이 나서 불판에 불을 끄려고 물을 부으니 화재가 확대되었다. 이에 관련된 현상은?

① 프로스오버
② 플래시오버
③ 슬롭오버
④ 보일오버

23

「위험물안전관리법 시행규칙」에 의할 때 위험물 운반용기 외부에 표시하는 주의사항을 잘못 나타낸 것은?

① 과산화칼륨·과산화나트륨 : "화기·충격주의" 및 "가연물 접촉주의", "물기엄금"
② 황·금속분·마그네슘 : "화기주의" 및 "물기엄금"
③ 칼륨·나트륨 : "화기엄금" 및 "공기접촉엄금", "물기엄금"
④ TNT·피크린산 : "화기엄금" 및 "충격주의"

24

플래시오버(Flash Over)에 대한 설명으로 옳은 것은?

① 도시가스의 폭발적 연소를 말한다.
② 휘발유 등 가연성 액체가 넓게 흘러서 발화한 상태를 말한다.
③ 옥내화재가 서서히 진행하여 열 및 가연성 기체가 축적되다 일시에 연소하는 전실화재가 발생하는 상태를 말한다.
④ 화재 층의 불이 상부층으로 올라가는 현상을 말한다.

25

구획실 화재에 관한 설명으로 옳은 것은?

① 화재플럼(fire plume)은 화재시 상승력이 커진 부력에 의해 연소가스와 유입공기가 상승하면서 화염이 섞인 연기기둥 형태를 나타내는 현상이다.
② 굴뚝효과가 발생할 때는 개구부에 형성된 중성대 상부에서 공기가 유입되고, 중성대 하부에서 연기가 유출된다.
③ 연료지배형 화재는 환기지배형 화재보다 산소 공급이 원활하지 못하여 연소속도가 느리다.
④ 최성기에는 실내 화염이 최고조에 도달하고 연소속도가 빨라진다.

01

회독 □ □ □

이황화탄소(CS_2)를 보관할 때는 화재 예방을 위하여 이황화탄소(CS_2) 액면 자체 위에 물을 채워주는데 그 이유로 가장 타당한 것은?

① 발화점을 낮추기 위하여
② 불순물을 물에 용해시기기 위히여
③ 가연성증기의 발생을 방지하기 위하여
④ 분해열에 의한 자연발화가 발생하기 때문에

02

회독 □ □ □

화재시 발생하는 연소생성가스에 관한 설명으로 옳지 않은 것은?

① 일산화탄소(CO)의 인체에 대한 허용농도는 50ppm으로시 가연물이 불완전연소 시 많이 발생하며 인명에 피해를 주는 공기보다 가벼운 무색, 무취, 무미의 유독성 기체이며, 연소가 가능한 가연성 물질이다.
② 황화수소(H_2S)의 인체에 대한 허용농도는 10ppm으로서 무색가스로서 달걀 썩은 냄새가 나며, 연소가 가능한 가연성 물질이다.
③ 암모니아(NH_3)의 인체에 대한 허용농도는 25ppm으로서 물에 잘 용해되며, 냉동고 등에서 온도를 낮추는 가스인 냉매로 쓰이며, 연소가 가능한 가연성 물질이다.
④ 포스겐($COCl_2$)의 인체에 대한 허용농도는 0.1ppm으로서 맹독성가스이며, 할론1301 사용 시 발생하기도 하며, 연소가 가능한 가연성 물질이다.

03

회독 □ □ □

연소속도에 관한 내용으로 옳지 않은 것은?

① 연소속도는 연소시 화염이 미연소 혼합가스에 대하여 수평으로 이동하는 속도를 의미하며, 단위면적에 대한 단위 시간당 혼합가스($m^3/m^2 \cdot a$)으로 표현된다.
② 온도가 10℃ 증가하면 연소속도는 2~3배 정도 빨라진다.
③ 화염의 온도가 높을수록, 가연성 기체의 밀도와 비열은 작을수록, 열전도율은 클수록 연소속도가 빨라진다.
④ 산소의 농도가 높을수록, 촉매가 있을수록, 연소 후 생성된 불연성물질이 적을수록 연소속도가 빨라진다.

04

회독 □ □ □

「재난 및 안전관리 기본법」 및 시행령상 중앙재난안전대책본부에 대한 설명으로 옳은 것은?

① 대한민국의 영역에서 외국인의 생명·신체에 피해를 주는 재난이 발생한 경우에는 외교부장관이 중앙재난안전대책본부의 본부장이 될 수 있다.
② 중앙재난안전대책본부의 본부장은 해외에서 발생한 대규모재난의 수습을 지원하기 위하여 수습지원단을 구성하여 현지에 파견할 수 있다.
③ 중앙재난안전대책본부의 본부장은 지역대책본부장이 관할지역에서 발생한 재난의 효과적인 수습을 위하여 특별한 조치가 필요하다고 인정하여 요청한 경우 특별재난지역을 선포할 수 있다.
④ 중앙재난안전대책본부의 본부상은 재난상황을 효율적으로 관리하고 수습하기 위해 중앙사고수습본부를 설치·운용하여야 한다.

05

회독 □ □ □

다음의 〈보기〉는 포 혼합방식의 구조도이다. 〈보기〉의 구조에 해당하는 설비에 대한 설명으로 옳지 않은 것은?

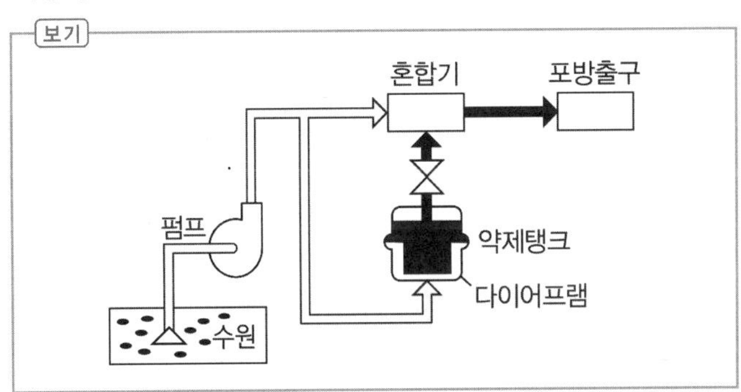

① 펌프 토출관에 압입기를 설치하여 포소화약제 압입용 펌프로 포소화약제를 압입시켜 혼합하는 방식이다.
② 원액펌프의 토출압이 급수펌프의 토출압보다 높아야 한다.
③ 비행기 격납고, 대규모 유류저장소, 석유화학 Plant 시설 등과 같은 대단위 고정식 포소화설비에 주로 사용한다.
④ 혼합기를 통한 압력손실이 다른 혼합방식에 비해 매우 크며, 압력손실에 의해서 원액 탱크 쪽으로 물이 역류할 수 있다.

06

구획실 화재에 관한 내용으로 옳지 않은 것은?

① 연료지배형 화재의 연소속도는 가연물의 분해·증발률에 비례하고, 환기지배형 화재의 연소속도는 환기요소에 비례한다.

② 일반적으로 플래시오버 이전의 화재는 연료지배형 화재이고, 이후의 화재는 환기지배형 화재이다.

③ 연료지배형 화재는 주로 큰 창문이나 개방된 공간에서, 환기지배형 화재는 내화구조 및 콘크리트 지하층에서 발생하기 쉽다.

④ 환기지배형 화재에서 실내면적이 좁으면 온도가 높아지고 바닥면적이 작아지면 지속시간이 길어진다.

07

다음의 〈보기〉는 「소화기구 및 자동소화장치의 화재안전성능기준(NFPC 101)」의 내용 중 소화기의 설치 기준이다. 'ㄱ' ~ 'ㄷ'의 기준을 모두 더한 합으로 옳은 것은?

> [보기]
> 소화기는 다음 각 목의 기준에 따라 설치할 것
> 가. 특정소방대상물의 각 층마다 설치하되, 각 층이 둘 이상의 거실로 구획된 경우에는 각 층마다 설치하는 것 외에 바닥면적이 (ㄱ)제곱미터 이상으로 구획된 각 거실에도 배치할 것
> 나. 특정소방대상물의 각 부분으로부터 1개의 소화기까지의 보행거리가 소형소화기의 경우에는 (ㄴ)미터 이내, 대형소화기의 경우에는 (ㄷ)미터 이내가 되도록 배치할 것

① 83
② 80
③ 73
④ 70

08

다음의 〈보기〉는 발화 조건에 따른 가연물 구비조건이다. 위험도가 증가하는 조건과 감소하는 조건을 바르게 구분한 것은?

ㄱ. 비열이 작을수록	ㄴ. 화학적 활성도가 작을수록
ㄷ. 열전도율이 작을수록	ㄹ. 증발열이 작을수록
ㅁ. 연소열이 작을수록	ㅂ. 흡착열이 작을수록

	위험도 증가	위험도 감소
①	ㄱ, ㄴ, ㄹ	ㄷ, ㅁ, ㅂ
②	ㄱ, ㄷ, ㄹ	ㄴ, ㅁ, ㅂ
③	ㄷ, ㄹ, ㅁ	ㄱ, ㄴ, ㅂ
④	ㄷ, ㅁ, ㅂ	ㄱ, ㄴ, ㄹ

09

파라핀계 탄화수소에 대한 내용으로 옳지 않은 것은?

① 파라핀계 탄화수소는 탄소(C)와 수소(H)의 결합이 모두 단일결합으로 이루어진 사슬 모양의 포화탄화수소로서 유기화합물이다.

② 알칸기인 가연성기체로는 메탄(CH_4), 에탄(C_2H_6), 프로판(C_3H_8) 등이 있다.

③ 탄소 수가 증가할수록 분자의 구조가 복잡해지고, 열과 닿는 표면적이 증가하여 발화점이 낮아진다.

④ 탄소 수가 증가할수록 연소범위는 넓어지고, 연소속도는 빨라진다.

10

소화약제로서 물이 갖는 특성에 대한 설명으로 옳지 않은 것은?

① 물을 무상주수하는 경우 유화효과(Emulsion Effect)도 기대할 수 있다.

② 물은 비열과 용융잠열이 커서 주수 시 냉각효과가 뛰어나다.

③ 물 소화약제에 글리세린, 프로필렌글리콜, 소르비톨 등의 첨가제를 넣으면 표면장력을 낮추어 침투효과를 높여 심부화재의 적응성이 좋아진다.

④ 물은 알코올 등 수용성 가연물의 화재에 다량의 물을 뿌리면 농도가 묽어져 가연성가스의 발생을 연소하한계 이하로 낮추는 희석효과가 있다.

11

표준상태에서 에탄(C_2H_6) 1mol을 완전연소하여 350kcal/mol의 연소열이 발생하였다. 버지스 휠러(Burgess-Wheeler) 법칙을 이용하여 에탄(C_2H_6)의 폭발 하한계값을 구하시오. (알칸계의 상수는 1,050에 수렴한다. 제시된 조건 외에는 무시한다.)

① 3.0vol/%
② 3.1vol/%
③ 3.2vol/%
④ 3.3vol/%

12

분진폭발(Dust Explosion)에 대한 설명으로 옳지 않은 것은?

① 미세한 가연성 먼지 입자가 공기 중에 고농도로 분포할 때 발생하는 급격한 연소 현상을 의미한다.

② 가스폭발이나 화약폭발과는 달리 착화에 필요한 에너지가 작다.

③ 분진의 입경은 폭발의 최소발화에너지 및 화염 전면의 이동속도에 영향을 미친다.

④ 1차 폭발 후 부유된 가연성 분진이 연소하면서 2차 폭발이 일어닐 수 있다.

13

「위험물안전관리법 시행령」에 의할 때 〈보기〉에 나열된 위험물의 지정수량 배수의 총합은?

질산나트륨 : 90kg, 황 : 70kg, 클로로벤젠 : 2,000L

① 1   ② 2
③ 3   ④ 4

14

「소방공무원법」과 「소방공무원 임용령」 및 그 시행규칙에 따른 초임 소방공무원의 보직에 대한 내용으로 옳지 않은 것은?

① 「소방공무원법」에서 정하는 임용이란 신규채용·승진·전보·파견·강임·휴직·직위해제·정직·강등·복직·면직·해임 및 파면을 말한다.

② 초임 소방공무원의 보직은 소방간부후보생을 소방위로 임용할 때에는 소방본부·119특수대응단 및 소방체험관에 보직해야 하고, 신규채용을 통해 소방사로 임용된 사람은 소방서·119특수대응단 및 소방체험관에 보직해야 한다.

③ 소방령 이상의 소방공무원은 소방청장의 제청으로 국무총리를 거쳐 대통령이 임용한다. 다만, 소방총감은 대통령이 임명하고, 소방령 이상 소방준감 이하의 소방공무원에 대한 전보, 휴직, 직위해제, 강등, 정직 및 복직은 소방청장이 한다.

④ 소방경 이하의 소방공무원에 대한 임용은 소방청장이 하고, 시·도 소속 소방경 이하의 소방공무원에 대한 임용은 시·도지사가 한다.

15

「화재조사 및 보고규정」상 건축물의 동수산정에 관한 내용들이다. 〈보기〉에 나열된 조건의 건축물들을 같은 동과 다른 동으로 구분한 것으로 옳은 것은?

ㄱ. 주요구조부가 하나로 연결되어 있는 건축물

ㄴ. 건널 복도 등으로 2 이상의 동에 연결되어 있는 건축물

ㄷ. 목조 또는 내화조 건물의 경우 격벽으로 방화구획이 되어 있는 건축물

ㄹ. 내화조 건물의 옥상에 목조 또는 방화구조 건물이 별도 설치되어 있는 건축물

ㅁ. 건물의 외벽을 이용하여 실을 만들어 헛간, 목욕탕, 작업실, 사무실 및 기타 건물 용도로 사용하고 있는 것

ㅂ. 내화조 건물의 외벽을 이용하여 목조 또는 방화구조건물이 별도 설치되어 있고 건물 내부와 구획되어 있는 건축물

	같은 동	다른 동
①	ㄱ, ㄴ, ㅁ	ㄷ, ㄹ, ㅂ
②	ㄴ, ㄹ, ㅂ	ㄱ, ㄷ, ㅁ
③	ㄱ, ㄷ, ㅁ	ㄴ, ㄹ, ㅂ
④	ㄴ, ㄹ, ㅁ	ㄱ, ㄷ, ㅂ

16

「소방시설공사업법 시행령」상 소방시설공사의 착공신고 대상 공사로 옳지 않은 것은?

① 간이스프링클러설비를 신설하는 공사

② 이산화탄소소화설비의 방호구역을 증설하는 공사

③ 화재알림설비를 신설하는 공사

④ 무선통신보조설비의 전용회로를 증설하는 공사

17

우리나라 소방공무원의 신분 변화과정에 대한 설명으로 옳지 않은 것은?

① 1948년 정부가 수립되면서 경찰관의 계급, 명칭 그대로 소방공무원은 경찰공무원 신분

② 1969년 「국가공무원법」 제정·공포로 별정직의 국가공무원 신분

③ 1973년 「지방소방공무원법」 제정·공포로 국가공무원은 경찰공무원으로 지방공무원은 소방공무원으로 임용권자에 따라 신분 이원화

④ 1977년 12월 「소방공무원법」이 제정·공포되고 1978년 3월 시행됨에 따라 국가공무원, 지방공무원 모두 소방공무원으로 신분단일화

18

회독 ☐ ☐ ☐

〈보기〉의 분말 소화약제 종류와 특성에 관한 설명 중 옳은 것만으로 짝지어진 것은?

[보기]

ㄱ. 제1종 분말소화기의 소화약제는 식용유가 나트륨이온(Na^+)과 만나 비누화현상을 일으키며, 발생된 거품이 유면을 덮어 질식과 냉각 소화효과가 있다.

ㄴ. 제2종 분말소화기의 소화약제의 주성분은 중탄산칼륨($2KHCO_3$)으로서 칼륨이온(K^+)이 나트륨이온(Na^+)보다 부촉매 등 화학적 소화효과가 크다.

ㄷ. 제3종 분말소화기의 소화약제는 열분해 시 유리되어 나온 암모늄이온(NH_4^+)에 의한 부촉매작용을 하며, 오쏘인산(H_3PO_4)에 의해서 방진작용을 한다.

ㄹ. 분말소화약제의 분말 입자의 크기가 20~25μm일 때 소화효과가 가장 좋으며, 이 범위에서 안식각이 크고 유동성이 적어야 소화력이 극대화된다.

ㅁ. 분말소화약제의 입자가 너무 크면 유동성이 떨어지고, 너무 작으면 고화성 등 다른 문제가 발생할 수 있다.

ㅂ. 분말소화약제는 불꽃화재에 사용할 경우 속효성과 속소성이 있으나 유류 화재 등에서 분말이 화염을 완전히 덮지 못하면 재발화 위험이 높아질 수 있다.

① ㄱ, ㄴ, ㄷ
② ㄴ, ㄷ, ㄹ, ㅁ
③ ㄱ, ㄴ, ㅁ, ㅂ
④ ㄴ, ㄷ, ㅁ, ㅂ

19

회독 ☐ ☐ ☐

화학적 폭발의 설명 중 그 내용이 옳지 않은 것은?

① 중합폭발은 중합해서 발생하는 반응열에 의해 폭발하는 현상으로서 산화에틸렌(C_2H_4O), 염화비닐(C_2H_3Cl)은 중합폭발할 수 있다.

② 분해폭발은 분해성가스와 자기분해성 고체류가 산소와는 무관하게 단독으로 분해하면서 폭발하는 현상으로 산화에틸렌(C_2H_4O), 아세틸렌(C_2H_2), 하이드라진(N_2H_4) 등이 분해폭발이 가능하다.

③ 수소(H_2)와 산소(O_2)의 결합에 빛을 쪼이면 폭발이 일어나는데 이것이 바로 촉매폭발이며 여기서 촉매는 산소(O_2)이다.

④ 산화폭발은 가연성가스가 공기 중에 누설되거나 인화성액체 저장탱크에 공기가 혼합되어 폭발성 혼합가스를 형성함으로서 점화원에 의해 착화되어 폭발하는 현상으로 연소의 한 형태이다.

20

회독 ☐ ☐ ☐

화재조사시 나타나는 화재의 패턴 중 그 종류가 다른 것은?

① V패턴(V patterns)
② 포어패턴(Pour pattern)
③ 스플래시패턴(Splash pattern)
④ 고스트마크패턴(Ghost mark pattern)

21

회독 ☐ ☐ ☐

「긴급구조대응활동 및 현장지휘에 관한 규칙」에 의해 중앙통제단이 구성된 경우 현장지휘부의 업무로 옳지 않은 것은?

① 수색구조
② 응급의료
③ 항공·현장통제
④ 지원기관 연락관

22

회독 ☐ ☐ ☐

「재난 및 안전관리 기본법 시행령」상 기능별 긴급구조대응계획에 포함될 사항으로 옳지 않은 것은?

① 지휘통제 : 긴급구조체제 및 중앙통제단과 지역통제단의 운영체계 등에 관한 사항

② 대중정보 : 주민보호를 위한 비상방송시스템 가동 등 긴급공공정보 제공에 관한 사항 및 재난상황 등에 관한 정보 통제에 관한 사항

③ 피해상황분석 : 재난현장상황 및 피해정보의 수집·분석·보고에 관한 사항

④ 긴급복구 : 긴급구조요원 및 긴급대피 수용주민에 대한 위기 상담, 임시 의식주 제공 등에 관한 사항

23

회독 ☐ ☐ ☐

천장제트흐름에 관한 설명으로 옳지 않은 것은?

① 고온의 연소생성물이 부력에 의하여 힘을 받아 상승하며 천장면 아래에 얇은 층을 형성하는 빠른 속도의 가스흐름이다.

② 높은 천장의 경우 스프링클러나 감지기가 천장으로부터 떨어진 위치가 전체 거리가 천장 제트흐름의 범위 외가 되어 응답시간이 증가한다.

③ 흐름의 두께는 천장에서 화염까지 높이의 5~12% 정도 범위이다.

④ 화재 초기에만 나타나는 현상으로 플럼이 천장에 부딪혀 먼 곳으로 흐름이 원인이 된다.

24

백드래프트 징후 시 소방전술로 옳지 않은 것은?

① 일반적으로 적절한 내부 공격시점은 지붕 배연 작업 전이다.

② 배연 작업 전에 창문이나 문을 통한 배연 또는 진입을 시도해서는 안 된다.

③ 급속한 연소현상에 대비하여 소방대원은 낮은 자세를 유지한다.

④ 출입구나 개구부 개방이 불가피할 경우 가능한 한 서서히 개방한다.

25

다음 중 스프링클러설비에 관하여 옳지 않은 것은?

① 스프링클러설비는 소화 후 설비 복구는 용이하나, 수손피해가 크며 설치하는 데 비용이 많이 든다.

② 준비작동식 스프링클러설비는 동결 우려가 없어서 차고 주차장에도 적합하다.

③ 일제살수식 스프링클러설비는 델류지밸브를 열면 작동하며 일제히 소화되며 초기화재 소화에 적합하다.

④ 건식 스프링클러설비는 동결 우려가 있는 곳에 설치하며, 감지기의 작동으로 작동하며, 1차측은 가압수, 2차측은 대기압이 차있다.

01

회독 □ □ □

「재난 및 안전관리 기본법 시행령」상 특별재난지역의 선포 대상이 되는 범위로 옳지 않은 것은?

① 자연재난으로서 「자연재난 구호 및 복구 비용 부담기준 등에 관한 규정」 제5조 제1항에 따른 국고 지원 대상 피해 기준금액의 2.5배를 초과하는 피해가 발생한 재난

② 자연재난으로서 「자연재난 구호 및 복구 비용 부담기준 등에 관한 규정」 제5조 제1항에 따른 국고 지원 대상에 해당하는 시·군·구의 관할 읍·면·동에 같은 항 각 호에 따른 국고 지원 대상 피해 기준금액의 4분의 1을 초과하는 피해가 발생한 재난

③ 사회재난의 재난 중 인명 또는 재산의 피해 정도가 매우 크고 그 영향이 광범위할 것으로 예상되어 재난관리주관기관의 장이 필요하다고 인정하는 재난

④ 사회재난의 재난 중 재난이 발생한 해당 지방자치단체의 행정능력이나 재정능력으로는 재난의 수습이 곤란하여 국가적 차원의 지원이 필요하다고 인정되는 재난

02

회독 □ □ □

연소범위 영향요소에 대한 설명으로 옳은 것은?

① 온도가 높아지면 열의 방열속도가 발열속도보다 크게 되어 연소범위가 넓어진다.

② 압력이 높아지면 분자 간 평균 거리가 길어지고, 유효충돌 횟수가 줄어들어 대체적으로 연소범위가 넓어진다.

③ 연소하한계(LFL)는 가연물의 최저 용량비이고, 연소상한계(UFL)를 가연물의 최대 용량비라 한다.

④ 공기 중 산소가 늘어나면 폭발 상한계(UFL)는 거의 영향이 없으나, 하한계(LFL)는 크게 증가하여 전체적인 폭발범위는 넓어진다.

03

회독 □ □ □

화재강도(Fire Intensity)에 관한 내용으로 옳지 않은 것은?

① 단위시간당 축적되는 열의 값으로서 화재실의 열방출률이 클수록 화재강도는 증가한다.

② 구조물이 갖는 단열성능이 낮을수록 열의 외부 누출이 용이하지 않고 화재실 내에 축적상태로 유지되어 화재강도가 커진다.

③ 가연물의 비표면적이 클수록 연소가 용이하며 가연물의 연소값이 클수록 화재강도는 크게 된다.

④ 화재실내 연소열이 큰 물질이 존재할수록 발열량도 커지므로 화재강도가 커진다.

04

회독 □ □ □

「재난 및 안전관리 기본법 시행령」상 재난대비훈련에 대한 설명으로 옳지 않은 것은?

① 훈련주관기관의 장은 관계 기관과 합동으로 참여하는 재난대비훈련을 각각 소관 분야별로 주관하여 연 1회 이상 실시하여야 한다.

② 재난대비훈련에 참여하는 데에 필요한 비용은 훈련주관기관이 부담한다.

③ 훈련주관기관의 장은 재난대비훈련을 실시하는 경우, 훈련일 15일 전까지 훈련일시, 훈련장소, 훈련내용, 훈련방법, 훈련참여 인력 및 장비, 그 밖에 훈련에 필요한 사항을 훈련참여기관의 장에게 통보하여야 한다.

④ 훈련참여기관의 장은 재난대비훈련 실시 후 10일 이내에 그 결과를 훈련주관기관의 장에게 제출하여야 한다.

05

다음의 〈보기〉가 설명하는 포(foam)소화약제로 옳은 것은?

〈보기〉

- 고급알코올 황산에스테르염이 주성분이며, 냄새가 없는 황색의 소화약제이다.
- 유류화재와 일반화재 공용으로서 차고, 주차장 및 일반 유류화재에 적합하다.
- 내열성과 내유성이 약해서 윤화(Ring fire)현상이 일어날 수 있다.
- 밀폐 또는 준밀폐 구조물의 화재 시 고팽창포로 작용해 화재를 효과적으로 진압할 수 있다.

① 수성막포 소화약제
② 내알코올포 소화약제
③ 불화단백포 소화약제
④ 합성계면 활성제포 소화약제

06

너비 $2m^2$, 열전도도 $0.5kcal/m \cdot ℃$인 방열벽이 있다. 이 벽을 통과한 열전달량이 300kcal일 때 양쪽 면의 온도차를 30℃ 이내로 유지하기 위한 벽 두께는 몇 cm 이상으로 하여야 하는가?

① 1cm
② 5cm
③ 10cm
④ 15cm

07

물 소화약제에 관한 내용으로 옳지 않은 것은?

① 물은 분자 내에서 수소결합의 형태를 취하고 있어 극성 물질 등에 대한 용해도가 크기 때문에 첨가제 사용이 용이하다.
② 물의 입자크기가 작게 되면 표면적이 증가해서 열을 흡수하여 기화가 용이하게 되므로 입경이 작을수록 냉각효과가 크다.
③ 물은 일반화재에서는 우수한 소화능력이 발휘되나, 유류화재에서는 오히려 화재가 확대될 수 있고, 전기화재에서는 소화가 가능하지만 감전사고의 위험성이 있으므로 주의하여야 한다.
④ 물은 봉상, 적상, 무상 주수의 형태로 상황에 맞게 필요한 형태로 주수가 가능하다.

08

메탄(CH_4) $1m^3$의 완전연소 시 화학양론(C_{st} : Chemical Stoichiometric) 조성비는? (단, 계산 결과는 소수점 둘째 자리에서 반올림한다.)

① 3.1
② 5.2
③ 7.4
④ 9.5

09

과산화수소(H_2O_2) 저장 시 저장용기를 밀봉하지 않고 구멍이 있는 마개를 사용하는 이유로 옳은 것은?

① 상온에서 서서히 분해하여 산소를 발생하여 폭발의 위험이 있어 통기를 위해서이다.
② 소화시 다량의 물을 사용하여 희석소화하기 위해서이다.
③ 물과 접촉하면 심하게 발열하기 때문이다.
④ 가열하면 적갈색의 갈색증기인 이산화질소가 발생하기 때문이다.

10

소방설비에 부착된 음향장치의 기준에 관한 설명으로 옳지 않은 것은?

① 스프링클러설비 음향장치의 음량은 부착된 음향장치의 중심으로부터 1m 떨어진 위치에서 90dB 이상이 되는 것으로 할 것
② 자동화재탐지설비 음향장치의 음량은 부착된 음향장치의 중심으로부터 1m 떨어진 위치에서 90dB 이상이 되는 것으로 할 것
③ 화재알림설비의 화재알림형 감지기는 동작된 감지기 자체 내장된 음향장치에 의하여 경보를 발해야 하며, 음압은 부착된 화재알림형 감지기의 중심으로부터 1미터 떨어진 위치에서 80데시벨 이상으로 할 것
④ 가연성가스 경보기의 가스누설 음향은 수신부로부터 1미터 떨어진 위치에서 음압이 70데시벨 이상일 것

11

다음 중 발화가능성이 가장 낮은 것은?

① 정비하는 과정에서 엔진룸에 놓아둔 기름걸레를 방치한 경우
② 담뱃불을 가솔린이 담긴 용기에 버린 경우
③ 난로 주변에 의류를 방치한 경우
④ 백열전구에 신문지를 장시간 접촉시킨 경우

12

회독 ☐☐☐

시대별 소방과 관련된 기관 및 용어에 관한 설명으로 옳지 않은 것은?

① 1377년(우왕 3년) 화통도감을 설치하여 화약을 따로 관리하였다.
② 1423년(세종 5년) 금화조건을 시행하여 궁궐에서 화재가 발생한 경우 그 진압 방법을 구체적으로 규정하고 시행하였다.
③ 1426년(세종 8년) 금화도감을 설치하고 통금이 지나 불을 끄는 사람에게 구화패를 발급하였다.
④ 1431년(세종 13년) 지방 의용금화조직이 공인되어 각 동리에 재난이 있을 때에 청장년들이 자력으로 방재활동을 하기 시작하였다.

13

회독 ☐☐☐

이산화탄소 소화기의 장·단점에 대한 설명으로 옳지 않은 것은?

① 밀폐된 공간에서 사용 시 질식으로 인명피해가 발생할 수 있다.
② 전도성이어서 전류가 통하는 장소에서의 사용은 위험하다.
③ 자체의 압력으로 방출할 수가 있다.
④ 기체이기 때문에 비교적 장소에 구애받지 않고 침투·확산하여 소화할 수 있다.

14

회독 ☐☐☐

물질의 취급 또는 위험성에 대한 설명 중 옳지 않은 것은?

① 흡착열은 외부 점화원이 될 수 있다.
② 질산은 물과 반응 시 발열 반응하므로 주의를 해야 한다.
③ 질산암모늄은 비료로 사용되기도 하나 폭약으로 쓰이기도 한다.
④ 암모니아는 냉매공업 분야에 많이 사용되고 충전하는 공업용 용기의 색상은 백색이다.

15

회독 ☐☐☐

제4류 위험물의 탱크화재에서 발생되는 보일오버(Boil Over)에 대한 설명으로 옳지 않은 것은?

① 원추형 탱크의 지붕판이 폭발에 의해 날아가고 화재가 확대될 때 저장된 연소 중인 기름에서 발생할 수 있는 현상이다.
② 화재가 지속된 부유식 탱크나 지붕과 측판을 약하게 결합한 구조의 기름 탱크에서도 일어난다.
③ 원유, 중유 등을 저장하는 탱크에서 발생할 수 있다.
④ 대량으로 증발된 가연성액체가 갑자기 연소했을 때 생기는 커다란 구형의 불꽃이 생긴다.

16

회독 ☐☐☐

생석회(CaO)와 어떤 물질이 접촉하여 화재가 발생하였다. 그 원인으로 가장 옳은 것은?

① 생석회의 칼슘가스로 인하여 화재가 발생하였다.
② 생석회와 물의 반응으로 열이 발생하여 화재가 발생하였다.
③ 생석회에서 일산화탄소가 발생하여 화재가 발생하였다.
④ 생석회의 아세틸렌가스로 인하여 화재가 발생하였다.

17

회독 ☐☐☐

불꽃연소와 작열연소에 대한 비교로 옳지 않은 것은?

① 불꽃연소는 완전연소하며, 작열연소는 불완전연소한다.
② 불꽃연소는 연쇄반응을 하고, 작열연소는 연쇄반응하지 않는다.
③ 작열연소는 단위 시간당 발열량이 많고, 불꽃연소는 시간당 발열량이 작다.
④ 액체와 기체는 불꽃연소를 하고, 고체는 불꽃연소와 작연연소를 한다.

18

회독 ☐☐☐

다음 행위 중에서 화재를 일으킬 가능성이 가장 높은 것은?

① 칼륨을 유동파라핀 속에 넣어 둔 채로 보관했다.
② 진한 질산과 아세틸렌을 혼촉시켰다.
③ 황린을 찬물과 접촉시켰다.
④ 알킬알루미늄 저장시 아르곤 가스를 봉입했다.

19

회독 ☐☐☐

「긴급구조대응활동 및 현장지휘에 관한 규칙」상 긴급구조현장지휘대의 구성 및 기능에 관한 내용으로 옳지 않은 것은?

① 긴급구조현장지휘대는 소방청, 소방본부 및 소방서에 상시 구성·운영하여야 한다.
② 긴급구조현장지휘대는 통제단이 가동되기 전 재난초기시 현장지휘 기능을 수행한다.
③ 긴급구조현장지휘대는 주요 긴급구조지원기관과의 합동으로 현장지휘의 조정·통제 기능을 수행한다.
④ 긴급구조현장지휘대를 구성하는 사람 중 상황조사요원은 통제단이 설치·운영되는 경우 대응계획부에 배치된다.

20

「화재조사 및 보고규정」상 화재피해액의 산정에 관한 내용으로 옳지 않은 것은?

① 화재피해금액은 회계장부상 현재가액이 입증된 경우에는 그에 따를 수 있다.

② 정확한 피해물품을 확인하기 곤란한 경우에는 소방청장이 정하는 「화재피해금액 산정매뉴얼」의 간이평가방식으로 산정할 수 있다.

③ 건물 등 자산에 대한 최종잔가율은 건물·부대설비·구축물·가재도구는 20%로 히며, 그 이외의 자산은 10%로 정한다.

④ 건물의 화재피해금액 산정기준은 "신축단가(m²당) × 소실면적 × $(1 - \dfrac{0.8 \times 경과연수}{내용연수}) \times 손해율$"의 공식에 의하되, 신축단가는 한국감정원이 최근 발표한 '건물신축단가표'에 의한다.

21

연소흔적의 주요 생성원인 중 증발연소로 인하여 나타나는 액체가연물의 흔적으로 옳은 것은?

① 포어패턴(Pour pattern)

② 도넛패턴(Doughnut pattern)

③ 스플래시패턴(Splash pattern)

④ 틈새연소패턴(Seam burn pattern)

22

「119구조·구급에 관한 법률」 및 같은 법 시행령상 구조·구급 행정관리와 구조·구급 활동에 관한 내용으로 옳지 않은 것은?

① 특수구조대는 화학구조대, 수난구조대, 산악구조대, 고속국도구조대, 지하철구조대를 소방대상물, 지역 특성, 재난 발생 유형 및 빈도 등을 고려하여 설치한다.

② 국제구급대는 인명 탐색 및 구조, 안전평가, 상담, 응급처치, 응급이송, 시설관리, 공보연락 등의 임무를 수행할 수 있도록 구성해야 한다.

③ 119구급대는 일반구급대와 고속국도구급대로 편성·운영한다.

④ 소방청장이 실시하는 인명구조사 교육을 받았거나 인명구조사 시험에 합격한 사람은 구조대원의 자격기준을 갖춘 사람이다.

23

「소방시설 설치 및 관리에 관한 법률 시행령」상 공동주택으로 옳지 않은 것은? (단, 2개 이상의 동을 지하주차장으로 연결하는 경우에는 각각의 동으로 본다)

① 아파트등 : 주택으로 쓰는 층수가 5층 이상인 주택

② 연립주택 : 주택으로 쓰는 1개 동의 바닥면적 합계가 660m²를 초과하고, 층수가 4개 층 이하인 주택

③ 다세대주택 : 주택으로 쓰는 1개 동의 바닥면적 합계가 660m² 이하이고, 층수가 4개 층 이하인 주택

④ 기숙사 : 하교 또는 공장 등의 하생 또는 종업원 등을 위하여 쓰는 것으로서 1개 동의 공동취사시설 이용 세대 수가 전체의 50퍼센트 미만인 것

24

화재플럼(fire plume)에 대한 설명으로 옳지 않은 것은?

① 화재로 인해 유제가 움직이는 이유는 생성된 뜨거운 가스 때문이다.

② 플럼이 천장과 만나면 수평으로 흐르며 그 농도는 지속적으로 두터워진다.

③ 고온의 플럼이 공기와 혼합할 경우 온도가 상승하며 반경이 확대된다.

④ 플럼은 주변공기와 섞이거나 혼입됨으로써 불의 높이보다 더 높게 상승한다.

25

플래시오버(Flash Over) 현상에 대한 설명으로 옳지 않은 것은?

① 성장기와 최성기 간의 과도기적 시기로서 순간적인 착화현상으로 전표면화재이다.

② 플래시오버 지연 소방전술로는 배연·배열 지연법, 공기차단 지연법, 냉각 지연법이 있다.

③ 롤오버 현상은 플래시오버 현상의 전조현상으로서 복사열이 플래시오버현상에 비해 상대적으로 강하다.

④ 플래시오버 발생 전 폭발적 연소로 인한 건축물 변형 및 강도약화로 붕괴, 비산, 낙하물 피해에 대비하여 방수모 등 개인보호 장구 이탈에 대비, 자세를 낮추고 대피방안을 강구한다.

문제편

1회 소방관계법규 동형 모의고사

2회 소방관계법규 동형 모의고사

3회 소방관계법규 동형 모의고사

4회 소방관계법규 동형 모의고사

5회 소방관계법규 동형 모의고사

6회 소방관계법규 동형 모의고사

7회 소방관계법규 동형 모의고사

8회 소방관계법규 동형 모의고사

9회 소방관계법규 동형 모의고사

10회 소방관계법규 동형 모의고사

11회 소방관계법규 동형 모의고사

12회 소방관계법규 동형 모의고사

13회 소방관계법규 동형 모의고사

14회 소방관계법규 동형 모의고사

15회 소방관계법규 동형 모의고사

01

회독 □ □ □

「소방기본법」상 용어의 정의에 대한 설명으로 옳지 않은 것은?

① 소방대상물 : 건축물, 차량, 선박(「선박법」 제1조의2 제1항에 따른 선박으로서 항구에 매어둔 1천톤 이상의 선박만 해당), 선박 건조 구조물, 산림, 그 밖의 인공 구조물 또는 물건을 말한다.

② 관계지역 : 소방대상물이 있는 장소 및 그 이웃 지역으로서 화재의 예방·경계·진압, 구조·구급 등의 활동에 필요한 지역을 말한다.

③ 소방대 : 화재를 진압하고 화재, 재난·재해, 그 밖의 위급한 상황에서 구조·구급 활동 등을 하기 위하여 구성된 조직체로서 「소방공무원법」에 따른 소방공무원, 「의무소방대 설치법」에 따라 임용된 의무소방원, 「의용소방대 설치 및 운영에 관한 법률」에 따른 의용소방대원을 말한다.

④ 소방대장 : 소방본부장 또는 소방서장 등 화재, 재난·재해, 그 밖의 위급한 상황이 발생한 현장에서 소방대를 지휘하는 사람을 말한다.

02

회독 □ □ □

「소방기본법」 및 같은 법 시행령상 소방자동차 전용구역에 관한 내용으로 옳지 않은 것은?

① 「건축법 시행령」 별표 1 제2호 가목의 아파트 중 세대수가 100세대 이상인 아파트의 건축주는 제16조 제1항에 따른 소방활동의 원활한 수행을 위하여 공동주택에 소방자동차 전용구역을 설치하여야 한다.

② 공동주택의 건축주는 소방자동차가 접근하기 쉽고 소방활동이 원활하게 수행될 수 있도록 각 동별 전면 또는 후면에 소방자동차 전용구역을 1개소 이상 설치해야 한다. 다만, 하나의 전용구역에서 여러 동에 접근하여 소방활동이 가능한 경우로서 소방청장이 정하는 경우에는 각 동별로 설치하지 않을 수 있다.

③ 「주차장법」 제19조에 따른 부설주차장의 주차구획 내에 주차하는 경우에는 소방자동차 전용구역 방해행위의 기준에 해당하지 않는다.

④ 소방자동차 전용구역 노면표지의 외곽선은 빗금무늬로 표시하되, 빗금은 두께를 30센티미터로 하여 50센티미터 간격으로 표시하고, 노면표지 도료의 색채는 백색을 기본으로 하되, 문자(P, 소방차 전용)는 황색으로 표시한다.

03

회독 □ □ □

「소방기본법 시행규칙」상 종합상황실의 설치·운영과 종합상황실의 실장의 업무로 옳지 않은 것은?

① 「소방기본법」 제4조 제2항의 규정에 의한 종합상황실은 소방청과 특별시·광역시·특별자치시·도 또는 특별자치도의 소방본부 및 소방서에 각각 설치·운영할 수 있다.

② 소방청장, 소방본부장 또는 소방서장은 신속한 소방활동을 위한 정보를 수집·전파하기 위하여 종합상황실에 「소방력 기준에 관한 규칙」에 의한 전산·통신요원을 배치하고, 소방청장이 정하는 유·무선통신시설을 갖추어야 하며, 종합상황실은 24시간 운영체제를 유지하여야 한다.

③ 이재민이 100인 이상 발생하거나 재산피해액이 50억원 이상 발생한 화재는 소방서의 종합상황실의 경우는 소방본부의 종합상황실에, 소방본부의 종합상황실의 경우는 소방청의 종합상황실에 각각 보고해야 한다.

④ 종합상황실 근무자의 근무방법 등 종합상황실의 운영에 관하여 필요한 사항은 종합상황실을 설치하는 소방청장, 소방본부장 또는 소방서장이 각각 정한다.

04

회독 □ □ □

「소방기본법」 및 같은 법 시행령에서 정하는 손실보상에 관한 내용으로 옳은 것은?

① 소방청장 또는 시·도지사는 소방활동 종사로 인하여 사망하거나 부상을 입은 자에게 손실보상심의위원회의 심사·의결에 따라 시가 보상을 하여야 한다.

② 소방본부장, 소방서장 또는 소방대장이 사람을 구출하거나 불이 번지는 것을 막기 위하여 필요할 때에 화재가 발생하거나 불이 번질 우려가 있는 소방대상물 및 토지를 일시적으로 사용하거나 그 사용의 제한 또는 소방활동에 필요한 처분으로 인하여 손실을 입은 자에게는 소방청장 또는 시·도지사는 손실보상심의위원회의 심사·의결에 따라 정당한 보상을 하여야 한다.

③ 손실보상심의위원회는 위원장 1명을 포함하여 5명 이상 7명 이하의 위원으로 구성한다. 다만, 청구금액이 100만원 이하인 사건에 대해서는 소속 소방공무원에 해당하는 위원 3명으로만 구성할 수 있다.

④ 소방청장등은 손실보상심의위원회의 심사·의결을 거쳐 특별한 사유가 없으면 보상금 지급 청구서를 받은 날부터 90일 이내에 보상금 지급 여부 및 보상금액을 결정하여야 한다.

05

「소방기본법 시행령」에 따른 운행기록장치 장착 차량으로 옳지 않은 것은?

① 소방펌프차
② 소방고가차
③ 구급차
④ 구조차

06

「소방의 화재조사에 관한 법률」 및 그 하위 법령에 대한 설명으로 옳지 않은 것은?

① 화재란 사람의 의도에 반하거나 고의 또는 과실에 의하여 발생하는 연소 현상으로서 소화할 필요가 있는 현상 또는 사람의 의도에 반하여 발생하거나 확대된 화학적 폭발현상을 말한다.
② 화재조사란 소방청장, 소방본부장 또는 소방서장이 화재원인, 피해상황, 대응활동 등을 파악하기 위하여 자료의 수집, 관계인등에 대한 질문, 현장 확인, 감식, 감정 및 실험 등을 하는 일련의 행위를 말한다.
③ 화재조사관은 화재발생 사실을 알게 된 때에는 지체 없이 화재조사를 하여야 한다.
④ 화재조사의 절차는 '현장출동 중 조사 → 화재현장 조사 → 정밀조사 → 화재조사 결과 보고' 순으로 진행된다.

07

「소방의 화재조사에 관한 법률」 및 같은 법 시행규칙상 화재조사 결과의 공표에 관한 설명으로 옳은 것은?

① 화재조사 결과의 공표는 관보에 공고하거나, 「신문 등의 진흥에 관한 법률」에 따른 신문 또는 「방송법」에 따른 방송을 이용하는 등 일반인이 쉽게 알 수 있는 방법으로 한다.
② 소방관서장은 화재조사 결과를 공표하는 경우 수사가 진행 중이거나 수사의 필요성이 인정되는 경우에는 관계 수사기관의 장과 공표 여부에 관하여 사전에 협의하여야 한다.
③ 소방관서장이 국민이 유사한 화재로부터 피해를 입지 않도록 하기 위하여 화재조사 결과를 공표하는 경우, 공표의 범위·방법 및 절차 등에 관하여 필요한 사항은 대통령령으로 정한다.
④ 소방관서장은 사회적 관심이 집중되어 국민의 알 권리 충족 등 공공의 이익을 위해 필요한 경우와 소방정책에 활용하기 위해 과학적·전문적인 화재조사가 필요한 경우에는 화재조사 결과를 공표하여야 한다.

08

「화재의 예방 및 안전관리에 관한 법률」 및 그 하위 법령상 불시 소방훈련·교육에 대한 설명으로 옳지 않은 것은?

① 불시 소방훈련·교육의 평가의 기준으로는 내용의 적절성, 참여인력, 시설 및 장비 등의 적정성 등이 있다.
② 불시 소방훈련·교육의 평가는 현장평가를 원칙으로 하되, 필요에 따라 서면평가 등을 병행할 수 있다.
③ 불시 소방훈련·교육을 실시하려는 경우 소방안전관리대상물의 관계인에게 7일 전까지 계획서를 통지해야 한다.
④ 「소방시설 설치 및 관리에 관한 법률 시행령」 별표 2 제7호에 따른 의료시설은 불시 소방훈련·교육 대상이 된다.

09

「화재의 예방 및 안전관리에 관한 법률」에서 사용되는 용어로 옳은 것은?

① 예방이란 화재로 인한 피해를 최소화하기 위한 예방, 대비, 대응 등의 활동을 말한다.
② 안전관리란 화재의 위험으로부터 사람의 생명·신체 및 재산을 보호하기 위하여 화재발생을 사전에 제거하거나 방지하기 위한 모든 활동을 말한다.
③ 화재안전조사란 화재가 발생할 경우 사회·경제적으로 피해 규모가 클 것으로 예상되는 소방대상물에 대하여 화재위험요인을 조사하고 그 위험성을 평가하여 개선대책을 수립하는 것을 말한다.
④ 화재예방강화지구란 특별시장·광역시장·특별자치시장·도지사 또는 특별자치도지사가 화재발생 우려가 크거나 화재가 발생할 경우 피해가 클 것으로 예상되는 지역에 대하여 화재의 예방 및 안전관리를 강화하기 위해 지정·관리하는 지역을 말한다.

10

회독 ☐ ☐ ☐

「화재의 예방 및 안전관리에 관한 법률 시행령」상 특수가연물 저장기준으로 옳지 않은 것은?

① 석탄·목탄류를 발전용으로 저장하는 경우를 제외하고는 품명별 구분하여야 한다.

② 석탄·목탄류를 발전용으로 저장하는 경우를 제외하고 특수가연물의 쌓는 부분의 바닥면적이 50제곱미터(석탄·목탄류 제외) 이하여야 한다(살수설비를 설치하거나 방사능력 범위에 해당 특수가연물이 포함되도록 대형수동식소화기를 설치하지 않은 경우).

③ 석탄·목탄류를 발전용으로 저장하는 경우에는 특수가연물을 저장 또는 취급하는 장소에는 품명, 최대저장수량, 단위부피당 질량 또는 단위체적당 질량, 관리책임자 성명·직책, 연락처 및 화기취급의 금지표시가 포함된 특수가연물 표지를 설치하지 않을 수 있다.

④ 석탄·목탄류를 발전용으로 저장하는 경우를 제외하고 쌓는 부분 바닥면적의 사이는 실내의 경우 1.2미터 또는 쌓는 높이의 1/2 중 큰 값 이상으로 간격을 두어야 한다.

11

회독 ☐ ☐ ☐

「화재의 예방 및 안전관리에 관한 법률 시행령」상 3급 소방안전관리대상물로 옳은 것만을 모두 고르면?

> ㄱ. 50층 이상(지하층 제외)이거나 높이 200미터 이상인 아파트
> ㄴ. 지상의 층수가 11층 이상이거나 연면적 1만5천m² 이상인 특정소방대상물(아파트 및 연립주택은 제외한다)
> ㄷ. 자동화재탐지설비를 설치하는 특정소방대상물
> ㄹ. 옥내소화전설비를 설치하는 특정소방대상물
> ㅁ. 간이스프링클러(주택용 간이스프링클러 제외) 설치하는 특정소방대상물
> ㅂ. 지하구

① ㄱ, ㄴ   ② ㄷ, ㅁ
③ ㄷ, ㄹ, ㅁ   ④ ㄱ, ㄴ, ㄹ, ㅂ

12

회독 ☐ ☐ ☐

「소방시설 설치 및 관리에 관한 법률 시행령」상 건축허가 동의 대상으로 옳은 것은?

① 특정소방대상물 중 공동주택, 의원(입원실 또는 인공신장실이 있는 것으로 한정)

② 특정소방대상물 중 조산원·산후조리원, 숙박시설, 지하가

③ 공동주택에 설치된 「노인복지법」 제31조 제7호에 따른 학대피해노인 전용쉼터

④ 특정소방대상물 중 연면적이 100제곱미터인 노유자(老幼者)시설

13

회독 ☐ ☐ ☐

「소방시설 설치 및 관리에 관한 법률」 및 시행령상 화재알림설비에 대한 설명으로 옳지 않은 것은?

① 화재알림설비를 화재안전기준에 맞게 설치하면 비상경보설비 또는 단독경보형 감지기의 설치가 면제된다.

② 화재알림설비를 화재안전기준에 맞게 설치하면 자동화재속보설비와 비상방송설비의 설치가 면제된다.

③ 자동화재탐지설비를 화재안전기준에 맞게 설치하면 화재알림설비의 설치가 면제된다.

④ 화재알림설비는 판매시설 중 전통시장에 설치해야 한다.

14

회독 ☐ ☐ ☐

「소방시설 설치 및 관리에 관한 법률 시행규칙」에 따른 차량용 소화기의 설치 또는 비치 기준으로 옳지 않은 것은? (능력단위는 법 제37조 제5항 기준)

① 경형승합자동차 : 능력단위 1 이상의 소화기 1개 이상을 사용하기 쉬운 곳에 설치 또는 비치한다.

② 승차정원 15인 이하 : 능력단위 2 이상인 소화기 1개 이상 또는 능력단위 1 이상인 소화기 2개 이상을 설치한다. 이 경우 승차정원 11인 이상 승합자동차는 운전석 또는 운전석과 옆으로 나란한 좌석 주위에 1개 이상을 설치한다.

③ 승차정원 16인 이상 35인 이하 : 능력단위 2 이상인 소화기 2개 이상을 설치한다. 이 경우 승차정원 23인을 초과하는 승합자동차로서 너비 2.3미터를 초과하는 경우에는 운전자 좌석 부근에 가로 600밀리미터, 세로 200밀리미터 이상의 공간을 확보하고 1개 이상의 소화기를 설치한다.

④ 승차정원 36인 이상 : 능력단위 3 이상인 소화기 1개 이상 및 능력단위 2 이상인 소화기 1개 이상을 설치한다. 다만, 2층 대형승합자동차의 경우에는 위층 차실에 능력단위 3 이상인 소화기를 설치해야 한다.

15

회독 □ □ □

「소방시설 설치 및 관리에 관한 법률 시행령」상 〈보기〉는 둘 이상의 특정소방대상물이 내화구조로 된 연결통로로 연결된 경우 이를 하나의 소방대상물로 보는 기준과 별개의 소방대상물로 보는 기준에 대한 설명이다. (   ) 안에 들어갈 내용으로 옳은 것은?

─ 보기 ─
- 벽이 없는 구조로서 그 길이가 (가) 이하인 경우 하나의 소방대상물로 본다.
- 벽이 있는 구조로서 그 길이가 (나) 이하인 경우 하나의 소방대상물로 본다. 다만, 벽 높이가 바닥에서 천장까지의 높이의 (다) 이상인 경우에는 벽이 있는 구조로 보고, 벽 높이가 바닥에서 천장까지의 높이의 (다) 미만인 경우에는 벽이 없는 구조로 본다.
- 연결통로 또는 지하구와 특정소방대상물의 양쪽에 다음 각 목의 어느 하나에 해당하는 시설이 적합하게 설치된 경우에는 각각 별개의 특정소방대상물로 본다.
  ㄱ. 화재 시 경보설비 또는 자동소화설비의 작동과 연동하여 자동으로 닫히는 자동방화셔터, (라) 방화문 또는 (마) 방화문이 설치된 경우
  ㄴ. 화재 시 자동으로 방수되는 방식의 (바) 또는 개방형 스프링클러헤드가 설치된 경우

	(가)	(나)	(다)	(라)	(마)	(바)
①	6m	10m	2분의 1	60분+	60분	드렌처설비
②	6m	10m	2분의 1	60분	30분	드렌처설비
③	10m	6m	2분의 1	60분+	60분	살수설비
④	10m	6m	3분의 1	60분	30분	살수설비

16

회독 □ □ □

「소방시설 설치 및 관리에 관한 법률 시행규칙」에서 정하는 건축허가등의 동의 요구 시 첨부서류 중 소방시설 설계도서에 해당하는 서류가 아닌 것은?

① 소방시설(기계·전기 분야의 시설을 말한다)의 계통도(시설별 계산서를 포함한다)
② 소방시설별 층별 평면도
③ 소방시실 실치계획표
④ 실내장식물 방염대상물품 설치 계획(「건축법」 제52조에 따른 건축물의 마감재료는 제외한다)

17

회독 □ □ □

「소방시설 설치 및 관리에 관한 법률 시행령」상 성능위주 설계를 해야 하는 것은?

① 높이가 지상으로부터 120미터인 아파트의 신축
② 지하 5층, 지상 25층인 복합건축물의 증축
③ 연면적 10만제곱미터 이상인 창고시설의 신축
④ 길이가 5천미터인 터널의 증축

18

회독 □ □ □

「소방시설 설치 및 관리에 관한 법률」상 특정소방대상물에 설치하는 소방시설이 관리 등에 관한 내용으로 옳은 것만을 〈보기〉에서 모두 고른 것은?

─ 보기 ─
ㄱ. 소방관서장은 소방시설이 화재안전기준에 따라 설치·관리되고 있지 아니할 때에는 해당 특정소방대상물의 관계인에게 필요한 조치를 명할 수 있다.
ㄴ. 소방본부장이나 소방서장은 기존의 특정소방대상물이 증축되거나 용도변경되는 경우에는 대통령령으로 정하는 바에 따라 증축 또는 용도변경 당시의 소방시설의 설치에 관한 대통령령 또는 화재안전기준을 적용한다.
ㄷ. 소방본부장이나 소방서장은 특정소방대상물에 설치하여야 하는 소방시설 가운데 기능과 성능이 유사한 스프링클러설비, 물분무등소화설비, 비상경보설비 및 비상방송설비 등의 소방시설의 경우에는 대통령령으로 정하는 바에 따라 유사한 소방시설의 설치를 면제할 수 있다.
ㄹ. 소방본부장이나 소방서장은 대통령령 또는 화재안전기준이 변경되어 그 기준이 강화되는 경우 기존의 특정소방대상물(건축물의 신축·개축·재축·이전 및 대수선 중인 특정소방대상물을 포함한다)의 소방시설에 대하여는 변경 전의 대통령령 또는 화재안전기준을 적용한다. 다만 스프링클러설비의 경우에는 대통령령 또는 화재안전기준의 변경으로 강화된 기준을 적용할 수 있다.

① ㄱ, ㄴ
② ㄴ, ㄷ
③ ㄱ, ㄷ, ㄹ
④ ㄱ, ㄴ, ㄷ, ㄹ

19

회독 □ □ □

「소방시설공사업법」상 발주자·수급인·하수급인 또는 이해관계인이 도급계약의 체결 또는 소방시설공사등의 시공 및 수행과 관련하여 부정한 청탁을 받고 재물 또는 재산상의 이익을 취득하거나 부정한 청탁을 하는 경우의 벌칙으로 옳은 것은?

① 5년 이하의 징역 또는 5천만원 이하의 벌금
② 3년 이하의 징역 또는 3천만원 이하의 벌금
③ 1년 이하의 징역 또는 1천만원 이하의 벌금
④ 300만원 이하의 벌금

20

회독 ☐☐☐

「소방시설공사업법」상 신축으로 자동화재탐지설비를 신설해야 하는 연면적 5,000m²인 판매시설의 소방시설 설치에서 완공검사까지의 진행 순서를 바르게 나열한 것은? (단, 감리자 지정 및 감리원 배치 등 감리결과에 관한 절차는 생략한다.)

① 착공신고 → 시공 및 공사완료 → 완공검사 신청 → 감리결과보고서 갈음 → 완공검사필증 발급

② 시공 → 착공신고 → 공사완료 → 완공검사 신청 → 감리결과보고서 갈음 → 완공검사필증 발급

③ 착공신고 → 시공 및 공사완료 → 완공검사 신청 → 완공검사(현장확인) → 완공검사필증 발급

④ 시공 → 착공신고 → 공사완료 → 완공검사 신청 → 완공검사(현장확인) → 완공검사필증 발급

21

회독 ☐☐☐

「소방시설공사업법 시행령」상 소방기술자의 배치기준에 대한 설명으로 옳지 않은 것은?

① 연면적 20만제곱미터 이상인 특정소방대상물의 공사 현장에는 행정안전부령으로 정하는 특급기술자인 소방기술자(기계분야 및 전기분야)를 배치하여야 한다.

② 지하층을 제외한 층수가 16층 이상 40층 미만인 특정소방대상물(아파트는 제외)의 공사 현장에는 행정안전부령으로 정하는 고급기술자 이상의 소방기술자(기계분야 및 전기분야)를 배치하여야 한다.

③ 연면적 5천제곱미터 이상 3만제곱미터 미만인 특정소방대상물(아파트는 제외)의 공사 현장에는 행정안전부령으로 정하는 중급기술자 이상의 소방기술자(기계분야 및 전기분야)를 배치하여야 한다.

④ 물분무등소화설비(호스릴 방식의 소화설비는 제외) 또는 제연설비가 설치되는 특정소방대상물의 공사 현장에는 행정안전부령으로 정하는 중급기술자 이상의 소방기술자(기계분야 및 전기분야)를 배치하여야 한다.

22

회독 ☐☐☐

「소방시설공사업법」 및 그 하위 법령에 규정한 내용으로 옳지 않은 것은?

① 특정소방대상물의 관계인 또는 발주자는 소방시설공사 등을 도급할 때에는 해당 소방시설업자에게 도급하여야 한다.

② 소방본부장이나 소방서장은 완공검사나 부분완공검사를 하였을 때에는 완공검사증명서나 부분완공검사증명서를 발급하여야 한다.

③ 관계인은 하자보수기간에 소방시설의 하자가 발생하였을 때에는 공사업자에게 그 사실을 알려야 하며, 통보를 받은 공사업자는 3일 이내에 하자를 보수하거나 보수 일정을 기록한 하자보수계획을 관계인에게 서면으로 알려야 한다.

④ 유도등, 비상경보설비, 비상조명등, 비상방송설비 및 무선통신보조설비, 화재알림설비의 하자보수 보증기간은 2년이다.

23

회독 ☐☐☐

「위험물안전관리법」 및 같은 법 시행령상 정기점검의 대상인 제조소등에 해당하지 않는 것은?

① 500L의 이황화탄소를 취급하는 제조소

② 30,000kg의 황을 저장하는 옥외저장소

③ 80kg의 알킬알루미늄을 저장하는 지하탱크저장소

④ 40,000L의 아세톤을 저장하는 옥외탱크저장소

24

회독 ☐☐☐

「위험물안전관리법」에서 정하는 위험물 제조소등의 출입·검사권자로 옳은 것은?

① 소방청장, 시·도지사, 소방본부장 또는 소방서장

② 소방청장, 시·도지사, 소방대장 또는 소방서장

③ 소방청장, 시·도지사, 소방본부장 또는 소방공무원

④ 소방청장, 시·도지사, 소방본부장 또는 소방대장

25

회독 ☐☐☐

「위험물안전관리법 시행규칙」상 제조소의 설치기준 중 채광, 조명 및 환기설비에 대한 설명으로 옳지 않은 것은?

① 채광설비는 불연재료로 하고 연소의 우려가 없는 장소에 설치하되, 채광면적을 최소로 한다.

② 조명설비의 전선은 내화·내열전선으로 한다.

③ 환기설비는 자연배기방식으로 하고 급기구는 높은 곳에 설치한다.

④ 환기설비 급기구는 설치된 실의 바닥면적 150m² 미만인 경우를 제외하고 크기는 800cm² 이상으로 한다.

☐ 빠른 정답 p.230
∅ 해설 p.184

01

회독 ☐ ☐ ☐

「소방기본법」에서 사용하는 용어의 정의로 옳지 않은 것은?

① 관계지역이란 소방대상물이 있는 장소 및 그 이웃 지역으로서 화재의 예방·경계·진압, 구조·구급 등의 활동에 필요한 지역을 말한다.
② 소방대란 화재를 진압하고 화재, 재난·재해 상황에서 구조·구급활동을 하기 위해 소방공무원, 의무소방원, 의용소방대원으로 구성된 조직체를 말한다.
③ 소방대장이란 소방본부장, 소방서장 등 화재, 재난·재해 등 위급한 상황이 발생한 현장에서 소방대를 지휘하는 사람을 말한다.
④ 소방본부장이란 시·군·구에서 화재의 예방·경계·진압·조사 및 구조·구급 등의 업무를 담당하는 부서의 장을 말한다.

02

회독 ☐ ☐ ☐

「소방기본법 시행규칙」상 소방용수시설의 설치기준으로 옳지 않은 것은?

① 소방용호스와 연결하는 소화전의 연결금속구의 구경은 65밀리미터로 할 것
② 공업지역인 경우 소방대상물과 수평거리를 140미터 이하가 되도록 할 것
③ 저수조에 물을 공급하는 방법은 상수도에 연결하여 자동으로 급수되는 구조일 것
④ 급수탑의 급수배관의 구경은 100밀리미터 이상으로 하고, 개폐밸브는 지상에서 1.5미터 이상 1.7미터 이하의 위치에 설치할 것

03

회독 ☐ ☐ ☐

「소방기본법」 및 시행규칙상 소방력 동원에 대한 설명이다. 바르지 않은 것은?

① 소방청장은 해당 시·도의 소방력만으로는 소방활동을 효율적으로 수행하기 어려운 화재가 발생한 경우 각 시·도지사에게 행정안전부령으로 정하는 바에 따라 소방력을 동원할 것을 요청할 수 있다.
② 소방청장은 각 시·도지사에게 소방력 동원을 요청하는 경우 동원 요청 사실과 필요사항을 팩스 또는 전화 등의 방법으로 통지하여야 한다. 다만, 긴급을 요하는 경우에는 시·도 소방본부장 또는 소방서장에게 직접 요청할 수 있다.
③ 동원 요청을 받은 시·도지사는 정당한 사유 없이 요청을 거절하여서는 아니 된다.
④ 소방청장은 시·도지사에게 동원된 소방력을 화재, 재난·재해 등이 발생한 지역에 지원·파견하여 줄 것을 요청하거나 필요한 경우 직접 소방대를 편성하여 화재진압 및 인명구조 등 소방에 필요한 활동을 하게 할 수 있다.

04

회독 ☐ ☐ ☐

「소방기본법」상 소방활동에 관한 내용이다. 바르지 않은 것은?

① 소방청장, 소방본부장 또는 소방서장은 화재, 재난·재해, 그 밖의 위급한 상황이 발생하였을 때에는 소방대를 현장에 신속하게 출동시켜 화재진압과 인명구조·구급 등 소방에 필요한 활동을 하게 하여야 한다.
② 산불에 대한 예방·진압 등은 소방 지원활동이다.
③ 누구든지 정당한 사유 없이 출동하는 소방대의 생활안전활동을 방해하는 경우 100만원 이하의 벌금에 처한다.
④ 소방공무원이 제16조 제1항에 따른 소방활동으로 인하여 타인을 사상(死傷)에 이르게 한 경우 그 소방활동이 불가피하고 소방공무원에게 경과실이 없는 때에는 그 정상을 참작하여 사상에 대한 형사책임을 감경하거나 면제할 수 있다.

05
회독 ☐☐☐

「소방기본법」상 소방자동차 우선통행에 대한 설명이다. 바르지 않은 것은?

① 모든 차와 사람은 소방자동차(지휘를 위한 자동차와 구조·구급차를 포함한다)가 화재진압 및 구조·구급 활동을 위하여 출동을 할 때에는 이를 방해하여서는 아니 된다.
② 소방자동차가 화재진압 및 구조·구급 활동을 위하여 출동하거나 훈련을 위하여 필요할 때에는 사이렌을 사용할 수 있다.
③ 소방자동차의 우선 통행에 관하여는 「도로교통법」에서 정하는 바에 따른다.
④ 소방대는 화재, 재난·재해, 그 밖의 위급한 상황이 발생한 현장에 신속하게 출동하기 위하여 긴급할 때에는 일반적인 통행에 쓰이지 아니하는 도로·빈터 또는 물 위로 통행할 수 있다.

06
회독 ☐☐☐

「소방의 화재조사에 관한 법률」의 용어의 정의로 바르지 않은 것은?

① "화재"란 사람의 의도에 반하거나 고의 또는 과실에 의하여 발생하는 연소 현상으로서 소화할 필요가 있는 현상 또는 사람의 의도에 반하여 발생하거나 확대된 물리적 폭발 현상을 말한다.
② "화재조사"란 소방청장, 소방본부장 또는 소방서장이 화재원인, 피해상황, 대응활동 등을 파악하기 위하여 자료의 수집, 관계인등에 대한 질문, 현장 확인, 감식, 감정 및 실험 등을 하는 일련의 행위를 말한다.
③ "화재조사관"이란 화재조사에 전문성을 인정받아 화재조사를 수행하는 소방공무원을 말한다.
④ "관계인등"이란 화재가 발생한 소방대상물의 소유자·관리자 또는 점유자(이하 "관계인"이라 한다) 및 화재 현장을 발견하고 신고·목격한 사람 등이다.

07
회독 ☐☐☐

「소방의 화재조사에 관한 법률」상 소방관서장이 하여야 하는 화재조사 내용으로 바르지 않은 것은?

① 화재원인에 관한 사항
② 화재로 인한 인명·재산피해상황
③ 대비활동에 관한 사항
④ 소방시설 등의 설치·관리 및 작동 여부에 관한 사항

08
회독 ☐☐☐

「소방의 화재조사에 관한 법률 시행령」상 화재조사의 내용 및 절차에 대한 설명으로 바르지 않은 것은?

① 현장출동 중 조사 : 화재발생 접수, 출동 중 화재상황 파악 등
② 화재현장 조사 : 화재의 발화(發火)원인, 연소상황 및 피해상황 조사 등
③ 정밀조사 : 감식·감정, 화재원인 판정 등
④ 화재조사 결과 공표

09
회독 ☐☐☐

「화재의 예방 및 안전관리에 관한 법률」상 화재예방강화지구에 해당하지 않는 것은?

① 시장 및 상업지역
② 공장·창고가 밀집한 지역
③ 목조건물이 밀집한 지역
④ 노후·불량건축물이 밀집한 지역

10
회독 ☐☐☐

「화재의 예방 및 안전관리에 관한 법률」상 소방안전 특별관리시설물로 옳지 않은 것은?

① 「공항시설법」 제2조 제7호의 공항시설
② 「영화 및 비디오물의 진흥에 관한 법률」 제2조 제10호의 영화상영관 중 영화상영관이 10개 이상인 영화상영관
③ 전력용 및 통신용 지하구
④ 「전통시장 및 상점가 육성을 위한 특별법」 제2조 제1호의 전통시장으로서 점포의 수가 500개 이상인 전통시장

11
회독 ☐☐☐

「소방시설 설치 및 관리에 관한 법률 시행규칙」상 행정처분의 감경에 관한 내용으로 옳지 않은 것은?

① 처분권자는 위반행위의 동기·내용·횟수 및 위반 정도 등 다음에 해당하는 사유를 고려하여 그 처분을 가중하거나 감경할 수 있다. 이 경우 그 처분이 영업정지 또는 자격정지인 경우에는 그 처분기준의 2분의 1의 범위에서 가중하거나 감경할 수 있다.
② 자동화재탐지설비 감지기 2개 이하가 설치되지 않은 경우는 감경 사유가 되는 경미한 위반사항에 해당된다.
③ 위반행위가 사소한 부주의나 오류 등 과실로 인한 것으로 인정되는 경우 감경 사유이다.
④ 처분권자는 고의 또는 중과실이 없는 위반행위자가 「소상공인기본법」 제2조에 따른 소상공인인 경우 그 처분이 영업정지인 경우에는 그 처분기준의 100분의 50 범위에서 감경할 수 있다.

12

「소방시설 설치 및 관리에 관한 법률 시행령」상 방염성능기준으로 옳지 않은 것은?

① 불꽃에 의하여 완전히 녹을 때까지 불꽃의 접촉 횟수는 3회 이상일 것

② 버너의 불꽃을 제거한 때부터 불꽃을 올리며 연소하는 상태가 그칠 때까지 시간은 20초 이내일 것

③ 버너의 불꽃을 제거한 때부터 불꽃을 올리지 아니하고 연소하는 상태가 그칠 때까지 시간은 30초 이내일 것

④ 탄화한 면적은 50cm² 이내, 탄화한 길이는 30cm 이내일 것

13

「소방시설 설치 및 관리에 관한 법률 시행령」상 스프링클러를 설치해야 하는 기준으로 옳은 것은?

① 지붕 또는 외벽이 불연재료나 내화구조로 된 판매시설, 운수시설 및 창고시설(물류터미널에 한정한다)로서 바닥면적의 합계가 5천m² 이상인 경우에는 해당 층

② 지붕 또는 외벽이 불연재료나 내화구조가 아닌 판매시설, 운수시설 및 창고시설(물류터미널에 한정한다)로서 수용인원이 500명 이상인 경우에는 모든 층

③ 문화 및 집회시설 중 영화상영관의 용도로 쓰이는 층의 바닥면적이 지하층 또는 무창층인 경우에는 5백m² 이상인 경우에는 해당 층

④ 문화 및 집회시설 중 무대부가 지하층·무창층 또는 4층 이상의 층에 있는 경우에는 무대부의 면적이 300m² 이상인 경우에는 모든 층

14

「소방시설 설치 및 관리에 관한 법률 시행령」상 내진설계 대상 소방시설로 옳지 않은 것은?

① 옥내소화전설비　　② 옥외소화전설비

③ 스프링클러설비　　④ 물분무등소화설비

15

「소방시설 설치 및 관리에 관한 법률 시행규칙」상 소방시설 등의 작동점검 및 종합점검에 대한 내용으로 가장 옳지 않은 것은?

① 특급소방대상물의 종합점검은 연 1회 이상 실시한다.

② 종합점검은 소방시설 등의 작동기능을 포함하여 실시한다.

③ 작동점검의 점검횟수는 연 1회 이상 실시한다.

④ 작동점검은 소방시설 등을 인위적으로 조작하여 정상적으로 작동하는지를 점검하는 것을 말한다.

16

「소방시설공사업법 시행령」상 소방본부장 또는 소방서장의 소방시설공사 완공검사를 위한 현장확인 대상 특정소방대상물로 옳지 않은 것은?

① 창고시설

② 스프링클러설비등이 설치되는 특정소방대상물

③ 아파트를 제외한 연면적 1만제곱미터 이상이거나 11층 이상인 특정소방대상물

④ 가연성가스를 제조·저장 또는 취급하는 시설 중 지하에 매설된 가연성가스탱크의 저장용량 합계가 1천톤 이상인 시설

17

「소방시설공사업법 시행령」상 반드시 착공신고를 해야 하는 대상으로 옳은 것은?

① 단독경보형감지기를 설치하는 경우

② 소화용수설비를 「건설산업기본법 시행령」에 따른 기계실 비공사업자가 공사하는 경우

③ 특정소방대상물에 화재조기진압용 스프링클러설비의 방수구역을 증설하는 경우

④ 동력제어반을 고장 또는 파손 등으로 인하여 작동시킬 수 없어 긴급히 교체하거나 보수하여야 하는 경우

18

「소방시설공사업법」상 상주공사감리 대상으로 옳은 것은?

① 아파트를 제외한 연면적 3만제곱미터 이상의 특정소방대상물

② 아파트는 포함한 연면적 3만제곱미터 이상의 특정소방대상물

③ 지하층을 포함한 층수가 11층 이상으로서 500세대 이상인 특정소방대상물(아파트 제외)

④ 지하층을 포함한 층수가 11층 이상으로서 500세대 이상인 특정소방대상물(아파드 포함)

19

「소방시설공사업법 시행규칙」상 소방시설감리업자가 보관하여야 하는 관계 서류는 무엇인가?

① 소방시설 설계기록부
② 소방시설 설계도서
③ 소방시설공사 기록부
④ 소방시설의 완공 당시 설계도서

20

「소방시설공사업법 시행령」상 소방시설 하자보증기간이 같은 것끼리 묶은 것은?

① 유도등, 비상경보설비, 비상조명등, 피난기구
② 옥내소화전, 제연설비, 비상콘센트, 비상방송설비
③ 무선통신보조설비, 스프링클러설비등, 상수도소화용수설비, 물분무등소화설비
④ 자동화재탐지기설비, 옥내소화전설비, 화재알림설비, 비상조명등

21

「위험물안전관리법」 및 같은 법 시행규칙상 소화난이도 등급 Ⅰ의 제조소등에 해당하지 않는 것은?

① 일반취급소 : 연면적 1,000제곱미터 이상인 경우
② 옥내저장소 : 처마높이가 6미터인 단층건물의 경우
③ 옥외탱크저장소 : 지정수량의 100배의 고체위험물을 저장하는 경우
④ 암반탱크저장소 : 지정수량의 200배의 고체위험물만을 저장하는 경우

22

「위험물안전관리법 시행규칙」상 옥외저장소 중 위험물을 용기에 수납하여 저장 또는 취급하는 위험물의 최대수량이 지정수량의 10배 이하일 때 공지의 너비로 옳은 것은?

① 1m 이상
② 2m 이상
③ 3m 이상
④ 5m 이상

23

「위험물안전관리법」상 시·도지사는 제조소등의 사용의 정지가 그 이용자에게 심한 불편을 주거나 공익을 해칠 우려가 있는 때에는 사용정지 처분에 갈음하여 과징금을 부과할 수 있는데 그 금액의 상한은 얼마인가?

① 5천만원 이하
② 1억원 이하
③ 2억원 이하
④ 3억원 이하

24

「위험물안전관리법 시행령」상 관계인이 예방규정을 정해야 하는 제조소등 중 지정수량과 관계없는 것은?

① 제조소
② 옥외저장소
③ 옥내저장소
④ 이송취급소

25

다음의 〈보기〉 중 「위험물안전관리법 시행령」상 제6류 위험물에 해당하는 것의 지정수량의 총합은 얼마인가?

보기
㉠ 비중 1.39인 질산
㉡ 비중 1.49인 과염소산
㉢ 물 70g + 과산화수소 30g 혼합수용액
㉣ 할로젠간화합물

① 300kg
② 600kg
③ 900kg
④ 1,200kg

소방관계법규 동형 모의고사

01

「소방기본법」의 용어의 정의이다. ( )에 들어갈 용어로 바른 것은?

> 이 법은 화재를 예방·경계하거나 진압하고 화재, (㉠)·재해, 그 밖의 (㉡)한 상황에서의 (㉢)·구급 활동 등을 통하여 국민의 생명·신체 및 재산을 보호함으로써 공공의 (㉣) 및 질서 유지와 복리증진에 이바지함을 목적으로 한다.

	㉠	㉡	㉢	㉣
①	재난	위급	구조	복지
②	재난	위급	구조	안녕
③	재난	위험	구조	안녕
④	재난	위험	구조	복지

02

「소방기본법」에서 규정하는 소방대상물로 바른 것을 고르시오.

> ㉠ 인공 구조물 ㉡ 건축물
> ㉢ 산림 ㉣ 달리는 차량
> ㉤ 비행 중인 항공기 ㉥ 항해 중인 선박

① ㉠, ㉡, ㉢, ㉥
② ㉠, ㉡, ㉢, ㉣
③ ㉠, ㉡, ㉢, ㉤
④ ㉠, ㉡, ㉢, ㉣, ㉤

03

「소방기본법 시행령」상 손실보상에 대한 내용으로 옳지 않은 것은?

① 손실보상심의위원회는 위원장 1명을 포함하여 5명 이상 7명 이하의 위원으로 구성한다.
② 손실보상심의위원회는 청구금액이 200만원 이하인 사건에 대해서는 소속 소방공무원에 해당하는 위원 3명으로만 구성할 수 있다.
③ 소방청장등은 보상금을 지급하기로 결정한 경우에는 특별한 사유가 없으면 통지한 날부터 30일 이내에 보상금을 지급하여야 한다.
④ 소방청장등은 손실보상심의위원회의 심사·의결을 거쳐 특별한 사유가 없으면 보상금 지급 청구서를 받은 날부터 60일 이내에 보상금 지급 여부 및 보상금액을 결정하여야 한다.

04

「소방기본법 시행령」상 소방자동차 전용구역에 대한 내용으로 옳은 것은?

① 「건축법 시행령」상의 모든 아파트는 소방자동차 전용구역 설치 대상이다.
② 「주차징법」제19조에 따른 부설주차징의 주차구획 내에 주차하는 것은 전용구역 방해행위에 해당한다.
③ 전용구역 노면표지 도료의 색채는 황색을 기본으로 하되, 문자(P, 소방차 전용)는 백색으로 표시한다.
④ 소방서장은 소방활동의 원활한 수행을 위하여 공동주택에 소방자동차 전용구역을 설치하여야 한다.

05

「소방기본법 시행규칙」상 저수조의 설치기준으로 잘못된 것은 어느 것인가?

① 지면으로부터의 낙차가 4.5미터 이하일 것
② 흡수관의 투입구가 사각형의 경우에는 한 변의 길이가 60센티미터 이상, 원형의 경우에는 지름이 60센티미터 이상일 것
③ 저수조에 물을 공급하는 방법은 상수도에 연결하여 수동으로 급수되는 구조일 것
④ 흡수에 지장이 없도록 토사 및 쓰레기 등을 제거할 수 있는 설비를 갖출 것

06

「화재의 예방 및 안전관리에 관한 법률 시행령」상 특수가연물의 저장에 관한 설명 중 옳지 않은 것은?

① 특수가연물을 저장 또는 취급하는 장소에는 품명, 최대저장수량, 단위부피당 질량 또는 단위체적당 질량, 화기취급의 금지표시가 포함된 특수가연물 표지를 설치해야 한다.
② 특수가연물을 품명별로 구분하여 쌓아야 한다.
③ 쌓는 부분 바닥면적의 사이는 실내의 경우 1.2미터 또는 쌓는 높이의 1/2 중 큰 값 이상으로 간격을 두어야 하며, 실외의 경우 3미터 또는 쌓는 높이 중 큰 값 이상으로 간격을 둔다.
④ 살수설비나 대형수동식소화기를 설치하지 않은 경우에 석탄·목탄류의 저장 너비는 200제곱미터이다.

07

「화재의 예방 및 안전관리에 관한 법률 시행령」상 옮긴 위험물의 처리 절차이다. (   ) 안에 들어갈 내용으로 옳은 것은?

> 소방관서장은 법 제17조 제2항 각 호 외의 부분 단서에 따라 옮긴 물건 등을 보관하는 경우에는 그날부터 (   ) 동안 해당 소방관서의 인터넷 홈페이지에 그 사실을 공고해야 한다.

① 7일
② 10일
③ 14일
④ 20일

08

「소방기본법」 및 「화재의 예방 및 안전관리에 관한 법률」과 같은 법 시행령상의 규정이다. (   ) 안에 들어갈 내용을 바르게 연결한 것은?

> 가. 「화재의 예방 및 안전관리에 관한 법률 시행령」상 화재예방강화지구에서 소방관서장은 소방상 필요한 훈련 및 교육을 실시하고자 하는 때에는 화재예방강화지구 안의 관계인에게 훈련 또는 교육 (㉠)일 전까지 그 사실을 통보하여야 한다.
> 나. 「화재의 예방 및 안전관리에 관한 법률 시행령」상 특수가연물의 쌓는 높이는 (㉡)미터 이하가 되도록 하고, 쌓는 부분의 바닥면적은 50제곱미터(석탄·목탄류의 경우에는 200제곱미터) 이하가 되도록 할 것. 다만, 살수설비를 설치하거나, 방사 능력 범위에 해당 특수가연물이 포함되도록 대형수동식소화기를 설치하는 경우에는 쌓는 높이를 (㉢)미터 이하, 쌓는 부분의 바닥면적을 200제곱미터(석탄·목탄류의 경우에는 300제곱미터) 이하로 할 수 있다.
> 다. 「소방기본법 시행령」상 소방청장 등은 손실보상심의위원회의 심사·의결을 거쳐 특별한 사유가 없으면 보상금 지급 청구서를 받은 날부터 (㉣)일 이내에 보상금 지급 여부 및 보상금액을 결정하여야 한다.
> 라. 「소방기본법 시행령」상 소방청장 등은 보상금 지급여부 및 보상금액 결정일부터 (㉤)일 이내에 행정안전부령으로 정하는 바에 따라 결정 내용을 청구인에게 통지하고, 보상금을 지급하기로 결정한 경우에는 특별한 사유가 없으면 통지한 날부터 (㉥)일 이내에 보상금을 지급하여야 한다.

	㉠	㉡	㉢	㉣	㉤	㉥
①	7	7	14	40	15	30
②	7	10	15	60	15	20
③	10	7	14	40	10	20
④	10	10	15	60	10	30

09

「소방기본법 시행규칙」상 소방신호의 종류 및 방법으로 옳지 않은 것은?

① 경계신호 : 화재예방상 필요하다고 인정되거나 「화재의 예방 및 안전관리에 관한 법률」 제20조의 규정에 의한 화재위험경보시 발령
② 발화신호 : 화재가 발생한 때 발령
③ 출동신호 : 출동이 필요하다고 인정되는 때 발령
④ 해제신호 : 소화활동이 필요 없다고 인정되는 때 발령

10

「소방기본법 시행령」상 소방활동구역에 출입할 수 있는 사람이 아닌 것은? (단, 예외적인 경우 제외)

① 소방활동구역 안에 있는 소방대상물의 소유자·관리자 또는 점유자
② 전기·가스·수도·통신·교통의 업무에 종사하는 사람으로서 원활한 소방활동을 위하여 필요한 사람
③ 의사·간호사 그 밖의 구조·구급업무에 종사하는 사람
④ 소방관서장이 소방활동을 위하여 출입을 허가한 사람

11

「소방시설 설치 및 관리에 관한 법률 시행령」상 무창층(無窓層)이란 지상층 중 개구부 면적의 합계가 해당 층 바닥면적의 30분의 1 이하가 되는 층을 말한다. 이때 개구부가 갖추어야 할 요건으로 옳지 않은 것은?

① 크기는 지름 50센티미터 이상의 원이 통과할 수 있을 것
② 해당 층의 바닥면으로부터 개구부 밑부분까지의 높이가 0.8미터 이내일 것
③ 도로 또는 차량이 진입할 수 있는 빈터를 향하고, 내부 또는 외부에서 쉽게 부수거나 열 수 있을 것
④ 화재 시 건축물로부터 쉽게 피난할 수 있도록 창살이나 그 밖의 장애물이 설치되지 않을 것

12

「소방시설 설치 및 관리에 관한 법률 시행령」상 의료시설에 강화된 소방시설기준을 적용해 설치하여야 하는 소방시설로 옳지 않은 것은?

① 스프링클러설비
② 자동화재탐지설비
③ 자동화재속보설비
④ 단독경보형감지기

13

「소방시설 설치 및 관리에 관한 법률 시행령」상 성능위주설계를 하여야 하는 특정소방대상물로 옳은 것은? (모두 신축이다.)

① 지상으로부터 높이 120미터인 아파트
② 연면적 2만제곱미터인 철도역사
③ 연면적 10만제곱미터인 업무시설
④ 길이가 5천미터인 터널

14

「소방시설 설치 및 관리에 관한 법률 시행령」상 방염성능기준에 대한 설명이다. (   ) 안에 들어갈 숫자로 옳은 것은?

> • 버너의 불꽃을 제거한 때부터 불꽃을 올리며 연소하는 상태가 그칠 때까지 시간은 (가)초 이내일 것
> • 버너의 불꽃을 제거한 때부터 불꽃을 올리지 아니하고 연소하는 상태가 그칠 때까지 시간은 (나)초 이내일 것

	(가)	(나)
①	10	30
②	10	50
③	20	30
④	20	50

15

「소방시설 설치 및 관리에 관한 법률 시행령」상 건축허가등의 동의대상물의 범위 기준으로 옳은 것은?

> ㄱ. 지하층 또는 무창층이 있는 건축물로서 바닥면적이 150제곱미터(공연장의 경우에는 100제곱미터) 이상인 층이 있는 것
> ㄴ. 「학교시설사업 촉진법」 제5조의2 제1항에 따라 건축등을 하려는 학교시설은 연면적 100제곱미터인 건축물
> ㄷ. 차고·주차장으로 사용되는 바닥면적이 200제곱미터 이상인 층이 있는 건축물
> ㄹ. 특정소방대상물 중 노유자(老幼者) 시설 및 수련시설은 연면적 200제곱미터인 시설

① ㄱ, ㄷ
② ㄱ, ㄴ, ㄹ
③ ㄱ, ㄷ, ㄹ
④ ㄴ, ㄷ, ㄹ

16

「소방시설공사업법 시행령」상 고급감리원을 배치해야 하는 특정소방대상물의 대상 범위로 옳은 것은?

① 지하층을 포함한 층수가 40층 이상인 특정소방대상물의 공사 현장
② 연면적 3만제곱미터 이상 20만제곱미터 미만인 아파트를 제외한 특정소방대상물의 공사 현장
③ 지하층을 포함한 층수가 16층 이상 40층 미만인 특정소방대상물의 공사 현장
④ 제연설비가 설치되는 특정소방대상물의 공사 현장

17

「소방시설공사업법 시행령」상 반드시 착공신고를 해야 하는 것으로 옳지 않은 것은?

① 수신반(受信盤)의 전부를 개설(改設)하는 공사
② 소화펌프의 전부를 이전(移轉)하는 공사
③ 동력제어반의 일부를 정비(整備)하는 공사
④ 감시제어반의 일부가 고장나 작동시킬 수 없는 소방시설을 긴급히 교체하는 공사

18

「소방시설공사업법 시행령」상 공사감리자 지정대상 특정소방대상물의 범위로 옳지 않은 것은?

① 옥내소화전설비를 신설·개설 또는 증설할 때
② 화재알림설비를 신설 또는 개설할 때
③ 비상경보설비를 신설 또는 개설할 때
④ 물분무등소화설비(호스릴 방식의 소화설비는 제외한다)를 신설·개설하거나 방호·방수 구역을 증설할 때

19

「소방시설공사업법 시행령」상 소방시설공사 결과 하자보수 대상과 하자보수 보증기간의 연결이 옳은 것은?

	하자보수대상 소방시설	하자보수 보증기간
①	비상경보설비, 자동소화장치	2년
②	무선통신보조설비, 비상콘센트설비	2년
③	자동화재탐지설비, 화재알림설비	3년
④	비상방송설비, 스프링클러설비등	3년

20

회독 ☐☐☐

「소방시설공사업법」상 감리업자의 업무 내용으로 옳지 않은 것은?

① 소방시설등의 설치계획표의 적법성 검토
② 피난시설 및 방화시설의 유지관리
③ 완공된 소방시설등의 성능시험
④ 소방시설등 설계 변경 사항의 적합성 검토

21

회독 ☐☐☐

「위험물안전관리법 시행령」상 제3류 위험물의 품명 및 지정수량으로 옳은 것은?

① 나트륨－5kg
② 황린－10kg
③ 알칼리토금속－30kg
④ 알루미늄의 탄화물－300kg

22

회독 ☐☐☐

「위험물안전관리법 시행규칙」에 따른 옥외저장탱크의 방유제에 대한 설명으로 옳지 않은 것은?

① 방유제의 용량은 방유제안에 설치된 탱크가 하나인 때에는 그 탱크 용량의 110% 이상, 2기 이상인 때에는 그 탱크 중 용량이 최대인 것의 용량의 110% 이상으로 할 것
② 방유제내의 면적은 8만m^2 이하로 할 것
③ 방유제는 높이 0.5m 이상 3m 이하, 두께 0.2m 이상, 지하매설깊이 1m 이상으로 할 것
④ 높이가 0.5m를 넘는 방유제 및 간막이 둑의 안팎에는 방유제내에 출입하기 위한 계단 또는 경사로를 약 50m마다 설치할 것

23

회독 ☐☐☐

「위험물안전관리법 시행령」상 제4류 위험물의 인화점에 대한 설명으로 옳지 않은 것은?

① 섭씨 21℃ 미만의 것 : 특수인화물
② 섭씨 21℃ 이상 70℃ 미만인 것 : 제2석유류
③ 섭씨 70℃ 이상 200℃ 미만인 것 : 제3석유류
④ 섭씨 200℃ 이상 250℃ 미만인 것 : 제4석유류

24

회독 ☐☐☐

「위험물안전관리법」상 위험물안전관리자의 선임 등에 관한 사항이다. (   ) 안에 들어갈 숫자로 옳은 것은?

> • 위험물안전관리자를 선임한 제조소등의 관계인은 그 위험물안전관리자를 해임하거나 위험물안전관리자가 퇴직한 때에는 해임하거나 퇴직한 날부터 (가)일 이내에 다시 위험물안전관리자를 선임하여야 한다.
> • 제조소등의 관계인은 위험물안전관리자를 선임한 경우에는 선임한 날부터 (나)일 이내에 행정안전부령으로 정하는 바에 따라 소방본부장 또는 소방서장에게 신고하여야 한다.

	(가)	(나)
①	15	14
②	15	30
③	30	14
④	30	30

25

회독 ☐☐☐

「위험물안전관리법 시행규칙」상 위험물 제조소등(이동탱크저장소를 제외한다)에 설치하는 경보설비로 옳지 않은 것은?

① 확성장치
② 비상방송설비
③ 자동화재속보설비
④ 자동화재탐지설비

01

회독 □ □ □

「소방기본법」에 규정하는 용어의 정의로 옳지 않은 것은?

① 특정소방대상물이란 건축물, 차량, 선박(「선박법」 제1조의 2 제1항에 따른 선박으로서 항구에 매어둔 선박만 해당한다), 선박 건조 구조물, 산림, 그 밖의 인공 구조물 또는 물건을 말한다.
② 관계지역이란 소방대상물이 있는 장소 및 그 이웃지역으로서 화재의 예방·경계·진압, 구조·구급 등의 활동에 필요한 지역을 말한다.
③ 소방본부장이란 특별시·광역시·특별자치시·도 또는 특별자치도에서 화재의 예방·경계·진압·조사 및 구조·구급 등의 업무를 담당하는 부서의 장을 말한다.
④ 소방대장이란 소방본부장 또는 소방서장 등 화재, 재난·재해, 그 밖의 위급한 상황이 발생한 현장에서 소방대를 지휘하는 사람을 말한다.

02

회독 □ □ □

「소방기본법」 및 그 하위법령에 따른 소방업무에 관한 종합계획의 수립·시행에 관한 내용으로 옳지 않은 것은?

① 소방청장은 화재, 재난·재해, 그 밖의 위급한 상황으로부터 국민의 생명·신체 및 재산을 보호하기 위하여 소방업무에 관한 종합계획을 5년마다 수립·시행하여야 한다.
② 종합계획의 내용에 소방업무에 필요한 체계의 구축, 소방기술의 연구·개발 및 보급이 포함된다.
③ 소방청장은 「소방기본법」 제6조 제1항에 따른 소방업무에 관한 종합계획을 관계 중앙행정기관의 장과의 협의를 거쳐 계획 시행 전년도 10월 31일까지 수립하여야 한다.
④ 관계 중앙행정기관의 장은 종합계획의 시행에 필요한 세부계획을 매년 수립하여 소방청장에게 제출하여야 하며, 세부계획에 따른 소방업무를 성실히 수행하여야 한다.

03

회독 □ □ □

「소방기본법」에 따른 집단 시설의 소방 교육 및 훈련 대상에 해당하지 않는 자는?

① 「영유아보육법」 제2조에 따른 어린이집의 영유아
② 「유아교육법」 제2조에 따른 유치원의 유아
③ 「초·중등교육법」 제2소에 따른 학교의 학생
④ 「장애인복지법」 제2조에 따른 장애인

04

회독 □ □ □

「소방기본법」 및 그 하위법령에 따른 자체소방대의 설치·운영에 관한 내용으로 옳지 않은 것은?

① 관계인은 화재를 진압하거나 구조·구급 활동을 하기 위하여 상설 조직체(「위험물안전관리법」 제19조 및 그 밖의 다른 법령에 따라 설치된 자체소방대는 제외)를 설치·운영할 수 있다.
② 자체소방대는 소방대가 현장에 도착한 경우 소방대장의 지휘·통제에 따라야 한다.
③ 소방청장, 소방본부장 또는 소방서장은 자체소방대의 역량 향상을 위하여 필요한 교육·훈련 등을 지원할 수 있다.
④ 「소방공무원법」 제20조 제1항에 따라 소방청장이 설치한 소방학교에 자체소방대 교육과정을 운영할 수 있다.

05

회독 □ □ □

다음의 〈보기〉에서 「소방기본법 시행령」에 따른 소방활동구역에 출입할 수 있는 사람을 모두 고르면?

> **보기**
>
> ㄱ. 소방활동구역 안에 있는 특정소방대상물의 소유자·관리자 또는 점유자
> ㄴ. 전기·가스·수도·통신·안전의 업무에 종사하는 사람
> ㄷ. 의사·간호사 그 밖의 구조·구급업무에 종사하는 사람
> ㄹ. 경찰업무에 종사하는 사람
> ㅁ. 소방관서장이 소방활동을 위하여 출입을 허가한 사람

① ㄷ
② ㄱ, ㄴ
③ ㄷ, ㄹ, ㅁ
④ ㄱ, ㄴ, ㄷ, ㄹ, ㅁ

06

「소방의 화재조사에 관한 법률」 및 그 하위법령에 따른 화재합동조사단의 구성·운영에 대한 내용으로 바르지 않은 것은?

① 소방관서장은 사상자가 많거나 사회적 이목을 끄는 화재 등 대통령령으로 정하는 대형화재 등이 발생한 경우 종합적이고 정밀한 화재조사를 위하여 유관기관 및 관계 전문가를 포함한 화재합동조사단을 구성·운영할 수 있다.

② 사망자가 5명이거나 화재로 인한 사회적·경제적 영향이 광범위하다고 화재조사관이 인정하는 화재는 화재합동조사단을 구성·운영할 수 있다.

③ 화재합동조사단의 단원으로 화재조사관을 임명해야 한다.

④ 화재합동조사단의 단장은 단원 중에서 소방관서장이 지명하거나 위촉하는 사람이 된다.

07

「소방의 화재조사에 관한 법률」 및 같은 법 시행령상 화재조사 사항에 해당하는 것을 〈보기〉에서 모두 고른 것은?

> **보기**
> ㄱ. 화재조사 증거물 수집에 관한 사항
> ㄴ. 소방시설 등의 설치·관리에 관한 사항
> ㄷ. 화재안전조사의 실시 결과에 관한 사항
> ㄹ. 화재현장 보존조치 및 통제구역 설정에 관한 사항

① ㄱ, ㄴ   ② ㄴ, ㄷ
③ ㄱ, ㄷ, ㄹ   ④ ㄴ, ㄷ, ㄹ

08

「화재의 예방 및 안전관리에 관한 법률 시행령」상 불을 사용하는 설비의 관리기준 등에 대한 설명이다. ( ) 안에 들어갈 숫자로 옳은 것은?

> • 보일러 : 보일러와 벽·천장 사이의 거리는 (가)미터 이상 되도록 하여야 한다.
> • 난로 : 연통은 천장으로부터 (나)미터 이상 떨어지고, 건물 밖으로 0.6미터 이상 나오게 설치하여야 한다.
> • 건조설비 : 건조설비와 벽·천장 사이의 거리는 (다)미터 이상 되도록 하여야 한다.
> • 화목(火木) 등 고체연료를 사용하는 보일러 : 고체연료는 보일러 본체와 수평거리 (라) 이상 간격을 두어 보관하거나 불연재료로 된 별도의 구획된 공간에 보관할 것

	(가)	(나)	(다)	(라)
①	0.5	0.6	0.6	1
②	0.6	0.6	0.5	2
③	0.6	0.5	0.6	2
④	0.6	0.6	0.5	1

09

「화재의 예방 및 안전관리에 관한 법률」 및 그 하위 법령상 화재안전조사에 대한 설명으로 옳지 않은 것은?

① 소방관서장은 필요한 경우에는 소방기술사, 소방시설관리사, 그 밖에 화재안전 분야에 전문지식을 갖춘 사람을 화재안전조사에 참여하게 할 수 있다.

② 소방관서장은 화재안전조사를 실시하려는 경우 사전에 조사대상, 조사기간 및 조사사유 등 조사계획을 소방청, 소방본부 또는 소방서의 인터넷 홈페이지나 법 제16조 제3항에 따른 전산시스템을 통해 7일 이상 공개해야 한다.

③ 「화재의 예방 및 안전관리에 관한 법률 시행령」 제9조 제2항에 따라 화재안전조사의 연기를 신청하려는 관계인은 화재안전조사 시작 5일 전까지 화재안전조사 연기신청서(전자문서를 포함한다)에 화재안전조사를 받기 곤란함을 증명할 수 있는 서류(전자문서를 포함한다)를 첨부하여 소방청장, 소방본부장 또는 소방서장에게 제출해야 한다.

④ 관계인의 질병, 사고, 장기출장의 경우 소방청장, 소방본부장 또는 소방서장에게 화재안전조사를 연기하여 줄 것을 신청할 수 있다.

10

「화재의 예방 및 안전관리에 관한 법률 시행령」상 특수가연물에 대한 설명으로 옳지 않은 것은?

① 석탄·목탄류를 발전용으로 저장하는 경우를 제외하고 품명별로 구분하여 쌓을 것

② 석탄·목탄류를 발전용으로 저장하는 경우를 제외하고 쌓는 부분 바닥면적의 사이는 실내의 경우 1.2미터 또는 쌓는 높이의 1/2 중 큰 값 이상으로 간격을 두어야 하며, 실외의 경우 3미터 또는 쌓는 높이 중 큰 값 이상으로 간격을 둘 것

③ 가연성 액체류는 $3m^3$이 지정수량이다.

④ 특수가연물의 저장 및 취급 기준은 대통령령의 규정을 받는다.

11

「화재의 예방 및 안전관리에 관한 법률」상 시·도지사가 화재예방강화지구로 지정하여 관리해야 하는 지역으로 옳지 않은 것은?

① 목조건물이 있는 지역

② 공장·창고가 밀집한 지역

③ 노후·불량건축물이 밀집한 지역

④ 「물류시설의 개발 및 운영에 관한 법률」 제2조 제6호에 따른 물류단지

12

`회독` ☐☐☐

「화재의 예방 및 안전관리에 관한 법률」 및 같은 법 시행령상 소방안전관리자를 선임해야 하는 건설현장 소방안전관리대상물에 해당하지 않는 것은?

① 신축을 하려는 부분의 연면적이 5천제곱미터인 냉동·냉장창고
② 신축을 하려는 부분의 연면적의 합계가 2만제곱미터인 복합건축물
③ 증축을 하려는 부분의 연면적의 합계가 3만제곱미터인 업무시설
④ 증축을 하려는 부분의 연면적이 5천제곱미터이고, 지상층의 층수가 10층인 업무시설

13

`회독` ☐☐☐

「화재의 예방 및 안전관리에 관한 법률 시행령」상 화재예방안전진단 결과에 따른 안전등급 기준으로 바르지 않은 것은?

① 우수(A) : 화재예방안전진단 실시 결과 문제점이 발견되지 않은 상태
② 양호(B) : 화재예방안전진단 실시 결과 문제점이 일부 발견되었으나 대상물의 화재안전에는 이상이 없으며 대상물 일부에 대해 법 제41조 제5항에 따른 보수·보강 등의 조치명령이 필요한 상태
③ 보통(C) : 화재예방안전진단 실시 결과 문제점이 다수 발견되었으나 대상물의 전반적인 화재안전에는 이상이 없으며 대상물에 대한 다수의 조치명령이 필요한 상태
④ 미흡(D) : 화재예방안전진단 실시 결과 중대한 문제점이 발견되어 대상물의 화재안전을 위해 조치명령의 즉각적인 이행이 필요하고 대상물의 사용 중단을 권고할 필요가 있는 상태

14

`회독` ☐☐☐

「소방시설 설치 및 관리에 관한 법률 시행령」 제11조 별표 4의 특정소방대상물에 설치하는 소방시설 중 단독경보형 감지기에 관한 설치 기준으로 옳지 않은 것은?

① 숙박시설이 있는 수련시설로서 수용인원 100명 미만인 경우
② 건축물의 지하에 차고·주차장이 설치된 경우 해당 차고·주차장 부분
③ 수련시설 내에 있는 기숙사 또는 합숙소로서 연면적 $2천m^2$ 미만인 것
④ 교육연구시설 내에 있는 기숙사 또는 합숙소로서 연면적 $2천m^2$ 미만인 것

15

`회독` ☐☐☐

「소방시설 설치 및 관리에 관한 법률 시행규칙」상 관리업자가 점검하는 경우 특정소방대상물의 규모 등에 따른 점검인력의 배치기준으로 옳지 않은 것은?

① 50층 이상 또는 성능위주설계를 한 특정소방대상물의 주된 점검인력으로는 소방시설관리사, 경력 5년 이상인 특급점검자 1명 이상이다.
② 「화재의 예방 및 안전관리에 관한 법률 시행령」 별표 4 제1호에 따른 특급 소방안전관리대상물(50층 이상 또는 성능위주설계를 한 특정소방대상물은 제외)의 주된 점검인력으로는 수방시설관리사, 경력 3년 이상인 특급점검자 1명 이상이다.
③ 「화재의 예방 및 안전관리에 관한 법률 시행령」 별표 4 제2호 및 제3호에 따른 1급 또는 2급 소방안전관리대상물의 주된 점검인력으로는 소방시설관리사, 특급점검자 1명 이상이다.
④ 「화재의 예방 및 안전관리에 관한 법률 시행령」 별표 4 제4호에 따른 3급 소방안전관리대상물의 주된 점검인력으로는 특급점검자 1명 이상이다.

16

`회독` ☐☐☐

「소방시설 설치 및 관리에 관한 법률 시행령」상 물분무등소화설비를 설치해야 하는 특정소방대상물로 옳지 않은 것은?

① 항공기 및 자동차 관련 시설 중 항공기 격납고
② 차고, 주차용 건축물 또는 철골 조립식 주차시설. 이 경우 연면적 $800m^2$ 이상인 것만 해당한다.
③ 건축물의 내부에 설치된 차고·주차장으로서 차고 또는 주차의 용도로 사용되는 면적이 $200m^2$ 이상인 경우 해당 부분(50세대 미만 연립주택 및 다세대주택은 제외한다)
④ 소화수를 수집·처리하는 설비가 설치되어 있지 않은 중·저준위방사성폐기물의 저장시설. 이 시설에는 물분무소화설비, 미분무소화설비 또는 강화액소화설비를 설치해야 한다.

17

`회독` ☐☐☐

「소방시설 설치 및 관리에 관한 법률 시행규칙」상 성능위주설계 기준으로 옳지 않은 것은?

① 소방자동차 진입(통로) 동선 및 소방관 진입 경로 확보
② 화재·피난 모의실험을 통한 화재위험성 및 피난안전성 검증
③ 침수 등 재난상황을 포함한 지하층 안전확보 방안 마련
④ 특별피난계단을 제외한 피난경로의 안전성 확보

18

[회독] □□□

「소방시설공사업법 시행규칙」상 소방시설 자체점검 점검자의 기술등급으로 옳지 않은 것은?

① 특급점검자 : 소방시설관리사, 소방기술사
② 고급점검자 : 소방설비산업기사 자격을 취득한 후 5년 이상 소방 관련 업무를 수행한 사람
③ 중급점검자 : 소방설비산업기사 자격을 취득한 후 3년 이상 소방 관련 업무를 수행한 사람
④ 초급점검자 : 소방설비산업기사 자격을 취득한 사람

19

[회독] □□□

「소방시설공사업법 시행규칙」상 고급감리원의 기술기준으로 옳은 것은?

① 소방설비기사 기계분야 자격을 취득한 후 5년 이상 소방 관련 업무를 수행한 사람
② 소방설비기사 기계분야 자격을 취득한 후 3년 이상 소방 관련 업무를 수행한 사람
③ 소방설비산업기사 기계분야 자격을 취득한 후 6년 이상 소방 관련 업무를 수행한 사람
④ 초급감리원을 취득한 후 5년 이상 기계분야 소방감리업무를 수행한 사람

20

[회독] □□□

「소방시설공사업법」 및 같은 법 시행령상 공사의 하자보수 보증에 대한 설명으로 옳지 않은 것은?

① 관계인은 하자보수 기간에 소방시설의 하자가 발생하였을 때에는 공사업자에게 그 사실을 알려야 하며, 통보를 받은 공사업자는 3일 이내에 하자를 보수하거나 보수 일정을 기록한 하자보수계획을 관계인에게 서면 또는 구두로 알려야 한다.
② 관계인으로부터 소방시설의 하자를 통보 받은 공사업자가 3일 이내에 하자를 보수하지 아니하거나 하자보수계획을 관계인에게 거짓으로 알린 경우에는 200만원 이하의 과태료를 부과한다.
③ 관계인은 공사업자가 3일 이내에 하자보수를 이행하지 아니한 경우에는 소방본부장이나 소방서장에게 그 사실을 알릴 수 있다.
④ 자동소화장치, 옥내소화전설비, 스프링클러설비등, 물분무등소화설비, 옥외소화전설비, 자동화재탐지설비, 화재알림설비의 하자보수 보증기간은 3년이다.

21

[회독] □□□

「소방시설공사업법 시행령」상 지하층을 포함한 층수가 16층 이상 40층 미만인 특정소방대상물 공사 현장의 소방공사 책임감리원 배치기준으로 옳은 것은?

① 특급감리원 중 소방기술사
② 특급감리원 이상의 소방공사 감리원(기계·전기분야)
③ 고급감리원 이상의 소방공사 감리원(기계·전기분야)
④ 중급감리원 이상의 소방공사 감리원(기계·전기분야)

22

[회독] □□□

「위험물안전관리법」상 위험물 및 제조소등의 설치 및 위치 변경에 관한 내용으로 옳지 않은 것은?

① 제조소등을 설치하고자 하는 자는 그 설치장소를 관할하는 시·도지사의 허가를 받아야 한다.
② 제조소등의 위치·구조 또는 설비를 변경하고자 하는 때에는 그 설치장소를 관할하는 시·군 구청장에게 신고하여야 한다.
③ 주택의 난방시설을 위한 저장소는 허가를 받지 아니하고 위험물의 품명·수량 또는 지정수량의 배수를 변경할 수 있다.
④ 농예용·축산용 또는 수산용으로 필요한 난방시설 또는 건조시설을 위한 지정수량 20배 이하의 저장소는 신고를 하지 아니하고 위험물의 품명·수량 또는 지정수량의 배수를 변경할 수 있다.

23

[회독] □□□

「위험물안전관리법」 및 같은 법 시행령상 〈보기〉에 대한 설명으로 옳지 않은 것은?

> [보기]
> ㉠ 산화프로필렌 30,000L, 에탄올 40,000,000L, 벤젠 80,000L을 제조의 목적으로 취급하는 A 제조소
> ㉡ 산화프로필렌 30,000L, 에탄올 40,000,000L, 벤젠 20,000L을 저장의 목적으로 저장하는 B 옥외탱크저장소

① A 제조소에서 취급·저장하는 위험물은 지정수량의 101,000배이다.
② A 제조소는 예방규정을 두어야 한다.
③ B 옥외탱크저장소는 정기점검 대상이다.
④ A 제조소와 B 옥외탱크저장소는 화학자동차 1대와 자체소방대원 5명으로 자체소방대를 두어야 한다.

24

「위험물안전관리법 시행령」상 시 · 도지사가 면제할 수 있는 탱크안전성능검사로 옳은 것은?

① 기초 · 지반검사
② 용접부검사
③ 충수 · 수압검사
④ 암반탱크검사

25

「위험물안전관리법 시행규칙」상 소화난이도등급 I의 제조소 및 일반취급소에 설치해야 하는 소화설비로 바르지 않은 것은?

① 옥내소화전설비
② 옥외소화전설비
③ 화재발생 시 연기가 충만할 우려가 있는 장소에는 스프링클러설비
④ 화재발생 시 연기가 충만할 우려가 있는 장소에는 이동식의 물분무등소화설비

01

「소방기본법」의 내용으로 옳지 않은 것은?

① 소방대상물이란 건축물, 차량, 선박(「선박법」에 따른 선박으로서 항구에 매어둔 선박만 해당), 선박 건조 구조물, 산림, 그 밖의 인공 구조물 또는 물건을 말한다.

② 국가와 지방자치단체는 화재, 재난·재해, 그 밖의 위급한 상황으로부터 국민의 생명·신체 및 재산을 보호하기 위하여 필요한 시책을 수립·시행하여야 한다.

③ 시·도의 화재 예방·경계·진압 및 조사, 소방안전교육·홍보와 화재, 재난·재해, 그 밖의 위급한 상황에서의 구조·구급 등의 업무를 수행하는 소방기관의 설치에 필요한 사항은 대통령령으로 정한다.

④ 소방업무를 수행하는 소방본부장 또는 소방서장은 소방청장의 지휘와 감독을 받는다.

02

「소방기본법」상 소방활동에 필요한 소방용수시설로 옳지 않은 것은?

① 소화전   ② 급수탑

③ 저수조   ④ 소화용수설비

03

「소방기본법 시행규칙」상 소방서 종합상황실의 실장이 소방본부 종합상황실의 실장에게 지체없이 보고해야 하는 사항으로 옳지 않은 것은?

① 재산피해액이 50억원 이상 발생한 화재

② 관공서·학교·정부미도정공장·문화재·지하철 또는 지하구의 화재

③ 재난대책본부장의 현장지휘가 필요한 재난상황

④ 가스 및 화약류의 폭발에 의한 화재

04

「화재의 예방 및 안전관리에 관한 법률」 및 그 하위법령상 특수가연물에 대한 설명으로 틀린 것은?

① 화재가 발생하는 경우 불길이 빠르게 번지는 고무류·면화류·석탄 및 목탄 등 대통령령으로 정하는 것이다.

② 면화류의 경우 200킬로그램 이상인 경우 특수가연물이 된다.

③ 살수설비 등을 하지 않고 특수가연물을 저장하는 경우 쌓는 높이는 10미터 이하가 되도록 하고, 쌓는 부분의 바닥면적은 50제곱미터(석탄·목탄류의 경우에는 200제곱미터) 이하가 되도록 한다.

④ 면화류라 함은 불연성 또는 난연성이 아닌 실(실부스러기와 솜털을 포함한다)과 누에고치를 말한다.

05

「소방기본법」상 5년 이하의 징역 5천만원 이하의 벌금에 해당하는 벌칙 중 그 위반 조항이 다른 것은?

① 위력(威力)을 사용하여 출동한 소방대의 화재진압·인명구조 또는 구급활동을 방해하는 행위

② 소방대가 화재진압·인명구조 또는 구급활동을 위하여 현장에 출동하거나 현장에 출입하는 것을 고의로 방해하는 행위

③ 소방차동차의 우선통행권을 위반하여 소방자동차의 출동을 방해한 사람

④ 출동한 소방대원에게 폭행 또는 협박을 행사하여 화재진압·인명구조 또는 구급활동을 방해하는 행위

06

「소방시설 설치 및 관리에 관한 법률 시행령」상 의료시설에 강화된 소방시설기준을 적용해 설치하여야 하는 소방시설로 옳지 않은 것은?

① 「국토의 계획 및 이용에 관한 법률」 제2조 제9호에 따른 공동구에 설치하는 자동소화장치

② 전력 및 통신사업용 지하구에 설치하는 유도등 및 연소방지설비

③ 노유자 시설에 설치하는 스프링클러설비

④ 의료시설에 설치하는 간이스프링클러설비

07

회독 ☐ ☐ ☐

「소방시설 설치 및 관리에 관한 법률 시행령」상 성능위주설계를 하여야 하는 특정소방대상물로 옳지 않은 것은? (단, 신축하는 것만 해당한다.)

① 높이 200미터인 아파트
② 연면적 3만제곱미터인 철도역사
③ 지하층의 층수가 3개 층 이상이고 지하층의 바닥면적의 합계가 2만제곱미터인 창고시설
④ 터널 중 수저(水底)터널

08

회독 ☐ ☐ ☐

「소방시설 설치 및 관리에 관한 법률 시행령」상 다음의 〈보기〉에 해당하는 특정소방대상물은?

> **보기**
>
> 가. 차량(궤도차량은 제외한다) 등의 통행을 목적으로 지하, 수저 또는 산을 뚫어서 만든 것
> 나. 「도로법」 제50조 제2항에 따른 방음터널

① 지하상가 　　② 터널
③ 공동구 　　④ 지하구

09

회독 ☐ ☐ ☐

「소방시설 설치 및 관리에 관한 법률」 및 같은 법 시행령상 건축허가등의 동의 등에 대한 설명으로 옳지 않은 것은?

① 건축허가등의 권한이 있는 행정기관은 건축허가등을 할 때 미리 그 건축물 등의 시공지 또는 소재지를 관할하는 소방본부장이나 소방서장의 동의를 받아야 한다.
② 건축허가등을 할 때에 소방본부장이나 소방서장의 동의를 받아야 하는 건축물 등의 범위는 대통령령으로 정한다.
③ 성능위주 설계 또는 내진설계를 한 특정소방대상물은 소방본부장 또는 소방서장의 건축허가등의 동의대상에서 제외된다.
④ 관할 소방본부장이나 소방서장에게 건축허가등을 하거나 신고를 수리할 때 건축물의 내부구조를 알 수 있는 설계도면을 제출하여야 한다.

10

회독 ☐ ☐ ☐

「소방시설 설치 및 관리에 관한 법률 시행령」상 방염처리 기준에 관한 내용 중 빈칸에 알맞은 기준은?

> • 버너의 불꽃을 제거한 때부터 불꽃을 올리며 연소하는 상태가 그칠 때까지 시간은 (㉠)초 이내
> • 버너의 불꽃을 제거한 때부터 불꽃을 올리지 아니하고 연소하는 상태가 그칠 때까지 (㉡)초 이내
> • 탄화면적은 (㉢)cm² 이내, 탄화길이는 (㉣)cm 이내
> • 발연량을 측정하는 경우 최대 연기밀도는 (㉤) 이하

	㉠	㉡	㉢	㉣	㉤
①	20	30	400	50	20
②	20	30	50	20	400
③	30	20	50	20	400
④	30	20	400	50	20

11

회독 ☐ ☐ ☐

「소방시설공사업법 시행령」상 소방본부장 또는 소방서장의 소방시설공사 완공검사를 위한 현장확인 대상 특정소방대상물로 옳은 것은?

① 창고시설
② 물분무등소화설비(호스릴방식 포함)가 설치되는 특정소방대상물
③ 연면적 1만제곱미터 이상이거나 11층 이상인 아파트
④ 가연성가스를 제조·저장 또는 취급하는 시설 중 지하에 설치된 가연성가스탱크의 저장용량 합계가 1천톤 이상인 시설

12

회독 ☐ ☐ ☐

「소방시설공사업법 시행령」상 상주공사감리 대상으로 옳은 것은?

① 바닥면적 3만제곱미터 이상의 특정소방대상물(아파트는 제외)
② 연면적 3만제곱미터 이상의 특정소방대상물(아파트 포함)
③ 지하층을 포함한 층수가 16층 이상으로서 500세내 이상인 아파트
④ 지하층을 포함한 층수가 16층 이상으로서 500세대 이상인 특정소방대상물(아파트 제외)

13

회독 ☐☐☐

「소방시설공사업법 시행령」상 방염업의 종류가 아닌 것은?

① 섬유류 방염업
② 종이류 방염업
③ 합성수지류 방염업
④ 합판·목재류 방염업

14

회독 ☐☐☐

「소방시설공사업법 시행령」상 소방시설의 증설공사 시 착공신고 대상으로 옳지 않은 것은?

① 비상경보설비
② 스프링클러설비등
③ 화재알림설비
④ 자동화재탐지설비

15

회독 ☐☐☐

「소방시설공사업법」상 감리업자가 소방공사의 감리를 마쳤을 때, 소방공사감리 결과보고서를 서면으로 알려야 하는 대상으로 옳지 않은 것은?

① 소방시설공사의 도급인
② 특정소방대상물의 관계인
③ 특정소방대상물의 공사를 감리한 건축사
④ 소방본부장이나 소방서장

16

회독 ☐☐☐

「위험물안전관리법」상 용어의 정의로 옳지 않은 것은?

① 위험물이라 함은 인화성 또는 발화성 등의 성질을 가지는 것으로서 대통령령이 정하는 물품을 말한다.
② 제조소란 위험물을 제조할 목적으로 지정수량 이상의 위험물을 취급하기 위하여 허가를 받은 장소를 말한다.
③ 저장소란 지정수량 이상의 위험물을 저장하기 위한 대통령령이 정하는 장소로서 허가를 받은 장소를 말한다.
④ 지정수량이란 위험물의 종류별로 위험성을 고려하여 대통령령이 정하는 수량으로서 제조소등의 설치허가 등에 있어서 최대 기준이 되는 수량을 말한다.

17

회독 ☐☐☐

「위험물안전관리법 시행규칙」상 제조소의 환기설비의 기준에 대한 설명으로 옳지 않은 것은?

① 환기는 자연배기방식으로 할 것
② 환기구는 지상 2m 이상의 높이에 루프팬방식으로 설치할 것
③ 바닥면적이 90m²일 경우 급기구의 면적은 450cm² 이상으로 할 것
④ 급기구는 높은 곳에 설치하고 가는 눈의 구리망 등으로 인화방지망을 설치할 것

18

회독 ☐☐☐

「위험물안전관리법 시행령」상 정기점검 대상인 저장소로 옳지 않은 것은?

① 지정수량의 10배 이상의 위험물을 취급하는 제조소
② 지정수량의 150배 이상의 위험물을 저장하는 옥내저장소
③ 지정수량의 200배 이상의 위험물을 저장하는 옥내탱크저장소
④ 암반탱크저장소

19

회독 ☐☐☐

「위험물안전관리법 시행규칙」상 제조소의 위치·구조 및 설비의 기준에 대한 설명으로 옳지 않은 것은?

① 배출설비는 자연배기 방식으로 하여야 한다.
② 제6류 위험물을 취급하는 제조소는 안전거리 적용제외 대상이다.
③ "위험물 제조소"라는 표시를 한 표지의 바탕은 백색으로, 문자는 흑색으로 하여야 한다.
④ 제5류 위험물을 저장 또는 취급하는 제조소에는 "화기엄금"을 표시한 게시판을 설치하여야 한다.

20

회독 ☐☐☐

「위험물안전관리법」상 신고를 하지 아니하고 위험물의 품명·수량 또는 지정수량의 배수를 변경할 수 있는 경우의 기준으로 옳은 것은?

① 농예용으로 필요한 건조시설을 위한 지정수량 20배 이하의 취급소
② 축산용으로 필요한 난방시설을 위한 지정수량 20배 이하의 저장소
③ 수산용으로 필요한 건조시설을 위한 지정수량 30배 이하의 저장소
④ 공동주택의 중앙난방시설을 위한 지정수량 30배 이하의 취급소

21

「위험물안전관리법」상 벌칙에 관한 내용이다. (   ) 안에 들어갈 내용으로 옳은 것은?

> 누구든지 제조소등에서는 지정된 장소가 아닌 곳에서 흡연을 하여서는 아니 된다는 규정을 위반하여 흡연을 한 자는 (ㄱ)만원 이하의 (ㄴ)을/를 부과한다.

	ㄱ	ㄴ		ㄱ	ㄴ
①	200	벌금	②	500	벌금
③	200	과태료	④	500	과태료

22

「소방의 화재조사에 관한 법률」 및 그 하위 법령상 화재조사에 대한 설명으로 옳지 않은 것은?

① 소방관서장은 전문성에 기반하는 화재조사를 위하여 화재조사전담부서를 설치·운영할 수 있다.

② 소방관서장은 화재조사관으로 하여금 화재조사 업무를 수행하게 하여야 한다.

③ 전담부서에 배치된 화재조사관은 소방청장이 실시하는 의무 보수교육을 2년마다 받아야 한다.

④ 소방관서장은 화재조사전담부서에 화재조사관을 2명 이상 배치해야 한다.

23

「소방기본법」 및 같은 법 시행령상 손실보상에 관한 설명 중 (   ) 안에 들어갈 숫자로 옳은 것은?

> • 손실보상을 청구할 수 있는 권리는 손실이 있음을 안 날부터 (가)년, 손실이 발생한 날부터 (나)년 간 행사하지 아니하면 시효의 완성으로 소멸한다.
>
> • 소방청장등은 손실보상심의위원회의 심사·의결을 거쳐 특별한 사유가 없으면 보상금 지급 청구서를 받은 날부터 (다)일 이내에 보상금 지급 여부 및 보상금액을 결정하여야 한다.
>
> • 보상위원회는 위원장 1명을 포함하여 5명 이상 7명 이하의 위원으로 구성한다. 다만, 청구금액이 (라)만원 이하인 사건에 대해서는 제3항 제1호(소속 소방공무원)에 해당하는 위원 (마)명으로만 구성할 수 있다.

	(가)	(나)	(다)	(라)	(마)
①	3	5	60	100	3
②	5	3	60	200	5
③	3	5	50	100	3
④	5	3	50	200	5

24

「위험물안전관리법 시행규칙」상 탱크안전성능검사 신청 시기에 대하여 옳지 않은 것은?

① 기초·지반검사 : 위험물탱크의 기초 및 지반에 관한 공사의 개시 전

② 충수·수압검사 : 위험물을 저장 또는 취급하는 탱크에 배관 그 밖의 부속설비를 부착한 후

③ 용접부검사 : 탱크본체에 관한 공사의 개시 전

④ 암반탱크검사 : 암반탱크의 본체에 관한 공사의 개시 전

25

「소방의 화재조사에 관한 법률 시행령」상 화재감정기관의 지정 기준에서 전문인력 중 주된 기술인력 기준으로 옳지 않은 것은?

① 국가기술자격의 직무분야 중 화재감식평가 분야의 기사 자격 취득 후 화재조사 관련 분야에서 5년 이상 근무한 사람

② 화재조사관 자격 취득 후 화재조사 관련 분야에서 5년 이상 근무한 사람

③ 이공계 분야의 박사학위 취득 후 화재조사 관련 분야에서 2년 이상 근무한 사람

④ 소방청장이 인정하는 화재조사 관련 국제자격증을 소지한 사람

01

회독 ☐ ☐ ☐

「소방기본법 시행규칙」상 종합상황실의 실장이 소방서의 종합상황실의 경우는 소방본부의 종합상황실에, 소방본부의 종합상황실의 경우는 소방청의 종합상황실에 각각 보고하여야 하는 상황이 아닌 것은?

① 사망 5명 이상인 발생한 화재
② 재산피해액이 50억원 이상 발생한 화재
③ 이재민이 50명 이상 발생한 화재
④ 연면적 1만5천m² 이상인 공장에서 발생한 화재

02

회독 ☐ ☐ ☐

다음 중 바르게 설명한 것을 모두 고른 것은?

> ㉠ 소방자동차 등 소방장비의 분류·표준화와 그 관리 등에 필요한 사항은 따로 법률에서 정한다.
> ㉡ 일부 국고보조 대상 사업의 범위와 기준보조율은 대통령령으로 정한다.
> ㉢ 소방기관이 소방업무를 수행하는 데에 필요한 인력과 장비 등에 관한 기준은 시·도의 조례로 정한다.

① ㉠   ② ㉠, ㉡
③ ㉡, ㉢   ④ ㉠, ㉡, ㉢

03

회독 ☐ ☐ ☐

「소방기본법」상 화재로 오인할 만한 우려가 있는 불을 피우거나 연막(煙幕) 소독을 하려는 자가 시·도의 조례로 정하는 바에 따라 관할 소방본부장 또는 소방서장에게 신고하여야 하는 지역 또는 장소로 옳은 것을 고른 것은?

> ㄱ. 위험물의 저장 및 처리 시설이 밀집한 지역
> ㄴ. 노후·불량건축물이 밀집한 지역
> ㄷ. 소방시설·소방용수시설 또는 소방출동로가 없는 지역
> ㄹ. 「물류시설의 개발 및 운영에 관한 법률」 제2조 제6호에 따른 물류단지

① ㄱ   ② ㄷ, ㄹ
③ ㄱ, ㄴ, ㄷ   ④ ㄴ, ㄷ, ㄹ

04

회독 ☐ ☐ ☐

「소방기본법 시행령」상 소방안전교육사시험의 응시자격으로 옳지 않은 경우는?

① 중앙소방학교 또는 지방소방학교에서 2주 이상의 소방안전교육사 관련 전문교육과정을 이수한 사람
② 「초·중등교육법」 제21조에 따라 교원의 자격을 취득한 사람
③ 「영유아보육법」 제21조에 따라 보육교사의 자격을 취득한 사람
④ 「간호법」 제4조에 따라 간호사 면허를 취득한 후 간호업무 분야에 1년 이상 종사한 사람

05

회독 ☐ ☐ ☐

「소방기본법」 및 같은 법 시행령상 손실보상에 관한 내용 중 소방청장 또는 시·도지사가 '손실보상심의위원회'의 심사·의결에 따라 정당한 보상을 하여야 하는 대상으로 옳지 않은 것은?

① 생활안전활동에 따른 조치로 인하여 손실을 입은 자
② 소방활동 종사 명령에 따른 소방활동 종사로 인하여 사망하거나 부상을 입은 자
③ 옮긴 위험물 또는 물건의 보관기간 경과 후 매각이나 폐기로 손실을 입은 자
④ 소방기관 또는 소방대의 적법한 소방업무 또는 소방활동으로 인하여 손실을 입은 자

06

회독 ☐ ☐ ☐

「소방의 화재조사에 관한 법률」상 화재가 발생했을 때 소방청장, 소방본부장 또는 소방서장이 화재조사를 실시하는 시기로 옳은 것은?

① 조사요원이 현장에 도착한 후 화재조사를 하여야 한다.
② 소화활동을 종료한 이후 화재조사를 하여야 한다.
③ 화재사실을 알게 된 때에 지체 없이 화재조사를 하여야 한다.
④ 소방서장이 현장에 도착한 후에 화재조사를 하여야 한다.

07

회독 ☐ ☐ ☐

「소방기본법」 및 같은 법 시행령상 소방자동차 전용구역의 설치 등에 관한 설명으로 옳지 않은 것은?

① 세대수가 100세대 이상인 아파트에는 소방자동차 전용구역을 설치하여야 한다.

② 소방본부장 또는 소방서장은 소방자동차가 접근하기 쉽고 소방활동이 원활하게 수행될 수 있도록 공동주택의 각 동별 전면 또는 후면에 소방자동차 전용구역을 1개소 이상 설치하여야 한다.

③ 전용구역 노면표지 도료의 색채는 황색을 기본으로 하되, 문자(P, 소방차 전용)는 백색으로 표시한다.

④ 소방자동차 전용구역에 차를 주차하거나 전용구역에의 진입을 가로막는 등의 방해행위를 한 자에게는 100만원 이하의 과태료를 부과한다.

08

회독 ☐ ☐ ☐

다음 중 「소방기본법」상 옳지 않은 것은?

① 소방청장, 소방본부장 또는 소방서장은 소방업무를 전문적이고 효과적으로 수행하기 위하여 소방대원에게 필요한 교육·훈련을 실시할 수 있다.

② 국가나 지방자치단체는 한국119청소년단에 그 조직 및 활동에 필요한 시설·장비를 지원할 수 있으며, 운영경비와 시설비 및 국내외 행사에 필요한 경비를 보조할 수 있다.

③ 관계인은 화재를 진압하거나 구조·구급 활동을 하기 위하여 상설 조직체(「위험물안전관리법」 제19조 및 그 밖의 다른 법령에 따라 설치된 자체소방대를 포함하며, 이하 "자체소방대"라 한다)를 설치·운영할 수 있다.

④ 관계인은 소방대상물에 화재, 재난·재해, 그 밖의 위급한 상황이 발생한 경우에는 소방대가 현장에 도착할 때까지 경보를 울리거나 대피를 유도하는 등의 방법으로 사람을 구출하는 조치 또는 불을 끄거나 불이 번지지 아니하도록 필요한 조치를 하여야 한다.

09

회독 ☐ ☐ ☐

다음 중 화재안전조사에 대하여 옳지 않은 것은?

① 화재안전조사는 「소방시설 설치 및 관리에 관한 법률」 제22조에 따른 자체점검이 불성실하거나 불완전하다고 인정되는 경우 실시할 수 있다.

② 개인의 주거(실제 주거용도로 사용되는 경우에 한정한다)에 대하여도 시간에 구애 없이 화재안전조사를 할 수 있다.

③ 통보 예외사항은 화재가 발생할 우려가 뚜렷하여 긴급하게 조사할 필요가 있는 경우나 화재안전조사의 실시를 사전에 통지하거나 공개하면 조사목적을 달성할 수 없다고 인정되는 경우이다.

④ 소방관서장은 법에서 정한 요건을 해당하는 경우 화재안전조사를 실시할 수 있다.

10

회독 ☐ ☐ ☐

「화재의 예방 및 안전관리에 관한 법률 시행령」상 화재의 예방조치 등에 대한 설명으로 옳지 않은 것은?

① 소방관서장은 옮긴 위험물 등을 보관하는 경우에는 그날부터 14일 동안 해당 소방관서의 인터넷 홈페이지에 그 사실을 공고해야 한다.

② 소방관서장은 옮긴 위험물 등의 보관기간이 종료되는 때에는 보관하고 있는 위험물 또는 물건을 매각하여야 한다.

③ 소방관서장은 보관하던 옮긴 위험물 또는 물건 등을 매각한 경우에는 그날부터 7일 이내에 국가재정법에 의하여 세입조치를 하여야 한다.

④ 소방관서장은 매각되거나 폐기된 옮긴 위험물 또는 물건 등의 소유자가 보상을 요구하는 경우에는 보상금액에 대하여 소유자와 협의를 거쳐 이를 보상하여야 한다.

11

「화재의 예방 및 안전관리에 관한 법률 시행령」상 보일러 등의 위치·구조 및 관리와 화재예방을 위하여 불의 사용에 있어서 지켜야 하는 사항으로, 용접 또는 용단 작업장에서 지켜야 할 사항이다. (   ) 안에 들어갈 내용으로 옳은 것은? (단, 「산업안전보건법」 제38조의 적용을 받는 사업장의 경우에는 적용하지 아니한다.)

- 용접 또는 용단 작업자로부터 (가) 이내에 소화기를 갖추어 둘 것
- 용접 또는 용단 작업장 주변 (나) 이내에는 가연물을 쌓아두거나 놓아두지 말 것. 다만, 가연물의 제거가 곤란하여 방화포 등으로 방호조치를 한 경우는 제외한다.

	(가)	(나)
①	반경 5m	반경 10m
②	반경 6m	반경 12m
③	직경 5m	직경 10m
④	직경 6m	직경 12m

12

「화재의 예방 및 안전관리에 관한 법률」상 소방안전 특별관리시설물의 기준으로 옳지 않은 것은?

① 「발전소주변지역 지원에 관한 법률 시행령」 제2조 제2항에 따른 발전소
② 「전통시장 및 상점가 육성을 위한 특별법」 제2조 제1호의 전통시장으로서 점포의 수가 500개 이상인 전통시장
③ 「물류시설의 개발 및 운영에 관한 법률」 제2조 제5호의2에 따른 물류창고로서 연면적 20만제곱미터 이상인 것
④ 「도시가스사업법」 제2조 제5호에 따른 가스공급시설

13

「소방시설의 설치 및 관리에 관한 법률」 및 같은 법 시행령상의 규정에 관한 설명으로 옳은 것은?

① 무창층에 설치되는 개구부의 크기는 지름 70cm의 원이 통과할 수 있어야 한다.
② 피난층이란 곧바로 지상으로 갈 수 있는 출입구가 있는 층을 말한다.
③ 화재를 진압하는 데 필요한 물을 공급하거나 저장하는 설비를 소화활동설비라 한다.
④ 방열복, 공기호흡기, 공기안전매트는 피난기구이다.

14

「소방시설의 설치 및 관리에 관한 법률 시행령」상 물분무등소화설비에 해당하지 않는 것은?

① 옥내소화전설비
② 강화액소화설비
③ 포소화설비
④ 분말소화설비

15

「소방시설 설치 및 관리에 관한 법률 시행령」상 의료시설에 해당되는 특정소방대상물을 모두 고른 것은?

ㄱ. 노인의료복지시설	ㄴ. 정신의료기관
ㄷ. 마약진료소	ㄹ. 한방의원

① ㄱ, ㄷ
② ㄱ, ㄹ
③ ㄴ, ㄷ
④ ㄷ, ㄹ

16

「소방시설 설치 및 관리에 관한 법률 시행령」상 건축허가 등의 동의에 있어 동의 제외 대상이 아닌 것은?

① 공동주택에 설치된 학대피해노인 전용쉼터
② 단독주택에 설치된 장애인 거주시설
③ 공동주택에 설치된 아동복지시설
④ 단독주택에 설치된 노인의료복지시설

17

「소방시설 설치 및 관리에 관한 법률」상 중앙소방기술심의위원회 심의사항으로 가장 옳지 않은 것은?

① 화재안전기준에 관한 사항
② 소방시설의 설계 및 공사감리의 방법에 관한 사항
③ 소방시설의 구조 및 원리 등에서 공법이 특수한 설계 및 시공에 관한 사항
④ 소방시설공사의 하자가 있는지의 판단에 관한 사항

18

「소방시설공사업법 시행령」상 소방시설업의 분류 중 기계분야가 아닌 전기분야에 해당되는 것은?

① 제연설비
② 연결송수관설비
③ 유도등
④ 연소방지설비

19

「소방시설공사업법」상 소방시설업 등록의 결격사유에 해당하지 않는 사람은?

① 피성년후견인
② 등록하려는 소방시설업 등록이 취소된 날부터 3년이 지난 사람
③ 「소방기본법」에 따른 금고 이상의 형의 집행유예를 선고받고 그 유예기간 중에 있는 사람
④ 「위험물안전관리법」에 따른 금고 이상의 실형을 선고받고, 그 집행이 끝나거나(집행이 끝난 것으로 보는 경우를 포함한다) 면제된 날부터 1년이 지난 사람

20

「소방시설공사업법」상 특정소방대상물의 구조, 용도, 수용인원, 위치, 가연물의 종류 및 양 등을 고려하여 하는 설계로 옳은 것은?

① 성능위주설계
② 구조위주설계
③ 용도위주설계
④ 특수위주설계

21

「소방시설공사업법 시행령」상 공사감리 결과보고서대로 완공검사를 위한 현장확인을 해야 하는 특정소방대상물의 범위로 옳은 것은?

① 근린생활시설
② 11층인 아파트
③ 호스릴 방식의 이산화탄소 소화설비를 설치하는 특정소방대상물
④ 연면적 1만m² 이상 업무시설

22

「위험물안전관리법 시행규칙」상 1인의 안전관리자를 중복하여 선임할 수 있는 저장소 중 10개 이하의 저장소로 옳은 것을 모두 고르시오?

㉠ 옥내저장소	㉡ 옥외저장소
㉢ 암반탱크저장소	㉣ 옥외탱크저장소
㉤ 옥내탱크저장소	㉥ 지하탱크저장소

① ㉠, ㉡, ㉢
② ㉡, ㉢, ㉣
③ ㉢, ㉤, ㉥
④ ㉣, ㉤, ㉥

23

「위험물안전관리법 시행규칙」상 자체소방대의 설치 제외대상인 일반취급소에 해당하지 않는 것은?

① 유압장치, 윤활유순환장치 그 밖에 이와 유사한 장치로 위험물을 취급하는 일반취급소
② 보일러, 버너 그 밖에 이와 유사한 장치로 위험물을 소비하는 일반취급소
③ 지하저장탱크 그 밖에 이와 유사한 것에 위험물을 주입하는 일반취급소
④ 「광산안전법」의 적용을 받는 일반취급소

24

「위험물안전관리법 시행령」상 안전교육대상자에 해당하지 않는 자는?

① 안전관리자로 선임된 자
② 탱크시험자의 기술인력으로 종사하는 자
③ 위험물운반자로 종사하는 자
④ 위험물기능장, 위험물산업기사, 위험물기능사

25

「위험물안전관리법 시행규칙」상 화학소방자동차에 갖추어야 하는 소화능력 또는 설비의 기준으로 옳은 것은?

① 포수용액 방사차 : 포수용액의 방사능력이 매분 1,000L 이상일 것
② 분말 방사차 : 1,000kg 이상의 분말을 비치할 것
③ 할로젠화합물 방사차 : 할로젠화합물의 방사능력이 매초 50kg 이상일 것
④ 이산화탄소 방사차 : 3,000kg 이상의 이산화탄소를 비치할 것

소방관계법규 동형 모의고사

빠른 정답 p.230
해설 p.199

01
회독 ☐ ☐ ☐

「위험물안전관리법」상 해당 제조소등의 용도를 폐지한 때에는 며칠 이내 시·도지사에게 신고하여야 하는가?

① 7일 이내
② 10일 이내
③ 14일 이내
④ 30일 이내

02
회독 ☐ ☐ ☐

「위험물안전관리법 시행령」상 관계인이 예방규정을 정해야 하는 제조소등의 기준으로 옳지 않은 것은?

① 지정수량의 10배 이상의 위험물을 취급하는 일반취급소
② 지정수량의 100배 이상의 위험물을 저장하는 옥외저장소
③ 지정수량의 150배 이상의 위험물을 저장하는 옥외탱크저장소
④ 지정수량의 150배 이상의 위험물을 저장하는 옥내저장소

03
회독 ☐ ☐ ☐

「위험물안전관리법 시행규칙」상 옥외저장탱크의 방유제의 설치 규정이다. (   )에 들어갈 내용으로 옳은 것은?

- 방유제는 높이 0.5m 이상 (ㄱ)m 이하, 두께 0.2m 이상, 지하매설깊이 (ㄴ)m 이상으로 할 것
- 방유제내의 면적은 (ㄷ)만㎡ 이하로 할 것
- 용량이 1,000만L 이상인 옥외저장탱크의 주위에 설치하는 방유제에는 (ㄹ)m 이상의 간막이 둑을 설치하되 방유제의 높이보다 (ㅁ)m 이상 낮게 할 것
- 방유제 내에 설치되는 옥외저장탱크의 용량의 합계가 2억L를 넘는 방유제에는 높이 (ㅂ)m 이상의 간막이 둑을 설치하되 방유제의 높이보다 (ㅁ)m 이상 낮게 할 것

	ㄱ	ㄴ	ㄷ	ㄹ	ㅁ	ㅂ
①	1	1	8	0.5	0.3	1
②	3	1	8	0.3	0.2	1
③	3	0.5	10	0.3	0.2	1.5
④	1	2	10	0.5	0.3	1.5

04
회독 ☐ ☐ ☐

「위험물안전관리법」 및 같은 법 시행령, 시행규칙상 〈보기〉의 옥외저장탱크의 주위에 보유하여야 하는 최소 공지의 너비로 옳은 것은?

보기
- 위험물의 종류 : 제4류 위험물 중 아세톤
- 저장하는 위험물의 최대수량 : 400,000리터
- 기준에 적합한 물분무설비에 의한 방호조치 여부 : 있음

① 2.5미터
② 3.0미터
③ 4.5미터
④ 9.0미터

05
회독 ☐ ☐ ☐

「소방시설공사업법 시행령」상 소방기술자 실무교육에 관한 업무를 실무교육기관이나 한국소방안전원에 위탁할 수 있는 사람은?

① 시·도본부장
② 행정안전부장관
③ 시·도지사
④ 소방청장

06
회독 ☐ ☐ ☐

「소방시설공사업법」에서 정하는 감리업자의 업무상 감리업자는 소방 관련 업무의 적법성·적합성 검토 및 성능시험 등을 수행하여야 하는데, 다음 중 적법성 검토에 해당하는 것은?

① 소방시설등 설계도서의 검토
② 소방용품의 위치, 규격 및 사용자재의 검토
③ 실내장식물의 불연화와 방염 물품의 검토
④ 공사업자가 작성한 시공 상세 도면의 검토

07

회독 ☐ ☐ ☐

「소방시설공사업법」상 특정소방대상물의 관계인 또는 발주자가 도급계약을 해지할 수 있는 경우가 아닌 것은?

① 해당 도급계약의 수급인이 소방시설업을 휴업하거나 폐업한 경우
② 소방시설업이 등록취소된 경우
③ 해당 도급계약의 수급인이 정당한 사유 없이 20일 이상 소방시설공사를 계속하지 아니하는 경우
④ 해당 도급계약의 수급인이 하도급의 통지를 받은 경우 그 하수급인이 적당하지 않다고 인정되어 하수급인의 변경을 요구하였으나 정당한 사유 없이 이에 따르지 아니한 경우

08

회독 ☐ ☐ ☐

「소방시설공사업법 시행규칙」상 소방시설업 변경신고 사항에 해당하지 않는 것은?

① 상호
② 대표자
③ 기술인력
④ 자본금

09

회독 ☐ ☐ ☐

「소방시설공사업법」상 특정소방대상물의 소방시설공사등을 하려는 자가 시·도지사에게 소방시설업을 등록하기 위하여 갖추어야 하는 요건은?

① 기술인력, 자본금
② 기술인력, 소방시설공사 실적
③ 소방시설공사 실적, 자산평가액
④ 소방시설공사 실적, 자본금

10

회독 ☐ ☐ ☐

「소방시설공사업법」상 시·도지사는 영업정지가 이용자에게 불편을 주거나 공익을 해칠 우려가 있을 때 영업정지처분을 갈음하여 과징금을 부과할 수 있는데, 이때 과징금의 상한에 해당하는 것은?

① 3천만원 이하
② 5천만원 이하
③ 1억원 이하
④ 2억원 이하

11

회독 ☐ ☐ ☐

「소방시설 설치 및 관리에 관한 법률」에 따른 벌칙 중 그 부과의 범위가 다른 벌칙은?

① 관계인이 특정소방대상물에 설치하는 소방시설의 관리 규정을 위반하여 소방시설에 폐쇄·차단 등의 행위를 한 자
② 소방본부장이나 소방서장의 관계인에 대한 소방시설 조치명령을 정당한 사유 없이 위반한 자
③ 소방본부장이나 소방서장의 소방용품의 형식승인에 대한 조치명령을 정당한 사유 없이 위반한 자
④ 소방본부장이나 소방서장이 피난시설, 방화구획 및 방화시설의 조치명령을 정당한 사유 없이 위반한 자

12

회독 ☐ ☐ ☐

「소방시설 설치 및 관리에 관한 법률」상 청문 사유로 옳지 않은 것은?

① 성능인증의 취소
② 전문기관의 지정취소 및 업무정지
③ 소방용품의 형식승인 취소 및 제품검사 중지
④ 소방시설 설계업 및 방염업의 등록취소 및 영업정지

13

회독 ☐ ☐ ☐

「소방시설 설치 및 관리에 관한 법률 시행규칙」상 자체점검 중 종합점검 대상에 해당하는 것은?

① 물분무등소화설비가 설치된 연면적 4,000m²인 특정소방대상물
② 다중이용업의 영업장이 설치된 특정소방대상물로서 연면적이 1,000m²인 것
③ 제연설비가 설치된 터널
④ 공공기관 중 연면적 600m²인 것으로서 자동화재탐지설비가 설치된 것

14

회독 ☐ ☐ ☐

「소방시설 설치 및 관리에 관한 법률 시행령」상 소방대상물의 방염에 관한 기준이 아닌 것은?

① 방염성능 기준은 탄화한 면적은 50cm² 이내, 탄화한 길이는 20cm 이내로 한다.
② 11층 이상인 아파트는 방염대상물이다.
③ 노래연습장은 방염성능기준에 의한 방염물품을 실내장식물로 하여야 한다.
④ 숙박이 가능한 수련시설의 침구류는 방염처리된 제품을 사용하도록 권장할 수 있다.

15

회독 ☐☐☐

「소방시설 설치 및 관리에 관한 법률 시행령」상 '유사한 소방시설의 설치 면제의 기준'에 대한 설명이다. (   ) 안의 내용으로 옳게 연결된 것은?

- 화재알림설비를 설치해야 하는 특정소방대상물에 (㉠)를 화재안전기준에 적합하게 설치한 경우에는 그 설비의 유효범위에서 설치가 면제된다.
- 비상경보설비 또는 단독경보형 감지기를 설치해야 하는 특정소방대상물에 (㉠) 또는 (㉡)를 화재안전기준에 적합하게 설치한 경우에는 그 설비의 유효범위에서 설치가 면제된다.

	㉠	㉡
①	자동화재탐지설비	화재알림설비
②	자동화재탐지설비	비상방송설비
③	자동화재속보설비	화재알림설비
④	자동화재속보설비	비상방송설비

16

회독 ☐☐☐

「소방시설 설치 및 관리에 관한 법률 시행령」 제11조 [별표 4]의 특정소방대상물에 설치하는 소방시설 중 단독경보형 감지기에 관한 설치기준으로 옳지 않은 것은?

① 공동주택 중 아파트등
② 연면적 400m^2 미만의 유치원
③ 교육연구시설 내에 있는 기숙사 또는 합숙소로서 연면적 2,000m^2 미만인 것
④ 건축물의 지하에 차고·주차장이 설치된 경우로서 차고 또는 주차장으로 사용되는 면적의 합계가 200m^2 미만인 경우에는 해당 차고·주차장 부분

17

회독 ☐☐☐

「화재의 예방 및 안전관리에 관한 법률 시행령」상 소방안전관리보조자를 두어야 하는 특정소방대상물에 대한 설명이다. (   ) 안에 들어갈 용어로 옳은 것은?

- 「건축법 시행령」 별표 1 제2호 가목에 따른 아파트 중 (가) 세대 이상인 아파트
- 아파트를 제외한 연면적이 (나) 이상인 특정소방대상물

	(가)	(나)		(가)	(나)
①	150	1만제곱미터	②	150	1만5천제곱미터
③	300	1만제곱미터	④	300	1만5천제곱미터

18

회독 ☐☐☐

「화재의 예방 및 안전관리에 관한 법률 시행령」상 시간당 열량이 30만킬로칼로리 이상인 노의 경우에만 적용되는 설치 기준에 해당하지 않는 것은?

① 노 또는 화덕의 주위에는 녹는 물질이 확산되지 않도록 높이 0.1미터 이상의 턱을 설치할 것
② 「건축법」 제2조 제1항 제7호에 따른 주요구조부는 불연재료 이상으로 할 것
③ 노 주위에는 1미터 이상 공간을 확보할 것
④ 창문과 출입구는 「건축법 시행령」 제64조에 따른 60분+ 방화문 또는 60분 방화문으로 설치할 것

19

회독 ☐☐☐

「화재의 예방 및 안전관리에 관한 법률 시행령」상 소방안전관리 업무의 대행 대상 및 업무로 옳지 않은 것은?

① 연면적 1만5천제곱미터 이상인 특정소방대상물을 제외한 지상층의 층수가 11층 이상인 1급 소방안전관리대상물(아파트 포함)은 소방안전관리 업무의 대행 대상이다.
② 2급 소방안전관리대상물은 소방안전관리 업무의 대행 대상이다.
③ 소방시설이나 그 밖의 소방 관련 시설의 관리는 소방안전관리 업무의 대행 업무이다.
④ 피난시설, 방화구획 및 방화시설의 관리는 소방안전관리 업무의 대행 업무이다.

20

회독 ☐☐☐

「화재의 예방 및 안전관리에 관한 법률 시행령」상 1급 소방안전관리대상물로 옳은 것은?

① 연면적 1만5천m^{2}인 위락시설
② 동·식물원
③ 지하구
④ 「문화유산의 보존 및 활용에 관한 법률」 제23조에 따라 보물 또는 국보로 지정된 목조건축물

21

회독 ☐ ☐ ☐

「화재의 예방 및 안전관리에 관한 법률」상 시·도지사가 화재예방강화지구로 지정하여 관리해야 하는 지역으로 옳은 것만을 〈보기〉에서 있는 대로 고른 것은?

> [보기]
> ㄱ. 시장지역
> ㄴ. 공장·창고가 밀집한 지역
> ㄷ. 노후·불량건축물이 밀집한 지역
> ㄹ. 위험물의 저장 및 처리 시설이 밀집한 지역

① ㄱ, ㄴ
② ㄱ, ㄷ
③ ㄴ, ㄷ, ㄹ
④ ㄱ, ㄴ, ㄷ, ㄹ

22

회독 ☐ ☐ ☐

「소방기본법 시행규칙」상 소방용수시설 및 지리조사에 관한 내용으로 옳지 않은 것은?

① 소방본부장 또는 소방서장은 원활한 소방활동을 위하여 소방용수시설 및 지리조사를 월 1회 이상 실시하여야 한다.
② 소방용수시설 조사는 소화전·급수탑·저수조·상수도용 소화용수설비가 설치된 소방용수시설에 대한 조사이다.
③ 지리조사는 소방대상물에 인접한 도로의 폭·교통상황, 도로주변의 토지의 고저·건축물의 개황 그 밖의 소방활동에 필요한 사항이다.
④ 조사결과는 전자적 처리가 불가능한 특별한 사유가 없으면 전자적 처리가 가능한 방법으로 작성·관리하여야 한다.

23

회독 ☐ ☐ ☐

「소방기본법」 제16조의3에서 규정한 소방대의 생활안전활동으로 옳지 않은 것은?

① 위해동물, 벌 등의 포획 및 퇴치 활동
② 단전사고 시 비상전원 또는 조명의 공급
③ 자연재해에 따른 급수·배수 및 제설 등 지원활동
④ 붕괴, 낙하 등이 우려되는 고드름, 나무, 위험 구조물 등의 제거활동

24

회독 ☐ ☐ ☐

「소방기본법」상 피난명령에 대한 설명으로 옳은 것은?

① 화재로 오인할 만한 우려가 있는 불을 피우거나 연막소독을 하려는 자는 시·도의 조례로 정하는 바에 따라 관할 소방본부장 또는 소방서장에게 신고하여야 한다.
② 화재가 발생하거나 불이 번질 우려가 있는 소방대상물 및 토지를 일시적으로 사용하거나 그 사용의 제한 또는 소방활동에 필요한 처분을 할 수 있다.
③ 화재, 재난·재해, 그 밖의 위급한 상황이 발생하여 사람의 생명을 위험하게 할 것으로 인정할 때에는 일정한 구역을 지정하여 그 구역에 있는 사람에게 그 구역 밖으로 피난할 것을 명할 수 있다.
④ 소방본부장, 소방서장 또는 소방대장은 화재 진압 등 소방활동을 위하여 필요할 때에는 소방용수 외에 댐·저수지 또는 수영장 등의 물을 사용하거나 수도(水道)의 개폐장치 등을 조작할 수 있다.

25

회독 ☐ ☐ ☐

「소방기본법」 및 같은 법 시행령상 소방기술민원센터에 대한 내용으로 옳지 않은 것은?

① 소방기술민원센터는 센터장을 포함하여 18명 이내로 구성한다.
② 소방기술민원센터는 소방기술민원과 관련된 업무로서 소방청장 또는 소방본부장이 필요하다고 인정하여 지시하는 업무를 수행한다.
③ 소방기술민원센터장은 소방기술민원센터의 업무수행을 위하여 필요하다고 인정하는 경우에는 관계 기관의 장에게 소속 공무원 또는 직원의 파견을 요청할 수 있다.
④ 소방청장은 소방시설, 소방공사 및 위험물 안전관리 등과 관련된 법령해석 등의 민원을 종합적으로 접수하여 처리할 수 있는 소방기술민원센터를 설치·운영할 수 있다.

01　회독 □□□

「소방공사업법 시행령」상 착공신고 대상인 신설 소방시설공사 중 물분무등소화설비에 해당하지 않는 설비는?

① 이산화탄소소화설비　② 미분무소화설비
③ 옥내소화전설비　　　④ 강화액소화설비

02　회독 □□□

「소방시설공사업법 시행령」상 하자보수대상 소방시설별 하자보증기간이 다른 하나에 해당하는 것은?

① 화재알림설비　　　　② 비상방송설비
③ 물분무등소화설비　　④ 스프링클러설비등

03　회독 □□□

「소방시설공사업법」상 시·도지사는 소방시설업자가 위법행위를 하면 6개월 이내의 기간을 정하여 시정이나 영업정지를 명할 수 있는데 그 사유로 옳은 것은?

① 거짓이나 그 밖의 부정한 방법으로 등록한 경우
② 다른 자에게 등록증 또는 등록수첩을 빌려준 경우
③ 등록 결격사유에 해당하게 된 경우
④ 영업정지 기간 중에 소방시설공사 등을 한 경우

04　회독 □□□

「소방시설공사업법 시행령」상 공사감리자를 지정해야 하는 소방시설을 시공하는 경우로 옳지 않은 것은?

① 소화용수설비를 신설 또는 개설할 때
② 통합감시시설을 신설 또는 개설할 때
③ 비상방송설비를 신설 또는 개설할 때
④ 호스릴방식의 물분무등소화설비를 신설 또는 개설할 때

05　회독 □□□

「소방시설 설치 및 관리에 관한 법률 시행령」에서 정하는 특정소방대상물로서 문화 및 집회시설에 포함되지 않는 것은?

① 예식장　　　　　　　② 동물원
③ 박물관　　　　　　　④ 학원

06　회독 □□□

다음의 〈보기〉는 「소방시설 설치 및 관리에 관한 법률」 제16조이다. 밑줄 친 시설로 옳은 것은?

┌─ 보기 ─────────────────────────
│ 제16조(피난시설, 방화구획 및 방화시설의 관리)
│ ① 특정소방대상물의 관계인은 「건축법」 제49조에 따른 피
│ 　난시설, 방화구획 및 <u>방화시설</u>에 대하여 정당한 사유가
│ 　없는 한 다음 각 호의 행위를 하여서는 아니 된다.
└──────────────────────────────

① 방화벽, 마감재료　　② 방화설비, 마감재료
③ 방화재료, 방화벽　　④ 방화시설, 방화벽

07　회독 □□□

「소방시설 설치 및 관리에 관한 법률 시행령」상 제조 또는 가공 공정에서 방염처리를 한 방염대상 물품으로 옳지 않은 것은?

① 창문에 설치하는 커튼류(블라인드를 포함한다)
② 벽지류(두께가 2밀리미터 미만인 종이벽지는 제외한다)
③ 전시용 합판·목재 또는 섬유판, 무대용 합판·목재 또는 섬유판(합판·목재류의 경우 불가피하게 설치 현장에서 방염처리한 것을 포함한다)
④ 종이류(두께 2밀리미터 이상인 것을 말한다)·합성수지류 또는 섬유류를 주원료로 한 물품

08　회독 □□□

「소방시설 설치 및 관리에 관한 법률 시행규칙」상 소방시설관리업의 등록증·등록수첩을 반납해야 하는 경우로 옳지 않은 경우는?

① 등록이 취소된 때
② 소방시설관리업을 폐업한 때
③ 영업이 정지된 때
④ 등록증 또는 등록수첩을 잃어버리고 재발급을 받은 경우 이를 다시 찾은 경우

09

회독 ☐ ☐ ☐

「소방시설 설치 및 관리에 관한 법률 시행령」상 특정소방대상물로서 근린생활시설에 해당되지 않는 것은?

① 공연장
② 금융업소
③ 학원
④ 박물관

10

회독 ☐ ☐ ☐

「소방시설 설치 및 관리에 관한 법률 시행령」상 소방시설관리사 시험의 응시자격으로 옳지 않은 것은?

① 소방기술사 · 건축사 · 건축기계설비기술사
② 위험물기능장, 소방설비기사
③ 소방청장이 정하여 고시하는 소방안전 관련 분야의 석사 이상의 학위를 취득한 사람
④ 소방설비산업기사 자격 취득 후의 실무경력 2년 이상인 사람

11

회독 ☐ ☐ ☐

「위험물안전관리법」상 제조소등의 관계인은 당해 제조소등의 용도를 폐지한 때에는 제조소등의 용도를 폐지한 날부터 며칠 이내에 시 · 도지사에게 신고하는 것이 옳은가?

① 7일
② 14일
③ 21일
④ 30일

12

회독 ☐ ☐ ☐

「위험물안전관리법」상 제조소등이 아닌 장소에서 지정수량 이상의 위험물을 관할 소방서장의 승인을 받아 임시로 저장 또는 취급할 수 있는 기간으로 옳은 것은?

① 30일 이내
② 45일 이내
③ 90일 이내
④ 120일 이내

13

회독 ☐ ☐ ☐

「위험물안전관리법」상 관계인은 위험물의 안전관리에 관한 직무를 수행하기 위하여 제조소등마다 위험물안전관리자를 선임하여야 하는데, 다음 중 선임 제외대상에 해당하는 것은? (단, 모두 설치허가를 받은 곳이다)

① 이동탱크 저장소
② 지하탱크 저장소
③ 옥외저장소
④ 이송취급소

14

회독 ☐ ☐ ☐

「위험물안전관리법 시행규칙」상 옥외탱크저장소의 변경허가를 받아야 하는 경우로 옳지 않은 것은?

① 옥외탱크저장소의 기초 · 지반을 정비하는 경우
② 옥외저장탱크의 지붕의 표면적 20% 이상을 교체하는 경우
③ 옥외저장탱크 주입구의 위치를 이전하거나 신설하는 경우
④ 자동화재탐지설비를 신설 또는 철거하는 경우

15

회독 ☐ ☐ ☐

「위험물안전관리법」상 다량의 위험물을 저장 · 취급하는 제조소등으로서 제조소등이 있는 동일한 사업소에서 일정한 수량 이상의 위험물을 저장 또는 취급하는 경우 해당 사업소의 관계인이 해당 사업소에 설치하여야 하는 소방대로 옳은 것은?

① 의용소방대
② 의무소방대
③ 자체소방대
④ 자위소방대

16

회독 ☐ ☐ ☐

「화재의 예방 및 안전관리에 관한 법률 시행령」상 옮긴 위험물 등의 보관기간 및 보관기간 경과 후 처리에 관한 설명으로 옳지 않은 것은?

① 옮긴 물건등의 보관기간은 소방관서 게시판에 공고기간 종료일 다음 날부터 14일로 한다.
② 소방관서장은 보관기간이 종료된 때에는 보관하고 있는 옮긴 물건등을 매각 또는 폐기해야 한다.
③ 소방관서장은 보관하던 옮긴 물건등을 매각한 경우에는 지체 없이 「국가재정법」에 따라 세입조치를 해야 한다.
④ 소방관서장은 매각되거나 폐기된 옮긴 물건등의 소유자가 보상을 요구하는 경우에는 보상금액에 대하여 소유자와의 협의를 거쳐 이를 보상해야 한다.

17

「소방기본법 시행규칙」에 따른 소방안전교육훈련의 시설, 장비, 강사자격 및 교육방법으로 옳지 않은 것은?

① 소방안전교육훈련에 필요한 소방안전교실은 화재안전 및 생활안전 등을 체험할 수 있는 100제곱미터 이상의 실내시설을 갖추어야 한다.

② 소방안전교육훈련에 필요한 이동안전체험차량은 어린이 30명(성인은 15명)을 동시에 수용할 수 있는 실내공간을 갖춘 자동차를 갖추어야 한다.

③ 소방공무원으로서 5년 이상 근무한 경력이 있는 사람은 소방안전교육훈련 강사를 할 수 있다.

④ 소방청장, 소방본부장 또는 소방서장은 소방안전교육훈련의 실시결과, 만족도 조사결과 등을 기록하고 이를 2년간 보관하여야 한다.

18

「소방의 화재조사에 관한 법률」 및 그 하위법령에 따른 화재현장 보존조치나 통제구역의 설정 해제 요건으로 옳은 것만을 고른 것은?

> ㉠ 공공의 이익에 중대한 영향을 미친다고 판단되거나 인명구조 등 긴급한 사유가 있는 경우 화재현장 보존조치나 통제구역의 설정을 지체 없이 해제해야 한다.
> ㉡ 화재조사가 완료된 경우 화재현장 보존조치나 통제구역의 설정을 지체 없이 해제해야 한다.
> ㉢ 소방관서장이 필요하다고 인정하는 경우 화재현장 보존조치나 통제구역의 설정을 지체 없이 해제해야 한다.
> ㉣ 화재현장 보존조치나 통제구역의 설정이 해당 화재조사와 관련이 없다고 인정되는 경우 화재현장 보존조치나 통제구역의 설정을 지체 없이 해제해야 한다.

① ㉠, ㉡　　　　② ㉡, ㉢
③ ㉡, ㉣　　　　④ ㉢, ㉣

19

「소방기본법」상 소방활동으로 인하여 타인을 사상(死傷)에 이르게 한 경우 그 소방활동이 불가피하고 소방공무원에게 고의 또는 중대한 과실이 없는 때에는 그 정상을 참작하여 사상에 대한 형사책임을 감경하거나 면제할 수 있는 활동으로 옳은 것은?

① 제16조 제1항에 따른 소방활동
② 제16조의2 제1항에 따른 소방지원활동
③ 제16조의3 제1항에 따른 생활안전활동
④ 제17조 제1항에 따른 소방교육 및 훈련

20

「화재의 예방 및 안전관리에 관한 법률 시행령」상 보일러의 설치 기준으로 옳지 않은 것은?

① 보일러와 벽·천장 사이의 거리는 0.5m 이상이 되도록 설치하여야 한다.

② 경유·등유 등 액체연료를 사용하는 보일러의 경우 연료탱크는 보일러 본체로부터 수평거리 1m 이상의 간격을 두어 설치하여야 한다.

③ 기체연료를 사용하는 보일러의 경우 화재 등 긴급 시 연료를 차단할 수 있는 개폐밸브를 연료용기 등으로부터 0.5m 이내에 설치하여야 한다.

④ 화목(火木) 등 고체연료를 사용하는 보일러의 경우 연통의 배출구는 보일러 본체보다 2미터 이상 높게 설치해야 한다.

21

「위험물안전관리법 시행규칙」상 간이탱크저장소의 위치·구조 및 설비의 기준 중 밸브 없는 통기관의 기준으로 옳지 않은 것은?

① 통기관의 지름은 35mm 이상으로 할 것

② 통기관은 옥외에 설치하되, 그 선단의 높이는 지상 1.5m 이상으로 할 것

③ 통기관의 선단은 수평면에 대하여 아래로 45° 이상 구부려 빗물 등이 침투하지 아니하도록 할 것

④ 가는 눈의 구리망 등으로 인화방지장치를 할 것

22

「소방의 화재조사에 관한 법률」에 관한 내용으로 옳지 않은 것은?

① 소방공무원과 경찰공무원은 화재조사에 필요한 증거물의 수집 및 보존에 관한 사항에 대하여 서로 협력하여야 한다.

② 소방관서장은 화재조사 결과의 공표 시 수사가 진행 중이거나 수사의 필요성이 인정되는 경우에는 관계 수사기관의 장과 공표 여부에 관하여 사전에 협의하여야 한다.

③ 화재조사를 하는 화재조사관은 관계인의 정당한 업무를 방해하거나 화재조사를 수행하면서 알게 된 비밀을 다른 용도로 사용하거나 다른 사람들에게 누설하여서는 아니 된다.

④ 소방청장, 소방본부장 또는 소방서장이 화재원인, 피해상황, 대응활동 등을 파악하기 위하여 자료의 수집, 감정 및 실험을 하는 행위는 화재조사에 포함되지 않는다.

23

「소방시설공사업」및 그 시행령상 소방시설공사의 도급 시 공사대금의 지급보증 예외 대상 범위로 옳지 않은 것은?

① 국가, 지방자치단체에서 도급한 소방시설공사
② 「공공기관의 운영에 관한 법률」제5조에 따른 공기업 및 준정부기관에서 도급한 소방시설공사
③ 공사 1건의 도급금액이 3천만원 미만인 소규모 소방시설공사
④ 공사기간이 3개월 이내인 단기의 소방시설공사

24

「소방시설 설치 및 관리에 관한 법률 시행령」상 스프링클러설비를 설치해야 하는 특정소방대상물에 해당하는 것만을 〈보기〉에서 모두 고른 것은?

> ㄱ. 수련시설 내에 있는 학생 수용을 위한 기숙사로서 연면적 5천 m^2인 경우
> ㄴ. 교육연구시설 내에 있는 합숙소로서 연면적 $100\,m^2$인 경우
> ㄷ. 숙박시설로 사용되는 바닥면적의 합계가 $500\,m^2$인 경우
> ㄹ. 영화상영관의 용도로 쓰는 4층의 바닥면적이 1천 m^2인 경우
> ㅁ. 근린생활시설 중 조산원 및 산후조리원으로서 연면적 $600m^2$ 미만인 시설

① ㄱ, ㄴ ② ㄱ, ㄹ
③ ㄴ, ㄷ ④ ㄷ, ㅁ

25

「위험물안전관리법 시행규칙」상 위험물의 저장기준에 관한 내용으로 옳은 것은?

① 제3류 위험물 중 황린 그 밖에 물속에 저장하는 물품과 금수성물질은 동일한 저장소에서 저장할 수 있다.
② 옥내저장소에서는 용기에 수납하여 저장하는 위험물의 온도가 55 ℃를 넘지 아니하도록 필요한 조치를 강구하여야 한다.
③ 옥외저장소에서 위험물을 수납한 용기를 선반에 저장하는 경우에는 10m 이하의 높이로 저장하여야 한다.
④ 보냉장치가 있는 이동저장탱크에 저장하는 아세트알데히드등 또는 디에틸에테르등의 온도는 당해 위험물의 융점 이하로 유지하여야 한다.

01

회독 ☐☐☐

「소방기본법 시행규칙」에 따른 소방체험관이 수행하여야 하는 기능으로 옳지 않은 것은?

① 재난 및 안전사고 유형에 따른 예방, 대처, 대응 등에 관한 체험교육의 제공
② 소방의 역사와 안전문화를 발전시키고 국민의 안전의식을 높이기 위한 홍보·전시
③ 체험교육 인력의 양성 및 유관기관·단체 등과의 협력
④ 체험교육을 위하여 시·도지사가 필요하다고 인정하는 사업의 수행

02

회독 ☐☐☐

「소방기본법」 및 그 하위법령에 따른 생활안전활동에 관한 설명으로 옳지 않은 것은?

① 소방청장·소방본부장 또는 소방서장은 신고가 접수된 생활안전 및 위험제거 활동(화재, 재난·재해, 그 밖의 위급한 상황에 해당하는 것은 제외한다)에 대응하기 위하여 소방대를 출동시켜 생활안전활동을 하게 하여야 한다.
② 단전사고 시 비상전원 또는 조명의 공급은 생활안전활동이다.
③ 정당한 사유 없이 출동하는 소방대의 생활안전활동을 방해한 자는 100만원 이하의 벌금에 처한다.
④ 소방본부장은 생활안전활동상황을 종합하여 연 1회 소방청장에게 보고하여야 한다.

03

회독 ☐☐☐

「소방기본법」 제49조의2에 의할 때 손실보상 대상이 되는 자로 옳은 것은?

① 화재가 발생하거나 불이 번질 우려가 있는 소방대상물 및 토지를 일시적으로 사용하거나 그 사용의 제한 또는 소방활동에 필요한 강제처분으로 손실을 입은 자
② 화재 발생을 막거나 폭발 등으로 화재가 확대되는 것을 막기 위하여 가스·전기 또는 유류 등의 시설에 대하여 위험물질의 공급을 차단하는 등 필요한 조치로 인하여 손실을 입은 자
③ 소방력 동원요청에 따라 동원된 민간 소방 인력으로서 소방활동을 수행하다가 사망하거나 부상을 입은 자
④ 화재예방조치로 인하여 옮긴 물건등의 폐기로 인한 손실을 입은 자

04

회독 ☐☐☐

「소방기본법 시행규칙」상 종합상황실 실장의 보고 업무 대상이 되는 화재로 옳지 않은 것은?

① 철도차량 화재
② 항공기 화재
③ 발전소 화재
④ 항구에 매어둔 선박 화재

05

회독 ☐☐☐

「소방기본법」상 화재로 오인할 만한 우려가 있는 불을 피우거나 연막(煙幕) 소독을 하려는 자는 시·도의 조례로 정하는 바에 따라 관할 소방본부장 또는 소방서장에게 신고하여야 한다. 다음 중 그 지역 또는 장소에 해당하는 것을 모두 고르시오.

> ㉠ 시장지역
> ㉡ 공장·창고가 밀집한 지역
> ㉢ 노후·불량건축물이 밀집한 지역
> ㉣ 「산업입지 및 개발에 관한 법률」 제2조 제8호에 따른 산업단지
> ㉤ 「물류시설의 개발 및 운영에 관한 법률」 제2조 제6호에 따른 물류단지

① ㉠, ㉡
② ㉠, ㉡, ㉢
③ ㉠, ㉡, ㉢, ㉣
④ ㉠, ㉡, ㉢, ㉣, ㉤

06

회독 ☐☐☐

「위험물안전관리법 시행규칙」상 소화설비의 설치기준으로 옳은 것은?

① 위험물은 지정수량의 10배를 1 소요단위로 할 것
② 저장소의 건축물은 외벽이 내화구조가 아닌 것은 연면적 $150m^2$를 1 소요단위로 할 것
③ 제조소등에 전기설비(전기배선, 조명기구 등은 제외한다)가 설치된 경우에는 당해 장소의 면적 $150m^2$마다 소형수동식소화기를 1개 이상 설치할 것
④ 옥내소화전은 제조소등의 건축물의 층마다 당해 층의 각 부분에서 하나의 호스접속구까지의 수평거리가 30m 이하가 되도록 설치할 것

07

회독 ☐☐☐

「소방의 화재조사에 관한 법률」 및 그 하위 법령상 화재감정기관의 지정기준으로 옳지 않은 것은?

① 화재감정기관은 증거물, 화재조사 장비 등을 안전하게 보호할 수 있는 설비를 갖춘 시설을 갖추어야 한다.

② 화재감정기관의 주된 기술인력으로는 화재조사관 자격 취득 후 화재조사 관련 분야에서 5년 이상 근무한 사람이다.

③ 화재감정기관의 보조 기술인력으로는 화재조사관 자격을 취득한 사람이다.

④ 화재감정기관이 갖추어야 할 시설과 전문인력 등에 관한 세부적인 기준은 행정안전부령으로 정한다.

08

회독 ☐☐☐

「화재의 예방 및 안전관리에 관한 법률」의 용어에 대한 내용으로 옳지 않은 것은?

① "예방"이란 재난이나 그 밖의 각종 사고로부터 사람의 생명·신체 및 재산의 안전을 확보하기 위하여 하는 모든 활동을 말한다.

② "안전관리"란 화재로 인한 피해를 최소화하기 위한 예방, 대비, 대응 등의 활동을 말한다.

③ "화재안전조사"란 소방청장, 소방본부장 또는 소방서장이 소방대상물, 관계지역 또는 관계인에 대하여 소방시설등이 소방 관계 법령에 적합하게 설치·관리되고 있는지, 소방대상물에 화재의 발생 위험이 있는지 등을 확인하기 위하여 실시하는 현장조사·문서열람·보고요구 등을 하는 활동을 말한다.

④ "화재예방안전진단"이란 화재가 발생할 경우 사회·경제적으로 피해 규모가 클 것으로 예상되는 소방대상물에 대하여 화재위험요인을 조사하고 그 위험성을 평가하여 개선대책을 수립하는 것을 말한다.

09

회독 ☐☐☐

「화재의 예방 및 안전관리에 관한 법률」 및 그 하위 법령에 따른 실태조사의 내용으로 옳지 않은 것은?

① 소방청장은 기본계획 및 시행계획의 수립·시행에 필요한 기초자료를 확보하기 위하여 실태조사를 할 수 있다.

② 소방대상물의 용도별·규모별 현황은 실태조사 사항에 포함된다.

③ 소방청장은 실태조사를 실시하려는 경우 실태조사 시작 10일 전까지 조사 일시, 조사 사유 및 조사 내용 등을 포함한 조사계획을 조사대상자에게 서면 또는 전자우편 등의 방법으로 미리 알려야 한다.

④ 실태조사의 방법 및 절차 등에 필요한 사항은 행정안전부령로 정한다.

10

회독 ☐☐☐

「화재의 예방 및 안전관리에 관한 법률 시행령」상 화재안전조사의 항목으로 옳지 않은 것은?

① 「화재의 예방 및 안전관리에 관한 법률」 제17조에 따른 화재의 예방조치 등에 관한 사항

② 「소방기본법」 제21조의2에 따른 소방자동차 전용구역의 설치에 관한 사항

③ 「소방시설공사업법」 제20조의3에 따른 방염처리 능력에 관한 사항

④ 소방대상물에 화재의 발생 위험이 있는지 등을 확인하기 위해 소방관서장이 화재안전조사가 필요하다고 인정하는 사항

11

회독 ☐☐☐

「화재의 예방 및 안전관리에 관한 법률 시행령」상 보일러 등의 설비 또는 기구 등의 위치·구조 및 관리와 화재예방을 위하여 불을 사용할 때 지켜야 하는 사항으로 옳지 않은 것은?

① 화목(火木) 등 고체연료를 사용할 때에는 연통의 배출구는 보일러 본체보다 2미터 이상 높게 설치해야 한다.

② 난로의 연통은 천장으로부터 0.6미터 이상 떨어지고, 연통의 배출구는 건물 밖으로 0.6미터 이상 나오게 설치해야 한다.

③ 노 또는 화덕의 주위에는 녹는 물질이 확산되지 않도록 높이 0.1미터 이상의 턱을 설치해야 한다.

④ 보일러, 난로, 건조설비, 불꽃을 사용하는 용접·용단기구 및 노·화덕설비가 설치된 장소에는 소화기 2개 이상을 갖추어 두어야 한다.

12

「화재의 예방 및 안전관리에 관한 법률 시행령」상 불시 소방훈련·교육의 대상으로 옳지 않은 것은?

① 「소방시설 설치 및 관리에 관한 법률 시행령」 별표 2 제8호에 따른 교육연구시설
② 「소방시설 설치 및 관리에 관한 법률 시행령」 별표 2 제9호에 따른 노유자 시설
③ 「소방시설 설치 및 관리에 관한 법률 시행령」 별표 2 제7호에 따른 의료시설
④ 화재 발생 시 불특정 다수의 인명피해가 예상되어 소방청장이 소방훈련·교육이 필요하다고 인정하는 특정소방대상물

13

「소방시설 설치 및 관리에 관한 법률 시행령」에 따를 때 특정소방대상물에 갖추어야 하는 소방시설로 옳지 않은 것은 몇 개인가? (설치 시 예외적인 경우는 제외)

┌───┐
○ 비상방송설비는 연면적 3,500m² 이상인 경우 모든 층에 설치한다.
○ 인명구조기구는 지하층을 포함한 7층 이상 관광호텔에 설치한다.
○ 휴대용비상조명등은 수용인원 100인 이상 영화상영관, 판매시설 중 대규모점포에 설치한다.
○ 누전경보기는 100암페어를 초과하는 특정소방대상물에 설치해야 한다.
└───┘

① 0개
② 1개
③ 2개
④ 3개

14

「소방시설 설치 및 관리에 관한 법률 시행령」상 건축허가등의 동의대상물의 범위가 아닌 것은?

① 「정신건강증진 및 정신질환자 복지서비스 지원에 관한 법률」 제3조 제5호에 따른 정신의료기관으로서 연면적이 300제곱미터인 시설
② 「의료법」 제3조 제2항 제3호 라목에 따른 의료재활시설
③ 특정소방대상물 중 공동주택
④ 특정소방대상물 중 의원(입원실 또는 인공신장실이 있는 것으로 한정한다)

15

「소방시설 설치 및 관리에 관한 법률 시행규칙」상 건축허가등의 동의 요구 시 제출해야 하는 첨부서류의 분류로 옳은 것은?

┌───┐
㉠ 건축물 개요 및 배치도
㉡ 소방시설별 층별 평면도
㉢ 방화구획도
㉣ 실내장식물 방염대상물품 설치 계획
㉤ 소방시설의 내진설계 계통도 및 기준층 평면도
㉥ 소방자동차 진입 동선도 및 부서 공간 위치도
└───┘

	건축물 설계도서	소방시설 설계도서
①	㉠, ㉢, ㉤	㉡, ㉣, ㉥
②	㉠, ㉢, ㉥	㉡, ㉣, ㉤
③	㉡, ㉢, ㉣	㉠, ㉤, ㉥
④	㉡, ㉢, ㉤	㉠, ㉣, ㉥

16

「소방시설 설치 및 관리에 관한 법률 시행령」상 성능위주 설계를 해야 하는 것으로 옳지 않은 대상은?

① 지하 5층 지상 55층의 아파트
② 지하 3층 지상 30층의 복합건축물
③ 연면적 3만제곱미터인 도시철도 시설
④ 지하층의 층수가 2개 층이고 지하층의 바닥면적의 합계가 2만제곱미터인 창고시설

17

「소방시설 설치 및 관리에 관한 법률 시행령」상 제조 또는 가공 공정에서 방염처리를 해야 하는 물품이 아닌 것은?

① 영화상영관에 설치된 섬유류 또는 합성수지류 등을 원료로 하여 제작된 소파·의자
② 전시용 합판·목재 또는 섬유판, 무대용 합판·목재 또는 섬유판
③ 가상체험 체육시설업에 설치하는 스크린
④ 카펫, 벽지류(두께가 2밀리미터 미만인 종이벽지는 제외한다)

18

「소방시설 설치 및 관리에 관한 법률 시행규칙」에 따른 기술기준의 제정·개정 절차의 설명으로 옳지 않은 것은?

① 국립소방연구원장은 화재안전기준 중 기술기준을 제정·개정하려는 경우 제정안·개정안을 작성하여 「소방시설 설치 및 관리에 관한 법률」 제18조 제1항에 따른 중앙소방기술심의위원회의 심의·의결을 거쳐야 한다.

② 국립소방연구원장은 중앙위원회의 심의·의결을 거쳐 기술기준의 제정안 또는 개정안 등의 사항이 포함된 승인신청서를 소방청장에게 제출해야 한다.

③ 중앙위원회의 심의·의결을 거친 승인신청서를 제출받은 소방청장은 제정안 또는 개정안이 화재안진기준 중 성능기준 등을 충족하는지를 검토하여 승인 여부를 결정하고 국립소방연구원장에게 통보해야 한다.

④ 「소방시설 설치 및 관리에 관한 법률 시행규칙」에서 규정한 사항 외에 기술기준의 제정·개정을 위하여 필요한 사항은 소방청장이 정한다.

19

「소방시설공사업법」상 소방시설업의 등록, 운영, 취소에 대한 설명 중 옳은 것은?

① 소방시설업의 영업정지처분을 하려면 청문을 하여야 한다.

② 소방시설업의 영업정지 기간 중에 소방시설 공사등을 한 경우 영업정지 기간을 연장한다.

③ 소방시설업의 등록의 취소권자는 소방본부장 또는 소방서장이다.

④ 영업정지 처분기간 중 영업정지에 해당하는 위반사항이 있는 경우에는 종전의 처분기간 만료일로부터 새로운 위반사항에 대한 영업정지의 행정처분을 한다.

20

「소방시설공사업법 시행령」상 소방기술자의 배치기준을 설명한 것으로 옳지 않은 것은?

① 연면적 20만제곱미터 이상인 특정소방대상물의 공사 현장에는 행정안전부령으로 정하는 특급기술자인 소방기술자(기계분야 및 전기분야)를 배치하여야 한다.

② 지하층을 포함한 층수가 16층 이상 40층 미만인 특정소방대상물의 공사 현장에는 행정안전부령으로 정하는 특급기술자 이상의 소방기술자(기계분야 및 전기분야)를 배치하여야 한다.

③ 연면적 5천제곱미터 이상 3만제곱미터 미만인 특정소방대상물(아파트는 제외)의 공사 현장에는 행정안전부령으로 정하는 중급기술자 이상의 소방기술자(기계분야 및 전기분야)를 배치하여야 한다.

④ 물분무등소화설비(호스릴 방식의 소화설비는 제외) 또는 제연설비가 설치되는 특정소방대상물의 공사 현장에는 행정안전부령으로 정하는 중급기술자 이상의 소방기술자(기계분야 및 전기분야)를 배치하여야 한다.

21

「소방시설공사업법 시행령」에 따라 감리업자가 아닌 자가 감리할 수 있는 장소로 옳은 것은?

① 「공동주택관리법」 제2조 제1항 제2호의 어느 하나에 해당하는 공동주택

② 「문화유산의 보존 및 활용에 관한 법률」 제2조 제3항의 지정문화유산

③ 「원자력안전법」 제2조 제10호에 따른 관계시설이 설치되는 장소

④ 「자연유산의 보존 및 활용에 관한 법률」에 따른 천연기념물·명승, 시·도자연유산인 시설

22

제조소등의 관계인은 제조소등의 사용을 중지할 때 「위험물안전관리법」 및 그 하위법령에 따라 안전조치를 하여야 한다. 이때 행하여야 하는 안전조치로 옳지 않은 것은?

① 탱크·배관 등 위험물을 저장 또는 취급하는 설비에서 위험물 및 가연성 증기 등의 제거

② 관계인이 아닌 사람에 대한 해당 제조소등에의 출입금지 조치

③ 해당 제조소등의 사용중지 사실의 게시

④ 제조소등의 예방규정의 작성

23

회독 ☐ ☐ ☐

「위험물안전관리법 시행령」상 위험물에 대한 규정으로 옳지 않은 것은?

① "인화성고체"라 함은 고형알코올 그 밖에 1기압에서 인화점이 섭씨 40도 미만인 고체를 말한다.

② "철분"이라 함은 철의 분말로서 53마이크로미터의 표준체를 통과하는 것이 50중량퍼센트 미만인 것을 말한다.

③ 황은 순도가 60중량퍼센트 이상인 것을 말한다. 이 경우 순도측정에 있어서 불순물은 활석 등 불연성물질과 수분에 한한다.

④ 금속분은 알칼리금속·알칼리토금속·철 및 마그네슘 외의 금속의 분말(구리분·니켈분 및 150마이크로미터의 체를 통과하는 것이 50중량퍼센트 미만인 것은 제외)을 말한다.

24

회독 ☐ ☐ ☐

「위험물안전관리법」 및 시행령상 소방공무원으로서 근무한 경력이 5년인 사람이 위험물취급자격자로서 취급할 수 있는 위험물의 종류로 옳은 것은?

① 제1류 위험물
② 제2류 위험물
③ 제3류 위험물
④ 제4류 위험물

25

회독 ☐ ☐ ☐

「위험물안전관리법 시행규칙」에 정하는 제조소의 안전거리 규정으로 옳은 것은?

① 「초·중등교육법」 제2조 및 「고등교육법」 제2조에 정하는 학교의 안전거리는 30m 이상이다.

② 「의료법」 제3조 제2항 제3호에 따른 병원급 의료기관의 안전거리는 50m 이상이다.

③ 「문화유산의 보존 및 활용에 관한 법률」의 규정에 의한 유형문화유산과 기념물 중 지정문화유산에 있어서는 100m 이상이다.

④ 사용전압이 35,000V를 초과하는 특고압가공전선에 있어서는 3m 이상이다.

01　회독 ☐☐☐

「소방기본법」 및 그 하위법령에 따른 소방업무의 응원협정 사항 중 소방활동에 관한 사항으로 적절하지 않은 것은?

① 응원출동대상지역 및 규모
② 화재의 경계·진압활동
③ 구조·구급업무의 지원
④ 화재조사활동

02　회독 ☐☐☐

「소방기본법」상 소방기관의 설치에 대한 설명으로 옳지 않은 것은?

① 시·도에서 소방업무를 수행하기 위하여 시·도지사 직속으로 소방본부를 둔다.
② 시·도의 소방업무를 수행하는 소방기관의 설치에 필요한 사항은 행정안전부령으로 정한다.
③ 소방업무를 수행하는 소방본부장 또는 소방서장은 그 소재지를 관할하는 시·도지사의 지휘와 감독을 받는다.
④ 소방청장은 화재 예방 및 대형 재난 등 필요한 경우 시·도 소방본부장 및 소방서장을 지휘·감독할 수 있다.

03　회독 ☐☐☐

「소방기본법 시행규칙」에 따른 비상소화장치의 설치 구성품으로 옳지 않은 것은?

① 비상소화장치함
② 수압개폐장치
③ 소화전
④ 소방호스

04　회독 ☐☐☐

「소방의 화재조사에 관한 법률」 및 같은 법 시행령, 시행규칙상 화재조사 증거물 수집 등에 관한 설명으로 옳지 않은 것은?

① 화재조사 증거물을 수집하는 경우 증거물의 수집과정을 사진 촬영 또는 영상 녹화의 방법으로 기록해야 한다.
② 소방관서장은 화재조사를 위하여 필요한 최소한의 범위에서 화재조사관에게 증거물을 수집하여 검사·시험·분석 등을 하게 할 수 있다.
③ 소방관서장은 수집한 증거물이 화재와 관련이 없다고 인정되는 경우와 화재조사가 완료되는 등 증거물을 보관할 필요가 없게 된 경우에는 증거물을 반환할 수 있다.
④ 소방관서장은 화재조사를 위하여 필요한 경우 증거물을 수집하여 검사·시험·분석 등을 할 수 있다. 다만, 범죄수사와 관련된 증거물인 경우에는 수사기관의 장과 협의하여 수집할 수 있다.

05　회독 ☐☐☐

「소방의 화재조사에 관한 법률」에 의할 때 화재조사 시의 권한 권자 및 권한으로 옳지 않은 것은?

① 소방관서장은 화재조사 시 관계인에게 보고 또는 자료 제출 명령권이 있다.
② 소방관서장은 화재조사 시 화재조사관으로 하여금 해당 장소에 출입조사하게 할 수 있다.
③ 화재조사관은 출입조사 시 관계인등에게 질문할 수 있다.
④ 화재조사관은 화재조사가 필요한 경우 관계인등을 소방관서에 출석하게 하여 질문할 수 있다.

06　회독 ☐☐☐

「화재의 예방 및 안전관리에 관한 법률 시행령」상 특수가연물의 품명과 수량으로 옳지 않은 것은?

① 넝마 및 종이부스러기 : 400킬로그램 이상
② 가연성 고체류 : 3,000킬로그램 이상
③ 석탄·목탄류 : 10,000킬로그램 이상
④ 가연성 액체류 : 2세제곱미터 이상

07

회독 ☐☐☐

「화재의 예방 및 안전관리에 관한 법률」상 화재예방안전진단의 범위로 옳지 않은 것은?

① 소방시설등의 설치·시공에 관한 사항
② 화재위험요인의 조사에 관한 사항
③ 소방계획 및 피난계획 수립에 관한 사항
④ 비상대응조직 및 교육훈련에 관한 사항

08

회독 ☐☐☐

「소방시설 설치 및 관리에 관한 법률」 및 같은 법 시행령상 간이스프링클러설비를 설치해야 하는 특정소방대상물의 기준으로 옳은 것은?

① 숙박시설로 사용되는 바닥면적의 합계가 400제곱미터 이상 800제곱미터 미만인 시설
② 교육연구시설 내에 합숙소로서 바닥면적 100제곱미터 이상인 경우에는 모든 층
③ 근린생활시설 중 조산원 및 산후조리원으로서 연면적 800제곱미터 미만인 시설
④ 의료시설 중 정신의료기관 또는 의료재활시설로 사용되는 바닥면적의 합계가 200제곱미터 이상 500제곱미터 미만인 시설

09

회독 ☐☐☐

「소방시설 설치 및 관리에 관한 법률 시행령」상 특정소방대상물에 설치하는 소방시설에 대한 설명으로 옳은 것만을 모두 고르면?

> ㄱ. 주택용 소방시설이란 소화기 및 단독경보형 감지기를 말한다.
> ㄴ. 비상콘센트설비, 제연설비는 소방시설 중 소화활동설비에 포함된다.
> ㄷ. 스프링클러설비, 연결송수관설비는 소방시설 중 소화설비에 포함된다.
> ㄹ. 분말형태의 소화약제를 사용하는 소화기의 내용연수는 10년으로 한다.
> ㅁ. 옥내소화전설비, 자동화재탐지설비, 스프링클러설비, 물분무등소화설비는 내진설계대상 소방시설이다.

① ㄱ, ㄴ, ㄷ 　　② ㄱ, ㄴ, ㄹ
③ ㄱ, ㄹ, ㅁ 　　④ ㄴ, ㄷ, ㄹ

10

회독 ☐☐☐

「소방시설 설치 및 관리에 관한 법률」상 벌칙으로 옳지 않은 것은?

① 소방용품에 대하여 형식승인의 변경승인을 받지 아니한 자는 1년 이하의 징역 또는 1천만원 이하의 벌금에 처한다.
② 소방시설에 폐쇄·차단 등의 행위를 한 자는 5년 이하의 징역 또는 5천만원 이하의 벌금에 처한다.
③ 방염성능의 검사를 위반하여 방염성능검사에 합격하지 아니한 물품에 합격표시를 하거나 합격표시를 위조하거나 변조하여 사용한 자는 300만원 이하의 벌금에 처한다.
④ 성능위주설계평가단의 업무를 수행하면서 알게 된 비밀을 이 법에서 정한 목적 외의 용도로 사용하거나 다른 사람 또는 기관에 제공하거나 누설한 자는 500만원 이하의 벌금에 처한다.

11

회독 ☐☐☐

「소방시설공사업법」 및 그 하위법령에 따른 소방공사감리원에 대한 설명으로 옳은 것은?

① 소방시설공사 현장에 감리원을 배치하지 아니한 감리업자는 300만원 이하의 과태료가 부과된다.
② 연면적 5,000제곱미터 미만의 특정소방대상물 또는 지하구의 경우 초급 이상의 소방공사감리원 1명 이상을 배치해야 한다.
③ 소방공사감리업자는 감리원 배치변경 5일 이내에 통보서에 서류를 첨부하여 소방본부장, 소방서장에게 통보해야 한다.
④ 소방공무원으로 1년 이상 소방관련업무에 근무한 경력이 있는 사람은 초급 감리자가 가능하다.

12

〈보기〉는 「소방기본법 시행령」에 따른 소방자동차 전용구역 설치 대상이다. (   )에 들어갈 내용으로 옳은 것은?

> **보기**
>
> 시행령 제7조의12
> 법 제21조의2 제1항에서 "대통령령으로 정하는 공동주택"이란 다음 각 호의 주택을 말한다. 다만, 하나의 대지에 하나의 동(棟)으로 구성되고 「도로교통법」 제32조 또는 제33조에 따라 정차 또는 주차가 금지된 편도 2차선 이상의 도로에 직접 접하여 소방자동차가 도로에서 직접 소방활동이 가능한 공동주택은 제외한다.
> 1. 「건축법 시행령」 별표 1 제2호 가목의 (㉠) 중 세대수가 (㉡)세대 이상인 (㉠)
> 2. 「건축법 시행령」 별표 1 제2호 라목의 (㉢) 중 (㉣)층 이상의 (㉢)

	㉠	㉡	㉢	㉣
①	아파트	100	기숙사	5
②	아파드	100	기숙사	3
③	공동주택	300	합숙소	3
④	아파트	300	기숙사	3

13

「화재의 예방 및 안전관리에 관한 법률」 및 그 하위법령에 따른 화재안전조사 결과에 따른 조치명령으로 인하여 손실을 입은 경우 그 손실보상에 관한 내용으로 옳지 않은 것은?

① 소방청장 또는 시·도지사는 화재안전조사 결과에 따른 조치명령으로 인하여 손실을 입은 자가 있는 경우에는 대통령령으로 정하는 바에 따라 보상하여야 한다.

② 화재안전조사 결과에 따른 조치명령으로 인하여 손실을 입은 자에게 소방청장 또는 시·도지사가 손실을 보상하는 경우에는 시가(時價)로 보상해야 한다.

③ 화재안전조사 결과에 따른 조치명령으로 인하여 손실을 입은 자의 손실보상에 관하여는 소방청장 또는 시·도지사와 손실을 입은 자가 협의해야 한다.

④ 화재안전조사 결과에 따른 조치명령으로 인하여 손실을 입은 자가 보상금의 지급 또는 공탁의 통지에 불복하는 경우 지급 또는 공탁의 통지를 받은 날부터 60일 이내에 「공익사업을 위한 토지 등의 취득 및 보상에 관한 법률」 제49조에 따른 중앙토지수용위원회 또는 관할 지방토지수용위원회에 재결(裁決)을 신청할 수 있다.

14

「소방의 화재조사에 관한 법률」 및 시행령상 화재조사에 대한 내용으로 옳지 않은 것은?

① 소방관서장은 화재발생 사실을 알게 된 때에는 지체 없이 화재조사를 하여야 한다.

② 소방관서장은 수사기관의 장이 방화 또는 실화의 혐의가 있어서 이미 피의자를 체포하였거나 증거물을 압수하였을 때에 화재조사를 위하여 필요한 경우에는 범죄수사에 지장을 주지 아니하는 범위에서 그 피의자 또는 압수된 증거물에 대한 조사를 할 수 있다.

③ 소방관서장은 화재조사관에게 화재가 발생한 장소에 출입하여 화재조사를 하게 하거나 관계인등에게 질문하게 할 수 있다.

④ 화재조사관은 수집한 증거물 중 화재와 관련이 없다고 인정되는 경우와 화재조사가 완료되는 등 증거물을 보관할 필요가 없게 된 경우 증거물을 지체 없이 반환해야 한다.

15

「화재의 예방 및 안전관리에 관한 법률」 및 같은 법 시행령, 시행규칙상 화재예방안전진단 실시 절차 등에 대한 설명으로 옳지 않은 것은?

① 화재예방안전진단 결과에 따른 안전등급은 우수, 양호, 보통, 미흡 및 불량으로 구분한다.

② 안전등급이 양호·보통인 경우 안전등급을 통보받은 날부터 5년이 경과한 날이 속하는 해의 다음 해에 화재예방안전진단을 받아야 한다.

③ 화재예방안전진단 신청을 받은 안전원 또는 진단기관은 위험요인 조사, 위험성 평가, 위험성 감소대책 수립의 절차에 따라 화재예방안전진단을 실시한다.

④ 소방안전 특별관리시설물의 관계인은 「건축법」에 따른 사용승인 또는 「소방시설공사업법」에 따른 완공검사를 받은 날부터 5년이 경과한 날이 속하는 해에 최초의 화재예방안전진단을 받아야 한다.

16

「소방시설 설치 및 관리에 관한 법률 시행령」에 따른 1,000미터 이상의 터널에만 설치하는 소방시설로 옳은 것은?

① 자동화재탐지설비　　② 비상경보설비
③ 연결송수관설비　　④ 유도등

17

`회독` ☐ ☐ ☐

「소방시설 설치 및 관리에 관한 법률」에 따라 〈보기〉의 특정소방대상물의 수용인원을 산정하시오.

【보기】
㉠ 숙박시설로서 종업원 수는 10명, 1인용 침대가 50개, 2인용 침대가 100개 있는 특정소방대상물
㉡ 숙박시설로서 종업원 수는 20명, 침대는 없음, 숙박시설로 사용되는 바닥면적의 합계가 600m²인 특정소방대상물
㉢ 실습실 용도로 쓰는 특정소방대상물로서 사용하는 바닥면적의 합계가 570m²인 특정소방대상물
㉣ 운동시설 용도로 쓰는 특정소방대상물로서 사용하는 바닥면적의 합계가 920m²인 특정소방대상물(관람석 없음)

	㉠	㉡	㉢	㉣
①	250명	200명	350명	220명
②	260명	200명	300명	220명
③	200명	220명	350명	200명
④	260명	220명	300명	200명

18

`회독` ☐ ☐ ☐

「위험물안전관리법」 및 그 하위법령에 대한 내용이다. ( ) 안에 들어갈 숫자로 옳은 것은?

- 제조소등의 관계인은 제조소등의 사용을 중지하거나 중지한 제조소등의 사용을 재개하려는 경우에는 해당 제조소등의 사용을 중지하려는 날 또는 재개하려는 날의 (㉠)일 전까지 행정안전부령으로 정하는 바에 따라 제조소등의 사용 중지 또는 재개를 시·도지사에게 신고하여야 한다.
- 옥외탱크저장소에 저장하는 제4류 위험물의 최대수량이 지정수량의 (㉡)만배 이상인 경우 관계인은 대통령령이 정하는 바에 따라 당해 사업소에 자체소방대를 설치하여야 한다.
- 동일구내에 있거나 상호 (㉢)미터 이내의 거리에 있는 (㉣)개 이하의 옥외탱크저장소를 동일인이 설치한 경우에는 관계인은 대통령령이 정하는 바에 따라 1인의 안전관리자를 중복하여 선임할 수 있다.
- 지정수량의 (㉤)배 이상의 위험물을 저장하는 옥내저장소의 관계인은 화재예방과 화재 등 재해발생 시의 비상조치를 위하여 행정안전부령이 정하는 바에 따라 예방규정을 정하여 당해 제조소등의 사용을 시작하기 전에 시·도지사에게 제출하여야 한다.

	㉠	㉡	㉢	㉣	㉤
①	14	50	50	10	200
②	30	50	100	30	150
③	14	50	100	30	150
④	30	50	100	30	200

19

`회독` ☐ ☐ ☐

「위험물안전관리법」 및 그 하위법령상 위험물 시설에 대한 탱크안전성능검사의 내용으로 옳은 것은?

① 암반탱크검사의 대상은 고체위험물을 저장 또는 취급하는 암반내의 공간을 이용한 탱크이다.
② 용접부검사의 대상은 옥외탱크저장소의 액체위험물탱크 중 그 용량이 50만리터 이상인 탱크이다.
③ 충수(充水)·수압검사의 대상은 액체위험물을 저장 또는 취급하는 「고압가스 안전관리법」에 따른 특정설비에 관한 검사에 합격한 탱크이다.
④ 기초·지반검사의 대상은 옥외탱크저장소의 액체위험물탱크 중 그 용량이 100만 리터 이상인 탱크이다.

20

`회독` ☐ ☐ ☐

「화재의 예방 및 안전관리에 관한 법률」 및 그 하위 법령상 화재안전조사에 대한 설명으로 옳지 않은 것은?

① 소방관서장은 화재안전조사를 실시하려는 경우 사전에 조사대상, 조사기간 및 조사사유 등 조사계획을 소방청, 소방본부 또는 소방서의 인터넷 홈페이지나 법 제16조 제3항에 따른 전산시스템을 통해 10일 이상 공개해야 한다.
② 「소방시설 설치 및 관리에 관한 법률」 제22조에 따른 자체점검이 불성실하거나 불완전하다고 인정되는 경우 화재안전조사를 할 수 있다.
③ 소방관서장은 화재안전조사의 대상을 객관적이고 공정하게 선정하기 위하여 필요한 경우 화재안전조사위원회를 구성하여 화재안전조사의 대상을 선정할 수 있다.
④ 개인의 주거(실제 주거용도로 사용되는 경우에 한정한다)에 대한 화재안전조사는 관계인의 승낙이 있거나 화재발생의 우려가 뚜렷하여 긴급한 필요가 있는 때에 한정한다.

21

회독 ☐ ☐ ☐

「소방시설 설치 및 관리에 관한 법률 시행규칙」에서 정하는 화재안전기준 중 기술기준에 대한 설명으로 옳지 않은 것은?

① 국립소방연구원장은 화재안전기준 중 기술기준을 제정·개정하려는 경우 제정안·개정안을 작성하여 「소방시설 설치 및 관리에 관한 법률」 제18조 제1항에 따른 중앙소방기술심의위원회의 심의·의결을 거쳐야 한다.

② 국립소방연구원장은 중앙위원회의 심의·의결을 거쳐 기술기준의 제정안 또는 개정안, 제정 또는 개정 이유, 심의 경과 및 결과 사항이 포함된 승인신청서를 소방청장에게 제출해야 한다.

③ 승인신청서를 제출받은 소방청장은 제정안 또는 개정안이 화재안전기준 중 성능기준 등을 충족하는지를 검토하여 승인 여부를 결정하고 국립소방연구원장에게 통보해야 한다.

④ 소방청장은 승인한 기술기준을 관보에 게재하고, 소방청 인터넷 홈페이지를 통해 공개해야 한다.

22

회독 ☐ ☐ ☐

「위험물안전관리법 시행규칙」상 이송취급소의 배관설치의 기준으로 옳지 않은 것은?

① 배관을 지하에 매설하는 경우 건축물(지하가내의 건축물을 제외한다)과 1.5m 이상의 안전거리를 두어야 한다.

② 배관을 도로 밑에 매설하는 경우 배관은 그 외면으로부터 도로의 경계에 대하여 1m 이상의 안전거리를 두어야 한다.

③ 배관을 지상에 설치하는 경우 배관을 지표면에 접하게 하여야 한다.

④ 배관을 지상에 설치하는 경우 판매시설·숙박시설·위락시설 등 불특정다중을 수용하는 시설 중 연면적 1,000m^2 이상인 것으로부터 45m 이상 안전거리를 두어야 한다.

23

회독 ☐ ☐ ☐

「화재의 예방 및 안전관리에 관한 법률 시행령」상 화재예방강화지구에 대한 내용으로 옳지 않은 것은?

① 시·도지사는 화재안전조사의 결과 등을 행정안전부령으로 정하는 화재예방강화지구 관리대장에 작성하고 관리하여야 한다.

② 소방관서장은 화재예방강화지구 안의 관계인에 대하여 소방상 필요한 훈련 및 교육을 연 1회 이상 실시하여야 한다.

③ 소방관서장은 화재예방강화지구 안의 소방대상물의 위치·구조 및 설비 등에 대한 화재안전조사를 연 1회 이상 실시하여야 한다.

④ 소방관서장은 소방상 필요한 훈련 및 교육을 실시하고자 하는 때에는 화재예방강화지구 안의 관계인에게 훈련 또는 교육 10일 전까지 그 사실을 통보하여야 한다.

24

회독 ☐ ☐ ☐

「소방시설 설치 및 관리에 관한 법률」에 따른 소방시설에 대한 설명으로 옳지 않은 것은?

① 소화설비란 물 또는 그 밖의 소화약제를 사용하여 소화하는 기계·기구 또는 설비로서 소화기구, 자동소화장치, 옥내·외소화전설비, 스프링클러설비 등이 있다.

② 경보설비란 화재발생 사실을 통보하는 기계·기구 또는 설비로서 단독경보형감지기, 비상경보설비, 자동화재탐지설비 등이 있다.

③ 피난구조설비란 화재가 발생할 경우 피난하기위하여 사용하는 기구 또는 설비로서 피난기구, 인명구조기구, 유도등, 비상조명등 및 휴대용비상조명등이 있다.

④ 소화용수설비란 화재진압에 필요한 물을 공급하거나 저장하는 기구 또는 설비로서 상수도소화용수설비, 소화수조, 저수조, 연결살수설비 등이 있다.

25

회독 ☐ ☐ ☐

「소방시설 설치 및 관리에 관한 법률 시행령」상 특정소방대상물의 종류로 바르게 짝지어지지 않은 것은?

① 교육연구시설－학교의 교사 중 병설유치원으로 사용되는 부분

② 치과의원－근린생활시설

③ 자동차검사장－항공기 및 자동차관련 시설

④ 장례식장－장례시설

01

회독 ☐☐☐

다음은 「소방시설 설치 및 관리에 관한 법률 시행령」 제11조 관련 별표 4의 소방시설 중 자동화재탐지설비를 설치해야 하는 특정소방대상물에 대한 내용이다. (　) 안에 들어갈 숫자로 옳은 것은?

> • 층수가 (㉠)층 이상인 건축물의 경우에는 모든 층
> • 터널로서 길이가 (㉡)천m 이상인 것
> • 노유자 생활시설에 해당하지 않는 노유자 시설로서 연면적 (㉢)m^2 이상인 노유자 시설 및 숙박시설이 있는 수련시설로서 수용인원 (㉣)명 이상인 경우에는 모든 층

	㉠	㉡	㉢	㉣
①	6	1	400	100
②	6	1	1,000	200
③	11	1	1,000	200
④	11	1	400	100

02

회독 ☐☐☐

「소방시설 설치 및 관리에 관한 법률」상 소방시설을 설치하지 아니할 수 있는 특정소방대상물 및 소방시설의 범위에 관한 규정으로 옳지 않은 것은?

① 주물공장은 옥외소화전 및 연결살수설비를 설치하지 아니할 수 있다.
② 펄프공장의 작업장은 화재안전기준을 적용하기 어려운 특정소방대상물에 해당된다.
③ 정수장은 스프링클러설비를 설치하지 아니할 수 있다.
④ 원자력발전소는 연결송수관설비 및 연결살수설비를 설치하지 아니할 수 있다.

03

회독 ☐☐☐

「소방시설 설치 및 관리에 관한 법률」 및 시행령상 지방소방기술심의위원회의 심의 사항으로 옳지 않은 것은?

① 소방시설에 하자가 있는지의 판단에 관한 사항
② 연면적 10만제곱미터 미만의 특정소방대상물에 설치된 소방시설의 설계·시공·감리의 하자 유무에 관한 사항
③ 소방본부장 또는 소방서장이 「위험물안전관리법」 제2조 제1항 제6호에 따른 제조소등의 시설기준 또는 화재안전기준의 적용에 관하여 기술검토를 요청하는 사항
④ 소방서장의 성능위주평가 시 신기술·신공법 등 검토·평가에 고도의 기술이 필요한 경우로서 중앙위원회에 심의를 요청한 사항

04

회독 ☐☐☐

「소방시설공사업법 시행령」 및 「소방시설 설치 및 관리에 관한 법률 시행령」상 성능위주설계에 대한 설명으로 옳지 않은 것은?

① 아파트 등을 제외한 지상으로부터 높이가 120미터 이상인 특정소방대상물은 성능위주설계를 해야한다.
② 지하층을 제외한 50층 이상인 아파트등은 성능위주설계를 해야한다.
③ 소방시설설계업을 등록한 자 중 성능위주설계자의 자격 기준은 전문 소방시설설계업 등록기준에 따른 기술인력을 갖춘 자로서 행정안전부령으로 정하는 연구기관 또는 단체이다.
④ 소방시설설계업을 등록한 자 중 성능위주설계자의 기술인력 기준은 소방기술사 2명 이상이 필요하다.

05

회독 ☐ ☐ ☐

「위험물안전관리법 시행규칙」상 제조소등별로 설치해야 하는 경보설비의 종류 중 다음의 〈보기〉에서 나열한 제조소등에 공통으로 설치하여야 하는 경보설비는?

〈보기〉

- 연면적이 500제곱미터 이상인 제조소 및 일반취급소
- 지정수량의 100배 이상을 저장 또는 취급하는 옥내저장소 (고인화점위험물만을 저장 또는 취급하는 것은 제외한다)
- 특수인화물, 제1석유류 및 알코올류를 저장 또는 취급하는 탱크의 용량이 1,000만리터 이상인 옥외탱크저장소
- 옥내주유취급소

① 자동화재속보설비
② 자동화재탐지설비
③ 비상경보설비
④ 확성장치 또는 비상방송설비

06

회독 ☐ ☐ ☐

「소방기본법」 및 「화재의 예방 및 안전관리에 관한 법률」과 그 하위법령에 따른 소방에 관한 규정으로 옳은 것은?

① 소방업무를 수행하는 소방본부장 또는 소방서장은 소방청장의 지휘와 감독을 받는다.
② 소방청장은 화재가 발생할 우려가 높거나 화재가 발생하는 경우 그로 인하여 피해가 클 것으로 예상되는 지역을 화재예방강화지구로 지정할 수 있다.
③ 소방청장은 화재로부터 국민의 생명과 재산을 보호할 수 있도록 화재의 예방 및 안전관리에 관한 정책을 수립·시행하여야 한다.
④ 소방본부장은 생활안전활동상황을 종합하여 연 2회 소방청장에게 보고하여야 한다.

07

회독 ☐ ☐ ☐

「소방기본법」 및 그 하위법령에 따른 자체소방대에 관한 내용으로 옳지 않은 것은?

① 관계인은 화재를 진압하거나 구조·구급 활동을 하기 위하여 자체소방대(「위험불안전관리법」 제19조 및 그 밖의 다른 법령에 따라 설치된 자체소방대를 포함)를 설치·운영할 수 있다.
② 자체소방대는 소방대가 현장에 도착한 경우에도 자체소방대 독자적인 업무를 계속 수행하여야 한다.
③ 소방청장, 소방본부장 또는 소방서장은 자체소방대의 역량 향상을 위하여 필요한 교육·훈련 등을 지원할 수 있다.
④ 「소방공무원임용령」 제2조 제3호에 따른 소방기관과 자체소방대와의 합동 소방훈련을 실시할 수 있다.

08

회독 ☐ ☐ ☐

「소방기본법」 및 그 하위법령에서 규정하고 있는 소방정보통신망에 대한 설명으로 옳지 않은 것은?

① 소방청장 및 시·도지사는 119종합상황실 등의 효율적 운영을 위하여 소방정보통신망을 구축·운영할 수 있다.
② 소방청장 및 시·도지사는 소방정보통신망의 안정적 운영을 위하여 소방정보통신망의 회선을 이중화할 수 있다. 이 경우 이중화된 각 회선은 서로 다른 사업자로부터 제공받아야 한다.
③ 소방정보통신망은 회선 수, 구간별 용도, 속도 등을 산정하여 설계·구축하여야 한다. 이 경우 소방정보통신망 회선 수는 최소 2회선 이상이어야 한다.
④ 소방청장 및 시·도지사는 소방정보통신망이 안정적으로 운영될 수 있도록 연 2회 이상 소방정보통신망을 주기적으로 점검·관리하여야 한다.

09

회독 ☐ ☐ ☐

「소방기본법 시행령」상 소방자동차 전용구역의 설치 방법에 관한 내용이다. ( ) 안에 들어갈 내용으로 옳은 것은?

- 전용구역 노면표지의 외곽선은 빗금무늬로 표시하되, 빗금은 두께를 (ㄱ)센티미터로 하여 (ㄴ)센티미터 간격으로 표시한다.
- 전용구역 노면표지 도료의 색채는 (ㄷ)을 기본으로 하되, 문자(P, 소방차 전용)는 백색으로 표시한다.

	ㄱ	ㄴ	ㄷ
①	20	40	황색
②	20	40	적색
③	30	50	황색
④	30	50	적색

10

회독 ☐ ☐ ☐

「소방의 화재조사에 관한 법률」 및 그 하위 법령상 화재현장 보존에 관한 내용으로 옳지 않은 것은?

① 소방관서장은 화재조사를 위하여 필요한 범위에서 화재현장 보존조치를 하거나 화재현장과 그 인근 지역을 통제구역으로 설정할 수 있다.

② 화재현장 보존조치를 하거나 통제구역을 설정한 경우 누구든지 소방관서장 또는 경찰서장의 허가 없이 화재현장에 있는 물건 등을 이동시키거나 변경·훼손하여서는 아니 된다.

③ 소방관서장이나 관할 경찰서장 또는 해양경찰서장은 화재현장 보존조치를 하거나 통제구역을 설정하는 경우 화재현장 보존조치나 통제구역 설정의 이유 및 주체 등의 사항을 화재가 발생한 소방대상물의 관계인에게 알리고 해당 사항이 포함된 표지를 설치해야 한다.

④ 공공의 이익에 중대한 영향을 미친다고 판단되거나 인명구조 등 긴급한 사유가 있는 경우 소방관서장이나 경찰서장은 화재현장 보존조치나 통제구역의 설정을 지체 없이 해제할 수 있다.

11

회독 ☐ ☐ ☐

「화재의 예방 및 안전관리에 관한 법률」상 화재예방안전진단의 범위에 해당하는 것만을 〈보기〉에서 있는 대로 고른 것은?

보기
ㄱ. 소방계획 및 피난계획 수립에 관한 사항
ㄴ. 소방시설등의 유지·관리에 관한 사항
ㄷ. 비상대응조직 및 교육훈련에 관한 사항
ㄹ. 화재안전조사에 관한 사항

① ㄱ

② ㄱ, ㄴ

③ ㄱ, ㄴ, ㄷ

④ ㄱ, ㄴ, ㄷ, ㄹ

12

회독 ☐ ☐ ☐

다음은 「화재의 예방 및 안전관리에 관한 법률 시행령」 제2조의 내용이다. ( ) 안에 들어갈 내용으로 옳은 것은?

시행령 제2조
소방청장은 「화재의 예방 및 안전관리에 관한 법률」 제4조 제1항에 따른 화재의 예방 및 안전관리에 관한 기본계획을 계획 시행 전년도 (ㄱ)까지 (ㄴ)과/와 협의한 후 계획 시행 전년도 (ㄷ)까지 수립해야 한다.

	ㄱ	ㄴ	ㄷ
①	8월 31일	관계 중앙행정기관의 장	9월 30일
②	8월 31일	시·도지사	9월 30일
③	9월 30일	관계 중앙행정기관의 장	10월 31일
④	9월 30일	시·도지사	10월 31일

13

회독 ☐ ☐ ☐

「화재의 예방 및 안전관리에 관한 법률」 및 그 하위 법령에 따른 화재의 예방 및 안전관리에 관한 통계에 관한 내용으로 옳지 않은 것은?

① 소방청장은 화재의 예방 및 안전관리에 관한 통계를 매년 작성·관리하여야 한다.

② 소방청장은 「소방기본법」 제40조 제1항에 따라 설립된 한국소방안전원에 통계자료의 작성·관리에 관한 업무를 수행하게 할 수 있다.

③ 통계의 작성·관리 항목으로는 소방대상물의 현황 및 안전관리에 관한 사항이 포함된다.

④ 소방청장은 통계자료의 작성·관리에 관한 업무의 전부 또는 일부를 대통령령으로 정하는 바에 따라 전문성이 있는 기관을 지정하여 수행하게 할 수 있다.

14

회독 ☐ ☐ ☐

「소방시설 설치 및 관리에 관한 법률」 및 같은 법 시행규칙상 관리업자가 점검하는 경우 50층 이상 또는 성능위주설계를 한 특정소방대상물의 규모 등에 따른 점검인력의 배치로 옳은 것만을 〈보기〉에서 고른 것은?

[보기]

ㄱ. 주된 점검인력 : 소방시설관리사 경력 5년인 특급점검자 1명

ㄴ. 주된 점검인력 : 소방시설관리사 경력 3년인 특급점검자 1명

ㄷ. 보조 점검인력 : 고급점검사 1명 및 중급점검사 1명

ㄹ. 보조 점검인력 : 고급점검자 1명 및 초급점검자 1명

① ㄱ, ㄷ
② ㄱ, ㄹ
③ ㄴ, ㄷ
④ ㄴ, ㄹ

15

회독 ☐ ☐ ☐

「소방시설 설치 및 관리에 관한 법률 시행령」에 따를 때 무창층의 개구부의 종류로 옳지 않은 것은?

① 채광창
② 환기창
③ 방풍실
④ 출입구

16

회독 ☐ ☐ ☐

「소방시설공사업법」상 소방시설업자가 소방시설공사등을 맡긴 특정소방대상물의 관계인에게 지체 없이 그 사실을 알려야 하는 사항으로 옳지 않은 것은?

① 소방시설업을 휴업한 경우
② 소방시설업자의 지위를 승계한 경우
③ 소방시설업에 대한 행정처분 중 등록취소 처분을 받은 경우
④ 소방시설업에 대한 행정처분 중 영업정지 또는 경고 처분을 받은 경우

17

회독 ☐ ☐ ☐

「소방시설공사업법」 및 같은 법 시행규칙상 소방시설공사 시공능력평가신청서에 첨부하여야 하는 서류로 옳지 않은 것은?

① 국가 또는 지방자치단체가 발주한 국내 소방시설공사의 경우 : 해당 발주자가 발행한 별지 서식의 소방시설공사 실적증명서
② 공사업자의 자기수요에 따른 소방시설공사의 경우 : 소득세법령에 따른 계산서(공급자 보관용) 사본
③ 주한국제연합군으로부터 도급받은 소방시설공사의 경우 : 거래하는 외국환은행이 발행한 외화입금증명서 및 도급계약서 사본
④ 해외 소방시설공사의 경우 : 재외공관장이 발행한 해외공사 실적증명서 또는 공사계약서 사본이 첨부된 외국환은행이 발행한 외화입금증명서

18

회독 ☐ ☐ ☐

다음 중 「위험물안전관리법 시행령」상 위험물의 지정수량으로 옳지 않은 것은?

① 무기과산화물−50kg
② 철분−500kg
③ 특수인화물−100리터
④ 과산화수소−300kg

19

회독 ☐ ☐ ☐

「위험물안전관리법」상 위험물안전관리자에 대한 내용으로 옳지 않은 것은?

① 안전관리자를 선임한 제조소등의 관계인은 그 안전관리자를 해임하거나 안전관리자가 퇴직한 때에는 해임하거나 퇴직한 날부터 30일 이내에 다시 안전관리자를 선임하여야 한다.
② 제조소등의 관계인은 관련 법령에 따라 안전관리자를 선임한 경우에는 선임한 날부터 14일 이내에 행정안전부령으로 정하는 바에 따라 소방본부장 또는 소방서장에게 신고하여야 한다.
③ 제조소등의 관계인이 안전관리자를 해임하거나 안전관리자가 퇴직한 경우 그 관계인 또는 안전관리자는 소방본부장이나 소방서장에게 그 사실을 알려 해임되거나 퇴직한 사실을 확인받을 수 있다.
④ 안전관리자를 선임한 제조소등의 관계인은 안전관리자의 해임 또는 퇴직과 동시에 다른 안전관리자를 선임하지 못하는 경우에는 국가기술자격법에 따른 위험물의 취급에 관한 자격취득자 또는 위험물안전에 관한 기본지식과 경험이 있는 자로서 소방본부장이나 소방서장이 정하는 자를 대리자(代理者)로 지정하여 그 직무를 대행하게 하여야 한다.

20

회독 ☐ ☐ ☐

「위험물안전관리법 시행규칙」상 정기검사의 시기에 관한 설명으로 옳지 않은 것은?

① 특정·준특정옥외탱크저장소의 설치허가에 따른 완공검사 합격확인증을 발급받은 날부터 12년에 해당하는 기간 내에 1회 정밀정기검사를 받아야 한다.

② 최근의 정밀정기검사를 받은 날부터 11년에 해당하는 기간 내에 1회 정밀정기검사를 받아야 한다.

③ 특정·준특정옥외탱크저장소의 설치허가에 따른 완공검사 합격확인증을 발급받은 날부터 4년에 해당하는 기간 내에 1회 중간정기검사를 받아야 한다.

④ 최근의 정밀정기검사 또는 중간정기검사를 받은 날부터 5년에 해당하는 기간 내에 1회 중간정기검사를 받아야 한다.

21

회독 ☐ ☐ ☐

다음은 「소방시설 설치 및 관리에 관한 법률 시행령」상 특정소방대상물 중 지하구에 관한 설명이다. ( ) 안에 들어갈 내용으로 옳은 것은?

> • 전력·통신용의 전선이나 가스·냉난방용의 배관 또는 이와 비슷한 것을 집합수용하기 위하여 설치한 지하 인공구조물로서 사람이 점검 또는 보수를 하기 위하여 출입이 가능한 것 중 전력 또는 통신사업용 지하 인공구조물로서 전력구 외의 지하 인공구조물로서 폭이 (가) 이상이고 높이가 (나) 이상이며 길이가 (다) 이상인 것
> • 「국토의 계획 및 이용에 관한 법률」 제2조 제9호에 따른 (라)

	가	나	다	라
①	1.5m	2m	50m	공동구
②	1.5m	1.8m	30m	지하가
③	1.8m	2m	50m	공동구
④	1.8m	1.8m	50m	지하가

22

회독 ☐ ☐ ☐

「화재의 예방 및 안전관리에 관한 법률」에서 화재의 예방 및 안전관리 기본계획의 수립·시행 시 포함되어야 할 내용으로 바르지 않은 것은?

① 화재예방정책의 기본목표 및 추진방향

② 화재의 예방과 안전관리를 위한 법령·제도의 마련 등 기반 조성

③ 화재의 예방과 안전관리를 위한 대국민 교육·홍보

④ 화재의 예방과 안전관리 관련 산업의 국내경쟁력 향상

23

회독 ☐ ☐ ☐

「소방기본법」 및 같은 법 시행령상 소방안전교육사와 관련된 규정의 내용으로 옳지 않은 것은?

① 소방안전교육사는 소방안전교육의 기획·진행·분석·평가 및 홍보업무를 수행한다.

② 금고 이상의 형의 집행유예를 선고받고 그 유예기간 중에 있는 사람은 소방안전교육사가 될 수 없다.

③ 소방서에는 소방안전교육사를 1명 이상 배치하여야 한다.

④ 「유아교육법」에 따라 교원의 자격을 취득한 사람은 소방안전교육사 시험에 응시할 수 있다.

24

회독 ☐ ☐ ☐

「소방기본법」 및 같은 법 하위 법령상 소방활동 종사 명령에 대한 설명으로 옳지 않은 것은?

① 소방본부장 또는 소방서장은 화재 현장에서 소방활동종사 명령을 할 수 있다.

② 소방활동 종사 명령은 관할구역에 사는 사람 또는 그 현장에 있는 사람을 대상으로 할 수 있다.

③ 소방활동에 종사한 소방대상물의 관계인은 소방활동의 비용을 지급받을 수 있다.

④ 소방본부장 또는 소방서장은 소방활동에 필요한 보호장구를 지급하는 등 안전을 위한 조치를 하여야 한다.

25

회독 ☐ ☐ ☐

「소방시설공사업법」상 소방공사업자가 소방시설의 완공검사를 받지 않았을 때 벌칙은?

① 500만원 이하의 벌금
② 200만원 이상의 과태료
③ 200만원 이하의 벌금
④ 200만원 이하의 과태료

소방관계법규 동형 모의고사

□ 빠른 정답 p.230
∅ 해설 p.215

01

회독 ☐☐☐

소방관계법령상 과태료의 부과에서 법률에서 정한 과태료의 상한과 대통령령에서 정한 과태료의 개별부과 기준의 상한이 다른 것으로 옳지 않은 것은?

① 「소방기본법」 제21조 제3항의 소방자동차의 우선통행 규정을 위반하여 소방자동차이 출동에 지장을 준 자
② 「소방기본법」 제23조 제1항의 소방대장의 소방활동구역 출입 제한 규정을 위반하여 소방활동구역을 출입한 사람
③ 「화재의 예방 및 안전관리에 관한 법률」 제34조 제1항 제2호의 소방안전관리자에 대한 실무교육 규정을 위반하여 실무교육을 받지 아니한 소방안전관리자 및 소방안전관리보조자
④ 「화재의 예방 및 안전관리에 관한 법률」 제26조 제1항의 소방안전관리사 선임신고의 규정을 위반하여 기간 내에 선임신고를 하지 아니하거나 소방안전관리자의 성명 등을 게시하지 아니한 자

02

회독 ☐☐☐

「소방시설공사업법」에서 정하는 소방시설업 종합정보시스템의 구축에 관한 내용으로 옳지 않은 것은?

① 소방청장은 소방시설업자의 자본금·기술인력 보유 현황 등의 정보를 종합적이고 체계적으로 관리·제공하기 위하여 소방시설업 종합정보시스템을 구축·운영할 수 있다.
② 소방청장은 소방시설업 종합정보시스템의 구축·운영에 따른 정보의 종합관리를 위하여 소방시설업자, 발주자, 관련 기관 및 단체 등에게 필요한 자료의 제출을 요청할 수 있다. 이 경우 요청을 받은 자는 특별한 사유가 없으면 이에 따라야 한다.
③ 소방청장은 소방시설업 종합정보시스템의 구축·운영에 따른 정보를 필요로 하는 관련 기관 또는 단체에 해당 정보를 제공할 수 있다.
④ 소방시설업 종합정보시스템의 구축 및 운영 등에 필요한 사항은 대통령령으로 정한다.

03

회독 ☐☐☐

「소방기본법」 및 같은 법 시행령상 소방안전 교육사에 관한 내용으로 옳은 것은?

① 소방청장은 소방안전교육을 위하여 행정안전부령으로 정하는 시험에 합격한 사람에게 소방안전교육사 자격을 부여한다.
② 소방안전교육사는 소방안전교육의 기획·진행·분석·평가 및 교수업무를 수행한다.
③ 소방공무원으로 1년 이상 근무한 경력이 있는 사람은 소방안전교육사시험의 응시자격이 부여 된다.
④ 소방안전교육사시험의 제1차 시험과목은 소방학개론, 구급·응급처치론, 재난관리론 및 교육학개론, 국민안전교육 실무 중 응시자가 선택하는 3과목이다.

04

회독 ☐☐☐

「소방기본법 시행규칙」에 따른 저수조의 구조이다. (   ) 안에 들어갈 내용으로 옳은 것은? (단위는 모두 [m]로 한다.)

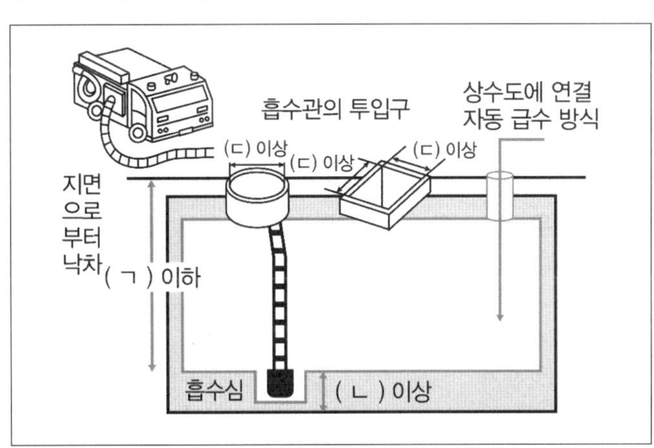

	ㄱ	ㄴ	ㄷ
①	4.5	0.5	0.6
②	10	0.6	0.5
③	4.5	0.6	0.5
④	10	0.5	0.6

05

회독 ☐ ☐ ☐

「소방기본법」상 한국119청소년단에 대한 설명으로 옳지 않은 것은?

① 청소년에게 소방안전에 관한 올바른 이해와 안전의식을 함양시키기 위하여 한국119청소년단을 설립한다.

② 국가나 지방자치단체는 한국119청소년단에 그 조직 및 활동에 필요한 시설·장비를 지원할 수 있으며, 운영경비와 시설비 및 국내외 행사에 필요한 경비를 보조할 수 있다.

③ 한국119청소년단이 아닌 자는 한국119청소년단 또는 이와 유사한 명칭을 사용할 수 없으며, 이를 위반하여 한국119청소년단 또는 이와 유사한 명칭을 사용한 자에게는 100만원 이하의 과태료를 부과한다.

④ 한국119청소년단에 관하여 이 법에서 규정한 것을 제외하고는 「민법」 중 사단법인에 관한 규정을 준용한다.

06

회독 ☐ ☐ ☐

「소방의 화재조사에 관한 법률」상 화재조사 전담부서의 업무로 옳지 않은 것은?

① 화재조사의 실시 및 조사결과 분석·관리

② 화재조사 관련 기술개발과 화재조사관의 역량증진

③ 화재조사에 필요한 시설·장비의 관리·운영

④ 화재조사를 위한 현장 출입·조사

07

회독 ☐ ☐ ☐

「소방시설 설치 및 관리에 관한 법률 시행령」상 수용인원이 100명 이상인 경우 설치해야 하는 소방시설로 바르게 짝지어진 것은? (예외적인 경우 제외)

ㄱ. 휴대용비상조명등	ㄴ. 제연설비
ㄷ. 공기호흡기	ㄹ. 스프링클러설비
ㅁ. 비상경보설비	ㅂ. 단독형감지기

① ㄱ, ㄴ, ㄷ, ㄹ
② ㄱ, ㄴ, ㄹ, ㅁ
③ ㄴ, ㄷ, ㄹ, ㅂ
④ ㄷ, ㄹ, ㅁ, ㅂ

08

회독 ☐ ☐ ☐

「화재의 예방 및 안전관리에 관한 법률」 및 그 하위법령상 화재안전조사 위원회의 구성·운영에 관한 내용으로 옳지 않은 것은?

① 소방관서장은 화재안전조사를 효율적으로 수행하기 위하여 대통령령으로 정하는 바에 따라 소방청에는 중앙화재안전조사 위원회를, 소방본부 및 소방서에는 지방화재안전조사 위원회를 편성하여 운영할 수 있다.

② 화재안전조사 위원회의 구성·운영 등에 필요한 사항은 대통령령으로 정한다.

③ 화재안전조사 위원회의 위원장은 소방관서장이 된다.

④ 화재안전조사 위원회의 위원이 해당 소방대상물에 관하여 자문, 연구, 용역(하도급을 포함한다), 감정 또는 조사를 한 경우는 위원회의 심의·의결에서 제척(除斥)된다.

09

회독 ☐ ☐ ☐

「화재의 예방 및 안전관리에 관한 법률」상 실태조사 사항으로 옳지 않은 것은?

① 소방대상물의 용도별·규모별 현황

② 소방대상물의 화재의 예방 및 안전관리 현황

③ 소방대상물의 소방시설등 설치·관리 현황

④ 소방대상물의 화재조사 현황

10

회독 ☐ ☐ ☐

「소방의 화재조사에 관한 법률」 및 그 하위법령상 화재조사 결과 공표에 대한 내용으로 옳지 않은 것은?

① 소방관서장은 국민이 유사한 화재로부터 피해를 입지 않도록 하기 위한 경우 등 필요한 경우 화재조사 결과를 공표할 수 있다.

② 화재조사 결과의 공표는 소방관서의 인터넷 홈페이지에 게재하거나, 「신문 등의 진흥에 관한 법률」에 따른 신문 또는 「방송법」에 따른 방송을 이용하는 등 일반인이 쉽게 알 수 있는 방법으로 한다.

③ 소방관서장은 사회적 관심이 집중되어 국민의 알 권리 충족 등 공공의 이익을 위해 필요한 경우에도 화재조사 결과를 공표할 수 있다.

④ 소방관서장은 화재조사의 결과를 공표할 때에는 화재원인에 관한 사항, 화재로 인한 인명·재산피해에 관한 사항, 화재 발생 건축물과 구조물에 관한 사항을 포함시킬 수 있다.

11

회독 ☐ ☐ ☐

다음은 「화재의 예방 및 안전관리에 관한 법률」의 내용이다. 밑줄 친 장소로 옳지 않은 것은?

> 누구든지 화재예방강화지구 및 <u>이에 준하는 대통령령으로 정하는 장소</u>에서는 다음 각 호의 어느 하나에 해당하는 행위를 하여서는 아니 된다. 다만, 행정안전부령으로 정하는 바에 따라 안전조치를 한 경우에는 그러하지 아니한다.
> 1. 모닥불, 흡연 등 화기의 취급
> 2. 풍등 등 소형열기구 날리기
> 3. 용접·용단 등 불꽃을 발생시키는 행위
> 4. 그 밖에 대통령령으로 정하는 화재 발생 위험이 있는 행위

① 제조소등
② 「고압가스 안전관리법」 제3조 제1호에 따른 저장소
③ 「액화석유가스의 안전관리 및 사업법」 제2조 제1호에 따른 액화석유가스의 저장소·판매소
④ 「도시가스사업법」 제2조 제6호에 따른 가스사용시설

12

회독 ☐ ☐ ☐

「화재의 예방 및 안전관리에 관한 법률」 및 같은 법 시행령, 시행규칙상 소방안전관리대상물 근무자 및 거주자 등에 대한 소방훈련 등에 관한 내용으로 옳지 않은 것은?

① 소방안전관리대상물의 관계인은 소방훈련과 교육을 반기에 1회 이상 실시해야 한다.
② 1급 소방안전관리대상물의 관계인은 소방훈련 및 교육을 한 날부터 30일 이내에 소방훈련 및 교육 결과를 행정안전부령으로 정하는 바에 따라 소방본부장 또는 소방서장에게 제출해야 한다.
③ 소방서장은 특급 소방안전관리대상물의 관계인으로 하여금 소방훈련과 교육을 소방기관과 합동으로 실시하게 할 수 있다.
④ 소방안전관리대상물의 관계인은 소방훈련과 교육을 실시했을 때에는 그 실시 결과를 소방훈련·교육 실시 결과 기록부에 기록하고, 이를 소방훈련 및 교육을 실시한 날부터 2년간 보관해야 한다.

13

회독 ☐ ☐ ☐

「소방시설 설치 및 관리에 관한 법률 시행령」상 특정소방대상물의 분류로 옳지 않은 것은?

① 연립주택 : 주택으로 쓰는 1개 동의 바닥면적(2개 이상의 동을 지하주차장으로 연결하는 경우에는 각각의 동으로 본다) 합계가 660m² 이하이고, 층수가 4개 층 이하인 주택
② 방송통신시설 : 데이터센터
③ 지하상가 : 지하의 인공구조물 안에 설치되어 있는 상점, 사무실, 그 밖에 이와 비슷한 시설이 연속하여 지하도에 면하여 설치된 것과 그 지하도를 합한 것
④ 터널 : 「도로법」 제50조 제2항에 따른 방유터널

14

회독 ☐ ☐ ☐

「소방시설 설치 및 관리에 관한 법률」상 관계인의 의무로 옳지 않은 것은? (「소방기본법」 제2조 제3호에 따른 관계인을 말한다.)

① 관계인은 소방시설등의 기능과 성능을 보전·향상시키고 이용자의 편의와 안전성을 높이기 위하여 노력하여야 한다.
② 관계인은 매년 소방시설등의 관리에 필요한 재원을 확보하도록 노력하여야 한다.
③ 관계인은 국가 및 지방자치단체의 소방시설등의 설치 및 관리 활동에 적극 협조하여야 한다.
④ 관계인 중 소유자는 점유자 및 관리자의 소방시설등 관리 업무에 적극 협조하여야 한다.

15

회독 ☐ ☐ ☐

「소방시설 설치 및 관리에 관한 법률 시행령」상 수용인원의 산정 방법으로 옳지 않은 것은?

① 침대가 있는 숙박시설 : 해당 특정소방대상물의 종사자 수에 침대 수(2인용 침대는 2개로 산정한다)를 합한 수
② 침대가 없는 숙박시설 : 해당 특정소방대상물의 숙박시설 바닥면적의 합계를 3m²로 나누어 얻은 수
③ 강의실·교무실·상담실·실습실·휴게실 용도로 쓰는 특정소방대상물 : 해당 용도로 사용하는 바닥면적의 합계를 1.9m²로 나누어 얻은 수
④ 수용인원 산정 시 바닥면적을 산정할 때에는 복도(「건축법 시행령」 제2조 제11호에 따른 준불연재료 이상의 것을 사용하여 바닥에서 천장까지 벽으로 구획한 것을 말한다), 계단 및 화장실의 바닥면적을 포함하지 않는다.

16

「소방시설 설치 및 관리에 관한 법률 시행령」상 방염성능기준 이상의 실내장식물 등을 설치해야 하는 특정소방대상물로 옳지 않은 것은?

① 근린생활시설 중 의원, 치과의원, 한의원, 조산원, 산후조리원
② 건축물의 옥외에 있는 운동시설(수영장은 제외한다)
③ 숙박이 가능한 수련시설
④ 교육연구시설 중 합숙소

17

「소방시설공사업법 시행령」상 소방시설업의 업종별 등록기준 및 영업범위 중 일반 소방시설설계업의 영업범위로 옳지 않은 것은?

① 아파트에 설치되는 기계분야 소방시설(제연설비는 제외한다)의 설계
② 연면적 3만제곱미터(공장의 경우에는 1만제곱미터) 미만의 특정소방대상물(제연설비가 설치되는 특정소방대상물을 포함한다)에 설치되는 기계분야 소방시설의 설계
③ 위험물제조소등에 설치되는 전기분야 소방시설의 설계
④ 연면적 3만제곱미터(공장의 경우에는 1만제곱미터) 미만의 특정소방대상물에 설치되는 전기분야 소방시설의 설계

18

「소방시설공사업법 시행규칙」상 소방시설 자체점검 점검자의 기술등급에 관한 기준으로 옳지 않은 것은?

① 특급 점검자 : 소방시설관리사, 소방기술사
② 고급 점검자 : 소방설비기사 자격을 취득한 후 5년 이상 소방 관련 업무를 수행한 사람
③ 중급 점검자 : 소방설비산업기사 자격을 취득한 후 5년 이상 소방 관련 업무를 수행한 사람
④ 초급 점검자 : 소방설비산업기사 자격을 취득한 사람

19

「소방시설공사업법」 및 같은 법 시행령상 설계·감리업자의 선정에 관한 내용으로 옳지 않은 것은?

① 국가, 지방자치단체 또는 대통령령으로 정하는 공공기관은 그가 발주하는 소방시설의 설계·공사 감리 용역 중 소방청장이 정하여 고시하는 금액 이상의 사업에 대하여는 대통령령으로 정하는 바에 따라 집행 계획을 작성하여 공고하여야 한다.
② 시·도지사 또는 시장·군수가 「주택법」 제15조 제1항에 따라 주택건설사업계획을 승인하거나 특별자치시장, 특별자치도지사, 시장, 군수 또는 자치구의 구청장이 「도시 및 주거환경정비법」 제50조 제1항에 따라 사업시행계획을 인가할 때에는 그 주택건설공사에서 소방시설공사의 감리를 할 감리업자를 사업수행능력 평가기준에 따라 선정하여야 한다.
③ 시·도지사가 감리업자를 선정해야 하는 주택건설공사의 규모 및 대상은 「주택법」에 따른 공동주택(기숙사는 포함한다)으로서 500세대 이상인 것으로 한다.
④ 시·도지사는 감리업자를 선정하려는 경우에는 주택건설사업계획을 승인한 날부터 7일 이내에 다른 공사와는 별도로 소방시설공사의 감리를 할 감리업자의 모집공고를 해야 한다.

20

「소방시설공사업법」상 소방시설 공사업자의 위반사항에 대한 감리업자의 조치에 대한 내용으로 옳지 않은 것은?

① 감리업자는 감리를 할 때 소방시설공사가 설계도서나 화재안전기준에 맞지 아니할 때에는 관계인에게 알리고, 공사업자에게 그 공사의 시정 또는 보완 등을 요구하여야 한다.
② 공사업자가 감리업자로부터 공사의 시정 또는 보완 등의 요구를 받았을 때에는 그 요구에 따라야 한다.
③ 감리업자는 공사업자가 그 공사의 시정 또는 보완 등의 요구를 이행하지 아니하고 그 공사를 계속할 때에는 대통령령으로 정하는 바에 따라 소방본부장이나 소방서장에게 그 사실을 보고하여야 한다.
④ 관계인은 감리업자가 소방본부장이나 소방서장에게 보고한 것을 이유로 감리계약을 해지하거나 감리의 대가 지급을 거부하거나 지연시키거나 그 밖의 불이익을 주어서는 아니 된다.

21

회독 ☐ ☐ ☐

「소방시설공사업법」상 부정한 청탁에 의한 재물 등의 취득 및 제공 금지 대상으로 옳지 않은 자는? (발주자, 수급인 또는 하수급인이 법인인 경우 해당 법인의 임원 또는 직원을 포함한다)

① 도급계약의 체결 또는 소방시설공사등의 시공 및 수행과 관련하여 발주자·수급인·하수급인 또는 이해관계인
② 국가, 지방자치단체 또는 대통령령으로 정하는 공공기관이 발주한 소방시설공사등의 업체 선정에 심사위원으로 참여한 사람으로서 그 직무와 관련된 자
③ 국가, 지방자치단체 또는 대통령령으로 정하는 공공기관이 발주한 소방시설공사등의 업체 선정에 참여한 법인, 해당 법인의 대표자, 상업사용인, 그 밖의 임원 또는 직원으로서 그 직무와 관련된 자
④ 도급계약의 체결 또는 소방시설공사등의 시공 및 수행과 관련하여 건축주·도급인·하도급인 또는 관계인

22

회독 ☐ ☐ ☐

「위험물안전관리법」 및 그 하위 법령에 따른 제조소등의 완공검사에 관한 내용으로 옳지 않은 것은?

① 허가를 받은 자가 제조소등의 설치를 마쳤거나 그 위치·구조 또는 설비의 변경을 마친 때에는 당해 제조소등마다 시·도지사가 행하는 완공검사를 받아 기술기준에 적합하다고 인정받은 후가 아니면 이를 사용하여서는 아니된다.
② 제조소등의 완공검사를 받지 아니하고 위험물을 저장·취급한 자는 1천500만원 이하의 벌금에 처한다.
③ 완공검사를 받고자 하는 자가 제조소등의 일부에 대한 설치 또는 변경을 마친 후 그 일부를 미리 사용하고자 하는 경우에는 당해 제조소등의 일부에 대하여 완공검사를 받을 수 있다.
④ 지하탱크가 있는 제조소등의 완공검사는 당해 지하탱크를 매설한 후에 신청해야 한다.

23

회독 ☐ ☐ ☐

「위험물안전관리법 시행령」상 관계인이 예방규정을 정하여야 하는 제조소등의 기준으로 옳지 않은 것은?

① 지정수량의 10배 이상의 위험물을 저장하는 이동탱크저장소
② 지정수량의 100배 이상의 위험물을 저장하는 옥외저장소
③ 지정수량의 150배 이상의 위험물을 저장하는 옥내저장소
④ 지정수량의 200배 이상의 위험물을 저장하는 옥외탱크저장소

24

회독 ☐ ☐ ☐

「위험물안전관리법 시행규칙」상 옥외저장소 특례 규정에 의할 때 일정한 위험물을 저장 또는 취급하는 장소에는 당해 위험물을 적당한 온도로 유지하기 위한 살수설비 등을 설치하여야 한다. 다음 중 그 위험물로 옳지 않은 것은?

① 인화성고체　　　　　② 제1석유류
③ 알코올류　　　　　　④ 특수인화물

25

회독 ☐ ☐ ☐

「위험물안전관리법 시행규칙」상 판매취급소의 위험물의 배합실의 기준에 관한 내용으로 옳지 않은 것은?

① 위험물 배합실의 바닥면적은 $6m^2$ 이상 $15m^2$ 이하로 할 것
② 위험물 배합실의 출입구 문턱의 높이는 바닥면으로부터 0.1m 이상으로 할 것
③ 위험물 배합실의 내부에 체류한 가연성의 증기 또는 가연성의 미분을 지붕 위로 방출하는 설비를 할 것
④ 위험물 배합실의 출입구에는 수시로 열 수 있는 자동폐쇄식의 60분＋방화문·60분방화문 또는 30분방화문을 설치할 것

01

회독 ☐ ☐ ☐

「소방기본법」상 소방활동과 소방지원활동등에 관한 내용으로 옳지 않은 것은?

① 소방청장, 소방본부장 또는 소방서장은 화재, 재난·재해, 그 밖의 위급한 상황이 발생하였을 때에는 소방대를 현장에 신속하게 출동시켜 화재진압과 인명구조·구급 등 소방에 필요한 활동을 하게 하여야 한다.

② 소방청장·소방본부장 또는 소방서장은 공공의 안녕질서 유지 또는 복리증진을 위하여 필요한 경우 소방활동 외에 소방지원활동을 하게 하게 할 수 있다.

③ 소방청장·소방본부장 또는 소방서장은 신고가 접수된 생활안전 및 위험제거 활동(화재, 재난·재해, 그 밖의 위급한 상황에 해당하는 것은 제외한다)에 대응하기 위하여 소방대를 출동시켜 생활안전활동을 하게 하여야 한다.

④ 소방공무원이 소방활동과 소방지원활동등으로 인하여 타인을 사상(死傷)에 이르게 한 경우 그 소방활동이 불가피하고 소방공무원에게 고의 또는 중대한 과실이 없는 때에는 그 정상을 참작하여 사상에 대한 형사책임을 감경하거나 면제할 수 있다.

02

회독 ☐ ☐ ☐

「소방기본법」 및 그 하위법령상 소방업무 종합계획에 따른 세부계획 추진실적 등의 평가에 대한 설명으로 옳지 않은 것은?

① 특별시장·광역시장·특별자치시장·도지사 또는 특별자치도지사는 종합계획의 시행에 필요한 세부계획을 계획 시행 전년도 12월 31일까지 수립하여 소방청장에게 제출하여야 한다.

② 소방청장은 재난·재해, 그 밖의 위급한 상황으로부터 국민의 생명·신체 및 재산을 보호하기 위하여 세부계획 수립의 적절성, 세부계획 추진실적 등에 대하여 정기적으로 평가할 수 있다.

③ 소방청장은 세부계획 추진실적 등에 대하여 정기적으로 평가를 하려는 경우 다음 연도의 평가계획을 12월 31일까지 시·도지사에게 통지해야 한다.

④ 세부계획 추진실적 등의 정기적 평가계획을 통지 받은 시·도지사는 전년도 세부계획 추진실적 등을 1월 31일까지 소방청장에게 제출해야 하고, 소방청장은 세부계획 추진실적 등의 정기적 평가결과를 3월 31일까지 시·도지사에게 통보해야 한다.

03

회독 ☐ ☐ ☐

「소방기본법 시행령」상 국고보조 대상사업의 범위에 해당하지 않는 것은?

① 소방자동차 구입

② 소방관서용 청사의 용도변경

③ 소방전용통신설비 및 전산설비 설치

④ 방화복 등 소방활동에 필요한 소방장비 구입

04

회독 ☐ ☐ ☐

「소방기본법」 및 그 하위 법령상 소방지원활동의 내용 중 틀린 것은?

① 소방지원활동은 소방활동 수행에 지장을 주지 아니하는 범위에서 할 수 있다.

② 소방청장·소방본부장 또는 소방서장은 공공의 안녕질서 유지 또는 복리증진을 위하여 필요한 경우 소방활동 외에 소방지원활동을 하게 할 수 있다.

③ 유관기관·단체 등의 요청에 따른 소방지원활동에 드는 비용은 지원요청을 한 유관기관·단체 등이 부담하게 하여야 한다.

④ 산불에 대한 예방·진압 등 지원활동은 소방지원활동에 해당한다.

05

회독 ☐ ☐ ☐

「소방의 화재조사에 관한 법률」 및 시행령상 관계인등의 출석에 관한 내용으로 옳지 않은 것은?

① 소방관서장은 화재조사가 필요한 경우 관계인등을 소방관서에 출석하게 하여 질문할 수 있다.

② 소방관서장은 관계인등의 출석을 요구하려면 출석일 3일 전까지 관계인등에게 알려야 한다.

③ 관계인등의 출석 요구 시 출석 일시와 장소, 출석 요구 사유, 화재조사와 관련하여 필요한 사항을 알려야 한다.

④ 관계인등은 지정된 출석 일시에 출석하는 경우 업무 또는 생활에 지장이 있을 때에는 소방관서장에게 출석 3일 전까지 출석 일시를 변경하여 줄 것을 신청해야 한다.

06

「소방의 화재조사에 관한 법률」 및 시행규칙상 화재증명원의 발급에 관한 내용으로 옳지 않은 것은?

① 소방관서장은 화재와 관련된 이해관계인 또는 화재발생 내용 입증이 필요한 사람이 화재증명원 발급을 신청하는 때에는 화재증명원을 발급하여야 한다.
② 화재증명원의 발급신청 절차·방법·서식 및 기재사항, 온라인 발급 등에 필요한 사항은 소방청장이 정한다.
③ 화재증명원의 발급을 신청하려는 자는 화재증명원 발급신청서를 소방관서장에게 제출해야 한다.
④ 화재증명원의 발급 신청을 받은 소방관서장은 신청인이 화재와 관련된 이해관계인 또는 화재발생 내용 입증이 필요한 사람인 경우에는 화재증명원을 신청인에게 발급해야 한다.

07

「화재의 예방 및 안전관리에 관한 법률」의 목적이다. (　)안에 들어갈 내용으로 옳은 것은?

> 이 법은 화재의 (ㄱ)과 안전관리에 필요한 사항을 규정함으로써 화재로부터 국민의 생명·신체 및 (ㄴ)을 보호하고 공공의 안전과 (ㄷ)증진에 이바지함을 목적으로 한다.

	(ㄱ)	(ㄴ)	(ㄷ)
①	대응	안전	복리
②	대응	안전	복지
③	예방	재산	복지
④	예방	재산	복리

08

「화재의 예방 및 안전관리에 관한 법률」상 기본계획 및 시행계획의 수립·시행에 필요한 기초자료를 확보하기 위한 실태조사 사항으로 옳은 것은?

① 특정소방대상물의 용도별·규모별 현황
② 특정소방대상물의 소방시설등 설치·관리 현황
③ 특정소방대상물의 화재의 예방 및 안전관리 현황
④ 기본계획 및 시행계획의 수립·시행을 위하여 필요한 사항

09

「화재의 예방 및 안전관리에 관한 법률」상 화재안전조사를 실시할 수 있는 경우로 옳지 않은 것은?

① 국가적 행사 등 주요 행사가 개최되는 장소 및 인근지역에 대하여 소방안전관리 실태를 조사할 필요가 있는 경우
② 재난예측정보, 기상예보 등을 분석한 결과 소방대상물에 화재의 발생 위험이 크다고 판단되는 경우
③ 화재예방강화지구 등 법령에서 화재안전조사를 하도록 규정되어 있는 경우
④ 화재예방안전진단이 불성실하거나 불완전하다고 인정되는 경우

10

「화재의 예방 및 안전관리에 관한 법률」 및 같은 법 시행령에 따른 화재안전영향평가에 대한 내용으로 옳지 않은 것은?

① 소방청장은 화재발생 원인 및 연소과정을 조사·분석하는 등의 과정에서 법령이나 정책의 개선이 필요하다고 인정되는 경우 그 법령이나 정책에 대한 화재 위험성의 유발요인 및 완화 방안에 대한 평가를 실시할 수 있다.
② 소방청장은 법령이나 정책의 화재위험 유발요인의 사항이 포함된 화재안전영향평가의 기준을 화재안전영향평가심의회의 심의를 거쳐 정한다.
③ 소방청장은 화재안전영향평가에 관한 업무를 수행하기 위하여 위원장 1명을 포함한 12명 이내의 위원으로 화재안전영향평가심의회를 구성·운영할 수 있다.
④ 소방청장은 소방시설관리사를 화재안전영향평가심의회의 위원으로 위촉할 수 있다.

11

회독 ☐ ☐ ☐

「화재의 예방 및 안전관리에 관한 법률 시행령」상 특수가연물 중 가연성 액체류의 기준으로 옳지 않은 것은?

① 1기압과 섭씨 20도 이하에서 액상인 것으로서 가연성 액체량이 40중량퍼센트 이하이면서 인화점이 섭씨 40도 이상 섭씨 70도 미만이고 연소점이 섭씨 60도 이상인 것

② 1기압과 섭씨 20도에서 액상인 것으로서 가연성 액체량이 40중량퍼센트 이하이고 인화점이 섭씨 70도 이상 섭씨 250도 미만인 것

③ 동물의 기름과 살코기 또는 식물의 씨나 과일의 살에서 추출한 것으로서 1기압과 섭씨 20도에서 액상이고 인화점이 섭씨 200도 이상인 것

④ 동물의 기름과 살코기 또는 식물의 씨나 과일의 살에서 추출한 것으로서 1기압과 섭씨 20도에서 액상이고 인화점이 250도 미만인 것으로서 「위험물안전관리법」 제20조 제1항에 따른 용기기준과 수납·저장기준에 적합하고 용기외부에 물품명·수량 및 "화기엄금" 등의 표시를 한 것

12

회독 ☐ ☐ ☐

다음의 〈보기〉는 「소방시설 설치 및 관리에 관한 법률 시행령」상 특정소방대상물이다, 이 중 교육연구시설은 모두 몇 개인가?

> 보기
> ㄱ. 직업훈련소, 특수학교
> ㄴ. 「학교시설사업 촉진법」 제2조 제1호 나목의 교사(校舍) 중 병설유치원으로 사용되는 부분
> ㄷ. 「학교시설사업 촉진법」 제2조 제1호 나목의 교사(校舍) 중 교실·도서실
> ㄹ. 자동차운전학원
> ㅁ. 무도학원

① 1개　　　　　　② 2개
③ 3개　　　　　　④ 4개

13

회독 ☐ ☐ ☐

「소방시설 설치 및 관리에 관한 법률 시행규칙」상 건축물 등의 신축·증축·개축·재축·이전·용도변경 또는 대수선의 허가·협의 및 사용승인의 동의를 요구할 수 있는 행정기관으로 옳지 않은 것은?

① 「건축법」 제11조에 따른 허가 및 같은 법 제29조 제2항에 따른 협의의 권한이 있는 행정기관

② 「학교시설사업 촉진법」 제4조에 따른 승인 및 같은 법 제13조에 따른 사용승인의 권한이 있는 행정기관

③ 「위험물안전관리법」 제2조에 따른 위험물 제조소등의 설치 허가 및 변경에 권한이 있는 행정기관

④ 「국토의 계획 및 이용에 관한 법률」 제88조 제2항에 따른 도시·군계획시설사업 실시계획 인가의 권한이 있는 행정기관

14

회독 ☐ ☐ ☐

「소방시설 설치 및 관리에 관한 법률 시행규칙」상 승합자동차에 설치 또는 비치해야 하는 차량용 소화기 기준으로 옳은 것은? (능력단위는 법 제37조 제5항에 따른다.)

① 경형승합자동차 : 능력단위 2 이상의 소화기 1개 이상을 사용하기 쉬운 곳에 설치 또는 비치한다.

② 승차정원 15인 이하 : 능력단위 2 이상인 소화기 1개 이상 또는 능력단위 1 이상인 소화기 2개 이상을 설치한다. 이경우 승차정원 9인 이상 승합자동차는 운전석 또는 운전석과 옆으로 나란한 좌석 주위에 1개 이상을 설치한다.

③ 승차정원 16인 이상 35인 이하 : 능력단위 2 이상인 소화기 3개 이상을 설치한다. 이 경우 승차정원 23인을 초과하는 승합자동차로서 너비 2.3미터를 초과하는 경우에는 운전자 좌석 부근에 가로 600밀리미터, 세로 200밀리미터 이상의 공간을 확보하고 1개 이상의 소화기를 설치한다.

④ 승차정원 36인 이상 : 능력단위 3 이상인 소화기 1개 이상 및 능력단위 2 이상인 소화기 1개 이상을 설치한다. 다만, 2층 대형승합자동차의 경우에는 위층 차실에 능력단위 3 이상인 소화기 1개 이상을 추가 설치한다.

15

회독 ☐ ☐ ☐

「소방시설 설치 및 관리에 관한 법률 시행령」상 판매시설 중 전통시장에 설치해야 하는 소방시설을 모두 고른 것은?

> ㄱ. 화재알림설비　　　ㄴ. 통합감시시설
> ㄷ. 연소방지설비　　　ㄹ. 자동화재탐지설비
> ㅁ. 자동화재속보설비

① ㄱ, ㄴ, ㄷ　　　　② ㄱ, ㄹ, ㅁ
③ ㄴ, ㄷ, ㅁ　　　　④ ㄴ, ㄹ, ㅁ

16

「소방시설 설치 및 관리에 관한 법률」상 소방청장 또는 시·도지사가 처분을 하려면 청문을 해야하는 경우로 옳지 않은 것은?

① 소방시설관리사 자격의 취소 및 정지
② 소방용품 우수품질인증의 취소 및 중지
③ 소방시설 관리업의 등록취소 및 영업정지
④ 소방용품의 형식승인 취소 및 제품검사 중지

17

「소방시설공사업법」에서 규정한 용어의 정의로 옳지 않은 것은?

① "소방시설업자"란 소방시설업을 경영하기 위하여 소방시설업을 등록한 자를 말한다.
② "소방기술자"란 국가기술자격 법령에 따른 소방설비기능사로서 소방시설업의 기술인력으로 등록된 사람을 말한다.
③ "발주자"란 소방시설의 설계, 시공, 감리 및 방염(소방시설공사등)을 소방시설업자에게 도급하는 자를 말한다. 다만, 수급인으로서 도급받은 공사를 하도급하는 자는 제외한다.
④ "감리원"이란 소방공사감리업자에 소속된 소방기술자로서 해당 소방시설공사를 감리하는 사람을 말한다.

18

「소방시설공사업법」상 소방시설업의 등록, 휴·폐업과 소방시설업자의 지위승계에 대한 내용으로 옳지 않은 것은?

① 특정소방대상물의 소방시설공사등을 하려는 자는 업종별로 자본금, 기술인력 등 행정안전부령으로 정하는 요건을 갖추어 시·도지사에게 소방시설업을 등록하여야 한다.
② 소방시설업자가 사망하여 그 상속인이 종전의 소방시설업자의 지위를 승계하려는 경우에는 그 상속일, 양수일 또는 합병일부터 30일 이내에 행정안전부령으로 정하는 바에 따라 그 사실을 시·도지사에게 신고하여야 한다.
③ 소방시설업자는 소방시설업을 폐업하는 때에는 행정안전부령으로 정하는 바에 따라 시·도지사에게 신고하여야 하고 폐업신고를 받은 시·도지사는 소방시설업 등록을 말소하고 그 사실을 행정안전부령으로 정하는 바에 따라 공고하여야 한다.
④ 「민사집행법」에 따른 경매에 따라 소방시설업자의 소방시설의 전부를 인수한 자가 종전의 소방시설업자의 지위를 승계하려는 경우에는 그 인수일부터 30일 이내에 행정안전부령으로 정하는 바에 따라 그 사실을 시·도지사에게 신고하여야 한다.

19

「소방시설공사업법 시행규칙」상 소방기술용역의 대가 기준 산정방식에 관한 설명으로 옳은 것은?

① 소방시설설계의 대가 : 통신부문에 적용하는 공사비 요율에 따른 방식
② 소방시설설계의 대가 : 실비정액 가산방식
③ 소방공사감리의 대가 : 통신부문에 적용하는 공사비 요율에 따른 방식
④ 소방공사감리의 대가 : 기성부문 가산방식

20

「소방시설공사업법」상 완공검사에 대한 설명으로 옳지 않은 것은?

① 공사업자는 소방시설공사를 완공하면 소방본부장 또는 소방서장의 완공검사를 받아야 한다.
② 대통령령으로 정하는 특정소방대상물의 경우에는 소방본부장이나 소방서장이 소방시설공사가 공사감리 결과보고서대로 완공되었는지를 현장에서 확인해야 한다.
③ 공사업자가 소방대상물 일부분의 소방시설공사를 마친 경우 그 일부분에 대하여 소방본부장이나 소방서장에게 완공검사를 신청할 수 있다.
④ 소방본부장이나 소방서장은 완공검사를 하였을 때에는 완공검사증명서를 발급하여야 한다.

21

「소방시설공사업법」상 특정소방대상물의 관계인 또는 발주자는 해당 도급계약의 수급인이 정당한 사유 없이 며칠 이상 소방시설공사를 계속하지 않는 경우에 도급계약을 해지할 수 있는가?

① 7일
② 14일
③ 30일
④ 60일

22

회독 ☐☐☐

「위험물안전관리법」 및 같은 법 시행령상 관계인이 1인의 안전관리자를 중복 선임하는 경우 대리자의 자격이 있는 자를 각 제조소등 별로 지정하여 안전관리자를 보조하게 하여야 하는 제조소등으로 옳지 않은 것은?

① 제조소
② 이송취급소
③ 인화점이 38도 이상인 제4류 위험물만을 지정수량의 25배를 취급하며, 보일러로 위험물을 소비하는 일반취급소
④ 인화점이 38도 이상인 제4류 위험물만을 지정수량의 35배를 취급하며, 위험물을 용기에 옮겨 담는 일반취급소

23

회독 ☐☐☐

「위험물안전관리법」 및 같은 법 시행령상 예방규정에 관한 내용으로 옳지 않은 것은?

① 암반탱크저장소와 이송취급소는 지정수량과 상관없이 예방규정을 두어야 한다.
② 지정수량의 10배 이상의 위험물을 취급하는 제조소와 일반취급소는 예방규정을 두어야 한다. (단, 일반취급소의 경우 예외적인 경우 제외)
③ 소방청장은 제조소등 가운데 저장 또는 취급하는 위험물의 최대수량의 합이 지정수량의 5천배 이상인 제조소등에 대하여 행정안전부령으로 정하는 바에 따라 예방규정의 이행 실태를 정기적으로 평가할 수 있다.
④ 소방청장은 예방규정 이행 실태 평가 대상인 제조소등의 위험성 등을 고려하여 행정안전부령으로 정하는 바에 따른 평가 방법을 다르게 할 수 있다.

24

회독 ☐☐☐

「위험물안전관리법 시행규칙」상 완공검사를 받지 아니하고 제조소등을 사용한 경우 1차 행정처분기준으로 옳은 것은?

① 사용정지 10일 ② 사용정지 15일
③ 사용정지 20일 ④ 사용정지 30일

25

회독 ☐☐☐

「위험물안전관리법 시행규칙」상 위험물 제조소에 저장 또는 취급하는 위험물에 따라 설치해야 하는 주의사항을 표시한 게시판의 내용으로 옳지 않은 것은?

① 마그네슘 – 화기주의
② 인화성고체 – 화기주의
③ 황린 – 화기엄금
④ 이황화탄소 – 화기엄금

□ 빠른 정답 p.231
✎ 해설 p.221

01
회독 ☐☐☐

「소방기본법」상 소방청장, 소방본부장 및 소방서장은 화재, 재난·재해, 그 밖에 구조·구급이 필요한 상황이 발생하였을 때에 신속한 소방활동을 위하여 119종합상황실의 설치와 운영하여야 한다. 다음 중 119종합상황실의 설치·운영 목적으로 적절하지 않은 것은?

① 상황관리
② 현장 지휘 및 조정·통제
③ 재난의 대응·복구 등에 관한 사항을 총괄·조정
④ 소방활동을 위한 정보의 수집·분석과 판단·전파

02
회독 ☐☐☐

「소방기본법」상 강제처분에 해당하지 않는 것은?

① 소방본부장, 소방서장 또는 소방대장은 사람을 구출하거나 불이 번지는 것을 막기 위하여 필요할 때에는 화재가 발생하거나 불이 번질 우려가 있는 소방대상물 및 토지를 일시적으로 사용하거나 그 사용의 제한 또는 소방활동에 필요한 처분을 할 수 있다.
② 소방본부장, 소방서장 또는 소방대장은 사람을 구출하거나 불이 번지는 것을 막기 위하여 긴급하다고 인정할 때에는 소방대상물 또는 토지 외의 소방대상물과 토지에 대하여 일시적으로 사용하거나 그 사용의 제한 또는 소방활동에 필요한 처분을 할 수 있다.
③ 소방본부장, 소방서장 또는 소방대장은 소방활동을 위하여 긴급하게 출동할 때에는 소방자동차의 통행과 소방활동에 방해가 되는 주차 또는 정차된 차량 및 물건 등을 제거하거나 이동시킬 수 있다.
④ 소방본부장, 소방서장 또는 소방대장은 화재, 재난·재해, 그 밖의 위급한 상황이 발생하여 사람의 생명을 위험하게 할 것으로 인정할 때에는 일정한 구역을 지정하여 그 구역에 있는 사람에게 그 구역 밖으로 피난할 것을 명할 수 있다.

03
회독 ☐☐☐

「소방기본법」상 벌칙의 상한이 5년 이하의 징역 또는 5천만원 이하의 벌금에 해당하지 않는 것은?

① 정당한 사유 없이 소방용수시설을 사용하는 행위
② 소방자동차의 우선통행 규정을 위반하여 소방자동차의 출동에 지장을 준 자
③ 위력(威力)을 사용하여 출동한 소방대의 화재진압·인명구조 또는 구급활동을 방해하는 행위
④ 정당한 사유 없이 손상·파괴, 철거 또는 그 밖의 방법으로 소방용수시설의 효용(效用)을 해치는 행위

04
회독 ☐☐☐

「소방기본법」상 손실보상의 대상에 해당하는 것은?

① 소방지원활동에 따른 조치로 인하여 손실을 입은 자
② 소방대상물 또는 토지에 대한 강제처분
③ 소방활동 종사명령에 따른 소방활동 종사로 인하여 사망하거나 부상을 입은 자
④ 동원된 민간 소방 인력이 소방활동을 수행하다가 사망하거나 부상을 입은 경우

05
회독 ☐☐☐

「소방의 화재조사에 관한 법률 시행규칙」상 소방관서장이 화재조사의 결과를 공표할 때에 포함되어야 하는 사항으로 옳지 않은 것은?

① 대응활동에 관한 사항
② 화재원인에 관한 사항
③ 화재발생 건축물과 구조물에 관한 사항
④ 화재로 인한 인명·재산피해에 관한 사항

06

「소방의 화재조사에 관한 법률」및 시행령상 과태료에 대한 내용으로 옳지 않은 것은?

① 소방관서장 또는 경찰서장이 화재현장 보존을 위하여 설정한 통제구역에 출입한 사람에게는 200만원 이하의 과태료를 부과한다.

② 정당한 사유 없이 관계인등이 출석을 거부하거나 질문에 대하여 거짓으로 진술한 사람에게는 200만원 이하의 과태료를 부과한다.

③ 정당한 사유 없이 관계인등이 출석을 거부하거나 질문에 대하여 거짓으로 진술한 사람에 대한 과태료는 소방관서장이 부과·징수한다.

④ 경찰서장이 화재현장 보존을 위하여 설정한 통제구역에 출입한 사람에 대한 과태료는 소방관서장이나 경찰서장이 부과·징수한다.

07

「화재의 예방 및 안전관리에 관한 법률」상 소방청장, 소방본부장 또는 소방서장의 화재안전조사 활동으로 옳지 않은 것은?

① 현장조사　　　　　② 문서열람
③ 보고요구　　　　　④ 통계작성

08

「화재의 예방 및 안전관리에 관한 법률」상 소방청에 중앙화재안전조사단을, 소방본부 및 소방서에는 지방화재안전조사단을 편성하여 운영하는 목적으로 옳은 것은?

① 화재안전조사를 효율적으로 수행하기 위하여

② 화재안전조사의 대상을 객관적이고 공정하게 선정하기 위하여

③ 기본계획 및 시행계획의 수립·시행에 필요한 기초자료를 확보하기 위하여

④ 화재위험요인을 조사하고 그 위험성을 평가하여 개선대책을 수립하기 위하여

09

「화재의 예방 및 안전관리에 관한 법률 시행령」상 노·화덕설비를 사용할 때 지켜야 하는 사항으로 옳지 않은 것은?

① 실내에 설치하는 경우에는 흙바닥 또는 금속 외의 불연재료로 된 바닥에 설치해야 한다.

② 노 또는 화덕의 주위에는 녹는 물질이 확산되지 않도록 높이 0.15미터 이상의 턱을 설치해야 한다.

③ 시간당 열량이 30만킬로칼로리 이상인 노를 설치하는 경우에는 노 주위에는 1미터 이상 공간을 확보해야 한다.

④ 시간당 열량이 30만킬로칼로리 이상인 노를 설치하는 경우에는 창문과 출입구는 「건축법 시행령」 제64조에 따른 60분＋ 방화문 또는 60분 방화문으로 설치해야 한다.

10

「화재의 예방 및 안전관리에 관한 법률」상 건설현장 소방안전관리대상물의 소방안전관리자의 업무로 옳지 않은 것은?

① 건설현장의 소방계획서의 작성

② 초기대응체계의 구성·운영 및 교육

③ 「소방시설 설치 및 관리에 관한 법률」 제16조에 따른 피난시설, 방화구획 및 방화시설의 관리

④ 「소방시설 설치 및 관리에 관한 법률」 제15조 제1항에 따른 임시소방시설의 설치 및 관리에 대한 감독

11

「화재의 예방 및 안전관리에 관한 법률 시행규칙」상 소방안전관리자 자격의 정지 및 취소 기준 중 일반기준에 대한 설명으로 옳지 않은 것은?

① 위반행위가 둘 이상인 경우로서 그에 해당하는 각각의 처분기준이 다른 경우에는 그 중 무거운 처분기준에 따른다.

② 위반행위의 횟수에 따른 행정처분 기준은 최근 1년간 같은 위반행위로 행정처분을 받은 경우에 적용한다. 이 경우 기준 적용일은 위반행위에 대한 행정처분일과 그 처분 후에 한 위반행위가 다시 적발된 날을 기준으로 한다.

③ 가중된 부과처분을 하는 경우 가중처분의 적용 차수는 그 위반행위 전 부과처분 차수(가중 처분 기간 내에 처분이 둘 이상 있었던 경우에는 높은 차수를 말한다)의 다음 차수로 한다.

④ 위반행위가 사소한 부주의나 오류 등으로 인한 것으로 인정되는 경우 처분권자는 위반행위의 동기·내용·횟수 및 위반 정도 등 위반행위가 사소한 부주의나 오류 등으로 인한 것으로 인정되는 경우 그 처분기준의 2분의 1의 범위에서 감경할 수 있다.

12

회독 ☐ ☐ ☐

「소방시설 설치 및 관리에 관한 법률」상 특정소방대상물의 건축허가 등의 동의 시 검토 자료 또는 의견서를 첨부해야 하는 사항 중 소방자동차의 접근이 가능한 통로의 설치 등 대통령령으로 정하는 사항으로 옳지 않은 것은?

① 소방자동차의 접근이 가능한 통로의 설치
② 소방청장이 소화활동 및 피난을 위해 필요하다고 인정하는 사항
③ 「주택건설기준 등에 관한 규정」 제26조에 따른 주택단지 안 도로의 설치
④ 「건축법」 제64조 및 「주택건설기준 등에 관한 규정」 제15조에 따른 승강기의 설치

13

회독 ☐ ☐ ☐

「소방시설 설치 및 관리에 관한 법률 시행령」상 소화용품에 해당하지 않는 것은?

> ㄱ. 소화설비를 구성하는 소화전, 관창
> ㄴ. 스프링클러설비의 소화약제
> ㄷ. 물분무소화설비의 소화약제
> ㄹ. 누전경보기 및 가스누설경보기
> ㅁ. 피난구유도등, 통로유도등
> ㅂ. 방염액·방염도료 및 방염성물질

① ㄴ, ㄷ   ② ㄷ, ㄹ
③ ㄱ, ㄴ, ㄷ   ④ ㄹ, ㅁ, ㅂ

14

회독 ☐ ☐ ☐

「소방시설 설치 및 관리에 관한 법률 시행령」상 후드 및 덕트가 설치되어 있는 주방이 있는 특정소방대상물에 설치해야 하는 소화설비의 기준으로 옳지 않은 것은? (단, 해당 주방에 자동소화장치 설치)

① 아파트등에는 주거용 주방자동소화장치를 모든 층에 설치해야 한다.
② 30층 이상의 오피스텔에는 주거용 주방자동소화장치를 30층 이상인 층에 설치해야 한다.
③ 「식품위생법」 제2조 제12호에 따른 집단급식소에는 상업용 주방자동소화장치를 설치해야 한다.
④ 판매시설 중 「유통산업발전법」 제2조 제3호에 해당하는 대규모점포에 입점해 있는 일반음식점에는 상업용 주방자동소화장치를 설치해야 한다.

15

회독 ☐ ☐ ☐

「소방시설 설치 및 관리에 관한 법률」 및 같은 법 시행규칙상의 자체점검 결과의 조치 및 게시에 관한 내용으로 옳지 않은 것은?

① 특정소방대상물의 관계인은 자체점검을 한 경우에는 그 점검 결과를 행정안전부령으로 정하는 바에 따라 소방시설등에 대한 수리·교체·정비에 관한 이행계획(중대위반사항에 대한 조치사항을 포함한다.)을 첨부하여 소방본부장 또는 소방서장에게 보고하여야 한다.
② 소방본부장 또는 소방서장에게 자체점검 결과 보고를 마친 관계인은 보고한 날부터 30일 이내에 소방시설등 자체점검 기록표를 작성하여 특정소방대상물의 출입자가 쉽게 볼 수 있는 장소에 게시해야 한다.
③ 점검기록표를 기록하지 아니하거나 특정소방대상물의 출입자가 쉽게 볼 수 있는 장소에 게시하지 아니한 관계인에게는 300만원 이하의 과태료를 부과한다.
④ 자체점검기록표를 게시하는 기간은 그 다음 자체점검기록표를 작성·게시하기 전까지로 한다.

16

회독 ☐ ☐ ☐

「소방시설 설치 및 관리에 관한 법률 시행령」상 소방시설정보관리시스템 구축·운영 대상으로 옳지 않은 것은?

> ㄱ. 근린생활 시설   ㄴ. 노유자 시설
> ㄷ. 문화 및 집회시설   ㄹ. 관광 휴게시설
> ㅁ. 의료시설   ㅂ. 교육연구시설

① ㄱ, ㄴ, ㄷ   ② ㄴ, ㄷ, ㅁ
③ ㄱ, ㄹ, ㅂ   ④ ㄴ, ㄹ, ㅁ

17

회독 ☐ ☐ ☐

「소방시설공사업법 시행령」상 1명의 소방기술자를 2개의 공사현장을 초과하여 배치할 수 있는 경우에 해당되지 않는 공사는?

① 건축물의 연면적이 4천제곱미터인 공사 현장 한 곳과 연면적이 3천제곱미터인 공사 현장 한 곳
② 건축물의 연면적이 4천제곱미터인 공사 현장 두 곳과 연면적이 3천제곱미터인 공사 현장 두 곳
③ 건축물의 연면적이 5천제곱미터인 공사 현장 두 곳과 연면적이 3천제곱미터인 공사 현장 세 곳
④ 건축물의 연면적이 5천제곱미터인 공사 현장 두 곳과 연면적이 4천제곱미터인 공사 현장 세 곳

18

회독 ☐☐☐

「소방시설공사업법 시행령」상 행정안전부령으로 정하는 특급기술자인 소방기술자(기계분야 및 전기분야)를 배치해야 하는 소방시설공사 현장으로 옳지 않은 것은?

① 연면적 20만제곱미터인 의료시설의 공사현장
② 지하층을 포함한 층수가 40층인 복합건축물의 공사 현장
③ 지하층을 포함한 층수가 50층인 아파트의 공사 현장
④ 연면적 10만제곱미터인 아파트의 공사 현장

19

회독 ☐☐☐

「소방시설공사업법」 및 같은 법 시행규칙상 과징금에 관한 내용으로 옳지 않은 것은?

① 시·도지사는 등록취소와 영업정지의 어느 하나에 해당하는 경우로서 영업정지가 그 이용자에게 불편을 주거나 그 밖에 공익을 해칠 우려가 있을 때에는 영업정지처분을 갈음하여 2억원 이하의 과징금을 부과할 수 있다.
② 과징금 산정의 일반기준에 의할 때 영업정지 1개월은 30일로 계산한다.
③ 과징금의 징수절차는 「지방세기본법 시행규칙」을 준용한다.
④ 시·도지사는 과징금을 내야 할 자가 납부기한까지 과징금을 내지 아니하면 「지방행정제재·부과금의 징수 등에 관한 법률」에 따라 징수한다.

20

회독 ☐☐☐

「소방시설공사업법」상 부정한 청탁에 의한 재물 등의 취득 및 제공 금지를 위반한 사실을 발견한 시·도지사가 명할 수 있는 처분 상한의 기준으로 옳은 것은?

① 소방시설업에 대한 등록취소
② 소방시설업에 대한 등록취소 또는 3개월 이내의 기간을 정하여 그 영업의 정지
③ 소방시설업에 대한 등록취소 또는 6개월 이내의 기간을 정하여 그 영업의 정지
④ 소방시설업에 대한 등록취소 또는 1년 이내의 기간을 정하여 그 영업의 정지

21

회독 ☐☐☐

「위험물안전관리법 시행규칙」상 주유취급소의 고정주유설비 또는 고정급유설비 설치기준에 관한 내용이다. ( ) 안에 들어갈 거리의 합으로 옳은 것은?

> - 고정주유설비는 고정주유설비의 중심선을 기점으로 하여 도로경계선까지 ( )m 이상의 거리를 유지할 것
> - 고정주유설비는 부지경계선, 담 및 건축물의 벽까지 ( )m 이상의 거리를 유지해야 한다. 단, 개구부가 없는 벽까지는 ( )m 이상의 거리를 유지해야 한다.
> - 고정주유설비와 고정급유설비의 사이에는 ( )m 이상의 거리를 유지할 것

① 7 　　　　　② 9
③ 11 　　　　　④ 13

22

회독 ☐☐☐

다음의 〈보기〉는 「위험물안전관리법 시행규칙」에 따른 구조안전점검에 관한 내용이다. ( )에 들어갈 내용으로 옳은 것은?

> 보기
> - 구조안전점검 대상은 옥외탱크저장소 중 저장 또는 취급하는 액체위험물의 최대수량이 (ㄱ)만리터 이상인 것이다.
> - 구조안전점검은 특정·준특정옥외탱크저장소의 설치허가에 따른 완공검사합격확인증을 발급받은 날부터 (ㄴ)년 이내에 1회 이상 해야 한다.
> - 구조안전점검은 최근의 정밀정기검사를 받은 날부터 (ㄷ)년 이내에 1회 이상 해야 한다.
> - 구조안전점검은 특정·준특정옥외저장탱크에 안전조치를 한 후 구조안전점검시기 연장신청을 하여 해당 안전조치가 적정한 것으로 인정받은 경우에는 최근의 정밀정기검사를 받은 날부터 (ㄹ)년 이내에 1회 이상 해야 한다.

	ㄱ	ㄴ	ㄷ	ㄹ
①	100	12	11	13
②	50	12	11	13
③	100	11	12	12
④	50	12	11	12

23

「소방시설공사업법 시행규칙」상 영업정지 처분에 갈음하여 과징금을 부과할 수 없는 경우로 옳지 않은 것은?

① 소방시설업의 등록 기준에 미달하게 된 후 30일이 경과한 경우(법원이 회생절차의 개시의 결정을 하고 그 절차가 진행 중인 경우 포함)

② 소방시설업자가 다른 자에게 자기의 성명이나 상호를 사용하여 소방시설공사등을 수급 또는 시공하게 하거나 소방시설업의 등록증 또는 등록수첩을 빌려준 경우

③ 시·도지사, 소방본부장 또는 소방서장의 소방시설업의 감독에 따른 명령을 위반하여 보고 또는 자료 제출을 하지 아니하거나 거짓으로 보고 또는 자료 제출을 한 경우

④ 정당한 사유 없이 소방시설업의 시·도지사, 소방본부장 또는 소방서장의 감독에 따른 관계 공무원의 출입 또는 검사·조사를 거부·방해 또는 기피한 경우

24

「위험물안전관리법 시행규칙」에 따른 옥내저장소의 위치·구조 및 설비의 기준 중 하나의 저장창고의 바닥면적을 1,000m²로 할 수 있는 위험물의 기준으로 옳지 않은 것은? (단, 저장창고가 2 이상의 구획된 실이 있는 경우에는 각 실의 바닥면적의 합계)

① 제1류 위험물 중 아염소산염류, 염소산염류, 과염소산염류, 무기과산화물 그 밖에 지정수량이 50kg인 위험물

② 제3류 위험물 중 칼륨, 나트륨, 알킬알루미늄, 알킬리튬 그 밖에 지정수량이 10kg인 위험물 및 황린

③ 제4류 위험물 중 특수인화물, 제1석유류 및 알코올류

④ 제5류 위험물 중 유기과산화물, 질산에스터류 그 밖에 지정수량이 10kg인 위험물 및 나이트로화합물

25

「위험물안전관리법」상 응급조치·통보 및 조치명령에 관한 내용으로 옳은 것은?

① 제조소등의 관계인은 제조소등에서 위험물의 유출 사고가 발생한 때에는 즉시 위험물의 유출 및 확산의 방지, 유출된 위험물의 제거 그 밖에 재해의 발생방지를 위한 응급조치를 강구하여야 한다.

② 사태를 발견한 자는 추후 그 사실을 소방서, 경찰서 또는 그 밖의 관계 기관에 통보하여야 한다.

③ 소방본부장 또는 소방서장은 제조소등의 관계인이 응급조치를 강구 하였다고 인정하는 때에는 응급조치를 강구하도록 명할 수 있다.

④ 시·도지사는 그 관할하는 구역에 있는 이동탱크저장소의 관계인에 대하여 응급조치를 강구하도록 명할 수 있다.

01

회독 ☐ ☐ ☐

「소방기본법 시행령」상 손실보상의 기준 및 보상금액에 대한 기준으로 옳지 않은 것은?

① 손실을 입은 물건을 수리할 수 있을 때에는 수리비에 상당하는 금액
② 손실을 입은 물건을 수리할 수 없을 때에는 손실을 입은 당시의 해당 물건의 구입가액
③ 영업자가 손실을 입은 물건의 수리나 교환으로 인하여 영업을 계속할 수 없을 때에는 영업을 계속할 수 없는 기간의 영업이익액에 상당하는 금액을 더하여 보상
④ 물건의 멸실·훼손으로 인한 손실 외의 재산상 손실에 대해서는 직무집행과 상당한 인과관계가 있는 범위에서 보상

02

회독 ☐ ☐ ☐

「소방기본법」 및 그 하위 법령상 소방자동차 전용구역에 관한 내용으로 옳지 않은 것은?

① 「건축법」 제2조 제2항 제2호에 따른 공동주택 중 대통령령으로 정하는 공동주택의 건축주는 제16조 제1항에 따른 소방활동의 원활한 수행을 위하여 공동주택에 소방자동차 전용구역을 설치하여야 한다.
② 「건축법 시행령」 별표 1 제2호 가목의 아파트 중 세대수가 100세대 이상인 아파트는 소방자동차 전용구역을 설치하여야 한다.
③ 누구든지 전용구역에 차를 주차하거나 전용구역에의 진입을 가로막는 등의 방해행위를 하여서는 아니되며, 전용구역에 차를 주차하거나 전용구역에의 진입을 가로막는 등의 방해행위를 한 자에게는 100만원 이하의 과태료를 부과한다.
④ 하나의 대지에 하나의 동(棟)으로 구성되고 「도로교통법」 제32조 또는 제33조에 따라 정차 또는 주차가 금지된 왕복 2차선 이상의 도로에 직접 접하여 소방자동차가 도로에서 직접 소방활동이 가능한 공동주택은 소방자동차 전용구역 설치를 제외한다.

03

회독 ☐ ☐ ☐

「소방기본법」상 소방기술 및 소방산업의 국제화사업에 관한 내용으로 옳지 않은 것은?

① 소방청장은 소방기술 및 소방산업의 국제경쟁력과 국제적 통용성을 높이는 데에 필요한 기반 조성을 촉진하기 위한 시책을 마련하여야 한다.
② 소방청장은 소방기술 및 소방산업의 국제경쟁력과 국제적 통용성을 높이기 위하여 소방기술 및 소방산업의 국제 협력을 위한 조사·연구 사업을 추진하여야 한다.
③ 소방청장은 소방기술 및 소방산업의 국제경쟁력과 국제적 통용성을 높이기 위하여 소방기술 및 소방산업의 국외시장 개척 사업을 추진하여야 한다.
④ 소방청장은 소방기술 및 소방산업의 국제경쟁력과 국제적 통용성을 높이기 위하여 소방기술 및 소방산업에 관한 국제 전시회, 국제 학술회의 개최 등 국제 교류 사업을 추진하여야 한다.

04

회독 ☐ ☐ ☐

「소방기본법 시행규칙」상 소방안전교육훈련의 강사 및 보조강사의 자격 기준 중 강사의 기준으로 옳지 않은 것은?

① 소방 관련학과의 석사학위 이상을 취득한 사람
② 「소방기본법」 제17조의2에 따른 소방안전교육사
③ 소방공무원으로서 3년 이상 근무한 경력이 있는 사람
④ 응급구조사, 인명구조사, 화재대응능력 등 소방청장이 정하는 소방활동 관련 자격을 취득한 사람

05

회독 ☐ ☐ ☐

「소방의 화재조사에 관한 법률」 및 같은 법 시행령상 화재현장 보존에 관한 내용으로 옳은 것은?

① 소방관서장은 화재조사를 위하여 최대한의 범위에서 화재현장 보존조치를 하거나 화재현장과 그 인근 지역을 통제구역으로 설정할 수 있다.
② 화재현장 보존조치를 하거나 통제구역을 설정한 경우 누구든지 소방관서장 또는 경찰서장의 허가 없이 화재현장에 있는 물건 등을 이동시키거나 변경·훼손하여서는 아니 되며, 이를 위반하여 허가 없이 통제구역에 출입한 사람에게는 300만원 이하의 벌금을 부과한다.
③ 화재소사를 하여야 하는 화새현장이 방화(放火) 또는 실화(失火)의 혐의로 수사의 대상이 된 경우에는 관할 경찰서장 또는 해양경찰서장이 통제구역을 설정한다.
④ 소방관서장이나 경찰서장은 화재조사가 완료된 경우와 공공의 이익에 중대한 영향을 미치는 경우 화재현장 보존조치나 통제구역의 설정을 지체 없이 해제할 수 있다.

06

회독 ☐ ☐ ☐

「소방의 화재조사에 관한 법률」 및 같은 법 시행령상 화재감정기관을 취소할 수 있는 경우로 옳지 않은 것은?

① 거짓이나 그 밖의 부정한 방법으로 지정을 받은 경우
② 거짓이나 그 밖의 부정한 방법으로 감정 비용을 청구한 경우
③ 고의 또는 중대한 과실로 감정 결과를 사실과 다르게 작성한 경우
④ 의뢰받은 감정을 정당한 사유 없이 거부하거나 1개월 이상 수행하지 않은 경우

07

회독 ☐ ☐ ☐

「화재의 예방 및 안전관리에 관한 법률」 및 같은 법 시행령상 소방안전 특별관리기본계획·시행계획의 수립·시행에 관한 내용으로 옳지 않은 것은?

① 소방청장은 소방안전 특별관리기본계획을 5년마다 수립하여 시·도에 통보해야 한다.
② 소방안전 특별관리기본계획에는 화재대응을 위한 훈련 사항이 포함되어야 한다.
③ 시·도지사는 특별관리기본계획을 시행하기 위하여 매년 소방안전 특별관리시행계획을 수립·시행하고, 그 결과를 다음 연도 3월 31일까지 소방청장에게 통보해야 한다.
④ 소방청장 및 시·도지사는 특별관리기본계획 또는 특별관리시행계획을 수립하는 경우 성별, 연령별, 화재안전취약자별 화재 피해현황 및 실태 등을 고려해야 한다.

08

회독 ☐ ☐ ☐

「화재의 예방 및 안전관리에 관한 법률 시행규칙」상 소방안전대상물이 아닌 특정소방대상물 중 소방안전교육 대상자로 옳은 것은?

① 가연성 가스를 1천톤 이상 저장·취급하는 시설의 근무자
② 소화기 또는 비상경보설비가 설치된 공장·창고 등의 특정소방대상물의 관계인
③ 지하층을 제외하고 50층 이상인 아파트의 거주자
④ 연면적 1만5천제곱미터 이상인 아파트 및 연립주택을 제외한 특정소방대상물의 근무자

09

회독 ☐ ☐ ☐

「화재의 예방 및 안전관리에 관한 법률 시행규칙」상 피난계획에 포함되어야 할 사항으로 옳지 않은 것은?

① 화재안전취약자의 현황
② 화재경보의 수단 및 방식
③ 층별, 구역별 피난대상 인원의 연령별·성별 현황
④ 각 거실에서 옥외(옥상 또는 피난안전구역을 포함한다)로 이르는 피난경로

10

회독 ☐ ☐ ☐

「화재의 예방 및 안전관리에 관한 법률 시행령」상 소방안전관리보조자를 선임해야 하는 소방안전관리대상물의 범위와 선임 대상별 인원기준으로 옳지 않은 것은? (방재실에 자위소방대는 상시 근무하고 있지 않다.)

① 연면적이 1만제곱미터인 의료시설에는 1명의 소방안전관리보조자를 선임해야 한다.
② 연면적이 4만제곱미터인 업무시설에는 2명의 소방안전관리보조자를 선임해야 한다.
③ 「건축법 시행령」 별표 1 제2호 가목에 따른 아파트 중 800세대인 아파트에는 2명의 소방안전관리보조자를 선임해야 한다.
④ 바닥면적의 합계가 1천제곱미터 미만이고 관계인이 24시간 상시 근무하고 있는 숙박시설에는 1명의 소방안전관리보조자를 선임해야 한다.

11

회독 ☐ ☐ ☐

「화재의 예방 및 안전관리에 관한 법률 시행령」상 화재의 확대가 빠른 특수가연물의 저장 및 취급 기준으로 옳지 않은 것은? (단, 석탄·목탄류를 발전용(發電用)으로 저장하는 경우는 제외한다.)

① 실외에 쌓아 저장하는 경우 쌓는 부분이 대지경계선, 도로 및 인접 건축물과 최소 6미터 이상 간격을 둘 것. 다만, 쌓는 높이보다 0.9미터 이상 높은 내화구조 벽체를 설치한 경우는 그렇지 않다.

② 실내에 쌓아 저장하는 경우 주요구조부는 방화구조이면서 불연재료여야 하고, 다른 종류의 특수가연물과 같은 공간에 보관하지 않을 것. 다만, 방화구조의 벽으로 분리하는 경우는 그렇지 않다.

③ 특수가연물 표지의 규격은 한 변의 길이가 0.3미터 이상, 다른 한 변의 길이가 0.6미터 이상인 직사각형으로 할 것

④ 특수가연물 표지의 바탕은 흰색으로, 문자는 검은색으로 할 것. 다만, 특수가연물 표지 중 화기엄금 표시 부분의 바탕은 붉은색으로, 문자는 백색으로 할 것.

12

회독 ☐ ☐ ☐

「소방시설 설치 및 관리에 관한 법률 시행령」상 개구부의 무창층에 대한 기준이다. (   )안에 들어갈 기준으로 바르게 나열된 것은?

「소방시설 설치 및 관리에 관한 법률 시행령」 제2조 제1호

1. "무창층"(無窓層)이란 지상층 중 다음 각 목의 요건을 모두 갖춘 개구부(건축물에서 채광·환기·통풍 또는 출입 등을 위하여 만든 창·출입구, 그 밖에 이와 비슷한 것을 말한다. 이하 같다)의 면적의 합계가 해당 층의 바닥면적(「건축법 시행령」 제119조 제1항 제3호에 따라 산정된 면적을 말한다. 이하 같다)의 (ㄱ) 이하가 되는 층을 말한다.

   가. 크기는 지름 (ㄴ)센티미터 이상의 원이 통과할 수 있을 것
   나. 해당 층의 바닥면으로부터 개구부 밑부분까지의 높이가 (ㄷ)미터 이내일 것
   다. 도로 또는 차량이 진입할 수 있는 빈터를 향할 것
   라. 화재 시 건축물로부터 쉽게 피난할 수 있도록 창살이나 그 밖의 장애물이 설치되지 않을 것
   마. 내부 또는 외부에서 쉽게 부수거나 열 수 있을 것

	ㄱ	ㄴ	ㄷ
①	50분의 1	50	1.2
②	30분의 1	60	1.5
③	50분의 1	60	1.5
④	30분의 1	50	1.2

13

회독 ☐ ☐ ☐

다음의 〈보기〉는 「소방시설 설치 및 관리에 관한 법률 시행령」에서 정하는 특정소방대상물이다. 해당하는 특정소방대상물로 옳은 것은?

보기

지하의 인공구조물 안에 설치되어 있는 상점, 사무실, 그 밖에 이와 비슷한 시설이 연속하여 지하도에 면하여 설치된 것과 그 지하도를 합한 것

---

① 터널　　　　　② 지하구
③ 지하상가　　　④ 공동구

14

회독 ☐ ☐ ☐

「소방시설 설치 및 관리에 관한 법률 시행규칙」상 연소 우려가 있는 건축물의 구조 기준으로 옳지 않은 것은?

① 건축물대장의 건축물 현황도에 표시된 대지경계선 안에 둘 이상의 건축물이 있는 경우

② 각각의 건축물이 다른 건축물의 외벽으로부터 수평거리가 1층의 경우에는 5미터 이하인 경우

③ 각각의 건축물이 다른 건축물의 외벽으로부터 수평거리가 2층 이상의 층의 경우에는 10미터 이하인 경우

④ 개구부가 다른 건축물을 향하여 설치되어 있는 경우

15

회독 ☐ ☐ ☐

「소방시설 설치 및 관리에 관한 법률 시행규칙」상 50층 이상 또는 성능위주설계를 한 특정소방대상물을 관리업자가 점검하는 경우 주된 점검인력으로 옳은 것은?

① 소방시설관리사 경력 5년 이상인 특급점검자 1명 이상
② 소방시설관리사 경력 3년 이상인 특급점검자 1명 이상
③ 소방시설관리사 경력 1년 이상인 특급점검자 1명 이상
④ 특급점검자 1명 이상

16

「소방시설 설치 및 관리에 관한 법률 시행령」상 수용인원의 산정 방법으로 옳은 것은?

① 침대가 있는 숙박시설은 해당 특정소방대상물의 종사자 수에 침대 수(2인용 침대는 1개로 산정한다)를 합한 수로 한다.

② 침대가 없는 숙박시설은 해당 특정소방대상물의 종사자 수에 숙박시설 바닥면적의 합계를 3㎡로 나누어 얻은 수를 합한 수로 한다.

③ 바닥면적을 산정할 때에는 복도(「건축법 시행령」 제2조 제11호에 따른 준불연재료 이상의 것을 사용하여 바닥에서 천장까지 벽으로 구획한 것을 말한다), 계단 및 화장실의 바닥면적을 포함한다.

④ 계산 결과 소수점 이하의 수는 올림한다.

17

「소방시설공사업법」상 성능위주설계 시 고려되어야 하는 사항으로 옳지 않은 것은?

① 용도
② 구조
③ 이용자 특성
④ 가연물의 종류 및 양

18

「소방시설공사업법 시행령」상 소방시설공사의 착공신고 대상으로 옳지 않은 것은?

① 창고시설에 스프링클러설비의 방호구역을 증설하는 공사

② 공동주택에 자동화재탐지설비의 경계구역을 증설하는 공사

③ 다중이용업소에서의 할로젠화합물 및 불활성기체 소화설비를 증설하는 공사

④ 업무시설에 옥내소화전설비(호스릴옥내소화전설비를 포함한다)를 신설하는 공사

19

「소방시설공사업법」 및 같은 법 시행규칙상 방염처리능력 평가 및 공시에 관한 내용으로 옳지 않은 것은?

① 소방청장은 방염처리업자의 방염처리능력 평가 요청이 있는 경우 해당 방염처리업자의 방염처리 실적 등에 따라 방염처리능력을 평가하여 공시할 수 있다.

② 방염처리 실적에 따른 평가를 받으려는 방염처리업자는 전년도 방염처리 실적이나 그 밖에 행정안전부령으로 정하는 서류를 소방청장에게 제출하여야 한다.

③ 방염처리업을 등록한 자는 방염처리능력을 평가받으려는 경우에는 방염처리능력 평가 신청서(전자문서 포함)를 협회에 매년 2월 15일까지 제출해야 한다.

④ 방염처리능력 평가 신청서에는 실적 등을 증명 서류(전자문자 포함)를 첨부해야 하며, 협회는 방염처리업자가 첨부해야 할 서류를 갖추지 못한 경우에는 10일의 보완기간을 부여하여 보완하게 해야 한다.

20

「소방시설공사업법 시행규칙」상 시공능력 평가의 방법 중 실적평가액 산정 방법으로 옳지 않은 것은?

① 공사실적액(발주자가 공급하는 자재비를 제외한다)은 해당 업체의 수급금액 중 하도급금액은 포함하고 하수급금액은 제외한다.

② 공사업을 한 기간이 산정일을 기준으로 3년 이상인 경우에는 최근 3년간의 공사실적을 합산하여 3으로 나눈 금액을 연평균공사실적액으로 한다.

③ 공사업을 한 기간이 산정일을 기준으로 1년 이상 3년 미만인 경우에는 그 기간의 공사실적을 합산한 금액을 그 기간의 개월수로 나눈 금액에 12를 곱한 금액을 연평균공사실적액으로 한다.

④ 공사업을 한 기간이 산정일을 기준으로 1년 미만인 경우에는 그 기간의 공사실적액을 연평균공사실적액으로 한다.

21

회독 □ □ □

「위험물안전관리법 시행규칙」상 이동탱크저장소의 이동저장탱크 구조에 관한 설명이다. (   ) 안에 들어갈 내용으로 옳은 것은?

> 이동저장탱크는 그 내부에 (ㄱ)L 이하마다 (ㄴ)mm 이상의 강철판 또는 이와 동등 이상의 강도·내열성 및 내식성이 있는 금속성의 것으로 칸막이를 설치하여야 한다.

	ㄱ	ㄴ
①	3,000	1.6
②	4,000	1.6
③	3,000	3.2
④	4,000	3.2

22

회독 □ □ □

「위험물안전관리법 시행규칙」상 방유제 내에 설치되는 옥외저장탱크의 용량의 합계가 2억L를 넘는 방유제의 간막이 둑의 높이 기준으로 옳은 것은?

① 0.3m 이상
② 1m 이상
③ 2m 이상
④ 3m 이상

23

회독 □ □ □

「위험물안전관리법 시행규칙」상 제조소등의 예방규정 이행 실태 평가 구분으로 옳지 않은 것은?

① 최초평가
② 정기평가
③ 수시평가
④ 종합평가

24

회독 □ □ □

다음의 〈보기〉는 「위험물안전관리법」상 위험물안전관리자 선임에 관한 내용이다. (   )안에 들어갈 내용으로 옳은 것은?

> [보기]
> 「위험물안전관리법」제15조 제1항 단서 조항
> 다만, 제조소등에서 저장·취급하는 위험물이 「화학물질관리법」에 따른 (ㄱ), (ㄴ), (ㄷ)에 해당하는 경우 등 대통령령이 정하는 경우에는 당해 제조소등을 설치한 자는 다른 법률에 의하여 안전관리업무를 하는 자로 선임된 자 가운데 대통령령이 정하는 자를 안전관리자로 선임할 수 있다.

	(ㄱ)	(ㄴ)	(ㄷ)
①	인체만성유해성물질	생태급성유해성물질	생태유해성물질
②	생태유해성물질	환경만성유해성물질	인체급성유해성물질
③	인체급성유해성물질	인체만성유해성물질	생태유해성물질
④	인체급성유해성물질	환경유해성물질	인체만성유해성물질

25

회독 □ □ □

「위험물안전관리법 시행규칙」상 제조소등의 사용을 중지하려는 경우 위험물의 제거 및 제조소등에의 출입통제 등의 안전조치로 옳지 않은 것은?

① 탱크·배관 등 위험물을 저장 또는 취급하는 설비에서 위험물 및 가연성 증기 등의 제거
② 위험물시설 및 작업장에 대한 안전순찰에 관한 조치
③ 해당 제조소등의 사용중지 사실의 게시
④ 위험물의 사고 예방에 필요한 조치

소방학개론

정답과 해설편

1회 소방학개론 동형 모의고사
2회 소방학개론 동형 모의고사
3회 소방학개론 동형 모의고사
4회 소방학개론 동형 모의고사
5회 소방학개론 동형 모의고사
6회 소방학개론 동형 모의고사
7회 소방학개론 동형 모의고사
8회 소방학개론 동형 모의고사
9회 소방학개론 동형 모의고사
10회 소방학개론 동형 모의고사
11회 소방학개론 동형 모의고사
12회 소방학개론 동형 모의고사
13회 소방학개론 동형 모의고사
14회 소방학개론 동형 모의고사
15회 소방학개론 동형 모의고사

제 01 회 정답과 해설

📎 문제 p.6

Answer

01	④	02	②	03	③	04	③	05	②
06	②	07	③	08	④	09	④	10	④
11	③	12	①	13	②	14	①	15	③
16	③	17	④	18	④	19	③	20	④
21	③	22	③	23	②	24	①	25	①

01

정답 ❹

합성계면 활성제포 소화약제
- 3%, 6% 저발포형과 1%, 1.5%, 2% 고발포형이 있으며, 고발포형은 팽창범위가 넓다.
- 유류화재와 일반화재 공용이다.
- 차고, 주차장 및 일반 유류화재에 적합하다.
- 유동성이 좋아 소화속도가 빠르다.
- 내열성과 내유성이 약해서 윤화(Ring fire)현상이 일어날 수 있다.
- 포가 비교적 빨리 소멸된다. (고발포는 저발포에 비해 환원성이 좋다.)
  * 환원성이란 포가 소멸되어 거품이 없어지는 시간으로 소포성을 의미한다.

02

정답 ❷

「위험물안전관리법 시행령」 제2조 및 제3조 관련 [별표 1]

	품명	유별	위험등급	지정수량
㉠	과염소산염류	제1류	I	50kg
㉡	과염소산	제6류	I	300kg
㉢	질산염류	제1류	II	300kg
㉣	질산	제6류	I	300kg
㉤	차아염소산염류	제1류	I	50kg

03

정답 ❸

롤오버(Rollover) 현상

㉠ 개념

롤오버(Roll over)현상은 플래시오버(Flash over)현상보다 먼저 일어난다. 연소과정에서 발생된 가연성가스가 공기 중 산소와 혼합되어 천장부분에 집적된 상태에서 발화온도에 도달하여 발화함으로써 화재의 선단부분이 매우 빠르게 확대되어 가는 현상을 말한다. 즉, 화재가 발생한 장소(공간)의 출입구 바로 바깥쪽 복도 천장에서 연기와 산발적인 화염이 굽이쳐 흘러가는 현상을 의미한다. 롤오버현상은 플래시오버현상의 전조현상이다.

㉡ 발생원인

화재지역의 상층(천장)에 집적된 고압의 뜨거운 가연성 가스가 화재가 발생되지 않은 저압의 다른 부분으로 이동하면서 화재가 매우 빠르게 확대되면서 발생한다.

04

정답 ❸

폭굉(초음속)의 유도거리가 짧아질 수 있는 요인

정상연소속도가 큰 가스일수록, 압력이 클수록, 관경이 가늘수록, 관경이 거칠수록, 돌출물이 있을수록 폭연에서 폭굉으로 전이되기 쉽다.

* 정상연소속도가 큰 가스란 반응속도 즉 연소속도가 빠른 가스를 의미하며, 파라핀계 탄화수소는 탄소(C) 수가 많을수록 연소속도가 느려진다.

05

정답 ❷

화재현장에서 발생하는 유독가스

종류	발생조건	허용농도(TWA)
일산화탄소(CO)	불완전 연소 시 발생	50ppm
아황산가스(SO_2)	중질유, 고무, 황화합물 등의 연소 시 발생	5ppm
염화수소(HCl)	플라스틱, PVC 연소 시 발생	5ppm
시안화수소(HCN)	우레탄, 나일론, 폴리에틸렌, 고무, 모직물 등의 연소 시 발생	10ppm
암모니아(NH_3)	열경화성 수지, 나일론 등의 연소 시 발생	25ppm
포스겐($COCl_2$)	프레온 가스와 불꽃의 접촉 시 발생	0.1ppm

06

정답 ❷

$$CH_4 + 2O_2 \rightarrow CO_2 + 2H_2O$$

분자 1몰의 부피는 0℃, 1atm에서는 22.4L이고, 20℃, 1atm에서는 24L이다. 메탄 1몰당 산소 2몰의 비율로 반응하므로 0℃, 1atm에서 메탄 11.2L(0.5mol)을 완전연소하기 위한 산소의 부피는 22.4L(1mol)이다.

07

정답 ❸

$$C_mH_n + (m + \frac{n}{4})O_2 \rightarrow mCO_2 + \frac{n}{2}H_2O$$

$$CH_4 + 2O_2 \rightarrow CO_2 + 2H_2O$$

$$\text{최소산소농도(moc)} = \frac{\text{산소의 몰수}}{\text{연료의 몰수}} \times \text{하한값} = 2 \times 5.0 = 10vol\%$$

따라서, 소화를 위한 이산화탄소 농도는

$$\frac{20 - 10}{20} \times 100 = 50vol\%를 초과해야 한다.$$

08

정답 ❹

재난사태 선포

「재난 및 안전관리 기본법」 제36조 제3항 및 제4항

③ 제1항에도 불구하고 시·도지사는 관할 구역에서 재난이 발생하거나 발생할 우려가 있는 등 대통령령으로 정하는 경우 사람의 생명·신체 및 재산에 미치는 중대한 영향이나 피해를 줄이기 위하여 긴급한 조치가 필요하다고 인정하면 시·도위원회의 심의를 거쳐 재난사태를 선포할 수 있다. 이 경우 시·도지사는 지체 없이 그 사실을 행정안전부장관에게 통보하여야 한다.

④ 제3항에 따른 재난사태 선포에 대한 시·도위원회 심의의 생략 및 승인 등에 관하여는 제1항의 단서 및 제2항을 준용한다. 이 경우 "행정안전부장관"은 "시·도지사"로, "중앙위원회"는 "시·도위원회"로 본다.

09 정답 ❹

$$Q = K \cdot A \cdot \frac{T_1 - T_2}{L}[W]$$

Q : 열전달량[W = j/s = cal/s],
K : 열전도도[W/(m · ℃)], A : 표면적(m²), T_1 : 내부온도(℃),
T_2 : 나중온도(℃), L : 벽두께(m)

$$0.65 \cdot 1 \cdot \frac{30 - 5}{0.08} = 203kcal$$

10 정답 ❹

ㄱ. 표면연소 - 고체연소
ㄴ. 문부연소 - 액체연소
ㄷ. 쏙발언소 - 기체연소
ㄹ. 자기연소 - 고체연소
ㅁ. 증발연소 - 고체연소, 액체연소
ㅂ. 분해연소 - 고체연소, 액체연소

11 정답 ❸

㉠ 칼륨은 상온에서 고체이고, 트리에틸알루미늄은 상온에서 액체이다.
㉡ 칼륨 및 트리에틸알루미늄의 물과의 반응식
　· 트리에틸알루미늄의 물과의 반응 :
　　$(C_2H_5)_3Al + 3H_2O \rightarrow Al(OH)_3 + 3C_2H_6$
　　(트리에틸알루미늄) (물) → (수산화알루미늄) (에탄)
　· 칼륨과 물과의 반응 : $2K + 2H_2O \rightarrow 2KOH + H_2$
　　　　　　　　　　(칼륨)　(물)　→ (수산화칼륨) (수소)
㉢ 「위험물안전관리법」상 위험등급 I에는 제3류 위험물 중 칼륨, 나트륨, 알
킬알루미늄, 알킬리튬, 황린 그 밖에 지정수량 10kg과 20kg인 위험물이
해당된다. 트리에틸알루미늄은 알킬알루미늄에 포함된다.

12 정답 ❶

제연설비
· 하나의 제연구역 면적은 1,000m² 이내로 해야 한다.
· 거실과 통로(복도 포함)는 각각 제연구획 하여야 한다. 제연구역은 보, 제
연경계벽 및 벽(가동벽·방화셔터·방화문 포함)으로 한다.
· 통로상의 제연구역은 보행중심선의 길이가 60미터를 초과하지 않아야
한다.
· 하나의 제연구역은 직경 60미터 원내에 들어갈 수 있어야 한다.
· 제연경계의 폭(천장, 반자로부터 그 수직 하단까지의 거리)이 0.6m 이상
이고 수직거리가 2m 이내이어야 한다(단, 불가피한 경우 2m 초과).
· 배연구는 실의 상부에 설치하고 급기구는 바닥 부분 하부에 설치하여야
한다.
· 유입풍도 안의 풍속은 20m/sec 이하여야 한다.
· 배출기 흡입측 풍도 안의 풍속은 15m/sec 이하로 하고, 배출 측 풍속은
20m/sec 이하로 한다.
· 예상제연구역의 각 부분으로부터 하나의 배출구까지 수평거리는 10m 이
내가 되도록 한다.
· 예상제연구역에 대한 공기유입량은 규정에 따른 배출량 이상이 되도록 하
여야 한다.
· 제연설비에서 가동식의 벽, 제연경계벽의 댐퍼 및 배출기의 작동은 자동
화재감지기와 연동되어야 하며, 예상제연구역 및 제어반에서 수동으로 가
동이 가능하도록 하여야 한다. 제연설비의 자동 작동과정은 '화재감지기
작동 → 수신기 → 급·배기댐퍼 작동 → 팬 작동 → 제연' 순이다.

13 정답 ❷

「소방공무원법」 제14조 제2항 : 소방준감 이하 계급으로의 승진은 승진심사
에 의하여 한다. 다만, 소방령 이하 계급으로의 승진은 대통령령으로 정하는
비율에 따라 승진심사와 승진시험을 병행할 수 있다.

14 정답 ❶

우리나라 최초의 소방관·소방수는 금화군이다. 금화도감은 소방청에 해당
한다.

15 정답 ❸

「화재조사 및 보고규정」 제20조 제1항(화재합동조사단 운영 및 종료)
소방관서장은 화재합동조사단이 구성되는 대형화재에 해당하는 화재가 발
생한 경우 다음 각 호에 따라 화재합동조사단을 구성하여 운영하는 것을 원
칙으로 한다.
㉠ 소방청장 : 사상자가 30명 이상이거나 2개 시·도 이상에 걸쳐 발생한
　화재(임야화재는 제외한다.)
㉡ 소방본부장 : 사상자가 20명 이상이거나 2개 시·군·구 이상에 발생한
　화재
㉢ 소방서장 : 사망자가 5명 이상이거나 사상자가 10명 이상 또는 재산피해
　액이 100억원 이상 발생한 화재

16 정답 ❸

「재난 및 안전관리 기본법 시행령」 제3조의2 관련 [별표 1의3]
㉠ 「해양사고의 조사 및 심판에 관한 법률」 제2조 제1호에 따른 해양사고
　(해양에서 발생한 사고로 한정하며, 해양오염은 제외한다)로 인해 발생
　하는 대규모 피해 : 해양수산부
㉡ 「해양환경관리법」 제2조 제2호에 따른 해양오염으로 인해 발생하는 대
　규모 피해 : 해양수산부 및 해양경찰청

17 정답 ❹

「재난 및 안전관리 기본법 시행령」 제73조의9 제8항 제2호
중앙행정기관의 장 또는 지방자치단체의 장(법 제66조의11 제3항에 따른 지
역축제의 경우에는 관할 시장·군수·구청장을 말한다. 이하 이 항에서 같
다)은 법 제66조의11 제5항에 따라 관할 경찰관서, 소방관서 및 그 밖의 관
계 기관의 장에게 다음 각 호의 구분에 따른 사항의 협조 또는 역할 분담을
요청할 수 있다. 다만, 법 제66조의11 제3항에 따른 지역축제의 경우에는
개최자가 시장·군수·구청장에게 신청하는 경우에만 관할 경찰관서 등의
장에게 요청할 수 있다.
2. 관할 소방관서의 장의 협조사항
　가. 긴급자동차 대기 및 소방관 배치
　나. 소방안전점검
　다. 지역축제 행사장 현장 소방연락관 운영
　라. 그 밖에 가목부터 다목까지의 규정에 준하는 사항으로서 관할 소방
　　관서의 소관 업무 중 지역축제 안전관리를 위해 필요한 사항

18 정답 ❹

화재플룸(fire plume)은 화재시 상승력이 커진 부력에 의해 연소가스와 유
입공기가 상승하면서 화염이 섞인 연기기둥 형태를 나타내는 현상이다.

19

정답 ❸

중점전술

화세에 비해 소방력이 부족하여 전체 화재현장을 모두 통제할 수 없는 경우 화재발생장소 주변에 사회적, 경제적 혹은 소방상 중요한 시설 또는 대상물에 중점을 두어 대응 또는 진압하는 전술이다. 천재지변 등 보통의 전술로는 진압이 곤란한 경우에 사용된다. 예컨대 대폭발 등이 있을 때 다수의 인명보호를 위하여 피난로, 피난예정지를 확보작전 등을 통해 중점적으로 방어하는 데 사용된다.

20

정답 ❹

① 화재에 노출되어 가열된 가스용기 또는 탱크가 열에 의한 가열로 압력이 증가하여 <u>인장강도를 상실하면서 폭발하는 물리적</u> 현상이다.
② 직접 열을 받는 부분이 탱크의 인장강도를 초과하는 경우 기상부에 면하는 지점에서 파열이 일어나는 <u>물리적 폭발</u>이 일어나고 이후 분출된 액화가스의 증기가 공기와 혼합하여 일어나는 연소범위가 형성되어 공 모양의 대형 화염이 상승하는 <u>화학적 폭발</u>로 이어지게 된다.
③ BLEVE의 방지대책으로 감압시스템으로 압력을 낮추거나 용기 외벽에 <u>열전도성이 낮은 물질로 단열시공을</u> 하는 방법이 있다.

21

정답 ❸

화재가혹도와 화재강도, 화재하중의 상관관계
㉠ 최고온도는 화재가혹도의 질적 개념으로 화재강도와 관련이 있다.
㉡ 지속시간은 화재가혹도의 양적 개념으로 화재하중과 관련이 있다.

22

정답 ❸

연료지배형 화재는 환기요소에 영향을 받지 않으므로 환기요소인 개구부 면적에 지배를 받지 않는다.

23

정답 ❷

식용유 화재 시 주변의 야채를 집어 넣어 소화하는 방법 – 냉각소화

24

정답 ❶

물은 분자 간에는 수소결합을, 분자 내에서는 극성공유결합을 하여 소화약제로서의 효과가 뛰어나다.
물의 화학적 특성
㉠ 공유결합
　물분자 내의 <u>수소원자와 산소원자 사이의 원자 간의 결합</u>으로 전자 한 쌍을 두 원자가 서로 공유함으로써 화학적 결합을 하는 상태이며, 물분자는 극성공유결합의 형태를 취하고 있기 때문에 극성 물질 등에 대한 용해도가 크기 때문에 첨가제 사용이 용이하다.
㉡ 수소결합
　<u>물 분자는 극성분자이기 때문에 분자 간에는 정전기적 인력이 작용</u>하므로 물 분자 사이의 결합력이 강한 편이며, 분자 사이의 인력이 강하므로 분자 간의 결합을 끊기 어려워서 물 분자는 비열이나 기화열이 다른 분자들에 비해 크다.

25

정답 ❶

"용기바닥에 고인 물과 닿아 넘친다"는 표현과 "화재를 수반하지 않고"라는 용어가 있으면 프로스오버(Forth over)이다.

제 **02** 회 정답과 해설

🔗 문제 p.10

Answer

01	④	02	④	03	②	04	②	05	④
06	③	07	③	08	④	09	①	10	③
11	④	12	①	13	①	14	③	15	④
16	②	17	①	18	②	19	③	20	④
21	①	22	④	23	④	24	③	25	②

01

정답 ④

「화재알림설비의 화재안전성능기준(NFPC 207)」제7조(화재알림형 감지기)
㉠ 화재알림형 감지기는 열을 감지하는 경우 공칭감지온도범위, 연기를 감지하는 경우 공칭감지농도범위, 불꽃을 감지하는 경우 공칭감시거리 및 공칭시야각 등에 따라 적합한 장소에 설치해야 한다.
㉡ 무선식의 경우 화재를 유효하게 검출하기 위해 해당 특정소방대상물에 음영구역이 없도록 설치해야 한다
㉢ 동작된 감지기는 자체 내장된 음향장치에 의하여 경보를 발해야 하며, 음압은 부착된 화재알림형 감지기의 중심으로부터 1미터 떨어진 위치에서 85데시벨 이상으로 해야 한다.

02

정답 ④

과염소산은 제1류, 황린은 제3류에 해당되어 혼재할 수 없다.
「위험물안전관리법 시행규칙」제50조 관련 [별표 19]의 부표2
: 유별을 달리하는 위험물의 혼재기준(별표 19 관련)

구분	제1류	제2류	제3류	제4류	제5류	제6류
제1류		×	×	×	×	○
제2류	×		×	○	○	×
제3류	×	×		○	×	×
제4류	×	○	○		○	×
제5류	×	○	×	○		×
제6류	○	×	×	×	×	

비고
1. "×"표시는 혼재할 수 없음을 표시한다.
2. "○"표시는 혼재할 수 있음을 표시한다.
3. 이 표는 지정수량의 $\frac{1}{10}$ 이하의 위험물에 대하여는 적용하지 아니한다.
4. 암기 tip : 위험물의 혼재
　① 423 → 제4류와 제2류, 제4류와 제3류는 서로 혼재가능
　② 524 → 제5류와 제2류, 제5류와 제4류는 서로 혼재가능
　③ 61 → 제6류와 제1류는 서로 혼재가능

03

정답 ②

펌프 프로포셔너방식
㉠ 펌프의 토출측과 흡입측 사이를 바이패스배관으로 연결하고, 그 바이패스 배관 도중에 혼합기와 포약제를 접속한 후 펌프에서 토출된 물의 일부를 보내고, 벤츄리 작용에 의해 포원액이 흡입된다. 이때 포약제 탱크에서 농도조절밸브를 통하여 펌프흡입측으로 흡입된 약제가 유입되어 이를 지정농도로 혼합하여 발포기로 보내주는 방식이다.

㉡ 화학소방차 등에서 주로 사용하는 방식이다.
㉢ 장·단점

장점	단점
가격이 저렴하고 시설이 용이하다.	1. 혼합기를 통한 압력손실이 1/3정도로 매우 높다. 이로 인하여 혼합기의 흡입 가능 높이가 제한 (1.8m 이하)된다. 2. 압력손실에 의해서 원액 탱크 쪽으로 물이 역류할 수 있다. 3. 혼합 가능한 유량의 범위가 좁다. 4. 포소요량이 많아 다른 방호대상물과는 같이 사용이 불가하다.

04

정답 ②

폭굉
㉠ 에너지 방출속도는 열 전달속도에 기인하지 않고 압력파에 의손한다.
㉡ 반응면이 혼합물을 자연발화온도 이상으로 압축시키는 강한 충격파에 의해 전파된다. 동시에 충격파는 연소반응에 의해 방출되는 열에 의해 유지된다.

05

정답 ④

화재 가혹도와 화재강도, 화재하중의 상관관계
㉠ 최고온도는 화재가혹도의 실석 개념으로 와새상노와 관련이 있나.
㉡ 지속시간은 화재가혹도의 양적 개념으로 화재하중과 관련이 있다.

06

정답 ③

$$Q = K \cdot A \cdot \frac{T_1 - T_2}{L}[W]$$

Q : 열전달량$[W = j/s = cal/s]$,
K : 열전도도$[W/(m \cdot ℃)]$, A : 표면적(m^2), T_1 : 내부온도$(℃)$,
T_2 : 나중온도$(℃)$, L : 벽두께(m)

$$258 = 0.172 \cdot 1 \cdot \frac{T}{0.025}, \quad \frac{258 \cdot 0.025}{0.172 \cdot 1} = T, \text{ 따라서 } 37.5℃$$

07

정답 ③

기상폭발
메탄(CH_4), 프로판(C_3H_8) 등 가연성가스가 조연성가스와의 혼합으로 발생하는 가스폭발이 기상폭발이다. 기상폭발은 가스폭발, 분해폭발, 분무폭발, 분진폭발로 분류한다.
ㄴ. 분진폭발—기상폭발
ㄷ. 분해폭발—기상폭발
ㅁ. 분무폭발—기상폭발
ㄱ. 증기폭발—응상폭발
ㄹ. 전선폭발—응상폭발

08

정답 ④

연소열은 커야 하고 비점은 작아야 한다.

09

정답 ①

ㄷ. 일제강점기 : 1925년 최초로 경성소방서를 설치하였다.
ㄹ. 미군정시대 : 소방을 경찰에서 분리하여 최초로 독립된 자치적 소방제도를 시행하였다.

10
정답 ❸

탄화수소계의 완전연소식

㉠ $C_mH_n + (m + \dfrac{n}{4})O_2 \rightarrow mCO_2 + \dfrac{n}{2}H_2O$

㉡ $C_mH_nO_z + (m + \dfrac{n}{4} - \dfrac{z}{2})O_2 \rightarrow mCO_2 + \dfrac{n}{2}H_2O$

㉢ 프로판올의 완전 연소식 : C_3H_7OH(시성식) $\rightarrow$ C_3H_8O(분자식)

: $C_3H_7OH + (3 + \dfrac{8}{4} - \dfrac{1}{2})O_2 \rightarrow 3CO_2 + 4H_2O$

㉣ 프로판올 1mol이 완전연소하기 위하여는 4.5mol의 산소가 필요하므로, 공기의 mol 수는 4.5 ÷ 0.2 = 22.5mol이다.

㉤ 공기의 조성비는 질소(N_2) 80vol%, 산소(O_2) 20vol%이므로, 질소(N_2)는 18mol이고 산소(O_2)는 4.5mol이다. N의 원자량은 14g, O의 원자량은 16g이므로 질소(N_2)는 504g, 산소(O_2)는 144g이 된다. 따라서 648g의 공기가 필요하다.

11
정답 ❹

화재하중은 바닥면적(m^2)당 중량(kg)으로 계산한다.

$$화재하중(Q) = \frac{\Sigma(G_t H_t)}{HA}[kg/m^2]$$

(Σ = 합, $\triangle$ = 차)

G_t = 가연물의 양[kg]

H_t = 단위발열량[kcal/kg]

H = 목재단위발열량[kcal/kg]

A = 화재실 바닥면적[m^2]

12
정답 ❶

㉠ 이황화탄소(CS_2) : 가연성 증기 발생을 억제하기 위하여 물속에 저장한다.

㉡ 황린(P_4) : 물과 반응하지 않기 때문에 pH9(약알칼리성) 정도의 물속에 저장하며 보호액이 증발되지 않도록 한다.

㉢ 칼륨(K) : 등유, 경유, 유동파라핀 등의 보호액을 넣은 내통에 밀봉 저장한다.

㉣ 나트륨(Na) : 보호액(등유, 경유, 유동파라핀)을 넣은 내통에 밀봉한다.

13
정답 ❶

단일 부처 조정하의 병렬적 다수 부처 및 기관을 관리한다. -통합적관리방식에 대한 설명이다.

14
정답 ❸

준비작동식, 부압식의 경우 감지기와 폐쇄형스프링클러 헤드가 설치된다.

15
정답 ❹

자동화재탐지설비 및 시각경보장치의 화재안전성능기준(NFPC 203)
음향장치는 다음 각 목의 기준에 따른 구조 및 성능의 것으로 하여야 한다.

㉠ 정격전압의 80% 전압에서 음향을 발할 수 있는 것으로 할 것. 다만, 건전지를 주전원으로 사용하는 음향장치는 그러하지 아니하다.

㉡ 음량은 부착된 음향장치의 중심으로부터 1m 떨어진 위치에서 90dB 이상이 되는 것으로 할 것

㉢ 감지기 및 발신기의 작동과 연동하여 작동할 수 있는 것으로 할 것

16
정답 ❷

ㄴ. 제38조(위기경보의 발령 등)-대응단계

ㄷ. 제36조(재난사태 선포)-대응단계

ㄱ. 제26조(국가핵심기반의 지정)-예방단계

ㄹ. 제34조의2(재난현장 긴급통신수단의 마련)-대비단계

ㅁ. 제34조의5(재난분야 위기관리 매뉴얼 작성·운용)-대비단계

17
정답 ❶

포스겐($COCl_2$)

㉠ 맹독성가스로 열가소성 수지인 폴리염화비닐(PVC), 수지류 등이 연소할 때 발생된다.

㉡ 허용농도는 0.1ppm(mg/m^3)이다.

㉢ 특히 포스겐은 제2차 세계대전 당시 독일군이 유태인을 학살하는 데 사용한 가스로 극소량으로도 인체에 치명적이다.

㉣ 일반적인 물질이 연소할 경우는 거의 생성되지 않지만 일산화탄소(CO)와 염소가 반응하여 생성하기도 한다.

18
정답 ❸

ㄴ. 고발포는 저발포에 비해 환원성이 좋다.

ㄷ. 내유성이 있어 탱크 하부에서 발포하는 표면하주입방식이 가능하며 분말소화약제와 함께 사용 시 소화능력이 강화된다. -수성막포에 대한 설명이다.

19
정답 ❸

제3종 분말 소화약제

㉠ 담홍색(혹은 황색)으로 착색

㉡ 실리콘오일 등으로 방습처리함

㉢ A·B·C급 화재에 적합하고, 화재 시 분말은 열을 만나 열분해 반응에서 H_2O와 HPO_3가 생성된다.

㉣ 질식·부촉매·냉각·희석 효과 등

㉤ 메타인산(HPO_3)이 산소와 접촉·차단하여 가연물의 숯불 형태의 잔진 상태의 연소까지 저지시키는 방진작용에 의한 것이다.

㉥ 열분해되어 나온 오쏘인산(H_3PO_4)이 연소물의 섬유소를 난연성의 탄소와 물로 분해시키는 탄화와 탈수작용을 가진다.

   * 메타인산은 방진작용을 가지고, 오쏘인산은 탄화와 탈수작용을 가진다.

㉦ 제1종, 제2종 약제보다 20~30% 효과가 크다.

㉧ 제2종과 제3종 약제은 비누화 현상이 없다.

20
정답 ❹

A는 발화점이다.

① 외부에너지에 의해 발화하기 시작하는 최저연소온도이다. -인화점

② 물질적 조건과 에너지 조건이 만나는 최저연소온도이다. -인화점

③ 가연성 혼합기를 형성하는 최저연소온도이다. -인화점

21
정답 ❶

점화원의 종류

㉠ 열적 점화원 : 고온표면, 적외선, 복사열 등

㉡ 기계적 점화원 : 단열압축(압축열), 충격 및 마찰(마찰불꽃·스파크)

㉢ 화학적 점화원 : 연소열, 용해열, 분해열, 생성열, 자연발화에 의한 열

㉣ 전기적 점화원 : 정전기, 낙뢰, 전기불꽃, 유도열, 유전열, 저항열, 아크열

22

정답 ❹

부서별 임무

㉠ 대응계획부 : 통합 지휘 · 조정, 상황 분석 · 보고, 작전계획 수립, 연락관 소집 · 파견, 공보, 지원기관 연락관 임무를 수행한다.
㉡ 현장지휘부 : 위험진압, 수색구조, 응급의료, 항공 · 현장통제, 안전관리, 자원대기소 운영 임무를 수행한다.
㉢ 자원지원부 : 물품 · 급식지원, 회복지원, 장비관리, 자원집결지 운영, 긴급복구지원, 오염방제지원 임무를 수행한다.

23

정답 ❹

「**소방공무원 임용령**」 제2조
소방기관이라 함은 소방청, 특별시 · 광역시 · 특별자치시 · 도 · 특별자치도 (이하 "시 · 도"리 한다)와 중앙소방학교 · 중앙119구조본부 · 국립소방연구원 · 지방소방학교 · 서울종합방재센터 · 소방서 · 119특수대응단 및 소방체험관을 말한다.

「**소방청과 그 소속기관 직제**」 제2조
㉠ 소방청장의 관장사무를 지원하기 위하여 소방청장 소속으로 중앙소방학교 및 중앙119구조본부를 둔다.
㉡ 소방청장의 관장 사무를 지원하기 위하여 「책임운영기관의 설치 · 운영에 관한 법률」 제4조 제1항, 같은 법 시행령 제2조 제1항 및 별표 1에 따라 소방청장 소속의 책임운영기관으로 국립소방연구원을 둔다.

24

정답 ❸

- 글리세린(제3석유류 중 수용성) : 160℃
- 등유(제2석유류 중 비수용성) : 30℃ ~ 60℃
- 톨루엔(제1석유류 중 비수용성) : 4℃
- 벤젠(제1석유류 중 비수용성) : −11℃
- 휘발유(제1석유류 중 비수용성) : −43℃ ~ −20℃

25

정답 ❷

'B'는 백드래프트 현상으로서 밀폐된 공간에서 훈소현상을 원인으로 한다.

제 **03** 회 정답과 해설

문제 p.14

Answer

01	②	02	②	03	④	04	④	05	④
06	③	07	④	08	③	09	③	10	④
11	②	12	②	13	②	14	④	15	③
16	①	17	②	18	③	19	①	20	③
21	①	22	③	23	①	24	①	25	②

01

정답 ❷

- 가연성 물질
  일산화탄소(CO), 황화수소(H_2S), 이산화황(SO_2), 암모니아(NH_3), 시안화수소(HCN), 아크롤레인(CH_2CHCHO), 벤젠(C_6H_6) 등
- 불연성 물질
  이산화탄소(CO_2), 포스겐($COCl_2$), 염화수소(HCl), 불화수소(HF), 브로민화수소(HBr)
- 조연성 물질
  이산화질소(NO_2), 염소(Cl)

02

정답 ❷

「긴급구조대응활동 및 현장지휘에 관한 규칙」 제16조 제1항 관련 [별표5] 제2호
임무

구분	주요 임무
지휘대장	가. 화재 등 재난사고의 발생 시 현장지휘 · 조정 · 통제 나. 통제단 가동 전 재난현장 지휘활동 등
현장지휘요원	가. 화재 등 재난사고의 발생 시 지휘대장 보좌 나. 통제단 가동 전 재난현장 대응활동 계획 수립 등
자원지원요원	가. 자원대기소, 자원집결지 선정 및 동원자원 관리 나. 긴급구조지원기관 및 응원협정체결기관 동원요청 등
통신지원요원	가. 재난현장 통신지원체계 유지 · 관리 나. 지휘대장의 현장활동대원 무전지휘 운영 지원 등
안전관리요원	가. 현장활동 안전사고 방지대책 수립 및 이행 나. 재난현장 안전진단 및 안전조치 등
상황조사요원	가. 재난현장과 119종합상황실간 실시간 정보지원체계 구축 나. 현장상황 파악 및 통제단 가동을 위한 상황판단 정보 제공 등
구급지휘요원	가. 재난현장 재난의료체계 가동 나. 사상자 관리 및 병원수용능력 파악 등 의료자원 관리 등

03

정답 ❹

관경이 좁을수록 유도거리가 짧아진다.

04

정답 ❹

제5류 위험물—자기 자신이 산소를 함유하고 있는 자기반응성 물질이며, 다량의 주수를 통한 냉각소화가 가장 적응성이 좋으며, 포를 이용한 경우에도 포의 성분 중 물에 의한 냉각소화가 가능하다.

05

정답 ❹

복사는 전자파에 의하여 에너지가 전달되는 현상으로, 파장에 반비례하여 파장이 짧을수록 에너지가 커지고 길수록 에너지가 작아진다.

06

정답 ❸

- 탄화망가니즈는 메탄과 수소를 발생시킨다.
  $Mn_3C + 6H_2O \rightarrow 3Mn(OH)_2 + CH_4 + H_2$
  (탄화망가니즈) (물) → (수산화망가니즈) (메탄) (수소)
- 물과 반응 시 아세틸렌을 발생시키는 물질
  ㉠ $Na_2C_2 + 2H_2O \rightarrow 2NaOH + C_2H_2$
    (탄화나트륨) (물) → (수산화나트륨) (아세틸렌)
  ㉡ $K_2C_2 + 2H_2O \rightarrow 2KOH + C_2H_2$
    (탄화칼륨) (물) → (수산화칼륨) (아세틸렌)
  ㉢ $MgC_2 + 2H_2O \rightarrow Mg(OH)_2 + C_2H_2$
    (탄화마그네슘) (물) → (수산화마그네슘) (아세틸렌)
  ㉣ $CaC_2 + 2H_2O \rightarrow Ca(OH)_2 + C_2H_2$
    (탄화칼슘) (물) → (수산화칼슘) (아세틸렌)

07

정답 ❹

아세톤의 연소반응식
$CH_3COCH_3 + 4O_2 \rightarrow 3CO_2 + 3H_2O$
 (아세톤)   (산소) → (이산화탄소) (물)
CH_3COCH_3(시성식)을 C_3H_6O(분자식)으로 변환

$$C_mH_nO_z + (m + \frac{n}{4} - \frac{z}{2})O_2 \rightarrow mCO_2 + \frac{n}{2}H_2O$$

$$C_3H_6O + (3 + \frac{6}{4} - \frac{1}{2})O_2 \rightarrow 3CO_2 + \frac{6}{2}H_2O$$

따라서 산소의 계수는 $3 + \frac{6}{4} - \frac{1}{2} = 4$이다.

08

정답 ❸

합성계면 활성제포 소화약제
- 3%, 6% 저발포형과 1%, 1.5%, 2% 고발포형이 있으며, 고발포형은 팽창범위가 넓다.
- 유류화재와 일반화재 공용이다.
- 차고, 주차장 및 일반 유류화재에 적합하다.
- 유동성이 좋아 소화속도가 빠르다.
- 내열성과 내유성이 약해서 윤화(Ring fire)현상이 일어날 수 있다.
- 포가 비교적 빨리 소멸된다. (고발포는 저발포에 비해 환원성이 좋다.)
* 환원성이란 포가 소멸되어 거품이 없어지는 시간으로 소포성을 의미한다.

09

정답 ❸

① 할론 1301과 할론 1211은 메탄(CH_4)의 수소원자와 할로겐족원소와의 치환체로 만들어진 소화약제이고, 할론 2402는 에탄(C_2H_6)의 수소원자와 할로겐족원소와의 치환체로 만들어진 소화약제이다.
② 할론 1211은 증기압이 낮아 가압용가스로 질소를 사용하며, 질소의 사용으로 소화력도 좋은 편이다.
④ 할론 소화약제는 일반적으로 유류화재(B급화재), 전기화재(C급화재)에 적합하나 전역방출방식으로 사용하면 일반화재(A급화재)에도 사용할 수 있다.

10
정답 ❹

「소방기본법」 제20조의2 제2항
자체소방대는 소방대가 현장에 도착한 경우 소방대장의 지휘·통제에 따라야 한다.

11
정답 ❷

「소방공무원법」 제30조
징계처분, 휴직처분, 면직처분, 그 밖에 의사에 반하는 불리한 처분에 대한 행정소송의 경우에는 소방청장을 피고로 한다. 다만, 시·도지사가 임용권을 행사하는 경우에는 관할 시·도지사를 피고로 한다.
* 행정소송 중 처분에 따른 항고소송은 행정청이 피고가 된다. 당사자소송의 경우에 행성주체가 피고가 된다.

12
정답 ❷

분말소화약제의 종류

종류	분말소화약제	착색	소화	열분해 반응식
제1종	중탄산나트륨	백색	B·C급	$2NaHCO_3 \rightarrow Na_2CO_3 + CO_2 + H_2O$
제2종	중탄산칼륨	담회색	B·C급	$2KHCO_3 \rightarrow K_2CO_3 + CO_2 + H_2O$
제3종	제1인산암모늄	담홍색	A·B·C급	$NH_4H_2PO_4$ $\rightarrow HPO_3 + NH_3 + H_2O$ 고열 시 P_2O_5 생성
제4종	중탄산칼륨 + 요소	회색	B·C급	$2KHCO_3 + (NH_2)_2CO$ $\rightarrow K_2CO_3 + 2NH_3 + 2CO_2$

* 화재 시 분말은 열을 만나 열분해 반응에서 1·2·3종은 H_2O가 생성되고, 1·2·4종은 CO_2가 생성된다.

13
정답 ❷

재난 및 안전관리 기본법 제3조(정의)
"재난관리"란 재난의 예방·대비·대응 및 복구를 위하여 하는 모든 활동을 말한다.
"안전관리"란 재난이나 그 밖의 각종 사고로부터 사람의 생명·신체 및 재산의 안전을 확보하기 위하여 하는 모든 활동을 말한다.

14
정답 ❹

「재난 및 안전관리 기본법 시행령」 제63조 제1항 제2호 : 기능별 긴급구조대응계획
가. 지휘통제 : 긴급구조체제 및 중앙통제단과 지역통제단의 운영체계 등에 관한 사항
나. 비상경고 : 긴급대피, 상황 전파, 비상연락 등에 관한 사항
다. 대중정보 : 주민보호를 위한 비상방송시스템 가동 등 긴급 공공정보 제공에 관한 사항 및 재난상황 등에 관한 정보 통제에 관한 사항
라. 피해상황분석 : 재난현장상황 및 피해정보의 수집·분석·보고에 관한 사항
마. 구조·진압 : 인명 수색 및 구조, 화재진압 등에 관한 사항
바. 응급의료 : 대량 사상자 발생 시 응급의료서비스 제공에 관한 사항
사. 긴급오염통제 : 오염 노출 통제, 긴급 감염병 방제 등 재난현장 공중보건에 관한 사항
아. 현장통제 : 재난현장 접근 통제 및 치안 유지 등에 관한 사항
자. 긴급복구 : 긴급구조활동을 원활하게 하기 위한 긴급구조차량 접근 도로 복구 등에 관한 사항
차. 긴급구호 : 긴급구조요원 및 긴급대피 수용주민에 대한 위기 상담, 임시 의식주 제공 등에 관한 사항
카. 재난통신 : 긴급구조기관 및 긴급구조지원기관 간 정보통신체계 운영 등에 관한 사항

15
정답 ❸

「소방의 화재조사에 관한 법률」 제5조 제1항
소방청장, 소방본부장 또는 소방서장(이하 "소방관서장"이라 한다)은 화재발생 사실을 알게 된 때에는 지체 없이 화재조사를 하여야 한다. 이 경우 수사기관의 범죄수사에 지장을 주어서는 아니 된다.
「화재조사 및 보고규정」 제3조 제1항
「소방의 화재조사에 관한 법률」(이하 "법"이라 한다) 제5조 제1항에 따라 화재조사관(이하 "조사관"이라 한다)은 화재발생 사실을 인지하는 즉시 화재조사(이하 "조사"라 한다)를 시작해야 한다.

16
정답 ❶

「피난기구의 화재안전성능기준(NFPC 301)」 제4조 제1호
"완강기"란 사용자의 몸무게에 따라 자동적으로 내려올 수 있는 기구 중 사용자가 교대하여 연속적으로 사용할 수 있는 것을 말한다.

17
정답 ❷

화재조사의 특징
㉠ 신속성 : 화재조사는 신속해야 한다.
㉡ 정밀과학성 : 화재조사는 정밀과학적으로 하도록 한다.
㉢ 안전성 : 현장의 안전사고를 대비해야 한다.
㉣ 강제성 : 조사를 위한 관계인에 대한 질문 등의 강제성을 의미한다.
㉤ 보존성 : 화재조사 증거물의 보존성을 의미한다.
㉥ 현장성 : 주요 정보의 현장성을 의미한다.
㉦ 프리즘식 : 여러 사람의 견해를 모아서 진행한다.

18
정답 ❸

자연발화를 일으키는 주요 원인
㉠ 분해열은 물질이 분해할 때 발생되는 열을 축적함으로써 자연발화가 일어난다. : 제5류 위험물(셀룰로이드, 나이트로셀룰로오스, 질산에스터류), 아세틸렌, 산화에틸렌 등
㉡ 산화열은 물질이 산화하는 과정에서 발생되는 열을 축적함으로써 자연발화가 일어난다. : 석탄, 건성유(아이오딘 값이 130 이상 ; 아마인유, 해바라기유, 들기름, 등유), 반건성유(아이오딘값이 100~130 미만 ; 채종유, 면실유, 대두유)가 적셔진 다공성 가연물, 기름걸레, 원면, 고무분말, 금속분, 황철관, 테레핀유, 황린 등
  * 햇빛에 방치한 기름걸레는 산화열이 축적되어 자연발화를 일으킬 수 있다. 그러나 기름걸레를 빨랫줄에 걸어 놓으면 산화열이 축적되지 않아 자연발화는 일어나지 않는다.
㉢ 발효열에 의한 발열은 미생물에 의해 발효되는 과정에서 발생되는 열을 축적함으로써 자연발화가 일어난다. : 퇴비, 먼지, 거름, 곡물 등
㉣ 흡착열은 물질이 흡착할 때 발생되는 열을 축적함으로써 자연발화가 일어난다. : 다공성 물질인 (숯)목탄, 활성탄 등
㉤ 중합열은 물질이 중합반응하는 과정에서 발생되는 열을 축적함으로써 자연발화가 일어난다. (*중합반응: 저분자 물질(단위체)에서 고분자 물질로 바뀌는 화학반응) : 액화시안화수소(HCN), 산화에틸렌 등

19
정답 ❶

황염은 분출하는 기체연료와 공기의 화학양론비에서 공기량이 적을 때 발생한다.
* 주염 : 가연성가스가 완전연소하면서 바람을 타고 흘러가는 현상을 말한다.

20
정답 ❸

용기 내에 LPG를 저장하는 경우 가스가 일부 방출되고 난 후에도 압력은 변하지 않는다.

21
정답 ❶

CO_2의 이론소화농도

$$CO_2 = \frac{21 - O_2}{21} \times 100$$

(CO_2 : CO_2의 농도, O_2 : O_2의 농도)

$$37 = \frac{21 - O_2}{21} \times 100, \quad \frac{37 \times 21}{100} = 21 - O_2$$

$$O_2 = 21 - \frac{37 \times 21}{100} = 13.23$$

따라서 산소의 농도는 약 13.2vol%

22
정답 ❸

화재강도는 단위시간당 축적되는 열의 값으로 화재실의 열방출률이 클수록 화재강도는 증가한다.

23
정답 ❶

BLEVE 현상은 액화가스탱크 등에서 외부에서 가해지는 열에 의하여 액체가 비등하면서 액체와 기체의 동적 균형이 깨지고 내부의 압력이 증가하여 용기가 파열되는 현상을 말한다.

24
정답 ❶

액체연료의 분무연소(Spray Combustion, 액적연소)
점도가 높고 비휘발성인 액체의 점도를 낮추어 버너를 이용하여 액체의 입자를 안개상태로 분출하여 표면적을 넓게 함으로써 공기와의 접촉면을 많게 하여 연소시키는 형태를 말하며, 액적연소라고도 한다. 회전버너(분젠버너)나 오리피스 등으로 연료를 분무함으로써 비표면적을 증가시켜 연소하는 방식으로 인화점 이하에서도 연소가 가능하다.

25
정답 ❷

롤오버(Roll over)현상은 플래시오버(Flash over)보다 먼저 일어난다. 연소과정에서 발생된 가연성가스가 공기 중 산소와 혼합되어 천장부분에 집적된 상태에서 발화온도에 도달하여 발화함으로서 화재의 선단부분이 매우 빠르게 확대되어 가는 현상을 말한다. 즉, 화재가 발생한 장소(공간)의 출입구 바로 바깥쪽 복도 천장에서 연기와 산발적인 화염이 굽이쳐 흘러가는 현상을 의미한다. 롤오버(Roll over)현상은 플래시오버(Flash over)현상의 전조현상이다.

제 **04** 회 정답과 해설   📎 문제 p.18

Answer

01	③	02	④	03	④	04	④	05	③
06	②	07	①	08	②	09	③	10	②
11	④	12	④	13	④	14	②	15	②
16	④	17	①	18	②	19	①	20	③
21	②	22	③	23	④	24	②	25	④

01

정답 ❸

① 파라핀계 탄화수소는 탄소 수가 증가할수록 연소범위는 좁아지고, 연소속도는 늦어지며, 열과 닿는 표면적이 증가하여 발화점이 낮아진다.

② 가연성가스를 공기 중에서 연소시킬 때 공기 중의 산소농도 증가 시 연소속도는 빨라지고, 점화에너지는 작아진다.

③ 담뱃불과 연소가능성
ㄱ 담뱃불에 의한 가솔린 증기의 인화 가능성
가솔린 증기가 폭발한계 내에 있는 곳에 담뱃불을 가지고 있어도 또는 그곳에서 담뱃불을 빨아도 가솔린에 착화하지 않는다. 담배는 무염착화 상태에서는 중심부의 온도가 700~800℃로 되어있지만 표면은 공기 또는 탄산가스가 많은 공기로 둘러싸여 있을 뿐만 아니라 불이 붙어있는 점은 시시각각 이동하므로 담뱃불이 매우 가깝더라도 가솔린의 발화점인 240~300℃에는 도달할 수 없기 때문이다. 담뱃불은 열원부족으로 가솔린의 발화점까지 혼합기체를 실제적으로 가열할 수 없으므로 인화할 가능성은 없다고도 말할 수 있다.

ㄴ 담뱃불에 의한 LNG 또는 LPG의 착화가능성
LNG(메탄), LPG(프로판·부탄가스)의 가연성 혼합물의 폭발한계와 담뱃불로의 착화가능성은 이 가연성 혼합물을 발화점까지 가열할 수 있느냐의 여부가 문제이지만 LNG는 발화점이 높아 담뱃불로서는 착화할 수 없으며, 담뱃불은 LPG(프로판가스·부탄가스)에도 연소되지 않는다. 이는 담뱃불의 불씨가 붙어있는 면적이 작기 때문이다. 예컨대 도시가스의 주요 구성성분인 수소는 발화점이 585℃, 일산화탄소는 약 500~600℃, 메탄은 약 600℃, 프로판 470℃, 부탄 365℃인데 담뱃불로서는 도저히 이 발화점까지 올리는 것이 불가능하기 때문이다.

ㄷ 제1석유류인 가솔린은 인화점이 섭씨 –43℃ ~ –20℃로 전기 부도체이며 공유결합으로 인해서 500ml 비커에 20ml의 가솔린을 넣은 후 담뱃불을 던져도 연소하지 않는다.

④ 표면연소란 휘발성이 없는 고체 가연물이 고온 시 열분해나 증발 없이 표면에서 가연성가스를 발생하지 않고 산소와 급격히 산화 반응하여 그 물질 자체가 불꽃이 없이 연소하는 형태로서 가연물이 빨갛게 되며, 불꽃연소에 비하여 연소속도가 느리다.

02

정답 ❹

화재강도의 활용
ㄱ 건물의 단열성능이 좋으면 화재강도나 성장률이 매우 높다.
ㄴ 주수율(L/m² · min)을 결정하는 인자이다.
ㄷ 화재실 내 연소열이 큰 물질이 존재할수록 발열량도 커지므로 화재강도가 커진다.
ㄹ 공기공급이 원활할수록 소진율 및 열발생률이 커져 화재강도가 커진다. 공기의 유입은 창문 등 개구부의 크기, 개수, 위치에 좌우된다.

ㅁ 비표면적이 크면 공기(산소)와의 접촉면적이 크게 되어 가연물의 타는 속도, 소진율이 커지므로 화재강도가 커지므로 비표면적 또는 공기(산소) 접촉면을 줄인다.
ㅂ 구조물이 갖는 단열효과가 클수록 열의 외부 누출이 용이하지 않고 화재실 내에 축적상태로 유지되어 화재강도가 커진다.

03

정답 ❹

「이산화탄소소화설비의 화재안전성능기준(NFPC 106)」 제19조(안전시설등)
㉮ 이산화탄소소화설비가 설치된 장소에는 시각경보장치, 위험경고표지 등의 안전시설을 설치해야 한다.
㉯ 방호구역 내에 이산화탄소 소화약제가 방출되는 경우 후각을 통해 이를 인지할 수 있도록 부취발생기를 다음 각 호의 어느 하나에 해당하는 방식으로 설치해야 한다.
ㄱ 부취발생기를 소화약제 저장용기실 내의 소화배관에 설치하여 소화약제의 방출에 따라 부취제가 혼합되노록 하는 방식
ㄴ 방호구역 내에 부취발생기를 설치하여 소화약제 방출 전에 부취제가 방출되도록 하는 방식

04

정답 ❹

「재난 및 안전관리 기본법」 제3조 제5호의2
"재난관리주관기관"이란 재난이나 그 밖의 각종 사고에 대하여 그 유형별로 예방·대비·대응 및 복구 등의 업무를 주관하여 수행하도록 대통령령으로 정하는 관계 중앙행정기관을 말한다.
따라서, 재난관리주관기관에 따른 재난 대응 방식은 분산관리 방식이다.

05

정답 ❸

「위험물안전관리법 시행규칙」 제23조 관련 [별표 4] 제조소의 위치 · 구조 및 설비의 기준
Ⅱ. 보유공지
1. 위험물을 취급하는 건축물 그 밖의 시설(위험물을 이송하기 위한 배관 그 밖에 이와 유사한 시설을 제외한다)의 주위에는 그 취급하는 위험물의 최대수량에 따라 다음 표에 의한 너비의 공지를 보유하여야 한다.

취급하는 위험물의 최대수량	공지의 너비
지정수량의 10배 이하	3m 이상
지정수량의 10배 초과	5m 이상

2. 제조소의 작업공정이 다른 작업장의 작업공정과 연속되어 있어, 제조소의 건축물 그 밖의 공작물의 주위에 공지를 두게 되면 그 제조소의 작업에 현저한 지장이 생길 우려가 있는 경우 당해 제조소와 다른 작업장 사이에 다음 각 목의 기준에 따라 <u>방화상 유효한 격벽(隔壁)</u>을 설치한 때에는 당해 제조소와 다른 작업장 사이에 제1호의 규정에 의한 공지를 보유하지 아니할 수 있다.
가. 방화벽은 내화구조로 할 것, 다만 취급하는 위험물이 제6류 위험물인 경우에는 불연재료로 할 수 있다.
나. 방화벽에 설치하는 출입구 및 창 등의 개구부는 가능한 한 최소로 하고, 출입구 및 창에는 <u>자동폐쇄식의 60분+ 방화문 또는 60분 방화문</u>을 설치할 것
다. 방화벽의 양단 및 상단이 외벽 또는 지붕으로부터 50cm 이상 돌출하도록 할 것

[cf] 제조소 건축물 구조 규정에 의할 때 "출입구와 「산업안전보건기준에 관한 규칙」 제17조에 따라 설치하여야 하는 비상구에는 60분+방화문·60분방화문 또는 30분방화문을 설치하되, 연소의 우려가 있는 외벽에 설치하는 출입구에는 수시로 열 수 있는 자동폐쇄식의 60분+방화문 또는 는 60분방화문을 설치하여야 한다."

06
정답 ❷

② 「재난 및 안전관리 기본법」
　제34조의2(재난현장 긴급통신수단의 마련)−대비단계
①, ③, ④ 「재난 및 안전관리 기본법」
　제41조(위험구역의 설정), 제38조의2(재난 예보·경보체계 구축·운영
　등), 제36조(재난사태 선포)−대응단계

07
정답 ❶

㉠ 해외재난
　대한민국의 영역 밖에서 대한민국 국민의 생명·신체 및 재산에 피해를
　주거나 줄 수 있는 재난으로서 정부차원에서 대처할 필요가 있는 재난
㉡ 사회재난
　화재·붕괴·폭발·교통사고(항공사고 및 해상사고를 포함한다)·화생
　방사고·환경오염사고·다중운집인파사고 등으로 인하여 발생하는 대
　통령령으로 정하는 규모 이상의 피해와 국가핵심기반의 마비, 「감염병의
　예방 및 관리에 관한 법률」에 따른 감염병 또는 「가축전염병예방법」에
　따른 가축전염병의 확산, 「미세먼지 저감 및 관리에 관한 특별법」에 따
　른 미세먼지, 「우주개발 진흥법」에 따른 인공우주물체의 추락·충돌 등
　으로 인한 피해

08
정답 ❷

㉮ 황화수소(H_2S)
　털, 고무, 나무, 가죽소파 등 황(S)이 함유된 물질이 불완전연소 시 발생
　하며, 무색가스로서 달걀 썩은 냄새가 나는 가연성가스이다.
㉯ 이산화황(SO_2)
　㉠ 이산화황(SO_2)은 황(S)이 함유된 털, 고무, 나무, 가죽소파와 일부 목
　　재류 등 물질의 완전연소 시 발생하며, 눈 및 호흡기 등에 점막을 상
　　하게 하고 질식사할 우려가 있다.
　㉡ 가역반응이 일어날 수 있는 가연성물질이다.
　　* 가역반응이란 화학반응 때 정반응이 일어남과 동시에 역반응이 일
　　어나는 반응이다.

09
정답 ❸

㉮ 증기폭발
　액체 및 고체의 불안정한 물질의 연쇄폭발현상으로 극저온 액화가스의
　수면 유출에 의한 응상폭발에 해당한다.
㉯ 증기운폭발
　위험물저장탱크에서 유출된 가스가 구름을 형성하며 떠다니다가 점화원
　과 접촉하는 동시에 폭발이 일어나는 기상폭발이다.

10
정답 ❷

㉠ 프레져 프로포셔너
　펌프와 발포기의 중간에 설치된 벤투리관의 작용과 펌프 가압수의 포소화
　약제 저장탱크에 대한 압력에 의하여 포소화약제를 흡입, 혼합하는 방식
㉡ 라인 프로포셔너
　펌프와 발포기의 중간에 설치된 벤투리관의 벤투리 작용에 의하여 포소
　화약제를 흡입, 혼합하는 방식
㉢ 펌프 프로포셔너
　펌프의 토출관과 흡입관 사이의 배관.도중에 설치한 흡입기에 펌프에서
　토출된 물의 일부를 보내고 농도 조절밸브에서 조정된 포소화약제의 필
　요량을 포소화약제 탱크에서 펌프 흡입측으로 보내어 약제를 혼합하는
　방식

㉣ 프레져사이드 프로포셔너
　펌프 토출관에 압입기를 설치하여 포소화약제 압입용 펌프로 포소화약
　제를 압입시켜 혼합하는 방식
㉤ 압축공기포혼합(믹싱)방식(챔버)
　압축공기 또는 압축질소를 일정비율로 포수용액에 강제 주입 혼합하는
　장치

11
정답 ❹

D급 화재 시 소화약제
건조분말, 건조사, 팽창질석, 건조석회를 사용한다.

12
정답 ❹

C_4H_9OH은 부탄올로서 탄소수가 4개이기 때문에 「위험물안전관리법 시행령」
상 알코올류에 해당하지 않으며, 위험물안전관리법에서는 위험물로 분류하
지 않는다.

「위험물안전관리법 시행령」 제2조 및 제3조 관련 [별표 1] 비고 제14호
"알코올류"라 함은 1분자를 구성하는 탄소원자의 수가 1개부터 3개까지인
포화1가 알코올(변성알코올을 포함한다)을 말한다.

13
정답 ❹

자동화재탐지설비 및 시각경보장치의 화재안전기술기준(NFTC 203)
음향장치가 설치된 특정소방대상물의 경보대상

발화층	층수가 11층(공동주택의 경우에는 16층) 이상	그 외
2층 이상의 층	발화층 및 그 직상 4개층에 경보	전층 일제 경보
1층	발화층·그 직상 4개층 및 지하층에 경보	
지하층	발화층·그 직상층 및 기타의 지하층에 경보	

14
정답 ❷

「소방공무원 임용령」 제3조 제5항
소방청장은 법 제6조 제4항에 따라 다음 각 호의 권한을 시·도지사에게 위
임한다.
1. 시·도 소속 소방령 이상 소방준감 이하의 소방공무원(소방본부장 및 지
　방소방학교장은 제외한다)에 대한 전보, 휴직, 직위해제, 강등, 정직 및
　복직에 관한 권한
2. 소방정인 지방소방학교장에 대한 휴직, 직위해제, 정직 및 복직에 관한
　권한
3. 시·도 소속 소방경 이하의 소방공무원에 대한 임용권

15
정답 ❷

㉠ 제6류 위험물은 원칙적으로 주수는 금지되지만, 초기화재 시의 상황에
　따라 다량의 물로 희석하여 소화한다.
㉡ 이산화탄소와 할로젠화합물 소화기는 산화성액체 위험물의 화재에 사용
　하지 않는다.

16
정답 ❹

찬공기의 유입으로 인한 부력효과에 의해 굴뚝효과가 발생하는 것이므로,
개구부에 방풍실을 설치하면 찬공기의 유입을 늦춰 굴뚝효과 방지에 도움이
된다. 다만 공기 중 산소농도는 연기의 유동이나 굴뚝효과와 관련이 없다.
산소의 농도는 연소속도에 영향을 미치는 것이다.

17
정답 **❶**

불활성기체 소화약제(이너젠 : Inergen)의 종류

소화약제	화학식	최대허용 설계농도
IG-100	N_2 : 100%	43%
IG-01	Ar : 100%	43%
IG-55	N_2 : 50%, Ar : 50%	43%
IG-541	N_2 : 52%, Ar : 40%, CO_2 : 8%	43%

18
정답 **❷**

슬롭오버는 화재 시 점성이 큰 석유나 식용유가 물이 접촉될 때 이러한 유류의 표면온도에 의해 물이 수증기가 되어 팽창 비등힘에 따라 주위에 있는 뜨거운 석유류, 식용유류 일부를 외부로 비산시키는 현상으로 <u>유류의 표면에 한정</u>되며 보일오버에 비하여 격렬하지 않다.

19
정답 **❶**

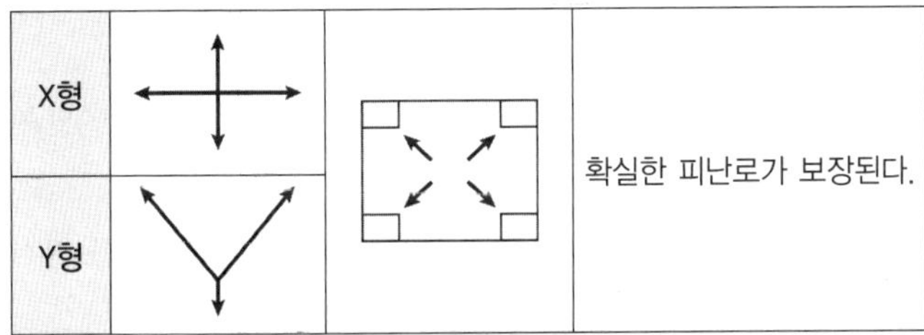

20
정답 **❸**

① '최초착화물'이란 발화열원에 의해 불이 붙은 최초의 가연물을 말한다.
② '동력원'이란 발화관련 기기나 제품을 작동 또는 연소시킬 때 사용된 연료 또는 에너지를 말한다.
④ '잔가율'이란 화재 당시에 피해물의 재구입비에 대한 현재가의 비율을 말한다.

21
정답 **❷**

완전연소를 위한 산소몰수
메탄 : $CH_4 + 2O_2 \rightarrow CO_2 + 2H_2O$
따라서 $0.5CH_4 + O_2 \rightarrow 0.5CO_2 + H_2O$
헥산 : $C_6H_{14} + 9.5O_2 \rightarrow 6CO_2 + 7H_2O$
따라서 $0.5C_6H_{14} + 4.75O_2 \rightarrow 3CO_2 + 3.5H_2O$
$(0.5CH_4 + 0.5C_6H_{14}) + 5.75O_2 \rightarrow 3.5CO_2 + 4.5H_2O$

혼합가스 하한계

$$LFL = \frac{100}{\dfrac{50}{5} + \dfrac{50}{1.1}} = 1.8\%$$

$MOC = LFL \times O_2 몰 = 1.8 \times 5.75 = 10.35\%$

22
정답 **❸**

축적된 복사열은 플래시오버 현상의 원인이다. 백드래프트의 발생 요인은 급격한 산소의 유입이다.

23
정답 **❹**

「위험물안전관리법 시행규칙」[별표 19]
제5류 위험물에 있어서는 "화기엄금" 및 "충격주의"
* 유기과산화물·질산에스터류는 제5류 위험물이다.

24
정답 **❷**

분무연소(Spray Combustion, 액적연소)
점도가 높고 비휘발성인 액체의 점도를 낮추어 버너를 이용하여 액체의 입자를 안개상태로 분출하여 표면적을 넓게 함으로써 공기와의 접촉면을 많게 하여 연소시키는 형태를 말하며, 액적연소라고도 한다. 회전버너(분젠버너)나 오리피스 등으로 연료를 분무함으로써 비표면적을 증가시켜 연소하는 방식으로 인화점 이하에서도 연소가 가능하다.

25
정답 **❹**

ㄱ. 중성대의 하부 개구부로 외부 공기가 유입되면, 중성대는 <u>아래쪽으로 하강</u>한다.
ㄴ. 중성대의 하부 면적이 커질수록 대피자들의 활동공간과 시야가 확보되어 신속히 대피할 수 있다.

제 05 회 정답과 해설

📎 문제 p.23

Answer

01	①	02	④	03	④	04	③	05	④
06	①	07	③	08	②	09	④	10	③
11	①	12	②	13	④	14	④	15	④
16	③	17	③	18	④	19	②	20	④
21	③	22	①	23	④	24	③	25	④

01

정답 ❶

ㄷ. 1925년에 우리나라 최초 소방본부인 경성소방서를 설치하였다.
ㄹ. 1946년에 중앙소방위원회, 1947년에 중앙소방청을 설치하였다.
ㅁ. 1958년 소방법을 제정하였다.

02

정답 ❹

소방공무원 임용령에서 소방기관이라 함은 소방청, 특별시·광역시·특별자치시·도·특별자치도(이하 "시·도"라 한다)와 중앙소방학교·중앙119구조본부·국립소방연구원·지방소방학교·서울종합방재센터·소방서·119특수대응단 및 소방체험관을 말한다.

03

정답 ❹

화재하중$(Q) = \dfrac{\sum(G_t H_t)}{HA}$ [kg/m²]

($\sum$ = 합, $\triangle$ = 차)

G_t = 가연물의 양[kg]

H_t = 단위발열량[kcal/kg]

H = 목재단위발열량[kcal/kg]

A = 화재실 바닥면적[m²]

$\dfrac{(2{,}000 \times 200) + (9{,}000 \times 100) + (5{,}000 \times 300)}{4{,}500 \times (15 \times 10)} = \dfrac{2{,}800{,}000}{675{,}000}$

= 약 4.15

04

정답 ❸

「119구조·구급에 관한 법률 시행령」 제5조 제1항
2. 특수구조대 : 소방대상물, 지역 특성, 재난 발생 유형 및 빈도 등을 고려하여 시·도의 규칙으로 정하는 바에 따라 다음 각 목의 구분에 따른 지역을 관할하는 소방서에 다음 각 목의 구분에 따라 설치한다. 다만, 라목에 따른 고속국도구조대는 제3호에 따라 설치되는 직할구조대에 설치할 수 있다.
  가. 화학구조대 : 화학공장이 밀집한 지역
  나. 수난구조대 : 「내수면어업법」 제2조 제1호에 따른 내수면지역
  다. 산악구조대 : 「자연공원법」 제2조 제1호에 따른 자연공원 등 산악지역
  라. 고속국도구조대 : 「도로법」 제10조 제1호에 따른 고속국도(이하 "고속국도"라 한다)
  마. 지하철구조대 : 「도시철도법」 제2조 제3호 가목에 따른 도시철도의 역사(驛舍) 및 역 시설

05

정답 ❹

단순 감기환자의 경우는 거절 사유에 해당되나 38도 이상의 고열을 동반하거나 호흡곤란이 동반된 경우에는 이송요청 거절 사유에서 제외된다.
「119구조·구급에 관한 법률 시행령」 제20조
① 구조대원은 법 제13조 제3항에 따라 다음 각 호의 어느 하나에 해당하는 경우에는 구조출동 요청을 거절할 수 있다. 다만, 다른 수단으로 조치하는 것이 불가능한 경우에는 그러하지 아니하다.
  1. 단순 문 개방의 요청을 받은 경우
  2. 시설물에 대한 단순 안전조치 및 장애물 단순 제거의 요청을 받은 경우
  3. 동물의 단순 처리·포획·구조 요청을 받은 경우
  4. 그 밖에 주민생활 불편해소 차원의 단순 민원 등 구조활동의 필요성이 없다고 인정되는 경우
② 구급대원은 법 제13조 제3항에 따라 구급대상자가 다음 각 호의 어느 하나에 해당하는 비응급환자인 경우에는 구급출동 요청을 거절할 수 있다. 이 경우 구급대원은 구급대상자의 병력·증상 및 주변 상황을 종합적으로 평가하여 구급대상자의 응급 여부를 판단하여야 한다.
  1. 단순 치통환자
  2. 단순 감기환자. 다만, 섭씨 38도 이상의 고열 또는 호흡곤란이 있는 경우는 제외한다.
  3. 혈압 등 생체징후가 안정된 타박상 환자
  4. 술에 취한 사람. 다만, 강한 자극에도 의식이 회복되지 아니하거나 외상이 있는 경우는 제외한다.
  5. 만성질환자로서 검진 또는 입원 목적의 이송 요청자
  6. 단순 열상(裂傷) 또는 찰과상(擦過傷)으로 지속적인 출혈이 없는 외상환자
  7. 병원 간 이송 또는 자택으로의 이송 요청자. 다만, 의사가 동승한 응급환자의 병원 간 이송은 제외한다.
③ 구조·구급대원은 법 제2조 제1호에 따른 요구조자(이하 "요구조자"라 한다) 또는 응급환자가 구조·구급대원에게 폭력을 행사하는 등 구조·구급활동을 방해하는 경우에는 구조·구급활동을 거절할 수 있다.

06

정답 ❶

「재난 및 안전관리 기본법」 제34조의5
위기관리 표준매뉴얼
국가적 차원에서 관리가 필요한 재난에 대하여 재난관리 체계와 관계 기관의 임무와 역할을 규정한 문서로 위기대응 실무매뉴얼의 작성 기준이 되며, 재난관리주관기관의 장이 작성한다.

07

정답 ❸

「재난 및 안전관리 기본법」 제36조 제5항
행정안전부장관 및 지방자치단체의 장은 재난사태가 선포된 지역에 대하여 다음의 조치를 할 수 있다.
  ㉠ 재난경보의 발령, 인력·장비 및 물자의 동원, 위험구역 설정, 대피명령, 응급지원 등 이 법에 따른 응급조치
  ㉡ 해당 지역에 소재하는 행정기관 소속 공무원의 비상소집
  ㉢ 해당 지역에 대한 여행 등 이동 자제 권고
  ㉣ 「유아교육법」, 「초·중등교육법」 및 「고등교육법」에 따른 휴업명령 및 휴원·휴교 처분의 요청
  ㉤ 그 밖에 재난예방에 필요한 조치
* 응급대책 및 재난구호와 복구에 필요한 행정상·재정상·금융상·의료상의 특별지원은 국가나 지방자치단체가 특별재난지역으로 선포된 지역에 할 수 있는 지원이다.

08
정답 ❷

「재난 및 안전관리 기본법 시행령」 제29조의4 제3항
기능연속성계획에는 다음 각 호의 사항이 포함되어야 한다.
㉠ 기능연속성계획수립기관의 핵심기능의 선정과 우선순위에 관한 사항
㉡ 재난상황에서 핵심기능을 유지하기 위한 의사결정권자 지정 및 그 권한의 대행에 관한 사항
㉢ 핵심기능의 유지를 위한 대체시설, 장비 등의 확보에 관한 사항
㉣ 재난상황에서의 소속 직원의 활동계획 등 기능연속성계획의 구체적인 시행절차에 관한 사항
㉤ 소속 직원 등에 대한 기능연속성계획의 교육·훈련에 관한 사항
* 생활안전, 교통안전, 산업안전, 시설안전, 범죄안전, 식품안전, 안전취약계층 안전 및 그 밖에 이에 준하는 안전관리에 관한 대책은 국가안전관리기본계획에 포함될 사항이다.

09
정답 ❹

㉮ 4M 이론 중 작업(Media)
작업 정보의 부적절, 작업자세·작업동작의 결함, 작업방법의 부적절, 작업공간의 불량, 작업환경 조건의 불량
㉯ 4M 이론 중 작업 시설(Machine)
기계·설비의 설계상의 결함, 위험방호의 불량, 본질 안전화의 부족(인간공학적 배려의 부족), 표준화의 부족, 점검 정비의 부족

10
정답 ❸

물질	연소범위	위험도
수소	$4.0 \sim 75(71)$	17.75
아세틸렌	$2.5 \sim 81(78.5)$	31.4
메탄	$5.0 \sim 15(10)$	2
프로판	$2.1 \sim 9.5(7.4)$	3.5

11
정답 ❶

보일-샤를의 법칙 : 일정량의 기체의 체적은 압력에 반비례하고, 절대온도에 비례한다.
$V = \dfrac{kT}{P}$, $\dfrac{PV}{T} = k$ (k는 상수)이고, 기체의 양과 온도가 일정할 때 $\dfrac{P_1 V_1}{T_1} = \dfrac{P_2 V_2}{T_2}$ 이다.
(처음 압력 P_1, 나중 압력 P_2, 처음 온도 T_1, 나중 온도 T_2, 공기와 연기의 평균 분자량은 동일하므로 같은 기체라고 가정한다.)
따라서, $P_2 V_2 T_1 = P_1 V_1 T_2$
$$\dfrac{P_2}{P_1} = \dfrac{V_1 T_2}{V_2 T_1}$$
화재실은 밀폐된 지하실이므로 화재 전후의 기체의 부피는 변화가 없다.
$V_1 = V_2$
따라서, $\dfrac{P_2}{P_1} = \dfrac{T_2}{T_1}$
이때 온도를 절대온도로 환산하여 계산하면 압력의 증가비를 구할 수 있다.
$$\dfrac{P_2}{P_1} = \dfrac{T_2}{T_1} = \dfrac{300 + 273(°K)}{273(°K)} = 약\ 2.1배$$

12
정답 ❷

「재난 및 안전관리 기본법 시행령」 제3조의2 관련 [별표 1의3]
「산림보호법」 제2조 제7호에 따른 산불로 인해 발생하는 대규모 피해—산림청

13
정답 ❹

CO_2의 이론소화농도
$$CO_2 = \dfrac{21 - O_2}{21} \times 100$$
(CO_2 : CO_2의 농도, O_2 : O_2의 농도)
$$CO_2 = \dfrac{21 - O_2}{21} \times 100 = \dfrac{21 - 10}{21} \times 100 = 약\ 53\%$$

14
정답 ❹

「재난 및 안전관리 기본법 시행령」 제63조 제1항 제1호·제3호
1. 기본계획
가. 긴급구조대응계획의 목적 및 적용범위
나. 긴급구소내응계획의 기본방침과 절차
다. 긴급구소내응계획의 운영책임에 관한 사항
3. 재난유형별 긴급구조대응계획
가. 재난 발생 단계별 주요 긴급구조 대응활동 사항
나. 주요 재난유형별 대응 매뉴얼에 관한 사항
다. 비상경고 방송메시지 작성 등에 관한 사항

15
정답 ❸

동원명령은 포함되지 않는다.
「재난 및 안전관리 기본법 시행령」 제63조 제1항 제2호 : 기능별 긴급구조대응계획
지휘통제, 비상경고, 대중정보, 피해상황분석, 구조·진압, 응급의료, 긴급오염통제, 현장통제, 긴급복구, 긴급구호, 재난통신

16
정답 ❸

합성계면 활성제포 소화약제
3%, 6% 저발포형과 1%, 1.5%, 2% 고발포형이 있으며, 고발포형이 있어 팽창범위가 넓다.

17
정답 ❸

ㄷ. 피복소화는 이산화탄소와 같은 공기보다 무거운 불연성 기체 또는 모래 등으로 가연물을 덮어 질식을 유도하는 소화방법을 말한다.
ㄹ. 부촉매소화는 연소의 연쇄반응을 차단·억제하여 소화하는 방법으로 억제소화, 화학적 소화작용이라 하며, 할로젠화합물 소화약제가 대표적이다.
ㅁ. 제거소화는 연소의 4요소 중에 가연물질의 공급을 차단 또는 안전한 장소로 이동시켜 더 이상 연소가 진행되지 않도록 하는 소화방법이다.

18
정답 ❹

제5류 위험물은 물질 자체 내부에 산소를 함유하여 질식소화가 어렵다. 외부로부터의 산소 유입 차단은 효과가 없다.

19
정답 ❷

질식소화
㉠ 산소의 제거에 의한 소화로서 가연물이 연소하는 데 필요한 산소량을 조절하여 소화하는 방법
㉡ 공기 중의 산소농도는 15% 이하, 고체는 6% 이하, 아세틸렌은 4% 이하가 되면 소화가 가능하다. 탄화수소의 기체는 산소 15% 이하에서는 연소하기 어렵다.
* 유류화재에 적합한 소화방식이다.

20

정답 ❹

「피난기구의 화재안전성능기준(NFPC 301)」 제4조
- 구조대(대피용 자루)란 포지 등을 사용하여 자루형태로 만든 것으로서 화재 시 사용자가 그 내부에 들어가서 내려옴으로써 대피할 수 있는 것을 말한다.
- 승강식 피난기란 사용자의 몸무게에 의하여 자동으로 하강하고 내려서면 스스로 상승하여 연속적으로 사용할 수 있는 무동력 승강식 기기를 말한다.

21

정답 ❸

불활성기체 소화약제
㉠ 헬륨(He), 네온(Ne), 아르곤(Ar), 질소(N_2) 중 하나 이상의 원소를 포함하고 있는 소화약제를 말한다.
㉡ 질소(N_2), 아르곤(Ar), 이산화탄소(CO_2)로 구성되어 있기 때문에 오존파괴지수(ODP)와 지구온난화지수(GWP)가 0이다.
㉢ 부촉매소화(화학적소화) 효과가 없어서, 밀폐된 공간에서 산소농도를 낮추는 것에 의해 소화한다.
㉣ 소화성능을 발휘할 수 있는 약제의 농도에서도 사람의 호흡에 문제가 없으므로 사람이 있는 곳에서도 사용이 가능하다.

22

정답 ❶

② 경보설비－화재알림설비, 자동화재탐지설비 / 제연설비는 소화활동설비
③ 피난구조설비－공기호흡기, 인공소생기 / 비상콘센트설비는 소화활동설비
④ 소화용수설비－상수도소화용수설비, 소화수조 / 연결살수설비는 소화활동설비

23

정답 ❹

심부화재
불꽃을 내지 않고 주로 빛만을 내는 연소현상을 말하며, 가연물 내부에서 서서히 화재가 진행되는 훈소화재의 개념이다.
* 스프링클러소화설비가 물분무소화설비에 비해 심부화재에 더 적합하다.

24

정답 ❸

중탄산나트륨은 제1종 분말소화약제의 주성분으로서 물과 만나면 응고될 수 있다.
동결방지제(부동액)
㉠ 물의 어는점을 0℃ 이하로 낮추어 동결을 방지하기 위한 첨가제이다.
㉡ 자동차 동결방지제는 금속에 대한 부식성이 거의 없는 제3석유류인 에틸렌글리콜(녹색)을 많이 사용하고 있다.
㉢ 스프링클러설비의 경우는 글리세린이나 프로필렌글리콜이 쓰이며 소화기의 경우에는 알칼리토금속 염수용액이 사용된다.
㉣ 그 외 동결방지제로는 염화나트륨(소금), 염화칼슘 등이 있으나 부동제는 독성과 부식성, 지표면 오염 등의 이유로 소화배관에 사용하지 않는다.

25

정답 ❹

IG－541의 성분은 N_2 : 52%, Ar : 40%, CO_2 : 8%이다.

제 **06** 회 정답과 해설

📎 문제 p.27

Answer

01	①	02	①	03	②	04	②	05	②
06	②	07	①	08	③	09	③	10	①
11	④	12	④	13	④	14	③	15	②
16	②	17	③	18	④	19	③	20	④
21	④	22	①	23	②	24	①	25	③

01

정답 ①

② 정부수립(1948년) 당시에는 국가소방체제였다.

③ 중앙소방학교 설립(1978년) 당시에는 국가소방과 자치소방의 이원적 체제였다.

④ 1992년 이후부터 현재(2025년)까지 우리나라의 소방체제는 광역자치소방체제이다.

02

정답 ①

이산화탄소 소화약제는 방출 시 인명피해가 우려되는 밀폐된 지역에서 사용이 제한된다.

소화성능을 발휘할 수 있는 약제의 농도에서도 사람의 호흡에 문제가 없으므로 사람이 있는 곳에서도 사용이 가능한 것은 불활성기체소화약제이다.

03

정답 ②

발생시기가 플래시오버 이전이며 성장기로서 온도가 높지 않은 것은 연료지배형(환기정상) 화재에 대한 설명이다.

04

정답 ②

- 프로판(C_3H_8)의 이론적 연소범위 : 2.1 ~ 9.5vol%
- 존슨법칙상의 연소 상·하한계 계산식(단일물질 연소 상·하한계 계산식)
  ㉠ LFL(연소하한계) = $0.55C_{ST}$(화학양론조성비)

  $$= 0.55 \times \left(\frac{연료몰수}{연료몰수 + 공기몰수} \times 100 \right)$$

  ㉡ UFL(연소상한계) = $3.5C_{ST}$(화학양론조성비)

  $$= 3.5 \times \left(\frac{연료몰수}{연료몰수 + 공기몰수} \times 100 \right)$$

- 프로판(C_3H_8)의 완전연소식

  프로판(C_3H_8) : $C_3H_8 + 5O_2 \rightarrow 3CO_2 + 4H_2O$
- 프로판(C_3H_8) 1mol을 완전연소하기 위한 이론공기량 : 5 ÷ 0.21 = 23.8

따라서, 프로판의 연소하한계 :

$$0.55C_{ST}(화학양론조성비) = 0.55 \times \left(\frac{1}{1 + 23.8} \times 100 \right) = 2.2$$

05

정답 ②

「소화기의 형식승인 및 제품검사의 기술기준」 제38조 제1항 제11호

적응화재별 표시사항은 일반화재용 소화기의 경우 "A(일반화재용)", 유류화재용 소화기의 경우에는 "B(유류화재용)", 전기화재용 소화기의 경우 "C(전기화재용)", 금속화재용 소화기의 경우 "D(금속화재용)", 주방화재용 소화기의 경우 "K(주방화재용)"으로 표시하여야 한다.

06

정답 ②

「위험물안전관리법 시행규칙」 제41조 제2항, 제42조 제2항, 제43조 제2항 관련 [별표 17]

소화설비의 능력단위

소화설비	용량	능력단위
소화전용(轉用)물통	8L	0.3
수조(소화전용물통 3개 포함)	80L	1.5
수조(소화전용물통 6개 포함)	190L	2.5
마른 모래(삽 1개 포함)	50L	0.5
팽창질석 또는 팽창진주암(삽 1개 포함)	160L	1.0

07

정답 ①

백드래프트의 징후

㉠ 건물 내부 관점
- 압력차에 의해 공기가 빨려들어 오는 특이한 소리(휘파람소리 등)와 진동의 발생
- 건물 내로 되돌아오거나 맴도는 연기
- 훈소가 진행되고 있고 높은 열이 집적된 상태
- 부족한 산소로 불꽃이 약화되어 있는 상태(노란색의 불꽃)

㉡ 건물 외부 관점
- 거의 완선히 폐쇄된 긴물일 것
- 화염은 보이지 않으나 창문이나 문이 뜨겁다.
- 유리창 안쪽에서 타르와 같은 물질(검은색 액체)이 흘러내린다.
- 건물 내 연기가 소용돌이친다.

08

정답 ③

압축공기포혼합방식(압축공기포믹싱챔버)
- 압축공기 또는 압축질소를 일정비율로 포수용액에 강제 주입 혼합하는 장치이다.
- 팽창비가 20배 이하인 저발포형에 사용
- 고정식 압축공기포소화설비만 설치할 수 있는 장소인 발전실, 엔진펌프실, 유압설비실 등에 사용된다. (단, 300m² 미만 장소)
- 원거리 방수가 가능하며, 물 사용량을 줄여 수손피해를 최소화할 수 있는 방식이다.

09

정답 ③

「재난 및 안전관리 기본법」 제37조 제1항 단서

지역통제단장은 진화, 긴급수송 및 구조 수단의 확보, 현장지휘통신체계의 확보의 응급조치만 하여야 한다.

10

정답 ①

- 예방 단계(재난 및 안전관리 기본법 기준)
  ㄱ. 국가핵심기반의 지정(법 제26조)
  ㄴ. 재난안전분야 종사자 교육(법 제29조의2)
- 대비 단계(재난 및 안전관리 기본법 기준)
  ㄹ. 재난현장 긴급통신수단의 마련(제34조의2)
  ㄷ. 재난분야 위기관리 매뉴얼 작성·운용(제34조의5)

11

정답 ④

① 나프탈렌-증발연소 / 목재-분해연소

② 목탄-표면연소 / 종이-분해연소

③ 질산에스터류-자기연소 / 마그네슘-표면연소

12

정답 ❹

액체 가연물은 비중이 작을수록 위험도가 증가하나 가연성기체의 경우 비중은 무겁기도 가볍기도 하기 때문에 비중은 영향 인자가 아니다.

13

정답 ❹

포어패턴(Pour pattern)

일명 퍼붓기 패턴이라고도 하며, 액체가연물이 흐르는 형태대로 형성되는 흔적이다. 이는 인화성액체 가연물이 바닥에 쏟아졌을 때 쏟아진 부분과 쏟아지지 않은 부분의 탄화 경계 흔적을 말한다. 액체가연물이 있는 곳은 다른 곳보다 연소형태가 강하기 때문에 정도의 강약에 의해서 이러한 형태가 구분된다.

14

정답 ❸

공기의 유통이 잘 될수록 자연발화하기 쉬운 것이 아니라, 공기의 유통이 안 될수록 자연발화하기 쉽다.

15

정답 ❷

① 피복소화란 가연물 주위의 산소 공급을 차단하여 연소가 진행되지 않도록 하는 소화방법이다.
③ 희석소화란 화재가 발생한 경우 다량의 물을 방사함으로써 산소농도나 가연물의 조성을 연소범위 이하로 희석시켜 점화원에 착화되지 않게 하는 소화방법이다.
④ 부촉매소화란 연쇄반응의 속도를 빠르게 하는 부촉매를 억제시키는 화학적 소화방법이다.

16

정답 ❷

일반적으로 플래시오버 현상이 발생할 때 실내온도는 800~1,000℃이다.

17

정답 ❸

증발연소는 기체의 연소가 아니라 고체 또는 액체 연소에 해당된다.

18

정답 ❹

과산화수소는 제6류 위험물이다.
「**위험물안전관리법 시행규칙**」 제50조 관련 [별표 19]
제6류 위험물에 있어서는 "가연물접촉주의"

19

정답 ❸

이상기체상태 방정식을 이용하여 기체의 분자량(M)을 구한다.

$$PV = nRT = \frac{w}{M}RT$$

여기서, w(기체질량) = 2g
R(기체상수) = 0.082
T(절대온도) = 100 + 273 = 373°K
P(압력) = $\frac{730}{760}$ = 0.9605atm
* 760mmHg = 1atm
V(부피) = 0.6L

$$M = \frac{wRT}{PV} = \frac{2 \times 0.082 \times 373}{\frac{730}{760} \times 0.6} = \frac{2 \times 0.082 \times 373}{0.9605 \times 0.6} = 106.15$$

20

정답 ❹

열량 구하는 공식

- 0℃의 얼음 1g이 0℃의 물이 되려면 80cal
- 0℃의 물 1g이 100℃의 물이 되려면 100cal
  * 물 1g을 1℃ 올리는 데 1cal 필요
- 100℃의 물 1g이 100℃의 수증기가 되려면 539cal
- 1L = 1kg = 1,000g
- 1,000cal = 1kcal

5℃의 1g 물이 100℃ 물이 되려면 95cal
100℃의 1g 물이 100℃ 수증기가 되려면 539cal
따라서 5℃의 1g 물이 100℃ 수증기가 되는데 634cal가 필요하며, 1L의 물은 634kcal가 필요하다. 따라서, 2L라면 634 × 2 = 1,268kcal가 필요하다.

21

정답 ❹

「**화재조사 및 보고규정**」 제10조 제1호
동일범이 아닌 각기 다른 사람에 의한 방화, 불장난은 동일 대상물에서 발화했더라도 각각 별건의 화재로 한다.

22

정답 ❶

제1류 위험물의 특성

- 대부분 무기화합물이며, 그 자체에 산소를 가지고 있다.
- 비중이 1보다 커 물보다 무거운 성질을 가진다.
- 불연성 물질이지만 산소를 방출하여 가연성물질의 연소를 돕는다.
- 가열·충격·마찰 등으로 분해되어 쉽게 산소가 발생한다(화기·충격·접촉 주의).
- 대부분 수용성(물에 섞임)이고, 수용성 상태에서도 산화성이다.

23

정답 ❷

㉠ "재난관리"란 재난의 예방·대비·대응 및 복구를 위하여 하는 모든 활동을 말한다.
㉡ "안전관리"란 재난이나 그 밖의 각종 사고로부터 사람의 생명·신체 및 재산의 안전을 확보하기 위하여 하는 모든 활동을 말한다.

24

정답 ❹

연소란 물질이 공기 중에서 산소를 공급받아 열과 빛을 발하는 산화작용으로 외부의 점화원 접촉으로 연소를 시작할 수 있는 최저온도를 인화점이라 한다.

25

정답 ❸

「**제연설비의 화재안전성능기준(NFPC 501)**」 제10조 제1항
유입풍도 안의 풍속은 초속 20미터 이하로 하고 풍도의 강판 두께는 제9조 제2항 제1호의 기준으로 설치해야 한다.

제연설비의 풍속

㉠ 예상제연구역의 공기유입 풍속 5m/sec 이하
㉡ 배출기의 흡입측 풍도(유입풍도)의 풍속은 15m/sec 이하
㉢ 유입풍도 안의 풍속 20m/sec 이하
㉣ 배출측 풍도(배출풍도)의 풍속은 20m/sec 이하

Answer

01	③	02	②	03	③	04	④	05	④
06	③	07	①	08	②	09	②	10	③
11	①	12	④	13	④	14	④	15	③
16	②	17	③	18	②	19	③	20	④
21	①	22	①	23	④	24	④	25	③

01   정답 ❸

열분해에 의해 산소를 발생하면서 연소하는 현상은 자기연소이다.

02   정답 ❷

단열성이 좋은 내장재일수록 플래시오버현상을 촉진시킬 수 있다. 이는 구획실의 단열성이 좋을수록 열이 구획실 안에 갇혀 있기 때문이다.

03   정답 ❸

① 연소열은 높을수록 위험하고, 비열, 비점은 작거나 낮을수록 위험하다.
② 증발열은 작을수록 위험하고, 연소열, 연소속도는 크거나 빠를수록 위험하다.
④ 압력은 크거나 높을수록 위험하고, 액체가연물의 비중, 융점은 작거나 낮을수록 위험하다.

04   정답 ❹

「화재조사 및 보고규정」 제17조
건물의 소실면적 산정은 소실 바닥면적으로 산정한다.

05   정답 ❹

화재현장에서 발생하는 유독가스

종류	발생조건	허용농도 (TWA)
일산화탄소(CO)	불완전 연소 시 발생	50ppm
아황산가스(SO_2)	중질유, 고무, 황화합물 등의 연소 시 발생	5ppm
염화수소(HCl)	플라스틱, PVC 등의 연소 시 발생	5ppm
시안화수소(HCN)	우레탄, 나일론, 폴리에틸렌, 고무, 모직물 등의 연소 시 발생	10ppm
암모니아(NH_3)	열경화성 수지, 나일론 등의 연소 시 발생	25ppm
포스겐($COCl_2$)	프레온 가스와 불꽃의 접촉 시 발생	0.1ppm

* 1%는 10,000ppm이다.

06   정답 ❸

‘A’점은 인화점이며, ‘B’점은 발화점이다.
㉮ 인화점
　인화점은 연소범위에서 외부의 직접적인 점화원에 의하여 인화(불이 붙는 것)될 수 있는 최저온도를 말한다. 즉 어떤 물질이 점화원에 의해 연소할 수 있는 최저온도이다.
　㉠ 외부에너지에 의해 발화하기 시작하는 최저연소온도이다.
　㉡ 물질적 조건과 에너지 조건이 만나는 최저연소온도이다.
　㉢ 가연성 혼합기를 형성하는 최저연소온도이다.
㉯ 발화점
　발화점은 외부의 직접적인 점화원 없이 가열된 열의 축적에 의하여 발화가 되고 연소가 시작되는 최저온도, 즉 점화원 없이 스스로 불이 붙을 수 있는 최저온도를 말한다.
　㉠ 화학양론비(stoichiometric ratio)에서의 최저연소온도이다.
　㉡ 일반적으로 인화점보다 수백 도가 높은 온도이다.
　㉢ 가연성가스의 조성이 화학양론적 농도 부근일 경우 최소발화에너지가 최저가 된다.

07   정답 ❶

역화(Back fire)
㉮ 기체연료를 연소시킬 때 발생되는 이상연소 현상으로서 연료의 분출속도가 연소속도보다 느릴 때 불꽃이 연소기의 내부로 빨려 들어가 혼합관 속에서 연소하는 현상을 말한다.
㉯ 역화의 주요 원인
　㉠ 버너의 과열
　㉡ 연소속도보다 혼합가스의 분출속도가 느릴 때
　㉢ 혼합 가스량이 너무 적을 때
　㉣ 노즐의 부식으로 분출구멍이 커진 경우
　㉤ 내부압력이 낮고 연소압력이 높은 경우

08   정답 ❷

중성대(Neutral Zone=Neutral Plane)
건물 화재 시 실내·외의 압력이 같아지는 지점 또는 실내·외 정압이 같아지는 경계면을 중성대라 하며, 이는 건축물 내부의 압력이 외부의 압력과 일치하는 수직적인 위치를 말한다. 건축물에 개구부가 수직적으로 동일하게 분포되어 있다면 중성대는 정확하게 건물의 중간 높이에 형성될 것이다. 만약 건축물의 상부에 큰 개구부가 있다면 중성대는 올라갈 것이고 하부에 큰 개구부가 있다면 내려올 것이다.

09   정답 ❷

플래시오버현상의 원인은 갑작스럽게 공급되는 복사열이다. 화재 확대 현상인 플래시오버와 폭발 현상인 백드래프트는 악화 요인의 공급으로 갑자기 일어난다. 반면 자연발화는 서서히 일어나는 현상이다.

10   정답 ❸

「재난 및 안전관리 기본법」 제1조
재난 및 안전관리 기본법은 각종 재난으로부터 국토를 보존하고 국민의 생명·신체 및 재산을 보호하기 위하여 국가와 지방자치단체의 재난 및 안전관리체제를 확립하고, 재난의 예방·대비·대응·복구와 안전문화활동, 그 밖에 재난 및 안전관리에 필요한 사항을 규정함을 목적으로 한다.

11   정답 ❶

표면장력이란 액체의 표면이 스스로 수축하여 끌어당기며 가능한 한 작은 표면적을 취하려는 힘이다. 물은 표면장력이 커서 다른 소화약제에 비해 가연물에 침투가 잘 안 되기 때문에 물에 계면활성제를 첨가하면 표면장력이 작아져서 물방울이 풀어지고 침투성이 높아진다.

12　정답 ❸

① 기상폭발은 분해폭발, 분무폭발, 분진폭발 및 가스폭발이 있다.
② 폭발한계에 영향을 주는 요소는 온도, 압력, 산소, 산화제이다.
③ 폭발의 영향은 압력, 비산, 열, 지진의 4가지로 구분할 수 있다.
④ 폭연은 반응 또는 화염면의 전파가 분자량이나 난류확산에 영향을 받는다.

13　정답 ❹

「재난 및 안전관리 기본법」 제3조
㉮ "재난관리주관기관"이란 재난이나 그 밖의 각종 사고에 대하여 그 유형
별로 예방·대비·대응 및 복구 등의 업무를 주관하여 수행하도록 대통
령령으로 정하는 관계 중앙행정기관을 말한다.
㉯ "재난관리책임기관"이란 재난관리업무를 하는 다음의 기관을 말한다.
　㉠ 중앙행정기관 및 지방자치단체(「제주특별자치도 설치 및 국제자유도
　　시 조성을 위한 특별법」에 따른 행정시를 포함한다)
　㉡ 지방행정기관·공공기관·공공단체(공공기관 및 공공단체의 지부
　　등 지방조직을 포함) 및 재난관리의 대상이 되는 중요시설의 관리기
　　관 등으로서 대통령령으로 정하는 기관

14　정답 ❹

질식, 냉각의 주효과를 가지며 소화속도가 느리며 사용 후 오염이 가장 큰
것은 포 소화약제이다(오염이 적은 것은 방사 시 곧 증발할 수 있는 이산화
탄소 등의 가스계 소화약제이다).

15　정답 ❸

제1종·제2종·제4종 분말소화약제는 불꽃연소에는 소화력을 발휘하지만,
작열연소의 소화에는 그다지 큰 소화력을 발휘하지 못하는 단점이 있지만,
제3종 분말소화약제는 불꽃연소는 물론 작열(불씨)연소에도 효과가 있다.

16　정답 ❷

제3류 위험물의 일반적인 특징
㉠ 대부분 무기화합물이며 고체 또는 액체이다.
　* 알킬알루미늄, 알킬리튬, 유기금속화합물류는 유기화합물이다.
㉡ 칼륨, 나트륨, 알킬알루미늄, 알킬리튬은 물보다 가볍고 나머지는 물보
　다 무겁다.
㉢ 칼륨, 나트륨, 황린, 알킬알루미늄은 직접 연소하고 나머지는 직접 연소
　하지 않는다.
　* 알킬리튬은 분해연소한다.
㉣ 물에 대해 위험한 반응을 초래하는 고체 및 액체물질이다. 단, 황린은 제외
　* 황린은 주수소화가 가능하나 나머지는 물에 의한 냉각소화는 절대 불
　　가능하다.

17　정답 ❸

「자동화재탐지설비 및 시각경보장치의 화재안전기술기준(NFTC 203)」
㉮ 층수가 11층(공동주택의 경우에는 16층) 이상의 특정소방대상물은 다음
　의 기준에 따라 경보를 발할 수 있도록 할 것
　㉠ 2층 이상의 층에서 발화한 때에는 발화층 및 그 직상 4개층에 경보를
　　발할 것
　㉡ 1층에서 발화한 때에는 발화층·그 직상 4개층 및 지하층에 경보를
　　발할 것
　㉢ 지하층에서 발화한 때에는 발화층·그 직상층 및 그 밖의 지하층에
　　경보를 발할 것

㉯ 음향장치는 다음의 기준에 따른 구조 및 성능의 것으로 할 것
　㉠ 정격전압의 80% 전압에서 음향을 발할 수 있는 것으로 할 것. 다만,
　　건전지를 주전원으로 사용하는 음향장치는 그렇지 않다.
　㉡ 음량은 부착된 음향장치의 중심으로부터 1m 떨어진 위치에서 90dB
　　이상이 되는 것으로 할 것
　㉢ 감지기 및 발신기의 작동과 연동하여 작동할 수 있는 것으로 할 것

18　정답 ❷

「응급의료에 관한 법률 시행규칙」 제33조 관련 [별표 14]
응급구조사의 업무 범위
㉮ 1급응급구조사의 업무 범위
　㉠ 심폐소생술의 시행을 위한 기도유지(기도기(airway)의 삽입, 기도삽
　　관(intubation), 후두 마스크 삽관 등 포함)
　㉡ 정맥로의 확보
　㉢ 인공호흡기를 이용한 호흡의 유지
　㉣ 약물투여 : 저혈당성 혼수 시 포도당의 주입, 흉통 시 나이트로글리세
　　린의 혀아래(설하) 투여, 쇼크 시 일정량의 수액투여, 천식발작 시 기
　　관지확장제 흡입
　㉤ 심정지 시 에피네프린 투여
　㉥ 아나필락시스 쇼크 시 자동주입펜을 이용한 에피네프린 투여
　㉦ 정맥로의 확보 시 정맥혈 채혈
　㉧ 심전도 측정 및 전송(의료기관 안에서는 응급실 내에 한함)
　㉨ 응급 분만 시 탯줄 결찰 및 절단(현장 및 이송 중에 한하며, 지도의사
　　의 실시간 영상의료지도 하에서만 수행)
　㉩ 2급 응급구조사의 업무
㉯ 2급 응급구조사의 업무범위
　㉠ 구강내 이물질의 제거
　㉡ 기도기(airway)를 이용한 기도유지
　㉢ 기본 심폐소생술
　㉣ 산소투여
　㉤ 부목·척추고정기·공기 등을 이용한 사지 및 척추 등의 고정
　㉥ 외부출혈의 지혈 및 창상의 응급처치
　㉦ 심박·체온 및 혈압 등의 측정
　㉧ 쇼크방지용 하의 등을 이용한 혈압의 유지
　㉨ 자동제세동기를 이용한 규칙적 심박동의 유도
　㉩ 흉통 시 나이트로글리세린의 혀아래(설하) 투여 및 천식발작 시 기관
　　지확장제 흡입(환자가 해당약물을 휴대하고 있는 경우에 한함)

19　정답 ❸

프레져 프로포셔너방식
• 펌프와 발포기간의 배관 중간에 포소화약제 저장탱크 및 혼합기를 설치하
　여 약제탱크로 소화용수를 유입시켜 소화용수의 수압에 의한 압입과 혼합
　기의 벤츄리효과에 의한 흡입을 이용한 것으로 약제 탱크에는 격막이 있
　는 것과 없는 것의 2종류가 있다.
• 포소화설비의 가장 일반적인 혼합방식으로 일명 가압혼합방식이라 한다.
• 격막이 없는 저장탱크의 경우 물이 유입되면 재사용이 불가능해진다.

20　정답 ❹

의용소방대원이란 화재진압, 구조·구급 등의 소방업무를 체계적으로 보조
하기 위하여 시·도 및 시·읍·면에 두며, 비상근으로 재난현장으로 배치
해서 활동하는 대원을 말한다.

21
정답 ❶

병원 전(前) 응급환자 중증도 분류

119구급대 분류	
응급	불안정한 활력징후 등
준응급	수시간 내 처치가 필요한 경우
잠재응급	(준)응급해당(×), 응급실 진료 필요
대상 외	응급환자 이송이 아닌 경우
사망	명백한 사망징후 또는 의심의 경우

22
정답 ❶

황(S)의 완전 연소식 : $S + O_2 \rightarrow SO_2$
황의 원자량은 32g, 산소의 원자량은 16g이므로, 황의 완전연소식에서 분자량의 비는 $S : O_2 : SO_2 = 32 : 32 : 64 = 1 : 1 : 2$이다.
따라서 비례식에 따라 2kg의 황이 완전연소하면 4kg의 이산화황이 발생한다.
* 단서나 지문에 '이상기체 방정식'이라는 용어 또는 비압축성의 이상유체와 온도가 수백℃'라는 가정이 없으면 그냥 비례식으로 풀어야 한다.

23
정답 ❹

균열된 틈이나 작은 구멍을 통하여 건물 내로 되돌아오거나 맴도는 연기가 보인다.

24
정답 ❹

연소속도는 환기요소인 개구부 면적(A)과 개구부 높이(H)에 같이 비례하지만, H보다는 A에 더 큰 영향을 받는다. 즉 개구부의 높이보다는 개구부의 면적이 더 영향이 크다.

25
정답 ❸

1992년 이후부터 광역소방체제를 운용하고 있다.

제 08 회 정답과 해설

📎 문제 p.35

Answer

01	④	02	④	03	①	04	④	05	③
06	④	07	①	08	③	09	④	10	③
11	③	12	④	13	④	14	①	15	④
16	④	17	②	18	③	19	④	20	②
21	③	22	②	23	④	24	②	25	④

01

정답 ④

CO_2, 수증기, N_2 등의 불활성기체를 가연성 혼합기에 첨가하면 최소산소농도(MOC)는 감소한다.

MOC
㉠ 화염을 전파하기 위해서는 최소한의 산소농도가 요구되며 이를 산소최소농도라 한다.
㉡ 폭발 및 화재는 연료의 농도에 무관하게 산소의 농도를 감소시킴으로써 방지할 수 있으므로 불연성가스 등을 가연성혼합가스에 첨가하면 MOC를 감소시킬 수 있다.

02

정답 ④

백드래프트의 3대 소화전술 : 배연(지붕환기)법, 급냉(담금질)법, 측면 공격법
- **백드래프트(Back draft) 대응전술**
  지붕 등 상부 개방 가능 시 상부를 개방하여 가연성가스를 배연한다.
  * 백드래프트의 3대 소화전술 : 배연(지붕환기)법, 급냉(담금질)법, 측면 공격법
- **플래시오버 대응전술**
  폭발력으로 건축물 변형·강도약화로 붕괴, 비산, 낙하물 피해와 방수모 등 개인보호 장구 이탈에 대비, 자세를 낮추고 대피방안을 강구한다.
  * 플래시오버의 3대 지연전술 : 배연·배열 지연법, 공기차단 지연법, 냉각 지연법

03

정답 ❶

수증기폭발은 밀폐 공간 속의 물이 급속히 기화하면서 많은 양의 수증기가 발생함으로써 증기압이 높아져 이것이 공간을 구획하고 있는 용기나 구조물의 내압을 초과하여 파열되는 현상으로 물리적 폭발이다.

04

정답 ④

제4류 위험물이 아니라, 제5류 위험물의 일반적인 성질에 대한 설명이다.
제4류 위험물
- 인화되기 쉬우며, (자연)발화점이 낮다(위험물게시판 : 화기엄금).
- 연소 시 증기 비중이 공기보다 무겁다(시안화수소 제외).
- 주로 비수용성이며, 전기 부도체이다(즉, 유류는 전기가 통하지 않는다).
- 물보다 더 가벼운 유류가 더 많다(특수인화물, 알코올류, 제1·2석유류).
- 인화성은 가연성보다 불이 빨리 붙는 물질이므로, 대부분 가연성보다 더 위험할 수 있다.

제5류 위험물
- 산소의 공급 없이 가열·충격으로 연소·폭발이 가능하다.
- 모두 가연성 고체 또는 액체물질이고, 연소 시 다량의 가스가 발생한다.

05

정답 ③

표면연소란 휘발성이 없는 고체 가연물이 고온 시 표면에서 공기와 접촉해 그 자체가 불꽃 없이 연소하는 현상이다.

06

정답 ④

유지류의 경우 아이오딘값(Iodine value)이 클수록 자연발화하기 쉽다. 건성유(아이오딘 값이 130 이상; 아마인유, 해바라기유, 들기름, 등유), 반건성유(아이오딘 값이 100~130 미만; 채종유, 면실유, 대두유)가 적셔진 다공성 가연물은 산화열에 의하여 자연발화가 이루어진다. 아이오딘 값이 100 미만인 경우 자연발화가 일어나기 어렵다.

07

정답 ❶

② 온도가 클수록 분자 운동이 활발해져 최소발화에너지는 작아진다.
③ 농도가 높으면 분자 간의 거리가 가까워져 최소발화에너지는 작아진다.
④ 열전도율이 낮을수록 열축적이 잘 일어나서 최소발화에너지가 작아진다.

08

정답 ③

제6류 위험물은 과산화수소를 제외하고 물과 접촉하면 심하게 발열한다.

09

정답 ④

파라핀계 탄화수소는 탄소 수가 증가할수록 연소범위는 좁아지고, 연소속도는 늦어진다.

보충 해설
보통 연소속도라 함은 '층류' 연소속도를 말하는데, 화재는 '난류' 연소속도이다.
연소속도란 연소 시 화염이 미연소 혼합가스에 대하여 수직으로 이동하는 속도, 즉 단위시간에 단위면적당 연소하는 혼합가스량을 말한다. 이는 가스의 성분, 공기와의 혼합비율, 혼합가스의 온도 및 압력에 따라 달라진다.

10

정답 ③

이산화탄소 소화약제는 화학적(부촉매·억제) 소화효과가 없다.

11

정답 ③

전기화재 시 물분무 주수하거나 할로젠화합물소화설비를 가동한다. – 질식소화

12

정답 ④

「화재조사 및 보고규정」 제16조(소실정도)
㉮ 건축·구조물의 소실정도는 다음의 각 호에 따른다.
　㉠ 전소 : 건물의 70% 이상(입체면적에 대한 비율을 말한다)이 소실되었거나 또는 그 미만이라도 잔존 부분을 보수하여도 재사용이 불가능한 것
　㉡ 반소 : 건물의 30% 이상 70% 미만이 소실된 것
　㉢ 부분소 : 전소, 반소에 해당하지 아니하는 것
㉯ 자동차·철도차량, 선박·항공기 등의 소실정도는 '㉮'의 규정을 준용한다.
「화재조사 및 보고규정」 제17조(소실면적 산정)
㉠ 건물의 소실면적 산정은 소실 바닥면적으로 산정한다.
㉡ 수손 및 기타 파손의 경우에도 '㉠'의 규정을 준용한다.

13

정답 ❹

본질안전 방폭구조
정상 또는 이상 상태(폭발 분위기에 노출되어진)에 있는 기계 기구내의 전기 에너지 권선 상호접속에 의한 전기불꽃 또는 열영향을 점화에너지 이하의 수준까지 제한하는 것을 기반으로 하는 방폭구조

14

정답 ❶

포소화약제 혼합방식
㉠ 프레져 프로포셔너
  펌프와 발포기의 중간에 설치된 벤투리관의 작용과 펌프 가압수의 포소화약제 저장탱크에 대한 압력에 의하여 포소화약제를 흡입, 혼합하는 방식
㉡ 라인 프로포셔너
  펌프와 발포기의 중간에 설치된 벤투리관의 벤투리 작용에 의하여 포소화약제를 흡입, 혼합하는 방식
㉢ 펌프 프로포셔너
  펌프의 토출관과 흡입관 사이의 배관 도중에 설치한 흡입기에 펌프에서 토출된 물의 일부를 보내고 농도 조절밸브에서 조정된 포소화약제의 필요량을 포소화약제 탱크에서 펌프 흡입측으로 보내어 약제를 혼합하는 방식
㉣ 프레져사이드 프로포셔너
  펌프 토출관에 압입기를 설치하여 포소화약제 압입용 펌프로 포소화약제를 압입시켜 혼합하는 방식

15

정답 ❹

「재난 및 안전관리 기본법」 제71조의2 제1항
행정안전부장관은 재난 및 안전관리에 관한 과학기술의 진흥을 위하여 5년마다 관계 중앙행정기관의 재난 및 안전관리기술개발에 관한 계획을 종합하여 조정위원회의 심의와 「국가과학기술자문회의법」에 따른 국가과학기술자문회의의 심의를 거쳐 재난 및 안전관리기술개발 종합계획(개발계획)을 수립하여야 한다.

16

정답 ❹

㉠ 제1종 분말의 주성분 : $NaHCO_3$(탄산수소나트륨, 중탄산나트륨, 중탄산소다, 중조)
㉡ 제2종 분말의 주성분 : $KHCO_3$(탄산수소칼륨, 중탄산칼륨)
㉢ 제3종 분말의 주성분 : $NH_4H_2PO_4$(제1인산암모늄)
㉣ 제4종 분말의 주성분 : $KHCO_3 + (NH_2)_2CO$(중탄산칼륨+요소)

17

정답 ❷

최초의 소방관·소방수는 금화군이다.
* 금화군제도 시행(세종 13년, 1431년) : 궁중·관아·민가의 화재 방어를 위해 운영된 군사조직이다.

18

정답 ❸

「소방공무원 임용령」 제3조 제5항
소방청장은 법 제6조 제4항에 따라 다음 각 호의 권한을 시·도지사에게 위임한다.
1. 시·도 소속 소방령 이상 소방준감 이하의 소방공무원(소방본부장 및 지방소방학교장은 제외한다)에 대한 전보, 휴직, 직위해제, 강등, 정직 및 복직에 관한 권한
2. 소방정인 지방소방학교장에 대한 휴직, 직위해제, 정직 및 복직에 관한 권한
3. 시·도 소속 소방경 이하의 소방공무원에 대한 임용권

19

정답 ❹

자동화재속보설비
화재발생시 수동 또는 자동으로 작동에 의해 화재발생장소를 신속하게 소방서에 통보해 주는 설비를 말한다.

20

정답 ❷

㉠ 제1종 제연방식
  기계급기, 기계배기로서 급배기 균형에 주의하여야 하며, 대형건물, 복합건축물 등에 주로 사용한다.
㉡ 제2종 제연방식
  기계급기, 자연배기로서 불의 확대로 복도로의 역류에 주의하며, 아파트의 피난계단, 특별피난계난 등에 주로 사용한다.
㉢ 제3종 제연방식
  자연급기, 기계배기로서 작은 공장 능에서 주로 사용되는 제연방식으로 흔한 방식이다.
* 기계급기 : 송풍기를 말한다. / 기계배기 : 배연기, 배풍기, 제연기를 말한다. / 배연기 : 연기를 배출하는 방식의 기계로서 배풍기, 제연기라고도 한다.

21

정답 ❸

확산연소는 가연성 기체가 확산되면서 연소하는 것으로 기체의 일반적인 연소형태이며, 연료노즐에서 흐름이 층류인 경우 확산연소에서 화염의 높이는 분출 속도에 비례한다.

22

정답 ❷

화원의 크기와 위치 그리고 화원에서 천장까지의 높이에 영향을 받는다.

23

정답 ❹

① 폭연은 화염면에서 상대적으로 완만한 에너지 변화에 의해서 온도, 압력 밀도가 연속적이다.
② 폭굉은 열에 의한 전파보다 충격파에 의한 압력에 영향을 받는다.
③ 폭연은 반응 또는 화염면의 전파가 물질의 분자량이나 공기의 난류확산에 영향을 받는다.

24

정답 ❷

① 피복소화란 가연물 주위의 산소 공급을 차단하여 연소가 진행되지 않도록 하는 소화방법이다.
③ 희석소화란 화재가 발생한 경우 다량의 물을 방사함으로써 산소농도나 가연물의 조성을 연소범위 이하로 희석시켜 점화원에 착화되지 않게 하는 소화방법이다.
④ 부촉매소화란 연쇄반응의 속도를 빠르게 하는 부촉매를 억제시키는 화학적 소화방법이다.

25

정답 ❹

뉴턴(Newton)의 냉각 법칙 : $Q = h \cdot A \cdot (T_2 - T_1)$
Q : 열전달량[W = j/s = cal/s], h : 대류계수[W/(m·℃)], A : 표면적(m^2),
$T_2 - T_1$: 온도차
따라서, $Q = 1 \times 3 \times (930 - 30) = 2{,}700 \text{W/m}^2$

제 09 회 정답과 해설

📌 문제 p.39

Answer

01	②	02	④	03	③	04	①	05	③
06	②	07	②	08	③	09	①	10	③
11	③	12	④	13	③	14	②	15	④
16	①	17	③	18	③	19	④	20	④
21	②	22	③	23	②	24	③	25	④

01

정답 ❷

제6류 위험물은 원칙적으로 주수는 금지되지만, 초기화재 시의 상황에 따라 다량의 물로 희석하여 소화한다.

02

정답 ❹

① 가스폭발은 가연성 기체와 공기의 혼합에 의한 폭발을 말한다.
② 분진폭발은 가연성 고체 미분의 폭발을 말한다.
③ 분무폭발은 분해연소성 기체의 폭발을 말한다.
④ 증기운폭발이란 위험물 저장탱크에서 유출된 가스가 구름을 형성하며 떠다니다가 점화원과 접촉하는 동시에 폭발이 일어나는 기상폭발이다.

03

정답 ❸

「재난 및 안전관리 기본법」 제68조 제1항
재난관리기금에서 생기는 수입의 70%가 아니라 전액을 재난관리기금에 편입하여야 한다.

04

정답 ❶

정온식 감지선형 감지기는 열 감지기이며, 나머지는 연기 감지기이다.
연기 감지기
㉮ 이온화식(이온전류) : 이온화식 스포트형 감지기
㉯ 정광식(광량)
　㉠ 광전식 스포트형 감지기
　㉡ 광전식 분리형 감지기
　㉢ 광전식 공기흡입형 감지기

05

정답 ❸

「이산화탄소 소화설비의 화재안전기술기준(NFTC 106)」
이산화탄소 소화설비 등의 설치 장소 기준
• 방호구역 외의 장소에 설치할 것(다만, 방호구역 내에 설치할 경우에는 피난 및 조작이 용이하도록 피난구 부근에 설치하여야 한다)
• 온도가 40℃ 이하이고 온도변화가 적은 곳에 설치할 것
• 방화문으로 구획된 실에 설치할 것
• 직사광선 및 빗물의 침투 우려가 없는 곳에 설치할 것
• 해당 용기가 설치된 곳임을 표시하는 표지를 설치할 것
• 용기 간의 간격은 점검에 지장이 없도록 <u>3cm 이상</u> 유지할 것
• 저장용기와 집합관을 연결하는 배관에는 체크밸브를 설치할 것

06

정답 ❷

부촉매소화
연소의 4요소 중 연소반응의 속도를 빠르게 하는 정촉매를 억제하는 화학적 소화방법이다. 연쇄반응(수소기와 수산기의 발생)에서 핵심적인 역할을 하는 라디칼(Radical, 유리기)을 흡수하여 더 이상의 라디칼을 만들지 못하도록 한다. 부촉매소화에는 대표적으로 할론 소화약제, 할로젠 소화약제, 분말 소화약제 및 무상의 강화액 소화약제가 있다.

07

정답 ❷

슬롭오버 현상
유류액 표면에 불이 붙었거나 100℃ 이상일 때 물이 주체로 된 물분무나 포(거품)를 방사하면 물과 기름이 섞이지 않는 에멀전 상태에서 끓는 기름 온도에 의하여 물이 표면에서 튀면서(Slop) 수증기화되어 갑작스러운 부피팽창에 의해 유류가 탱크 외부로 비산·분출(over)되는 현상이다.

08

정답 ❸

하인리히(Heinrich)의 재해예방 4원칙
㉠ 예방가능의 원칙
㉡ 손실우연의 원칙
㉢ 원인연계의 원칙
㉣ 대책선정의 원칙

09

정답 ❶

분말의 안식각이 '작고' 유동성이 커야 한다. 즉 안식각이 작아야 유동성이 좋다.
* 안식각 : 퇴적물이 물 속이나 지상에 퇴적될 때 퇴적물의 표면이 어느 각도 이상 경사지면 퇴적물 일부가 미끄러져 내리는데, 이렇게 미끄러져 내리지 않는 최대의 각을 말한다.

10

정답 ❸

에너지보존의 법칙 : 에너지는 그 형태가 바뀌거나 한 물체에서 다른 물체로 에너지가 옮겨갈 때에도 항상 전체 에너지의 총량이 변하지 않는다는 법칙을 말한다. 독일의 의사이자 물리학자 마이어에 의해서 확립되었고, 에너지 불멸의 법칙이라고도 한다.
열과 에너지 등의 법칙
• 열량보존의 법칙 : 외부와의 열의 출입이 없을 때 고온의 물체가 잃은 열량과 저온의 물체가 얻은 열량은 서로 같다는 법칙을 말한다.
• 일정성분비의 법칙 : 화합물을 이루고 있는 각 성분 원소의 질량비는 일정하다는 법칙을 말한다. 즉, 순수한 화합물에 있어서 성분 원소의 중량비는 항상 일정하다는 원칙이고, 정비례의 법칙이다.
• 배수비례의 법칙 : 두 가지 원소를 화합하여 두 가지 이상의 화합물을 만들 때, 한쪽 원소의 일정량과 결합하는 다른 원소의 양은 간단한 정수비를 이룬다는 법칙을 말한다. 영국의 돌턴이 제창하였다.

11

정답 ❸

고체의 표면연소는 가연성가스가 발생하는 과정을 거치지 않고 고체 자체가 연소하는 것을 말한다.

12

정답 ❹

연소반응은 열생성률(heat production rate)이 외부로의 열손실률(heat loss rate)보다 큰 조건에서 지속된다. 즉 발열이 방열보다 커야 연소가 지속된다.

13

정답 ❸

최소발화에너지(M.I.E)
- 온도가 높으면 분자운동이 활발함으로 발화에너지가 작아진다.
- 압력이 높아지면 분자 간의 거리가 가까움으로 발화에너지가 작아진다.
- 열전도율이 낮으면 열 축적이 용이하여 발화에너지가 작아진다.
- 가연성가스의 조성이 화학양론적농도 부근일 경우 M.I.E(최소발화에너지)는 최저가 된다.

14

정답 ❷

화재가 발생하면 처음에는 의금부에서 종을 쳐서 화재를 알렸다.

15

정답 ❹

발화부의 반대쪽으로 도괴하는 것이 아니라, 발화부 쪽으로(중심으로) 도괴하는 경향이 있다.
발화부원인의 추정 5원칙
- 원칙 1 : 발화건물의 기둥, 벽, 건자재 등은 발화부를 중심으로 도괴하는 경향이 있다.
- 원칙 2 : 화염은 수직의 가연물을 따라 상승하고 측면과 하부는 연소속도가 완만하다.
- 원칙 3 : 탄화심도는 발화부에 가까울수록 깊어지는 경향이 있다.
- 원칙 4 : 목재의 연소흔에서 표면의 균열흔은 발화부에 가까울수록 뜨거워서 가늘어지는 경향이 있다.
- 원칙 5 : 발열체가 목재면에 밀착되었을 경우 발열체 표면의 목재면에 훈소흔이 남으며 발화부 부근의 훈소흔은 발화 부위인 경우가 있다.

16

정답 ❶

「제연설비의 화재안전성능기준(NFPC 501)」 제4조 제1항
제연설비의 설치장소는 다음 각 호에 따른 제연구역으로 구획해야 한다.
1. 하나의 제연구역의 면적은 1,000제곱미터 이내로 할 것
2. 거실과 통로(복도를 포함한다. 이하 같다)는 각각 제연구획 할 것
3. 통로상의 제연구역은 보행중심선의 길이가 60미터를 초과하지 않을 것
4. 하나의 제연구역은 직경 60미터 원내에 들어갈 수 있을 것
5. 하나의 제연구역은 둘 이상의 층에 미치지 않도록 할 것. 다만, 층의 구분이 불분명한 부분은 그 부분을 다른 부분과 별도로 제연구획 해야 한다.

17

정답 ❸

「소방공무원 임용령」 제23조 제1항
시보임용예정자가 받은 교육훈련기간은 이를 시보로 임용되어 근무한 것으로 보아 시보임용 기간을 단축할 수 있다.

18

정답 ❸

「화재조사 및 보고규정」 제20조 제1항
소방관서장은 영 제7조 제1항에 해당하는 화재가 발생한 경우 다음 각 호에 따라 화재합동조사단을 구성하여 운영하는 것을 원칙으로 한다.
1. 소방청장 : 사상자가 30명 이상이거나 2개 시·도 이상에 걸쳐 발생한 화재(임야화재는 제외한다. 이하 같다)
2. 소방본부장 : 사상자가 20명 이상이거나 2개 시·군·구 이상에 발생한 화재
3. 소방서장 : 사망자가 5명 이상이거나 사상자가 10명 이상 또는 재산피해액이 100억원 이상 발생한 화재

19

정답 ❹

「재난 및 안전관리 기본법」 제60조 제4항
제1항 또는 제2항에 따라 특별재난지역의 선포를 건의받은 대통령은 해당 지역을 특별재난지역으로 선포할 수 있다.

20

정답 ❹

반응이나 화염면의 전파가 분자량이나 공기 등 난류확산에 영향을 받는 경우는 폭연에 대한 설명이다.

21

정답 ❷

- 화재가혹도
  화재심도라고도 하며 화재발생으로 건물 내 수용재산 및 건물 자체에 손상을 입히는 정도를 말한다.
- 화재강도
  단위시간당 축적되는 열의 값을 화재강도라 한다.

22

정답 ❸

「옥내소화전설비의 화재안전기술기준(NFTC 102)」
2.1.6.5 수조가 실내에 설치된 때에는 그 실내에 조명설비를 설치할 것

23

정답 ❷

순수한 황린은 무색결정이며, 담황색의 투명한 고체이다.

24

정답 ❸

플레어 업(Flare up)
강풍 등로 인한 나뭇가지 마찰에 의해 발생하는 열로 인한 화재나, 강풍 또는 풍향의 변화에 의해 발생하는 임야화재의 급격한 연소 현상

25

정답 ❹

저층건물의 연기 유동 : 열, 대류이동, 화재압력 등이 주 원인이다.

제 10 회 정답과 해설

✎ 문제 p.43

Answer

01	②	02	④	03	④	04	②	05	②
06	②	07	④	08	③	09	①	10	②
11	③	12	③	13	③	14	④	15	③
16	④	17	③	18	②	19	③	20	①
21	③	22	①	23	①	24	④	25	①

01

정답 ②

샤를의 법칙이란, 일정한 압력에서 기체의 부피는 절대온도에 '비례'함을 의미한다.

02

정답 ④

발화점이 낮아지는 조건
- 직쇄탄산수소 계열의 분자량이 늘어날 때 또는 탄소쇄의 길이가 늘어날 때
- 분자구조가 복잡할수록
- 증기(가스)압, 활성화에너지·열전도율이 적을 때
- 압력, 화학적 활성도가 클수록(산소의 농도와 친화력이 클수록)
- 금속의 열전도율이 낮을수록
- 발열량(반응열)이 클수록

03

정답 ④

건물 피해산정

$$신축단가(㎡당) \times 소실면적 \times \left(1 - \frac{0.8 \times 경과연수}{내용연수}\right) \times 손해율$$

$$2,000,000 \times 100 \times \left(1 - \frac{0.8 \times 10}{40}\right) \times 0.5 = 80,000,000원$$

04

정답 ②

발화점과 인화점의 차이는 작다.

식용유 화재의 특성
- 일반적으로는 B급으로 분류하지만 별도로 식용유 화재로 분류하기도 한다. 우리나라의 경우 검정기준에 따라 주방화재는 K급으로 분류한다.
- 발화점(288~385℃)이 비점 이하이므로 화재가 발생한 후 소화하여도 재발화하는 특수한 화재형태이다.
- 발화점과 인화점의 차이가 수십 ℃로 그 격차가 비교적 작다.
- 국제표준화기구(ISO)는 주방화재를 F급 화재로 분류하고 있고, 미국연방방화협회(NFPA)는 K급 화재로 분류하고 있다.
- 식용유 화재는 화염을 제거해도 식용유의 온도가 발화점 이하로 내려가지 않으면 즉시 재발화할 수 있다.

05

정답 ②

'대부분 물에 잘 녹지 않으며, 모두 물과 반응하지 않는다.'는 제5류 위험물의 일반적 성질에 대한 설명이다.

06

정답 ②

구획실의 위치가 아니라, 구획실의 크기가 화재진행에 영향을 미친다.

화재진행에 영향을 미치는 요인
- 배연구(환기구)의 크기, 수, 위치
- 구획실의 크기
- 구획실을 둘러싸고 있는 물질들의 열 특성
- 구획실의 천장 높이
- 최초 발화되는 가연물의 크기, 합성물의 위치
- 추가적 가연물의 이용가능성 및 위치
- 구획실의 크기, 형태, 천장 높이는 많은 양의 뜨거운 가스층 형성 여부를 결정한다.

07

정답 ④

화재복구에 수반되는 피해는 간접적 피해에 해당한다.

08

정답 ③

저층건물과 고층건물의 설명이 바뀌었다. '고층건물'에서는 굴뚝효과에 의하여 연기가 상승하고, '저층건물'에서는 열, 대류이동, 화재압력 및 바람의 영향으로 통로 등을 따라 연기가 이동한다.

09

정답 ①

벤투리관을 이용한 관로혼합장치 방식은 라인 프로포셔너 방식에 대한 설명이다.

10

정답 ②

압력 방폭구조
용기 내부의 압력을 외부 압력보다 높게 유지하여 내부에 가연성 가스 또는 증기가 유입되지 못하도록 보호하는 방폭구조로 용기 내부에는 불활성가스를 압입하여 외부 폭발성 가스의 침입을 방지하고 점화원과 폭발성 가스를 격리하는 구조이다.

11

정답 ③

준불연성이나 불연성의 내장재를 사용할 경우 플래시오버 발생까지의 소요 시간이 길어진다.

12

정답 ③

㉠ 슬롭오버(slop over)
  유류 액표면에 불이 붙었을 때 기름이 끓고 있는 상태에서 물이 주성분인 물분무나 포를 방사하면 물과 기름이 섞이지 않는데, 이때 끓는 기름 온도에 의하여 물이 표면에서 튀면서(Slop) 수증기화 되고 갑작스러운 부피팽창으로 유류가 탱크 외부로 비산·분출(over)되는 현상이다.

㉡ 보일오버(boil over)
  상부가 개방된 저장탱크의 하부에 존재하던 물 또는 물–기름 에멀션이 뜨거운 열류층의 온도에 의해 급격히 부피가 팽창되어 다량의 불이 붙은 기름을 저장탱크 밖으로 분출시키는 현상이다.

13

정답 ③

「소방의 화재조사에 관한 법률」 제2조 제1항
"화재"란 ㉠ 사람의 의도에 반하거나 고의 또는 과실에 의하여 발생하는 연소 현상으로서 ㉡ 소화할 필요가 있는 현상 또는 ㉢ 사람의 의도에 반하여 발생하거나 확대된 화학적 폭발현상을 말한다.

14 정답 ❹

① '최초착화물'이란 발화열원에 의해 불이 붙은 최초의 가연물을 말한다.
② '동력원'이란 발화관련 기기나 제품을 작동 또는 연소시킬 때 사용된 연료 또는 에너지를 말한다.
③ '발화요인'이란 발화열원에 의해 발화로 이어진 연소현상에 영향을 준 인적, 물적, 자연적인 요인을 말한다.

15 정답 ❸

「소방의 화재조사에 관한 법률 시행령」 제2조
「소방의 화재조사에 관한 법률」(이하 "법"이라 한다) 제5조에 따라 소방청장, 소방본부장 또는 소방서장(이하 "소방관서장"이라 한다)이 화재조사를 실시해야 할 대상은 다음 각 호와 같다.
㉠ 「소방기본법」에 따른 소방대상물에서 발생한 화재
㉡ 그 밖에 소방관서장이 화재조사가 필요하다고 인정하는 화재

16 정답 ❹

후착대의 임무는 비화경계, 급수중계, 수손방지 등이다.

17 정답 ❸

방염성능의 측정기준
㉠ 잔염시간 : 착화 후에 버너를 제거한 때부터 불꽃을 올리며 연소하는 상태가 그칠 때까지의 경과시간으로 그 시간이 20초 이내이다.
㉡ 잔신시간 : 착화 후에 버너를 제거한 때부터 불꽃을 올리지 아니하고 연소하는 상태가 그칠 때까지의 경과시간으로 그 시간이 30초 이내이다.
㉢ 탄화면적 : 잔염시간 또는 잔신시간 내에 탄화하는 면적으로 그 면적이 $50cm^2$ 이내가 방염성능 기준이다.
㉣ 탄화길이 : 잔염시간 또는 잔신시간 내에 탄화하는 길이로 그 길이가 20cm 이내가 방염성능 기준이다.
㉤ 접염횟수 : 완전히 용융될 때까지 필요한 불꽃을 접하는 횟수로 완전히 녹을 때까지 불꽃의 접촉 횟수는 3회 이상이다.

18 정답 ❷

냉각소화는 연소 중의 가연물에 물을 주수하여 열 방출량을 낮추어 연소가 지속되지 못하게 하는 소화방법이다.

19 정답 ❸

$$Q = h \cdot A \cdot (T_2 - T_1)$$
$$Q = 5(W/m^2) \times 10 \times (900℃ - 10℃) = 44,500W/m^2 = 44.5kW/m^2$$

20 정답 ❶

㉡ 제2류 위험물 중 철분, 황화인은 건조사가 가장 적합하다.
㉢ 제3류 위험물 중 황린을 제외한 제3류 위험물은 주수금지이다.
㉣ 제5류 위험물 모두는 다량의 물을 이용한 주수소화가 적합하다.

21 정답 ❸

수성막포 소화약제(Aqueous Film forming Foam)
㉠ 불소계 계면활성제를 주성분으로 하여 라이트워터라고도 불린다.
㉡ 표면하주입방식을 사용하여 흑갈색 원액으로 유류탱크, 비행기 격납고, 주차장에 사용한다.
㉢ Twin Agent System 가능 : 분말, CO_2 등과 함께 사용 시 7~8배 소화효과가 증대되며 반영구적이다.

22 정답 ❶

P형 수신기
• 감지기 또는 P형 발신기에서 보낸 화재신호를 직접 공통신호로서 수신하여 화재를 경보하는 수신기
• 감지기 → 발신기(지구경종) → 수신기(주경종) 등이 전선으로 연결된 방식
• 중·소규모의 건물에 많이 사용된다.
• 감지기 또는 발신기에서 1 : 1 접점방식으로 전송된 신호를 수신한다.
R형 수신기
• 감지기 또는 발신기로부터 발생하는 화재신호를 중계기를 통해서 고유신호로서 수신하여 화재를 경보하는 수신기
• 수신기 → 발신기(지구경종) → 중계기 → 수신기(주경종) 등이 전선으로 연결된 방식
• 회선수가 많은 대규모 건물이나 다수의 동이 있는 건축물에 적합하다.
• 감지기 또는 발신기에서 다중전송방식으로 신호를 수신한다.

23 정답 ❶

우리나라에서 경찰조직에서 소방 조직이 분리 독립하게 된 시기는 미군정시대(1945년~1948년)이다.

24 정답 ❹

「재난 및 안전관리 기본법」 제3조 제10항
"재난관리정보"란 재난관리를 위하여 필요한 재난상황정보, 동원가능 지원정보, 시설물정보, 지리정보를 말한다.

25 정답 ❶

「재난 및 안전관리 기본법」 제31조(재난예방을 위한 안전조치) 제1항
㉠ 정밀안전진단(시설만 해당한다)
㉡ 보수(補修) 또는 보강 등 정비
㉢ 재난을 발생시킬 위험요인의 제거

제 11 회 정답과 해설

📎 문제 p.47

Answer

01	②	02	①	03	①	04	④	05	①
06	①	07	②	08	①	09	④	10	②
11	④	12	④	13	③	14	④	15	①
16	②	17	②	18	②	19	②	20	①
21	②	22	③	23	①	24	②	25	①

01

정답 ❷

「재난 및 안전관리 기본법」 제36조 제1항
행정안전부장관은 대통령령으로 정하는 재난이 발생하거나 발생할 우려가 있는 경우 사람의 생명·신체 및 재산에 미치는 중대한 영향이나 피해를 줄이기 위하여 긴급한 조치가 필요하다고 인정하면 중앙위원회의 심의를 거쳐 재난사태를 선포할 수 있다. 다만, 행정안전부장관은 재난상황이 긴급하여 중앙위원회의 심의를 거칠 시간적 여유가 없다고 인정하는 경우에는 중앙위원회의 심의를 거치지 아니하고 재난사태를 선포할 수 있다.

02

정답 ❶

「긴급구조대응활동 및 현장지휘에 관한 규칙」 제16조 제1항 관련 [별표5]

구분	주요 임무
지휘대장	가. 화재 등 재난사고의 발생 시 현장지휘·조정·통제 나. 통제단 가동 전 재난현장 지휘활동 등
현장지휘 요원	가. 화재 등 재난사고의 발생 시 지휘대장 보좌 나. 통제단 가동 전 재난현장 대응활동 계획 수립 등
자원지원 요원	가. 자원대기소, 자원집결지 선정 및 동원자원 관리 나. 긴급구조지원기관 및 응원협정체결기관 동원요청 등
통신지원 요원	가. 재난현장 통신지원체계 유지·관리 나. 지휘대장의 현장활동대원 무전지휘 운영 지원 등
안전관리 요원	가. 현장활동 안전사고 방지대책 수립 및 이행 나. 재난현장 안전진단 및 안전조치 등
상황조사 요원	가. 재난현장과 119종합상황실간 실시간 정보지원체계 구축 나. 현장상황 파악 및 통제단 가동을 위한 상황판단 정보 제공 등
구급지휘 요원	가. 재난현장 재난의료체계 가동 나. 사상자 관리 및 병원수용능력 파악 등 의료자원 관리 등

03

정답 ❶

$$Q = K \cdot A \cdot \frac{T_1 - T_2}{L} \,[\text{W}]$$

$$Q = 0.8 \cdot (4 \times 15) \cdot \frac{30}{0.3} = 4{,}800\text{W} = 4.8\text{kW}$$

04

정답 ❹

무염연소
가연물이 연소할 때 불꽃의 생성 없이 연소하는 형태로 작열연소, 표면연소, 백열연소라고도 한다. 무염연소와 유염연소의 차이점은 산소와 가연성가스가 혼합하여 연소하지 않고 산소가 고체표면을 통과하면서 반응하는 것이다. 연소속도가 느리고 시간당 방출열량이 적으며, 연쇄반응이 일어나지 않는 특징이 있다. 활성탄, 목탄(숯), 담뱃불, 향 등의 연소형태가 그 예이다. 산소의 공급이 부족한 경우 무염연소가 일어나는 경우가 있다.

05

정답 ❶

② 황－100kg
③ 금속분－500kg
④ 마그네슘－500kg

06

정답 ❶

제1류 위험물(산화성 고체)의 일반적 성질
㉠ 산소를 함유한 강한 산화제이며 가열, 충격, 마찰 등에 의해 분해하여 산소를 방출한다. : 산소함유 + 불연성
㉡ 자신은 불연성이나 산소를 방출하여 다른 가연물의 연소를 돕는 조연성 물질이다.
㉢ 대부분 무색 결정이거나 백색 분말이다.
㉣ 비중은 1보다 크다. (물보다 무겁다)

07

정답 ❷

제1류 위험물의 정의
㉠ 산화성고체 : 고체[액체(1기압 및 섭씨 20도에서 액상인 것 또는 섭씨 20도 초과 섭씨 40도 이하에서 액상인 것을 말한다. 이하 같다)또는 기체(1기압 및 섭씨 20도에서 기상인 것을 말한다)외의 것을 말한다. 이하 같다]로서 산화력의 잠재적인 위험성 또는 충격에 대한 민감성을 판단하기 위하여 소방청장이 정하여 고시(이하 "고시"라 한다)하는 시험에서 고시로 정하는 성질과 상태를 나타내는 것을 말한다.
㉡ 액상 : 수직으로 된 시험관(안지름 30mm, 높이 120mm의 원통형 유리관)에 시료를 55mm까지 채운 다음 시험관을 수평으로 하였을 때 시료액면의 선단이 30mm를 이동하는 데 걸리는 시간이 90초 이내에 있는 것.

08

정답 ❶

황린(P_4)은 pH9의 약알칼리성 물에 저장한다. 또한 이황화탄소(CS_2)도 물속에 저장한다.

09

정답 ❹

마그네슘의 연소식 : $2Mg + O_2 \rightarrow 2MgO$
연소식의 계수비는 2 : 1 : 2이다.
마그네슘의 질량이 48g이고 마그네슘의 원자량은 24g이므로 연소한 마그네슘은 2몰이다. 따라서 연소에 필요한 이론산소량을 구하면 산소 1몰 : 16 × 2 = 32(g)이다.

10

정답 ❷

① 나트륨 : $2Na + 2H_2O \rightarrow 2NaOH + H_2$(수소 발생)
② 탄화칼슘 : $CaC_2 + 2H_2O \rightarrow Ca(OH)_2 + C_2H_2$(아세틸렌 발생)
③ 리튬 : $2Li + 2H_2O \rightarrow 2LiOH + H_2$(수소 발생)
④ 칼륨 : $2K + 2H_2O \rightarrow 2KOH + H_2$(수소 발생)

11

정답 ❹

㉮ 중성대(Neutral Zone = Neutral Plane)는 건축물 내부의 압력이 외부의 압력과 일치하는 수직적인 위치를 말한다. 즉 실내와 실외 정압이 같아지는 경계면이 형성되는 면을 중성대라 한다.

㉯ 중성대의 위치는 계속 달라진다.
중성대 위치가 낮아지면 ㉠ 실 하부 공간이 작아져서 외부로부터 공기 유입이 적어지며, ㉡ 연소는 활발하지 못하고, ㉢ 실 전체 온도가 다시 낮아져 실내 상부 압력이 작아지면서, ㉣ 밀려 내려왔던 중성대는 다시 높아지는 과정이 반복될 수 있다. 따라서 만약 소방관이 배연을 한다면 중성대 위쪽을 뜯어서 배연시켜야 한다.

12

정답 ❹

이산화탄소 소화기는 0℃ 이상 40℃ 이하에서 소화 및 방사의 기능을 유효하게 발휘할 수 있어야 한다.

「소화기의 형식승인 및 제품검사의 기술기준」 제36조

㉮ 소화기는 그 종류에 따라 다음의 온도범위에서 사용할 경우 소화 및 방사의 기능을 유효하게 발휘할 수 있는 것이어야 한다.

㉠ 강화액소화기 : −20℃ 이상 40℃ 이하
㉡ 분말소화기 : −20℃ 이상 40℃ 이하
㉢ 그 밖의 소화기 : 0℃ 이상 40℃ 이하

㉯ 사용온도범위를 확대하고자 할 경우에는 10℃ 단위로 하여야 한다.

13

정답 ❸

제2차 세계대전에서 일본의 패배로 일제 통치가 종식되자 경방단은 자동적으로 해체되어 다시 소방대가 조직되었으며, 1952년 8월 방공단규칙 제정을 계기로 소방대가 방공단으로 흡수되었다가 1953년 7월 민병대를 조직하여 잠시 동안 민간 소방조직이 전무하였다. 이후 의용소방대의 필요성이 재인식되어 1954년 1월에 전국적으로 의용소방대가 재조직하기에 이르렀으며 1958년 소방법 제정 시 의용소방대 설치규정을 마련한 것을 계기로 그 후 계속 발전되어 오늘에 이르고 있다.

14

정답 ❹

분말소화약제의 특징

· 분말가루는 입자가 너무 크거나 미세하면 소화효과가 떨어진다. 적당한 소화입도는 20~25μm이다.
· 분말은 털어지기 때문에 오염은 적지만, 정밀기기류나 통신기기류에는 적합하지 않다.
· 분말을 수면에 고르게 살포한 경우에 1시간 이내에 침강하지 않아야 한다.
· 칼륨의 중탄산염이 주성분인 소화약제는 담회색으로, 인산염 등이 주성분인 소화약제는 담홍색(또는 황색)으로 각각 착색하여야 하며 이를 혼합하지 아니하여야 한다.
· 인산은 물과의 결합 정도에 따라 메타인산, 피로인산, 오쏘인산의 3가지로 나누며 오쏘인산(H_3PO_4)은 상온에서, 메타인산(HPO_3)은 고온에서 안정된 물질이다. 또한 세 개의 수소원자와 결합하는 암모니아의 수에 따라 제1·2·3인산암모늄이 생성된다.
· 비중은 1종(2.18), 2종(2.14), 3종·4종(1.82)으로 주로 가벼울수록 효과가 좋다.
· 분말은 방사 후 흡습하여 약알칼리성 또는 약산성을 나타내기 때문에 금속을 부식시킬 수 있다.
· 방습제는 실리콘 오일, 스테아린산아연, 스테아린산마그네슘 등이 있다.
· 제3종의 소화효과는 A·B·C급 화재이고 제2종의 소화효과는 B·C급 화재로서 같은 조건에서 비교할 수 없고, 별도로 비교 평가된다. E급 화재에서도 사용은 가능하다. 소화약제 방사를 개시한 후 10~20초 이내에 녹다운 효과가 있어야 한다.

15

정답 ❶

ㄱ. 황린(P_4)−물을 사용한 냉각소화−[○]
ㄴ. 과산화나트륨(Na_2O_2)−마른모래를 사용한 질식소화−[○]
ㄷ. 삼황화인(P_4S_3)−팽창질석 등을 사용한 질식소화−[○]
ㄹ. 아세톤(CH_3COCH_3)−수성막포소화약제에 의한 질식소화−[×]
: 알코올포소화약제에 의한 질식소화
ㅁ. 히이드록실아민(NH_2OH)−이산화탄소소화약제에 의한 질식소화−[×]
: 제5류 위험물로서 질식소화는 적응성이 없다.
ㅂ. 과염소산($HClO_4$)−다량의 물에 의한 희석소화(소량 화재 제외)−[×]
: 제6류 위험물로서 물과 반응하면 심하게 발열하며 반응으로 생성된 혼합물도 강한 산화력을 가진다. 다만 다량의 물로 분무주수하거나 분말소화약제를 사용한다.

16

정답 ❷

불꽃연소는 가연물이 탈 때 움직이는 불의 모습을 가지는 발염연소·유염연소이다.

17

정답 ❷

자연발화하기 위해서는 수분이 적당해야 한다.

18

정답 ❷

상수도소화용수설비는 소화활동설비가 아니라, 소화용수설비에 해당한다.

19

정답 ❷

증기폭발은 물리적 폭발에 해당한다.

20

정답 ❶

목탄, 활성탄은 흡착열에 의하여 자연발화가 가능하다.

21

정답 ❷

연기로 인한 빛의 감소를 나타내는 감광계수는 가시거리와 반비례한다.

22

정답 ❸

화재강도

㉠ 단위시간당 축적되는 열의 값을 화재강도라 한다. 이는 가연물의 비표면적이 클수록 연소가 용이하며 가연물의 연소값이 클수록 화재강도는 크게 된다.
㉡ 화재강도는 화재 시 산소공급, 화재실의 벽, 천장, 바닥 등의 단열성, 가연물의 배열상태, 화재실의 구조, 가연물의 발열량, 가연물의 비표면적 등에 따라 화재강도는 달라진다.

23

정답 ❶

「소방의 화재조사에 관한 법률」 제8조 제1항
소방관서장은 화재조사를 위하여 필요한 범위에서 화재현장 보존조치를 하거나 화재현장과 그 인근 지역을 통제구역으로 설정할 수 있다.

24

정답 ❷

화재건수의 결정(화재조사 및 보고규정 제26조)
㉠ 1건의 화재란 1개의 발화지점에서 확대된 것으로 발화부터 진화까지를
  말한다.
㉡ 동일 소방대상물의 발화점이 2개소 이상 있는 다음의 화재는 1건의 화재
  로 한다.
  가. 누전점이 동일한 누전에 의한 화재
  나. 지진, 낙뢰 등 자연현상에 의한 다발화재
㉢ 동일범이 아닌 각기 다른 사람에 의한 방화, 불장난은 동일 대상물에서
  발화했더라도 각각 별건의 화재로 한다.

25

정답 ❶

「119 구조 · 구급에 관한 법률 시행령」 제5조 제1항 제2호
특수구조대 : 소방대상물, 지역 특성, 재난 발생 유형 및 빈도 등을 고려하여
시 · 도의 규칙으로 정하는 바에 따라 다음 각 목의 구분에 따른 지역을 관할
하는 소방서에 다음 각 목의 구분에 따라 설치한다. 다만, 라목에 따른 고속
국도구조대는 제3호에 따라 설치되는 직할구조대에 설치할 수 있다.
가. 화학구조대 : 화학공장이 밀집한 지역
나. 수난구조대 : 「내수면어업법」 제2조 제1호에 따른 내수면지역
다. 산악구조대 : 「자연공원법」 제2조 제1호에 따른 자연공원 등 산악지역
라. 고속국도구조대 : 「도로법」 제10조 제1호에 따른 고속국도(이하 "고속국
   도"라 한다)
마. 지하철구조대 : 「도시철도법」 제2조 제3호 가목에 따른 도시철도의 역
   사(驛舍) 및 역 시설

제 **12** 회 정답과 해설

📎 문제 p.51

Answer

01	③	02	③	03	④	04	①	05	④
06	③	07	②	08	①	09	①	10	④
11	③	12	③	13	②	14	③	15	②
16	④	17	③	18	④	19	③	20	④
21	④	22	①	23	③	24	①	25	②

01

정답 ❸

ⓒ 희석소화 : 수용성 가연물질인 알코올, 에터, 에스터 등으로 인한 화재 시에 물을 주수하여 소화하는 방법을 말한다.

* 유화소화 : 비중이 물보다 큰 비수용성 유류화재 시 무상주수하여 소화 하는 방법을 말한다.

ⓔ 부촉매소화는 연소의 연쇄반응을 차단·억제하여 소화하는 방법으로 억제 소화 또는 화흑소화작용이라 하며, 할로젠화합물 소화약제가 대표적이다.

* 제거소화 : 가연물질의 공급을 차단 또는 안전한 장소로 이동시켜 더 이상 연소가 진행되지 않도록 하는 소화방법으로 가스화재 시 밸브를 차단 등이 있다.

02

정답 ❸

㉠ 물의 비중은 1기압, 4℃에서 가장 크다.

물의 경우 0℃부터 4℃까지 온도가 올라갈수록 비중이 커지고 온도가 더 올라갈수록 다시 감소한다.

ⓛ 물의 표면장력은 온도가 상승하면 작아진다.

03

정답 ❹

물과 강화액 소화약제의 경우 무상주수가 가능해서 전기화재에 적응성이 있 으나 포 소화약제는 무상주수가 불가하여 감전 위험 때문에 전기화재에 적 용 불가하다.

04

정답 ❶

Viscous Agent는 물 소화약제의 점성을 높이기 위해 첨가하는 약제이다.

05

정답 ❹

- 불활성기체 소화약제는 부촉매소화(화학적소화) 효과가 없어서, 밀폐된 공간에서 산소농도를 낮추는 것에 의해 소화한다.
- 불활성기체 소화약제(이너젠 : Inergen)의 종류

소화약제	화학식	최대허용 설계농도(%)
불활성 기체혼합가스(IG-100)	N_2 : 100%	43
불활성 기체혼합가스(IG-01)	Ar : 100%	43
불활성 기체혼합가스(IG-55)	N_2 : 50%, Ar : 50%	43
불활성 기체혼합가스(IG-541)	N_2 : 52%, Ar : 40%, CO_2 : 8%	43

06

정답 ❸

㉠ 압력방폭구조

용기 내부의 압력을 외부 압력보다 높게 유지하여 내부에 가연성 가스 또는 증기가 유입되지 못하도록 보호하는 방폭 구조로 용기 내부에는 불 활성가스를 압입하여 외부 폭발성 가스의 침입을 방지하고 점화원과 폭 발성 가스를 격리하는 구조이다.

ⓛ 본질안전방폭구조

정상 또는 이상 상태(폭발 분위기에 노출되거나 사고 상태 시)에 있는 기계 기구 내의 전기에너지 권선 상호접속에 의한 전기불꽃 또는 열영향을 점 화에너지 이하의 수준까지 제한하는 것을 기반으로 하는 방폭구조이다.

ⓒ 유입방폭구조

가스·증기에 대한 전기기기 방폭구조의 한 형식으로 용기 내의 전기 불 꽃이 발생하는 부분을 유(油)중에 내장시켜 유면상 및 용기의 외부에 존 재하는 폭발성 분위기에 점화할 염려가 없게 한 빙폭구조를 말한디.

07

정답 ❷

질산에스터류는 제5류 위험물이다. 따라서 물에 반응하는 물질이 없기 때문 에 화재 초기 시에만 다량의 냉각 소화하는 것이 적당하다.

08

정답 ❶

프레져사이드 프로포셔너

펌프 토출관에 압입기를 설치하여 포소화약제 압입용 펌프로 포소화약제를 압입시켜 혼합하는 방식

09

정답 ❶

베르누이 법칙

유체에 작용하는 압력이 유체가 빨리 흐르면 작아지고, 유체가 느리면 그 압력이 커진다는 법칙으로 유체 내의 흐름에서는 어떤 단면에서도 위치, 속 도, 압력과 각 수두의 합은 일정하다는 것이다.

10

정답 ❹

억제소화(부촉매효과)는 연소의 4요소 중 연쇄반응의 속도를 빠르게 하는 정촉매를 억제시키는 것으로 화학적 소화방법이다.

11

정답 ❸

하이드로클로로플루오로카본혼합제(HCFC BLEND A)

㉮ 화학식

㉠ HCFC-123($CHCl_2CF_3$) : 4.75%

ⓛ HCFC-22($CHClF_2$) : 82%

ⓒ HCFC-124($CHClFCF_3$) : 9.55%

ⓔ $C_{10}H_{16}$: 3.75%

㉯ 최대허용 설계농도 : 10%

12

정답 ❸

피복효과

이산화탄소 분자량이 공기보다 약 1.5배 무거워 연소물을 덮는 효과

13

정답 ❷

수성막포 소화약제(소화성능이 가장 뛰어남)

화재 액표면 위에 수성의 막을 형성함으로서 유동성이 좋은 포의 전파속도 를 증가시키고 얇은 수막을 형성하여 유류화재에 적합하다. 단, 수용성 유류 (알코올 등)에는 적합하지 않다.

14　정답 ❸

㉠ 증기폭발은 액체의 급속한 기화로 인해 체적이 팽창되어 발생하는 현상이다.
㉣ 폭발(연소)범위는 초기온도 및 압력이 상승할수록 분자 간 유효충돌할 가능성이 높아지기 때문에 넓어진다.
㉤ 반응폭주란 화학반응기 내에서 반응속도가 증대함으로써 반응이 과격화되는 현상이다.

15　정답 ❷

① 탄화칼슘은 카바이드라고도 불리며, 물을 분무하면 가연성가스(아세틸렌)를 생성한다.
③ 나트륨은 할론 소화약제가 적응성이 없다. 따라서 건조사 한다.
④ 아세톤은 알코올포 소화약제로 소화한다.

16　정답 ❹

옥내소화전설비의 구성요소는 수조, 펌프, 릴리프밸브, 체크밸브, 개폐장치, 소화관, 동력제어반 등이며, 펌프가 수원보다 높으므로 물올림장치가 필요하다.
ㄹ. 솔레노이드밸브는 준비작동식 스프링클러, 이산화탄소소화설비, 할로겐화합물소화설비의 구성 요소이다.

17　정답 ❸

연기 감지기의 종류
1. 이온화식 스포트형 감지기
   연기에 의한 이온전류 변화에 의해 작동
2. 광전식 스포트형 감지기
   연기에 의한 광전소자에 접하는 광량의 변화로 작동
3. 광전식 분리형 감지기
   발광부와 수광부 사이 공간의 연기농도 변화로 작동
4. 광전식 공기흡입형 감지기
   평상시 주위 공기를 계속 흡입하고 화재 시 흡입된 공기 중 연소생성물을 분석하여 작동

18　정답 ❹

공동현상은 진공 속에 들어온 물이 증발하여 수증기가 되는 현상이다.
공동현상의 방지대책
• 펌프의 흡입측 수두를 작게 한다. → 펌프의 높이를 작게 한다.
• 펌프의 임펠러 속도를 작게 한다. → 마찰을 줄어들게 한다.
• 마찰손실을 작게 한다 : 펌프의 마찰을 작게 한다.
• 펌프의 설치 위치를 수원보다 낮게 한다. → 펌프의 위치가 낮을수록 공동화 현상을 방지한다.
• 배관 내 수온을 낮춰준다.
• 흡입관의 배관을 간단히 한다.
　* 배관이 휘고 복잡하면 더 부딪혀 마찰로 인한 기포가 발생한다.
• 펌프의 흡입관경을 크게 한다.
• 펌프를 2대 이상 설치한다.

19　정답 ❸

프레져 프로포셔너
펌프와 발포기의 중간에 설치된 벤츄리관의 작용과 펌프 가압수의 포소화약제 저장탱크에 대한 압력에 의하여 포소화약제를 흡입, 혼합하는 방식

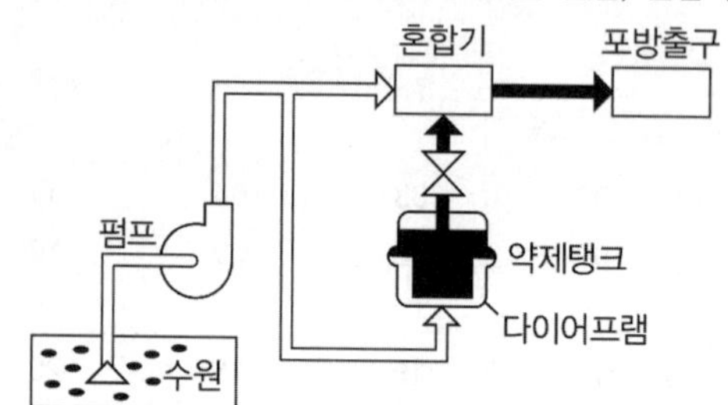

20　정답 ❹

피난계획
㉠ 피난 경로는 간단명료해야 한다.
㉡ 피난 수단은 원시적 방법에 의하는 것을 원칙으로 한다.
㉢ 피난설비는 고정적인 시설에 의해야 한다.
㉣ 피난대책은 Fool-Proof와 Fail-Safe의 원칙을 중시해야 한다.
㉤ 일정한 구획을 한정하여 피난Zone을 설정한다.
㉥ 정전 시에도 피난방향을 명백히 할 수 있는 표시를 한다.
㉦ 피난구는 항시 사용할 수 있도록 한다.

21　정답 ❹

㉠ "발화관련 기기"란 발화에 관련된 불꽃 또는 열을 발생시킨 기기 또는 장치나 제품을 말한다.
㉡ "동력원"이란 발화관련 기기나 제품을 작동 또는 연소시킬 때 사용된 연료 또는 에너지를 말한다.

22　정답 ❶

화재조사의 과학적 방법
필요성 인식 → 문제의 정의 → 자료수집 → 자료분석 → 가설수립 → 가설검증 → 최종가설선택

23　정답 ❸

천장제트흐름의 특징으로는 낮은 천장의 경우 스프링클러나 감지기가 천장으로부터 떨어진 위치가 전체 거리의 12%보다 크면 천장 제트흐름의 범위 외가 되어 응답시간이 증가한다.

24　정답 ❶

전도 열전달량 : $Q = K \cdot A \cdot \dfrac{T_1 - T_2}{L}$[W]

Q : 열전달량[W = j/s = cal/s], K : 열전도도[W/(m·℃)], A : 표면적(m^2), T_1 : 내부온도(℃), T_2 : 나중온도(℃), L : 벽두께(m)

따라서, $1 \times 1 \times \dfrac{500 - 150}{0.05} = 7{,}000W = 7kW$

25　정답 ❷

$$q'' = \frac{X_r \cdot Q}{4\pi r^2} = \frac{0.2 \times 10{,}000}{4 \times 3.14 \times 15^2} = 약\ 0.71[kW/m^2]$$

제13회 정답과 해설

🔗 문제 p.55

Answer

01	①	02	②	03	④	04	③	05	④
06	③	07	③	08	④	09	①	10	④
11	③	12	②	13	②	14	①	15	③
16	①	17	④	18	①	19	③	20	④
21	④	22	③	23	②	24	③	25	①

01

정답 ❶

석유류는 비극성 공유결합을 하고 있기 때문에 비전도성 물질이다. 따라서 상호 마찰 등에 의하여 발생한 정전기에 의해서 화재가 발생할 위험성이 크다.

02

정답 ❷

감광계수와 가시거리

감광계수 [연기농도(m^{-1})]	가시거리 (m)	상황
0.1	20~30	연기감지기가 작동할 정도
0.3	5	건물 내부에 익숙한 사람이 피난시 약간의 지장을 느낄 정도
0.5	3	어두침침한 것을 느낄 정도의 농도
1.0	1~2	거의 앞이 보이지 않을 정도
10	0.2~0.5	화재 최성기 때의 농도로 유도등이 보이지 않는 경우
30	–	출화실에서 연기가 분출될 때의 농도

03

정답 ❹

프로판의 분자량 : $C_3H_8 = (12 \times 3) + (1 \times 8) = 44g/mol$

프로판 22g의 몰수 : $\dfrac{22}{44} = 0.5mol$

프로판의 완전연소식 : $C_3H_8 + 5O_2 \rightarrow 3CO_2 + 4H_2O$

프로판이 0.5mol이므로 : $0.5C_3H_8 + 2.5O_2 \rightarrow 1.5CO_2 + 2H_2O$

표준상태($0℃$, 1기압)에서 기체 1mol의 부피는 22.4L이나 온도가 $1℃$ 오를 때마다 기체의 부피는 $\dfrac{1}{273}$씩 증가한다. 따라서 온도가 $20℃$인 경우 기체의 부피는 $22.4 + (22.4 \times \dfrac{1}{273} \times 20) =$ 약 24L이다.

따라서, $1.5mol \times 24L = 36L$

04

정답 ❸

「재난 및 안전관리 기본법 시행령」 제3조의2 관련 [별표 1의3]
2. 사회재난 유형별 재난관리주관기관
　거목. 기후에너지환경부
　: 「에너지법」 제2조 제1호에 따른 전기 등 에너지의 중대한 수급차질로 인해 발생하는 대규모 피해
　타목. 산업통상부
　: 「에너지법」 제2조 제1호에 따른 석유, 가스, 석탄 등 에너지의 중대한 수급 차질로 인해 발생하는 대규모 피해

05

정답 ❹

- 점화원 격리방식과 무관하며, 점화원을 본질적으로 억제하는 방식은 본질안전 방폭구조이다.
- **유입 방폭구조**
  가스・증기에 대한 전기기기 방폭구조의 한 형식으로 용기 내의 전기불꽃을 발생하는 부분을 유(油)중에 내장시켜 유면상 및 용기의 외부에 존재하는 폭발성 분위기에 점화할 염려가 없게 한 방폭구조를 말한다.

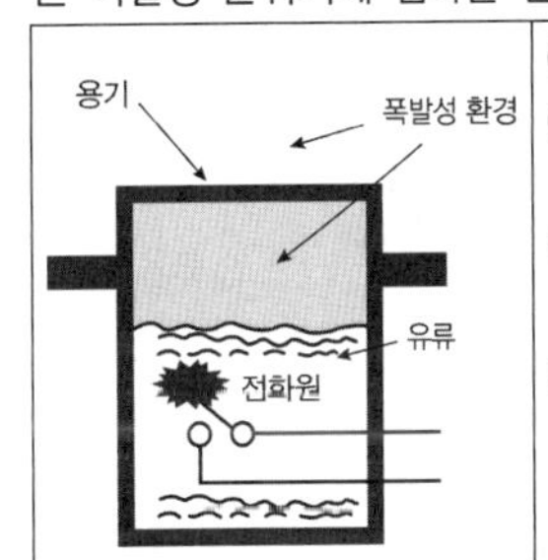

06

정답 ❸

음파와 달리 폭굉파가 통과한 곳은 화학적 조성이 변하므로 폭굉파는 가역적인 탄성파로 취급되지 않는다. 따라서 폭굉은 폭연으로 전이될 수 없다.

07

정답 ❸

탄화칼륨과 물과의 반응 : $K_2C_2 + 2H_2O \rightarrow 2KOH + C_2H_2$
　　　　　　　　　　(탄화칼륨) (물) → (수산화칼륨) (아세틸렌)

08

정답 ❹

- 메탄(CH_4)의 분자량은 16g/mol이다. 따라서 메탄 8g은 0.5mol이다.
- 메탄(CH_4)의 완전 연소식 : $CH_4 + 2O_2 \rightarrow CO_2 + 2H_2O$

따라서 메탄 8g이 완전연소하기 위해서는 1mol의 산소가 필요하다. 아보가드로의 법칙에 따라 기체 1mol에는 6.02×10^{23}개의 분자가 포함된다. 산소 1mol에는 6.02×10^{23}개의 분자가 있다.

09

정답 ❶

질산(HNO_3)은 열분해시 산소가 발생한다.
: $4HNO_3 \rightarrow 4NO_2\uparrow + 2H_2O + O_2\uparrow$

10

정답 ❹

수성막포 소화약제가 알코올 화재에 효과가 없는 이유는 수용성 물질인 알코올이 포 속의 물을 탈취하여 포를 소멸시켜버리기 때문이다.

11

정답 ❸

질식효과와 냉각효과 때문에 표면화재에 우수하며, 비중이 공기보다 무거워 피복효과를 이용한 심부화재에 효과가 있다.

12

정답 ❷

할론 1301, 할론 1211은 상온에서 기체이고, 할론 2402는 상온에서 액체이다.

13

정답 ❷

화재하중이 크면 화재구획 공간이 작거나 가연물의 양이 많다.

14
정답 ❶

「소방공무원 승진임용 규정」 제5조 제1항
소방공무원이 승진하려면 다음 각 호의 구분에 따른 기간 이상 해당 계급에 재직하여야 한다.
1. 소방정 : 3년   2. 소방령 : 2년   3. 소방경 : 2년   4. 소방위 : 1년
5. 소방장 : 1년   6. 소방교 : 1년   7. 소방사 : 1년

15
정답 ❸

• 건물 피해산정

$$신축단가(m^2당) \times 소실면적 \times (1 - \frac{0.8 \times 경과연수}{내용연수}) \times 손해율$$

$$1,000,000 \times 100 \times (1 - \frac{0.8 \times 20}{40}) \times 0.3 = 18,000,000원$$

• 잔존물제거 비용
「화재피해금액 × 10%」 따라서, 18,000,000 × 10% = 1,800,000원

16
정답 ❶

• 문화 및 집회시설 중 영화상영관의 용도로 쓰는 층의 바닥면적이 지하층 또는 무창층인 경우에는 500m² 이상
「소방시설 설치 및 관리에 관한 법률 시행령」 제11조 관련 [별표 4]
라. 스프링클러설비를 설치해야 하는 특정소방대상물
　　5) 다음의 어느 하나에 해당하는 용도로 사용되는 시설의 바닥면적의 합계가 600m² 이상인 것은 모든 층
　　　　가) 근린생활시설 중 조산원 및 산후조리원
　　　　나) 의료시설 중 정신의료기관
　　　　다) 의료시설 중 종합병원, 병원, 치과병원, 한방병원 및 요양병원
　　　　라) 노유자시설
　　　　마) 숙박이 가능한 수련시설
　　　　바) 숙박시설

17
정답 ❹

1958년 소방법 제정 시 의용소방대 설치 규정이 마련되었다.

18
정답 ❶

보일오버 방지 및 소화 방법
㉮ 바닥의 물을 배출하여 수층의 형성을 방지한다.
㉯ 모래 등을 탱크 내부로 던져서 물이 끓기 전에 비등석이 기포를 막아 갑작스런 물의 비등을 억제한다.

19
정답 ❸

피난방향 및 피난로의 유형

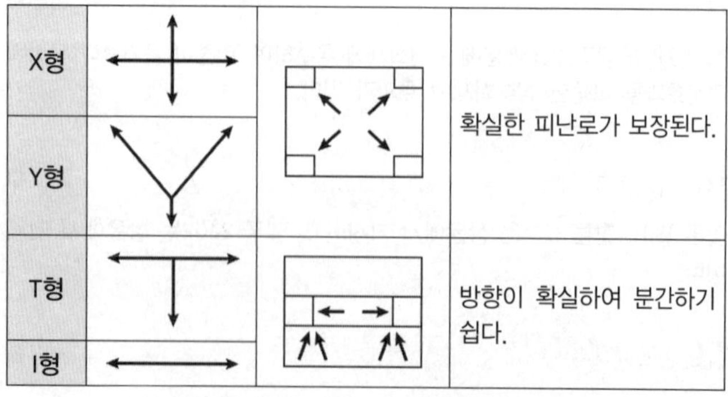

X형			
Y형			확실한 피난로가 보장된다.
T형			방향이 확실하여 분간하기 쉽다.
I형			

20
정답 ❹

트래킹현상
전극 사이 절연체 표면에 먼지 · 습기 등 오염물이 쌓여 불꽃 방전이 반복되며 탄화 도전로(트랙)가 형성되고 절연이 파괴되고 화재로 이어지는 현상
㉠ 절연체가 탄화 · 분해되며 발생한 가스와 인접 가연물에 착화되어 화재가 발생
㉡ 합선처럼 한꺼번에 많은 전류가 흐르지 않아 퓨즈 · 차단기가 즉시 작동하지 않는 경우가 많음

트래킹의 3단계 과정
㉠ 1단계 : 절연재료 표면으로 먼지, 습기 등에 의한 오염으로 도전로가 형성될 것
㉡ 2단계 : 도전로의 분단과 미소한 불꽃방전이 발생할 것
㉢ 3단계 : 방전에 의해 표면의 탄화가 진행될 것

21
정답 ❹

① 재난관리자원의 비축 · 관리(「재난 및 안전관리 기본법」 제34조 : 대비단계)
② 재난현장 긴급통신수단의 마련(「재난 및 안전관리 기본법」 제34조의2 : 대비단계)
③ 재난분야 위기관리 매뉴얼 작성 · 운용(「재난 및 안전관리 기본법」 제34조의5 : 대비단계)
④ 위험구역의 설정(「재난 및 안전관리 기본법」 제41조 : 대응단계), 특별재난구역의 선포(「재난 및 안전관리 기본법」 제60조 : 복구단계)

22
정답 ❸

슬롭오버(Slop Over)현상
화재 시 점성이 큰 석유나 식용류가 물이 접촉될 때 이러한 유류의 표면온도에 의해 물이 수증기가 되어 팽창 비등함에 따라 주위에 있는 뜨거운 일부의 석유류, 식용유류를 외부로 비산시키는 현상으로 유류의 표면에 한정되며 보일오버에 비하여 격렬하지 않다.

23
정답 ❷

• 금속분 · 마그네슘 : "화기주의" 및 "물기엄금"
• 황 : "화기주의"

24
정답 ❸

플래시오버(Flash Over)현상
플래시오버현상이란 화점 주위에서 화재가 서서히 진행하다가 어느 정도 시간이 경과함에 따라 대류와 복사현상에 의해 일정 공간 안에 있는 가연물이 발화점까지 가열되어 일순간 동시 발화되는 현상을 말하며, 직접적 발생원인은 자기발화(Autoignition)가 일어나고 있는 연소공간에서 발생되는 열의 재방출에 의해 열이 집적되어 온도가 상승하면서 전체 공간을 순식간에 화염으로 가득 차게 만드는 것이다.

25
정답 ❶

② 굴뚝효과가 발생할 때는 개구부에 형성된 중성대 하부에서 공기가 유입되고, 중성대 상부에서 연기가 유출된다.
③ 연료지배형 화재는 환기지배형 화재보다 산소 공급이 원활하고 연소속도가 빠르다.
④ 최성기에는 실내 화염이 최고조에 도달하나 실내 산소 부족으로 연소속도가 느려진다.

제 **14**회 정답과 해설

🔖 문제 p.59

Answer

01	③	02	④	03	①	04	②	05	④
06	④	07	①	08	②	09	④	10	②
11	①	12	③	13	②	14	②	15	③
16	④	17	②	18	③	19	③	20	①
21	④	22	④	23	②	24	①	25	④

01
정답 ❸

이황화탄소(CS_2)는 가연성 증기 발생을 억제하기 위하여 물속에 저장한다.

02
정답 ❹

포스겐($COCl_2$)
㉠ 맹독성가스로 열가소성 수지인 폴리염화비닐(PVC), 수지류 등이 연소할 때 발생된다.
㉡ 불연성 물질이지만 인체 내로 흡입될 경우에는 치명적인 독성이 있으며, 허용농도는 0.1ppm이다.
㉢ 특히 포스겐은 제2차 세계대전 당시 독일군이 유대인을 학살하는 데 사용한 가스로 극소량으로도 인체에 치명적이다.
㉣ 일반적인 물질이 연소할 경우는 거의 생성되지 않지만 일산화탄소와 염소가 반응하여 생성하기도 한다.
㉤ 무색에서 연 노란색까지의 액체 또는 쉽게 액화되는 가스로 마른풀 냄새가 난다.

03
정답 ❶

연소속도의 개념
㉠ 연소시 화염이 미연소 혼합가스에 대하여 수직으로 이동하는 속도를 의미하며, 단위시간에 대한 단위 면적당 혼합가스($m^3/m^2 \cdot a$)으로 표현된다.
㉡ 가스의 성분, 공기의 혼합비율, 혼합가스의 온도 및 압력 등에 따라 달라진다.
㉢ 온도가 10℃ 증가하면 연소속도는 2~3배 정도 빨라진다.

04
정답 ❷

「재난 및 안전관리 기본법」 제14조의2 제1항
중앙대책본부장은 국내 또는 해외에서 발생한 대규모재난의 수습을 지원하기 위하여 관계 중앙행정기관 및 관계 기관·단체의 재난관리에 관한 전문가 등으로 수습지원단을 구성하여 현지에 파견할 수 있다.
① "해외재난"이란 대한민국의 영역 밖에서 대한민국 국민의 생명·신체 및 재산에 피해를 주거나 줄 수 있는 재난으로서 정부차원에서 대처할 필요가 있는 재난을 말한다. – 「재난 및 안전관리 기본법」 제3조 제2호
: 다만, 해외재난의 경우에는 외교부장관이, 「원자력시설 등의 방호 및 방사능 방재 대책법」에 따른 방사능재난의 경우에는 같은 법에 따른 중앙방사능방재대책본부의 장이 각각 중앙대책본부장의 권한을 행사한다. – 「재난 및 안전관리 기본법」 제14조 제3항 단서
③ 특별재난지역의 선포를 건의받은 대통령은 해당 지역을 특별재난지역으로 선포할 수 있다. – 「재난 및 안전관리 기본법」 제14조 제4항

④ 재난관리주관기관의 장은 재난이 발생하거나 발생할 우려가 있는 경우에는 대통령령으로 정하는 바에 따라 재난상황을 효율적으로 관리하고 재난을 수습하기 위한 중앙사고수습본부를 신속하게 설치·운영하여야 한다. – 「재난 및 안전관리 기본법」 제15조의2 제1항

05
정답 ❹

- 혼합기를 통한 압력손실이 다른 혼합방식에 비해 매우 크며, 압력손실에 의해서 원액 탱크 쪽으로 물이 역류할 수 있다. – 펌프 프로셔너방식의 단점
- **프레져 프로셔너방식**
펌프 토출관에 압입기를 설치하여 포소화약제 압입용 펌프로 포소화약제를 압입시켜 혼합하는 방식

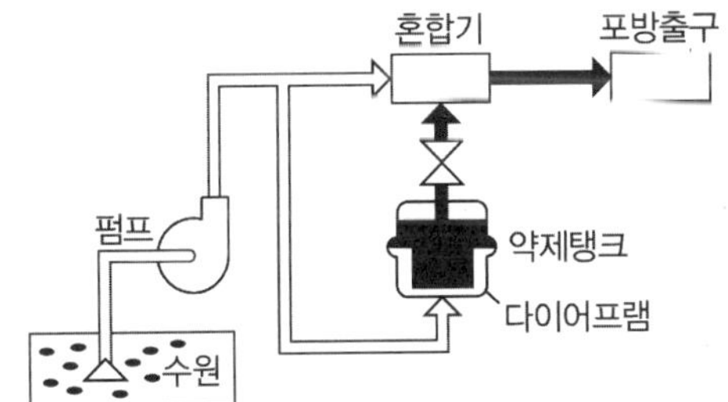

1. 소화용수와 약제의 혼합 우려가 없어 장기간 보존하며 사용할 수 있다.
2. 혼합기를 통한 압력손실은 0.5~3.4(kg/cm^2)로 낮다.
3. 시설이 거대해지며 설치비가 비싸나.
4. 원액펌프의 토출입력이 급수펌프의 토출압력보다 낮으면 원액이 혼합기에 유입되지 못한다.
5. 비행기 격납고, 대규모 유류저장소, 석유화학 Plant 시설 등과 같은 대단위 고정식 포소화설비이다.

06
정답 ❹

환기지배형 화재
실내면적이 좁으면 온도가 높아진다. → (반비례)
실내면적이 넓으면 온도는 낮아진다. → (반비례)
바닥면적이 크면 지속시간은 길어진다. → (비례)
바닥면적이 작으면 지속시간은 짧아진다. → (비례)

07
정답 ❶

「소화기구 및 자동소화장치의 화재안전성능기준(NFPC 101)」 제4조 제4호
소화기는 다음 각 목의 기준에 따라 설치할 것
가. 특정소방대상물의 각 층마다 설치하되, 각 층이 둘 이상의 거실로 구획된 경우에는 각 층마다 설치하는 것 외에 바닥면적이 33제곱미터 이상으로 구획된 각 거실에도 배치할 것
나. 특정소방대상물의 각 부분으로부터 1개의 소화기까지의 보행거리가 소형소화기의 경우에는 20미터 이내, 대형소화기의 경우에는 30미터 이내가 되도록 배치할 것

08
정답 ❷

조건인자	위험도 증가	위험도 감소
비열	비열이 작을수록	비열이 클수록
화학적 활성도	화학적 활성도가 높을수록	화학적 활성도가 낮을수록
열전도율	열전도율이 낮을수록	열전도율이 높을수록
증발열	증발열이 작을수록	증발열이 클수록
연소열	연소열이 클수록	연소열이 작을수록
흡착열	흡착열이 클수록	흡착열이 작을수록

09 정답 ❹

파라핀계 탄화수소($C_nH_{(2n+2)}$)의 특징
㉠ 파라핀계 탄화수소는 탄소(C)와 수소(H)의 결합이 모두 단일결합으로 이루어진 사슬 모양의 포화탄화수소로서 유기화합물이다.
㉡ 가연성기체의 경우 메탄(CH_4), 에탄(C_2H_6), 프로판(C_3H_8), 부탄(C_4H_{10}), 펜테인(C_5H_{12}), 헥세인(C_6H_{14}), 헵테인(C_7H_{16}), 옥테인(C_8H_{18}), 노네인(C_9H_{20}), 데케인($C_{10}H_{22}$) 등이 있다.
  * $C_nH_{(2n+2)}$: 알칸기, $C_nH_{(2n+1)}$: 알킬기 예) 메틸(CH_3^-), 에틸($C_2H_5^-$), 프로틸($C_3H_7^-$), 부틸($C_4H_9^-$) 등
㉢ 탄소 수가 증가할수록 분자의 구조가 복잡해지고, 열과 닿는 표면적이 증가하여 발화점이 낮아진다.
㉣ 탄소 수가 증가할수록 연소범위는 좁아지고, 연소속도는 늦어진다.
㉤ 탄소 수가 증가할수록 위험도는 커진다.

10 정답 ❷

물은 증발잠열이 크고 비열도 높아 가연물의 온도를 인화점 또는 발화점 이하로 낮추는 냉각소화작용이 대표적인 소화효과이다.

11 정답 ❶

버지스 휠러(Burgess-Wheeler) 법칙
㉠ 파라핀계 탄화수소인 알칸계 탄화수소 : 연소열($\triangle H_C$) × 연소하한계(LFL) = C(1,050)

따라서, 연소하한계(LFL) $= \dfrac{C(1,050)}{연소열(\triangle H_C)}$

연소열($\triangle H_C$) $= \dfrac{C(1,050)}{LFL(연소하한계)}$

$\dfrac{1,050}{350} = 3vol\%$

㉡ 유사한 탄화수소계의 가스에서 연소(폭발)하한계의 농도(vol%)와 연소열(kcal/mol)의 곱은 약 1,050에 일정하게 수렴한다는 것으로 연소하한계와 연소열의 곱이 일정한 이유는 화학적인 특성과 연관이 있다.
㉢ 연소범위 내에서 연소가 일어날 때 발생하는 열과 빛의 에너지량이 일정하다는 원리이다.
㉣ 연소하한계와 연소열의 곱이 일정한 이유는 화학적인 반응에서 발생하는 에너지량이 연소범위 내에서 항상 일정하게 유지되기 때문이며, 이는 연소 반응이 안정적으로 진행되도록 조절되는 중요한 요소 중 하나이다.
㉤ 버지스 휠러(Burgess-Wheeler) 법칙은 파라핀계 탄화수소에만 적용되며, 하한계와 연소열의 곱은 일정하기 때문에 분자량이 커질수록 하한계는 작아지고 연소열은 커진다.

	메탄(CH_4)	에탄(C_2H_6)	프로판(C_3H_8)	부탄(C_4H_{10})
하한계(vol%)	5	3	2.1	1.8
연소열 (kcal/mol)	210	350	500	583

12 정답 ❷

분진폭발은 최소발화에너지가 가스폭발이나 화약폭발보다 크기 때문에 착화가 가스나 화약 폭발보다는 어렵다.

13 정답 ❸

• 질산나트륨 – 제1류 위험물 중 질산염류 : 지정수량 300kg
• 황 – 제2류 위험물 : 지정수량 100kg
• 클로로벤젠 – 제4류 위험물 중 제2석유류의 비수용성액체 : 지정수량 1,000L
• 지정수량 배수의 총합 $\dfrac{90}{300} + \dfrac{70}{100} + \dfrac{2,000}{1,000} = 3$

14 정답 ❷

「소방공무원 임용령」 제26조
㉠ 소방간부후보생을 소방위로 임용할 때에는 최하급 소방기관에 보직하여야 한다.
㉡ 신규채용을 통해 소방사로 임용된 사람은 최하급 소방기관에 보직해야 한다. 다만, 행정안전부령으로 정하는 자격증소지자 또는 행정안전부령으로 정하는 교육과정을 이수한 자를 해당 자격 또는 해당 교육과정과 관련된 부서에 보직하는 경우에는 그렇지 않다.

「소방공무원 임용령 시행규칙」 제19조 제1항
최하급 소방기관이란 소방청, 중앙소방학교, 중앙119구조본부, 국립소방연구원, 시·도의 소방본부·지방소방학교 및 서울종합방재센터를 제외한 소방기관을 말한다.
• **최하급 소방기관** : 소방서·119특수대응단 및 소방체험관

15 정답 ❸

「화재조사 및 보고규정」 제15조 관련 [별표 1]
1. 주요구조부가 하나로 연결되어 있는 것은 1동으로 한다. 다만 건널 복도 등으로 2 이상의 동에 연결되어 있는 것은 그 부분을 절반으로 분리하여 각 동으로 본다.
2. 건물의 외벽을 이용하여 실을 만들어 헛간, 목욕탕, 작업실, 사무실 및 기타 건물 용도로 사용하고 있는 것은 주건물과 같은 동으로 본다.
3. 구조에 관계없이 지붕 및 실이 하나로 연결되어 있는 것은 같은 동으로 본다.
4. 목조 또는 내화조 건물의 경우 격벽으로 방화구획이 되어 있는 경우도 같은 동으로 한다.
5. 독립된 건물과 건물 사이에 차광막, 비막이 등의 덮개를 설치하고 그 밑을 통로 등으로 사용하는 경우는 다른 동으로 한다.
6. 내화조 건물의 옥상에 목조 또는 방화구조 건물이 별도 설치되어 있는 경우는 다른 동으로 한다. 다만, 이들 건물의 기능상 하나인 경우(옥내계단이 있는 경우)는 같은 동으로 한다.
7. 내화조 건물의 외벽을 이용하여 목조 또는 방화구조건물이 별도 설치되어 있고 건물 내부와 구획되어 있는 경우 다른 동으로 한다. 다만, 주된 건물에 부착된 건물이 옥내로 출입구가 연결되어 있는 경우와 기계설비 등이 쌍방에 연결되어 있는 경우 등 건물 기능상 하나인 경우는 같은 동으로 한다.

16 정답 ❹

• 무선통신보조설비는 신설공사 시 착공신고 대상이다.
「소방시설공사업법 시행령」 제4조 제2호
특정소방대상물에 다음 각 목의 어느 하나에 해당하는 설비 또는 구역 등을 증설하는 공사
가. 옥내·옥외소화전설비
나. 스프링클러설비등 또는 물분무등소화설비의 방호·방수구역, 자동화재탐지설비 또는 화재알림설비의 경계구역, 제연설비의 제연구역(소방용 외의 용도와 겸용되는 제연설비를 「건설산업기본법 시행령」 별표 1에 따른 기계설비·가스공사업자가 공사하는 경우는 제외한다), 연결송수관설비의 송수구역, 연결살수설비의 살수구역, 비상콘센트설비의 전용회로, 연소방지설비의 살수구역

17 정답 ❷

㉠ 1949년 8월 12일 「국가공무원법」(법률 제44호) 제정·공포로 일반직 국가공무원 신분

㉡ 1969년 1월 7일 「경찰공무원법」(법률 제2077호) 제정·공포로 별정직의 경찰공무원 신분

18 정답 ❸

ㄷ. 제3종 분말소화기의 소화약제는 열분해 시 유리되어 나온 암모늄이온(NH_4^+)에 의한 부촉매작용을 하며, 메타인산(HPO_3)에 의해서 방진작용을 한다.

ㄹ. 분말소화약제의 분말 입자의 크기가 20~25μm일 때 소화효과가 가장 좋으며, 이 범위에서 안식각이 작고 유동성이 커야 소화력이 극대화된다.

19 정답 ❸

촉매폭발

촉매에 의해서 폭발하는 현상이다. 수소(H_2) + 염소(Cl_2), 수소(H_2) + 산소(O_2)에 빛을 쪼이면 폭발이 일어나는데 이것이 바로 촉매폭발의 예이다. 여기서 수소(H_2) + 염소(Cl_2), 수소(H_2) + 산소(O_2)의 결합은 산화작용이고, 빛을 쪼이는 것이 촉매작용이며 이러한 촉매작용을 원인으로 폭발현상이 일어난다.

20 정답 ❶

- V패턴(V patterns) − 일반적 화재패턴
- 포어패턴(Pour pattern), 스플래시패턴(Splash pattern), 고스트마크패턴(Ghost mark pattern), 역원추형패턴(Inverted Cone Pattern) − 유류화재 패턴

21 정답 ❹

「긴급구조대응활동 및 현장지휘에 관한 규칙」 제12조 제1항 관련 [별표 3]
- 대응계획부의 업무 : 통합 지휘·조정, 상황 분석·보고, 작전계획 수립, 연락관 소집·파견, 공보, 지원기관 연락관
- 현장지휘부의 업무 : 위험진압, 수색구조, 응급의료, 항공·현장통제, 안전관리, 자원대기소 운영

22 정답 ❹

「재난 및 안전관리 기본법 시행령」 제63조 제1항 제2호
기능별 긴급구조대응계획에 포함되어야 하는 사항
차. 긴급복구 : 긴급구조활동을 원활하게 하기 위한 긴급구조차량 접근 도로 복구 등에 관한 사항
차. 긴급구호 : 긴급구조요원 및 긴급대피 수용주민에 대한 위기 상담, 임시 의식주 제공 등에 관한 사항

23 정답 ❷

낮은 천장의 경우 스프링클러나 감지기가 천장으로부터 떨어진 위치가 전체 거리의 12%보다 크면 천장 제트흐름의 범위 외가 되어 응답시간이 증가한다.

24 정답 ❶

백드래프트 징후 시 소방전술
- 지붕 배연 작업을 통해 가연성가스와 집적된 열을 배출시킨다(냉각작업).
- 배연 작업 전에 창문이나 문을 통한 배연 또는 진입을 시도해서는 안 된다.
- 급속한 연소현상에 대비하여 소방대원은 낮은 자세를 유지한다.
- 일반적으로 적절한 내부 공격시점은 지붕 배연 작업 후이다.
- 출입구나 개구부 개방이 불가피할 경우 가능한 한 서서히 개방한다.

25 정답 ❹

건식 스프링클러설비
동결의 우려가 있는 장소에도 사용이 가능하며, 옥외에서도 사용이 가능하며, 1차측은 가압수, 2차측은 압축공기를 충전해 놓으며, 별도의 감지기 설치는 하지 않는다.

제 15 회 정답과 해설

🔗 문제 p.64

Answer

01	③	02	③	03	②	04	②	05	④
06	④	07	①	08	④	09	①	10	③
11	②	12	④	13	②	14	①	15	④
16	②	17	③	18	②	19	①	20	①
21	②	22	②	23	④	24	③	25	③

01

정답 ❸

「재난 및 안전관리 기본법 시행령」 제69조 제1항

법 제60조 제1항에서 "대통령령으로 정하는 규모의 재난"이란 다음 각 호의 어느 하나에 해당하는 재난을 말한다.

1. 자연재난으로서 「자연재난 구호 및 복구 비용 부담기준 등에 관한 규정」 제5조 제1항에 따른 국고 지원 대상 피해 기준금액의 2.5배를 초과하는 피해가 발생한 재난

1의2. 자연재난으로서 「자연재난 구호 및 복구 비용 부담기준 등에 관한 규정」 제5조 제1항에 따른 국고 지원 대상에 해당하는 시·군·구의 관할 읍·면·동에 같은 항 각 호에 따른 국고 지원 대상 피해 기준금액의 4분의 1을 초과하는 피해가 발생한 재난

2. 사회재난의 재난 중 재난이 발생한 해당 지방자치단체의 행정능력이나 재정능력으로는 재난의 수습이 곤란하여 국가적 차원의 지원이 필요하다고 인정되는 재난

3. 그 밖에 재난 발생으로 인한 생활기반 상실 등 극심한 피해의 효과적인 수습 및 복구를 위하여 국가적 차원의 특별한 조치가 필요하다고 인정되는 재난

• 인명 또는 재산의 피해 정도가 매우 크고 그 영향이 광범위할 것으로 예상되어 재난관리주관기관의 장이 필요하다고 인정하는 재난은 위기경보의 발령대상 재난이다. -「재난 및 안전관리 기본법 시행령」 제46조 제2호 근거

02

정답 ❸

① 온도가 높아지면 열의 발열속도가 방열속도보다 크게 되어 연소범위가 넓어진다.

② 압력이 높아지면 분자 간 평균 거리가 짧아지고, 유효충돌 횟수가 늘어나서 대체적으로 연소범위가 넓어진다.

④ 공기 중 산소가 늘어나면 폭발 하한계(LFL)는 거의 영향이 없으나, 상한계(UFL)는 크게 증가하여 전체적인 폭발범위는 넓어진다.

03

정답 ❷

구조물이 갖는 단열효과가 클수록 열의 외부 누출이 용이하지 않고 화재실 내에 축적상태로 유지되어 화재강도가 커진다.

04

정답 ❷

「재난 및 안전관리 기본법 시행령」 제43조의14 제7항

제1항에 따른 재난대비훈련에 참여하는 데에 필요한 비용은 참여 기관이 부담한다. 다만, 민간 긴급구조지원기관에 대해서는 훈련주관기관의 장이 부담할 수 있다.

05

정답 ❹

합성계면 활성제포 소화약제

• 고급알코올 황산에스테르염이 주성분이며, 냄새가 없는 황색의 소화약제이다.

• 3%, 6% 저발포형과 1%, 1.5%, 2% 고발포형이 있으며, 고발포형이 있어 팽창범위가 넓다.

• 유류화재와 일반화재 공용으로서 차고, 주차장 및 일반 유류화재에 적합하다.

• 밀폐 또는 준밀폐 구조물의 화재 시 고팽창포로 작용해 화재를 효과적으로 진압할 수 있다.

• 유동성이 좋아 소화속도가 빠르다.

• 내열성과 내유성이 약해서 윤화(Ring fire)현상이 일어날 수 있다.

• 포가 비교적 빨리 소멸된다. (고발포는 저발포에 비해 환원성이 좋다.)

06

정답 ❹

$$Q = K \cdot A \cdot \frac{T_1 - T_2}{L}[W]$$

Q : 열전달량[W=j/s=cal/s], K : 열전도도[W/(m·℃)], A : 표면적(m^2), T_1 : 내부온도(℃), T_2 : 나중온도(℃), L : 벽두께(m)

따라서, $0.5 \cdot 2 \cdot \dfrac{30}{X} = 300kcal$

$$X = \frac{0.5 \cdot 2 \cdot 30}{300} = 0.1m = 10cm$$

07

정답 ❶

물의 화학적 특성

㉠ 공유결합

물분자 내의 수소원자와 산소원자 사이의 원자 간의 결합으로 전자 한 쌍을 두 원자가 서로 공유함으로써 화학적 결합을 하는 상태이며, 물분자는 극성공유결합의 형태를 취하고 있어 극성 물질 등에 대한 용해도가 크기 때문에 첨가제 사용이 용이하다.

㉡ 수소결합

물 분자는 극성분자이기 때문에 분자 간에는 정전기적 인력이 작용하므로 물 분자 사이의 결합력이 강한 편이며, 분자 사이의 인력이 강하므로 분자 간의 결합을 끊기 어려워서 물 분자는 비열이나 기화열이 다른 분자들에 비해 크다.

08

정답 ❹

• 메탄(CH_4)의 완전연소식 : $CH_4 + 2O_2 \rightarrow CO_2 + 2H_2O$
따라서 공기비는 $2 \div 0.21 = 9.5$

• 몰비인 C_{st}는 탄화수소 연료가 완전연소를 가정 시 양론적 계수는

$$C_{st}(vol\%) = \frac{연료몰수}{연료몰수 + 이론공기몰수} \times 100\%$$

$$C_{st}(wt\%) = \frac{연료질량}{연료질량 + 이론공기질량} \times 100\%$$

따라서 메탄(CH_4)의 C_{st}(화학양론조성비) $= \dfrac{1}{1 + 9.5} \times 100\% = 9.5$

09
정답 ❶

과산화수소(H_2O_2)를 저장시 구멍 뚫린 마개를 사용하는 이유는 과산화수소
는 상온에서 서서히 분해하여 산소를 발생하여 폭발의 위험이 있어 통기를
위해서이다.

10
정답 ❸

「화재알림설비의 화재안전성능기준(NFPC 207)」 제7조(화재알림형 감지기)
㉠ 화재알림형 감지기는 열을 감지하는 경우 공칭감지온도범위, 연기를 감
　지하는 경우 공칭감지농도범위, 불꽃을 감지하는 경우 공칭감시거리 및
　공칭시야각 등에 따라 적합한 장소에 설치해야 한다.
㉡ 무선식의 경우 화재를 유효하게 검출하기 위해 해당 특정소방대상물에
　음영구역이 없도록 설치해아 한다.
㉢ 동작된 감지기는 사체 내징된 음향장치에 의하여 경보를 발해야 하며,
　음압은 부착된 화재알림형 감지기의 중심으로부터 <u>1미터 떨이진 위치에
　서 85데시벨 이상</u>으로 해야 한다.
* 단, 화재알림설비의 화재알림형 비상경보장치의 음압은 부착된 화재알림
　형 비상경보장치의 중심으로부터 1미터 떨어진 위치에서 90데시벨 이상이
　되는 것으로 할 것

11
정답 ❷

담뱃불을 가솔린이 남긴 용기에 버릴 경우 즉시 소화되어 발화되지 않는다.
제1석유류인 가솔린은 인화점이 섭씨 $-43°C \sim -20°C$로서 전기 부도체이
며 공유결합으로 인해서 500ml 비커에 20ml의 가솔린을 넣은 후 담뱃불을
던져도 연소하지 않는다.

12
정답 ❹

• 금화군 제도 시행(세종 13년, 1431년) : 최초의 소방관·소방수는 금화군
　금화도감이 설치된 후에는 궁중뿐만 아니라 관아, 민가를 구화하기 위한
　금화군 제도와 5가작통 제도가 실시되었는데 금화도감이 없어진 후에는
　멸화군(세조 13년, 1467년) 조직으로 이어져 내려오다 임란 후 없어졌다.
　한편 지방에서는 자발적으로 의용소방조직을 만들어 활용하였다.
• 1437년(세종 19년) 지방 의용금화조직이 공인되어 각 동리에 재난이 있을
　때에 청장년들이 자력으로 방재활동을 하기 시작하였다.

13
정답 ❷

이산화탄소 소화기는 전기의 부도체이기 때문에 전기실 화재에 용이하다.

14
정답 ❶

일반적으로 점화원(외부 점화원)이 될 수 없는 것
: 기화열(증발열), 융해열, 흡착열
* 흡착열은 분자가 표면에 달라붙을 때 발생하는 열로, 주변에서 열을 빼앗
　아 주변을 더 차갑게 한다. 다만, 다공성 물질(📘 목탄)에 흡착열이 축적되
　어 자연발화가 일어날 경우에는 화학적 점화원으로 간주될 수 있다.

15
정답 ❹

대량으로 증발된 가연성액체가 갑자기 연소했을 때 생기는 커다란 구형의
불꽃은 파이어볼(Fire Ball)에 대한 설명이며, 증기운폭발이나 블레비가 화
학적 폭발로 전이되었을 때 나타난다.

16
정답 ❷

생석회(CaO)는 습기와 가까이하는 경우 열을 발생시키는 위험 물질 중 하나
로 발열 상태에서 종이류나 목재와 같은 가연물과 가까이하는 경우 화재 위
험성이 급격히 증가하므로, 완전 방수 처리 상태로 보관하여야 한다.
: CaO(산화칼슘) + H_2O(물) → $Ca(OH)_2$(수산화칼슘) + 발열

17
정답 ❸

불꽃연소는 단위 시간당 발열량이 많고, 작열연소는 시간당 발열량이 적다.

18
정답 ❷

진한 질산과 아세틸렌을 혼촉시키면 질산 속에 있는 산소에 의하여 연소가
된다.

19
정답 ❶

「긴급구조대응활동 및 현장지휘에 관한 규칙」 제16조 제1항
영 제65조 제3항의 규정에 의하여 긴급구조현장지휘대는 별표 5의 규정에
따라 구성·운영하되, <u>소방본부 및 소방서의 긴급구조현장지휘대는 상시 구
성·운영하여야 한다.</u>

20
정답 ❶

「화재조사 및 보고규정」 제18조 제1항
화재피해금액은 화재 당시의 피해물과 동일한 구조, 용도, 질, 규모를 재건
축 또는 재구입하는 데 소요되는 가액에서 경과연수 등에 따른 감가공제를
하고 현재가액을 산정하는 실질적·구체적 방식에 따른다. 다만, <u>회계장부
상 현재가액이 입증된 경우에는 그에 따른다.</u>

21
정답 ❷

도넛패턴(Doughnut pattern)
일명 고리모양 패턴이라고도 하며, 거친 고리모양으로 연소된 부분이 덜 연
소된 부분을 둘러싸고 있는 '도넛모양'형태는 가연성액체가 웅덩이처럼 고
여 있을 경우 발생한다. 고리처럼 보이는 주변부나 얕은 곳에서는 바닥이나
바닥재를 탄화시키는 반면에 비교적 깊은 <u>중심부는 액체가 증발하면서 증
발잠열에 의해 웅덩이 중심부를 냉각시키는 현상에 기인</u>한다. 도넛과 같은
동그란 형태를 가지고 있지 않더라도 대부분의 패턴은 유류가 쏟아진 곳의
가장자리 부분이 내측에 비하여 강한 연소현상을 보이는 것이 일반적이다.

22
정답 ❷

「119구조·구급에 관한 법률 시행령」 제7조 제1항
소방청장은 법 제9조 제1항 및 제10조의4 제1항에 따라 국제구조대·국제구
급대를 편성·운영하는 경우 다음 각 호의 구분에 따른 임무를 수행할 수
있도록 구성해야 한다.
1. 국제구조대 : 인명 탐색 및 구조, 안전평가, 상담, 응급처치, 응급이송,
　시설관리, 공보연락 등의 임무
2. 국제구급대 : 안전평가, 상담, 응급처치, 응급이송, 시설관리, 공보연락
　등의 임무

23

정답 ❹

「소방시설 설치 및 관리에 관한 법률 시행령」 제5조 관련 [별표 2] 제1호
• 공동주택
   가. 아파트등 : 주택으로 쓰는 층수가 5층 이상인 주택
   나. 연립주택 : 주택으로 쓰는 1개 동의 바닥면적(2개 이상의 동을 지하주
       차장으로 연결하는 경우에는 각각의 동으로 본다) 합계가 $660m^2$를
       초과하고, 층수가 4개 층 이하인 주택
   다. 다세대주택 : 주택으로 쓰는 1개 동의 바닥면적(2개 이상의 동을 지하
       주차장으로 연결하는 경우에는 각각의 동으로 본다) 합계가 $660m^2$
       이하이고, 층수가 4개 층 이하인 주택
   라. 기숙사 : 학교 또는 공장 등의 학생 또는 종업원 등을 위하여 쓰는
       것으로서 1개 동의 공동취사시설 이용 세대 수가 전체의 50퍼센트 이
       상인 것(「교육기본법」 제27조 제2항에 따른 학생복지주택 및 「공공주
       택 특별법」 제2조 제1호의3에 따른 공공매입임대주택 중 독립된 주거
       의 형태를 갖추지 않은 것을 포함한다)

24

정답 ❸

고온의 플럼이 공기와 혼합할 경우 온도는 하강하지만, 반경이 확대된다.

25

정답 ❸

롤오버 현상은 플래시오버 현상의 전조현상으로서 복사열이 플래시오버현
상에 비해 상대적으로 약하다.

정답과 해설편

1회 소방관계법규 동형 모의고사

2회 소방관계법규 동형 모의고사

3회 소방관계법규 동형 모의고사

4회 소방관계법규 동형 모의고사

5회 소방관계법규 동형 모의고사

6회 소방관계법규 동형 모의고사

7회 소방관계법규 동형 모의고사

8회 소방관계법규 동형 모의고사

9회 소방관계법규 동형 모의고사

10회 소방관계법규 동형 모의고사

11회 소방관계법규 동형 모의고사

12회 소방관계법규 동형 모의고사

13회 소방관계법규 동형 모의고사

14회 소방관계법규 동형 모의고사

15회 소방관계법규 동형 모의고사

제 01 회 정답과 해설

✏ 문제 p.70

Answer

01	①	02	④	03	①	04	③	05	③
06	③	07	②	08	③	09	④	10	③
11	②	12	①	13	②	14	④	15	①
16	③	17	③	18	②	19	②	20	③
21	②	22	④	23	④	24	①	25	③

01

정답 ❶

「소방기본법」 제2조 제1호
소방대상물 : 건축물, 차량, 선박(「선박법」 제1조의2 제1항에 따른 선박으로서 항구에 매어둔 선박만 해당), 선박 건조 구조물, 산림, 그 밖의 인공 구조물 또는 물건을 말한다.

02

정답 ❹

「소방기본법 시행령」 제7조의13 [별표 2의5] : 비고
1. 전용구역 노면표지의 외곽선은 빗금무늬로 표시하되, 빗금은 두께를 30센티미터로 하여 50센티미터 간격으로 표시한다.
2. 전용구역 노면표지 도료의 색채는 황색을 기본으로 하되, 문자(P, 소방차 전용)는 백색으로 표시한다.

03

정답 ❶

「소방기본법 시행규칙」 제2조 제1항
「소방기본법」(이하 "법"이라 한다) 제4조 제2항의 규정에 의한 종합상황실은 소방청과 특별시·광역시·특별자치시·도 또는 특별자치도(이하 "시·도"라 한다)의 소방본부 및 소방서에 각각 설치·운영하여야 한다.

04

정답 ❸

① 소방청장 또는 시·도지사는 소방활동 종사로 인하여 사망하거나 부상을 입은 자에게 손실보상심의위원회의 심사·의결에 따라 정당한 보상을 하여야 한다(소방기본법 제49조의2 제1항).
② 제25조 제2항 또는 제3항에 따른 처분으로 인하여 손실을 입은 자에게는 소방청장 또는 시·도지사는 손실보상심의위원회의 심사·의결에 따라 정당한 보상을 하여야 한다. 다만, 같은 조 제3항에 해당하는 경우로서 법령을 위반하여 소방자동차의 통행과 소방활동에 방해가 된 경우는 제외한다(소방기본법 제49조의2 제1항).
④ 소방청장등은 손실보상심의위원회의 심사·의결을 거쳐 특별한 사유가 없으면 보상금 지급 청구서를 받은 날부터 60일 이내에 보상금 지급 여부 및 보상금액을 결정하여야 한다(소방기본법 시행령 제12조 제2항).

05

정답 ❸

「소방기본법 시행령」 제7조의15(운행기록장치 장착 소방자동차 범위)
법 제21조의3 제1항에서 "대통령령으로 정하는 소방자동차"란 「소방장비관리법 시행령」 제6조 및 별표 1 제1호 가목에 따른 다음 각 호의 소방자동차를 말한다.
1. 소방펌프차
2. 소방물탱크차
3. 소방화학차
4. 소방고가차(消防高架車)
5. 무인방수차
6. 구조차
7. 그 밖에 소방청장이 소방자동차의 안전한 운행 및 교통사고 예방을 위하여 운행기록장치 장착이 필요하다고 인정하여 정하는 소방자동차

06

정답 ❸

「소방의 화재조사에 관한 법률」 제5조 제1항
소방청장, 소방본부장 또는 소방서장(이하 "소방관서장"이라 한다)은 화재발생 사실을 알게 된 때에는 지체 없이 화재조사를 하여야 한다. 이 경우 수사기관의 범죄수사에 지장을 주어서는 아니 된다.

「화재조사 및 보고규정」 제3조(화재조사의 개시 및 원칙) 제1항
「소방의 화재조사에 관한 법률」 제5조 제1항에 따라 화재조사관은 화재발생 사실을 인지하는 즉시 화재조사를 시작해야 한다.

07

정답 ❷

① 화재조사 결과의 공표는 <u>소방관서의 인터넷 홈페이지에 게재하거나</u>, 「신문 등의 진흥에 관한 법률」에 따른 신문 또는 「방송법」에 따른 방송을 이용하는 등 일반인이 쉽게 알 수 있는 방법으로 한다.
③ 소방관서장이 국민이 유사한 화재로부터 피해를 입지 않도록 하기 위하여 화재조사 결과를 공표하는 경우, 공표의 범위·방법 및 절차 등에 관하여 필요한 사항은 <u>행정안전부령</u>으로 정한다.
④ 소방관서장은 국민이 유사한 화재로부터 피해를 입지 않도록 하기 위해 필요한 경우와 사회적 관심이 집중되어 국민의 알 권리 충족 등 공공의 이익을 위해 필요한 경우 화재조사 결과를 <u>공표할 수 있다.</u>

08

정답 ❸

「화재의 예방 및 안전관리에 관한 법률 시행규칙」 제38조
소방본부장 또는 소방서장은 법 제37조 제4항에 따라 불시 소방훈련과 교육(이하 "불시 소방훈련·교육"이라 한다)을 실시하려는 경우에는 소방안전관리대상물의 관계인에게 <u>불시 소방훈련·교육 실시 10일 전까지</u> 별지 제30호서식의 불시 소방훈련·교육 계획서를 통지해야 한다.

09

정답 ❹

① 예방이란 화재의 위험으로부터 사람의 생명·신체 및 재산을 보호하기 위하여 화재발생을 사전에 제거하거나 방지하기 위한 모든 활동을 말한다.
② 안전관리란 화재로 인한 피해를 최소화하기 위한 예방, 대비, 대응 등의 활동을 말한다.
③ 화재안전조사란 소방청장, 소방본부장 또는 소방서장이 소방대상물, 관계지역 또는 관계인에 대하여 소방시설등(「소방시설 설치 및 관리에 관한 법률」 제2조 제1항 제2호에 따른 소방시설등을 말한다)이 소방 관계 법령에 적합하게 설치·관리되고 있는지, 소방대상물에 화재의 발생 위험이 있는지 등을 확인하기 위하여 실시하는 현장조사·문서열람·보고 요구 등을 하는 활동을 말한다.

10

정답 ❸

「화재의 예방 및 안전관리에 관한 법률 시행령」 제19조 제2항 [별표 3]
㉮ 특수가연물의 저장·취급 기준
  특수가연물은 다음 각 목의 기준에 따라 쌓아 저장해야 한다. 다만, 석탄·목탄류를 발전용(發電用)으로 저장하는 경우는 제외한다.
  ㉠ 품명별로 구분하여 쌓을 것
  ㉡ 다음의 기준에 맞게 쌓을 것

구분	살수설비를 설치하거나 방사능력 범위에 해당 특수가연물이 포함되도록 대형수동식소화기를 설치하는 경우	그 밖의 경우
높이	15미터 이하	10미터 이하
쌓는 부분의 바닥면적	200제곱미터(석탄·목탄류의 경우에는 300제곱미터) 이하	50제곱미터(석탄·목탄류의 경우에는 200제곱미터) 이하

  ㉢ 실외에 쌓아 저장하는 경우 쌓는 부분이 대지경계선, 도로 및 인접 건축물과 최소 6미터 이상 간격을 둘 것. 다만, 쌓는 높이보다 0.9미터 이상 높은 「건축법 시행령」 제2조 제7호에 따른 내화구조(이하 "내화구조"라 한다) 벽체를 설치한 경우는 그렇지 않다.
  ㉣ 실내에 쌓아 저장하는 경우 주요구조부는 내화구조이면서 불연재료여야 하고, 다른 종류의 특수가연물과 같은 공간에 보관하지 않을 것. 다만, 내화구조의 벽으로 분리하는 경우는 그렇지 않다.
  ㉤ 쌓는 부분 바닥면적의 사이는 실내의 경우 1.2미터 또는 쌓는 높이의 1/2 중 큰 값 이상으로 간격을 두어야 하며, 실외의 경우 3미터 또는 쌓는 높이 중 큰 값 이상으로 간격을 둘 것
㉯ 특수가연물을 저장 또는 취급하는 장소에는 품명, 최대저장수량, 단위부피당 질량 또는 단위체적당 질량, 관리책임자 성명·직책, 연락처 및 화기취급의 금지표시가 포함된 특수가연물 표지를 설치해야 한다.
'㉮'항의 경우 석탄·목탄류를 발전용(發電用)으로 저장하는 경우는 제외할 수 있으나 '㉯'항의 경우에는 해당하지 않는다.

11

정답 ❷

「화재의 예방 및 안전관리에 관한 법률 시행령」 제25조 제1항 [별표 4]
ㄱ. 50층 이상(지하층 제외)이거나 지상으로부터 높이 200미터 이상인 아파트－특급
ㄴ. 지상의 층수가 11층 이상이거나 연면적 1만5천m² 이상인 특정소방대상물(아파트 및 연립주택은 제외한다)－1급
ㄷ. 자동화재탐지설비를 설치하는 특정소방대상물－3급
ㄹ. 옥내소화전설비를 설치하는 특정소방대상물－2급
ㅁ. 간이스프링클러(주택용 간이스프링클러 제외) 설치하는 특정소방대상물－3급
ㅂ. 지하구－2급
3급 소방안전관리대상물은 ㄷ. 자동화재탐지설비와 ㅁ. 간이스프링클러설비(주택용 간이스프링클러 설비는 제외) 설치 대상 특정소방대상물이다.

12

정답 ❶

「소방시설 설치 및 관리에 관한 법률 시행령」 제7조
② 특정소방대상물 중 조산원·산후조리원, 숙박시설, 지하구
③ 공동주택에 설치된 「노인복지법」 제31조 제7호에 따른 학대피해노인 전용쉼터－건축허가 동의 제외
④ 특정소방대상물 중 노유자(老幼者) 시설 및 수련시설 : 200제곱미터 이상인 건축물이나 시설

13

정답 ❷

「소방시설 설치 및 관리에 관한 법률 시행령」 제14조 [별표 5]
㉠ 화재알림설비가 설치되면 비상경보설비 또는 단독경보형 감지기, 자동화재탐지설비, 자동화재속보설비의 설치가 면제된다.
㉡ 자동화재탐지설비가 설치되면 화재알림설비가 면제된다.
「소방시설 설치 및 관리에 관한 법률 시행령」 제11조 [별표 4]
화재알림설비를 설치해야 하는 특정소방대상물은 판매시설 중 전통시장으로 한다.

14

정답 ❹

「소방시설 설치 및 관리에 관한 법률 시행규칙」 제14조 [별표 2]
자동차에는 법 제37조 제5항에 따라 형식승인을 받은 차량용 소화기를 다음이 기준에 따라 설치 또는 비치해야 한다.
㉮ 승용자동차 : 능력단위 1 이상의 소화기 1개 이상을 사용하기 쉬운 곳에 설치 또는 비치한다.
㉯ 승합자동차
  ㉠ 경형승합자동차 : 능력단위 1 이상의 소화기 1개 이상을 사용하기 쉬운 곳에 설치 또는 비치한다.
  ㉡ 승차정원 15인 이하 : 능력단위 2 이상인 소화기 1개 이상 또는 능력단위 1 이상인 소화기 2개 이상을 설치한다. 이 경우 승차정원 11인 이상 승합자동차는 운전석 또는 운전석과 옆으로 나란한 좌석 주위에 1개 이상을 설치한다.
  ㉢ 승차정원 16인 이상 35인 이하 : 능력단위 2 이상인 소화기 2개 이상을 설치한다. 이 경우 승차정원 23인을 초과하는 승합자동차로서 너비 2.3미터를 초과하는 경우에는 운전자 좌석 부근에 가로 600밀리미터, 세로 200밀리미터 이상의 공간을 확보하고 1개 이상의 소화기를 설치한다.
  ㉣ 승차정원 36인 이상 : 능력단위 3 이상인 소화기 1개 이상 및 능력단위 2 이상인 소화기 1개 이상을 설치한다. 다만, 2층 대형승합자동차의 경우에는 위층 차실에 능력단위 3 이상인 소화기 1개 이상을 추가 설치한다.
㉰ 화물자동차(피견인자동차는 제외한다) 및 특수자동차
  ㉠ 중형 이하 : 능력단위 1 이상인 소화기 1개 이상을 사용하기 쉬운 곳에 설치한다.
  ㉡ 대형 이상 : 능력단위 2 이상인 소화기 1개 이상 또는 능력단위 1 이상인 소화기 2개 이상을 사용하기 쉬운 곳에 설치한다.
㉱ 「위험물안전관리법 시행령」 제3조에 따른 지정수량 이상의 위험물 또는 「고압가스 안전관리법 시행령」 제2조에 따라 고압가스를 운송하는 특수자동차(피견인자동차를 연결한 경우에는 이를 연결한 견인자동차를 포함) : 「위험물안전관리법 시행규칙」 제41조 및 별표 17 제3호 나목 중 이동탱크저장소 자동차용소화기의 설치기준란에 해당하는 능력단위와 수량 이상을 설치한다.
「위험물안전관리법 시행규칙」 제41조 [별표 17] 제3호 나목

자동차용 소화기	무상의 강화액 8L 이상	2개 이상
	이산화탄소 3.2킬로그램 이상	
	브로모클로로다이플루오로메탄(CF_2ClBr) 2L 이상	
	브로모트라이플루오로메탄(CF_3Br) 2L 이상	
	다이브로모테트라플루오로에탄($C_2F_4Br_2$) 1L 이상	
	소화분말 3.3킬로그램 이상	

15
정답 ❶

「소방시설 설치 및 관리에 관한 법률 시행령」 제5조 관련 [별표 2] 비고
둘 이상의 특정소방대상물이 다음 각 목의 어느 하나에 해당되는 구조의 복도 또는 통로(이하 이 표에서 "연결통로"라 한다)로 연결된 경우에는 이를 하나의 소방대상물로 본다.
내화구조로 된 연결통로가 다음의 어느 하나에 해당되는 경우
㉠ 벽이 없는 구조로서 그 길이가 6m 이하인 경우
㉡ 벽이 있는 구조로서 그 길이가 10m 이하인 경우. 다만, 벽 높이가 바닥에서 천장까지의 높이의 2분의 1 이상인 경우에는 벽이 있는 구조로 보고, 벽 높이가 바닥에서 천장까지의 높이의 2분의 1 미만인 경우에는 벽이 없는 구조로 본다.
㉢ 연결통로 또는 지하구와 특정소방대상물의 양쪽에 다음 각 목의 어느 하나에 해당하는 시설이 적합하게 설치된 경우에는 각각 별개의 특정소방대상물로 본다.
　ㄱ. 화재 시 경보설비 또는 자동소화설비의 작동과 연동하여 자동으로 닫히는 자동방화셔터, 60분+ 방화문 또는 60분 방화문이 설치된 경우
　ㄴ. 화재 시 자동으로 방수되는 방식의 드렌처설비 또는 개방형 스프링클러헤드가 설치된 경우

16
정답 ❸

「소방시설 설치 및 관리에 관한 법률 시행규칙」 제3조 제2항(건축허가등의 동의 요구 시 제출서류)
㉮ 건축물 설계도서
　㉠ 건축물 개요 및 배치도
　㉡ 주단면도 및 입면도(立面圖 : 물체를 정면에서 본대로 그린 그림을 말한다.)
　㉢ 층별 평면도(용도별 기준층 평면도를 포함한다)
　㉣ 방화구획도(창호도를 포함한다)
　㉤ 실내 · 실외 마감재료표
　㉥ 소방자동차 진입 동선도 및 부서 공간 위치도(조경계획을 포함한다)
㉯ 소방시설 설계도서
　㉠ 소방시설(기계 · 전기 분야의 시설을 말한다)의 계통도(시설별 계산서를 포함한다)
　㉡ 소방시설별 층별 평면도
　㉢ 실내장식물 방염대상물품 설치 계획(「건축법」 제52조에 따른 건축물의 마감재료는 제외)
　㉣ 소방시설의 내진설계 계통도 및 기준층 평면도(내진 시방서 및 계산서 등 세부 내용이 포함된 상세 설계도면을 포함한다)
㉰ 그 외 제출서류
　㉠ 소방시설 설치계획표
　㉡ 임시소방시설 설치계획서(설치시기 · 위치 · 종류 · 방법 등 임시소방시설의 설치와 관련된 세부사항을 포함한다)
　㉢ 「소방시설공사업법」 제4조 제1항에 따라 등록한 소방시설설계업등록증과 소방시설을 설계한 기술인력의 기술자격증 사본
　㉣ 「소방시설공사업법」 제21조 및 제21조의3 제2항에 따라 체결한 소방시설설계 계약서 사본

17
정답 ❸

「소방시설 설치 및 관리에 관한 법률 시행령」 제9조
법 제8조 제1항에서 "대통령령으로 정하는 특정소방대상물"이란 다음 각 호의 어느 하나에 해당하는 특정소방대상물(신축하는 것만 해당한다)을 말한다.
㉮ 연면적 20만제곱미터 이상인 특정소방대상물. 다만, 별표 2 제1호 가목에 따른 아파트등(이하 "아파트등"이라 한다)은 제외한다.
㉯ 50층 이상(지하층은 제외한다)이거나 지상으로부터 높이가 200미터 이상인 아파트등

㉰ 30층 이상(지하층을 포함한다)이거나 지상으로부터 높이가 120미터 이상인 특정소방대상물(아파트등은 제외한다)
㉱ 연면적 3만제곱미터 이상인 특정소방대상물로서 다음 각 목의 어느 하나에 해당하는 특정소방대상물
　㉠ 별표 2 제6호 나목의 철도 및 도시철도 시설
　㉡ 별표 2 제6호 다목의 공항시설
㉲ 별표 2 제16호의 창고시설 중 연면적 10만제곱미터 이상인 것 또는 지하층의 층수가 2개 층 이상이고 지하층의 바닥면적의 합계가 3만제곱미터 이상인 것
㉳ 하나의 건축물에 「영화 및 비디오물의 진흥에 관한 법률」 제2조 제10호에 따른 영화상영관이 10개 이상인 특정소방대상물
㉴ 「초고층 및 지하연계 복합건축물 재난관리에 관한 특별법」 제2조 제2호에 따른 지하연계 복합건축물에 해당하는 특정소방대상물
㉵ 별표 2 제27호의 터널 중 수저(水底)터널 또는 길이가 5천미터 이상인 것

18
정답 ❷

ㄱ. 소방본부장이나 소방서장은 소방시설이 화재안전기준에 따라 설치 · 관리되고 있지 아니할 때에는 해당 특정소방대상물의 관계인에게 필요한 조치를 명할 수 있다. ―「소방시설 설치 및 관리에 관한 법률」 제12조 제2항 ＊소방관서장 = 소방청장, 소방본부장, 소방서장
ㄴ. 소방본부장이나 소방서장은 기존의 특정소방대상물이 증축되거나 용도변경되는 경우에는 대통령령으로 정하는 바에 따라 증축 또는 용도변경 당시의 소방시설의 설치에 관한 대통령령 또는 화재안전기준을 적용한다. ―「소방시설 설치 및 관리에 관한 법률」 제13조 제3항
ㄷ. 소방본부장이나 소방서장은 특정소방대상물에 설치하여야 하는 소방시설 가운데 기능과 성능이 유사한 스프링클러설비, 물분무등소화설비, 비상경보설비 및 비상방송설비 등의 소방시설의 경우에는 대통령령으로 정하는 바에 따라 유사한 소방시설의 설치를 면제할 수 있다. ―「소방시설 설치 및 관리에 관한 법률」 제13조 제2항
ㄹ. 소방본부장이나 소방서장은 대통령령 또는 화재안전기준이 변경되어 그 기준이 강화되는 경우 기존의 특정소방대상물(건축물의 신축 · 개축 · 재축 · 이전 및 대수선 중인 특정소방대상물을 포함한다)의 소방시설에 대하여는 변경 전의 대통령령 또는 화재안전기준을 적용한다. 다만 자동화재탐지설비의 경우에는 대통령령 또는 화재안전기준의 변경으로 강화된 기준을 적용할 수 있다. ―「소방시설 설치 및 관리에 관한 법률」 제13조 제1항

19
정답 ❷

「소방시설공사업법」 제35조 제2호
3년 이하의 징역 또는 3천만원 이하의 벌금
부정한 청탁에 의한 재물 등의 취득 및 제공 금지 규정(제21조의5)을 위반하여 부정한 청탁을 받고 재물 또는 재산상의 이익을 취득하거나 부정한 청탁을 하면서 재물 또는 재산상의 이익을 제공한 자

20
정답 ❸

(자동화재탐지설비의 신설공사는 착공신고 대상이므로) ㉠ 착공신고 → ㉡ 시공 및 공사완료 → ㉢ 완공검사 신청 → 연면적 5,000m²인 특정소방대상물은 완공검사를 위한 현장 확인 대상이 아니나 판매시설은 현장확인 대상이다. 따라서 ㉣ 완공검사(현장확인) → ㉤ 완공검사필증 발급

21
정답 ❷

「소방시설공사업법 시행령」 [별표 2]
지하층을 포함한 층수가 16층 이상 40층 미만인 특정소방대상물의 공사 현장에는 행정안전부령으로 정하는 고급기술자 이상의 소방기술자(기계분야 및 전기분야)를 배치하여야 한다.

22

정답 ❹

「소방시설공사업법 시행령」 제6조
㉠ 피난기구, 유도등, 비상경보설비, 비상조명등, 비상방송설비 및 무선통신보조설비 : 2년
㉡ 자동소화장치, 옥내소화전설비, 스프링클러설비등, 물분무등소화설비, 옥외소화전설비, 자동화재탐지설비, 화재알림설비, 소화용수설비 및 소화활동설비(무선통신보조설비는 제외) : 3년

23

정답 ❹

① 500 L/50 = 10배의 제조소이므로 정기점검대상
② 30,000kg/100 = 300배의 옥외저장소이므로 정기점검대상
③ 80kg/10 = 지정수량의 8배, 그러나 지하탱크저장소는 배수와 상관없이 정기점검 대상이다.
④ 40,000L/400 = 100배, 지정수량의 200배 이상의 위험물을 저장하는 옥외탱크저장소에 해당되지 않는다.

24

정답 ❶

「위험물안전관리법」 제22조(출입 · 검사 등) 제1항
<u>소방청장(중앙119구조본부장 및 그 소속 기관의 장을 포함), 시 · 도지사, 소방본부장 또는 소방서장은</u> 위험물의 저장 또는 취급에 따른 화재의 예방 또는 진압대책을 위하여 필요한 때에는 위험물을 저장 또는 취급하고 있다고 인정되는 장소의 관계인에 대하여 필요한 보고 또는 자료제출을 명할 수 있으며, 관계공무원으로 하여금 당해 장소에 출입하여 그 장소의 위치 · 구조 · 설비 및 위험물의 저장 · 취급상황에 대하여 검사하게 하거나 관계인에게 질문하게 하고 시험에 필요한 최소한의 위험물 또는 위험물로 의심되는 물품을 수거하게 할 수 있다. 다만, 개인의 주거는 관계인의 승낙을 얻은 경우 또는 화재발생의 우려가 커서 긴급한 필요가 있는 경우가 아니면 출입할 수 없다.

25

정답 ❸

「위험물안전관리법 시행규칙」 제28조(제조소의 위치 · 구조 및 설비의 기준) [별표 4]
㉮ 채광설비는 불연재료로 하고, 연소의 우려가 없는 장소에 설치하되 채광면적을 최소로 할 것
㉯ 조명설비는 다음의 기준에 적합하게 설치할 것
　㉠ 가연성가스 등이 체류할 우려가 있는 장소의 조명등은 방폭등으로 할 것
　㉡ 전선은 내화 · 내열전선으로 할 것
　㉢ 점멸스위치는 출입구 바깥부분에 설치할 것. 다만, 스위치의 스파크로 인한 화재 · 폭발의 우려가 없을 경우에는 그러하지 아니하다.
㉰ 환기설비는 다음의 기준에 의할 것
　㉠ 환기는 자연배기방식으로 할 것
　㉡ 급기구는 당해 급기구가 설치된 실의 바닥면적 150m^{2}마다 1개 이상으로 하되, 급기구의 크기는 800cm^2 이상으로 할 것. 다만 바닥면적이 150m^2 미만인 경우에는 다음의 크기로 하여야 한다.

바닥면적	급기구의 면적
60m^2 미만	150cm^2 이상
60m^2 이상 90m^2 미만	300cm^2 이상
90m^2 이상 120m^2 미만	450cm^2 이상
120m^2 이상 150m^2 미만	600cm^2 이상

　㉢ 급기구는 낮은 곳에 설치하고 가는 눈의 구리망 등으로 인화방지망을 설치할 것
　㉣ 환기구는 지붕위 또는 지상 2m 이상의 높이에 회전식 고정벤티레이터 또는 루프팬 방식(roof fan : 지붕에 설치하는 배기장치)으로 설치할 것

제 **02** 회 정답과 해설

📎 문제 p.75

Answer

01	④	02	②	03	②	04	④	05	④
06	①	07	③	08	④	09	①	10	②
11	④	12	④	13	④	14	②	15	①
16	④	17	③	18	①	19	④	20	①
21	④	22	③	23	③	24	④	25	②

01

정답 ④

「소방기본법」 제2조(정의) 제4호
'소방본부장'이란 특별시·광역시·특별자치시·도 또는 특별자치도(이하 '시·도'라 한다)에서 화재의 예방·경계·진압·조사 및 구조·구급 등의 업무를 담당하는 부서의 장을 말한다.

02

정답 ②

「소방기본법 시행규칙」 제6조 제2항 관련 [별표 3] 제1호 : 공통기준
가. 국토의 계획 및 이용에 관한 법률 제36조 제1항 제1호의 규정에 의한 주거지역·상업지역 및 공업지역에 설치하는 경우 : <u>소방대상물과의 수평거리를 100미터 이하가 되도록 할 것</u>
나. 가목 외의 지역에 설치하는 경우 : <u>소방대상물과의 수평거리를 140미터 이하가 되도록 할 것</u>

03

정답 ②

「소방기본법 시행규칙」 제8조의2(소방력의 동원 요청)
① 소방청장은 법 제11조의2 제1항에 따라 각 시·도지사에게 소방력 동원을 요청하는 경우 동원 요청 사실과 다음 각 호의 사항을 팩스 또는 전화 등의 방법으로 통지하여야 한다. 다만, 긴급을 요하는 경우에는 시·도 소방본부 또는 소방서의 종합상황실장에게 직접 요청할 수 있다.
  1. 동원을 요청하는 인력 및 장비의 규모
  2. 소방력 이송 수단 및 집결장소
  3. 소방활동을 수행하게 될 재난의 규모, 원인 등 소방활동에 필요한 정보

04

정답 ④

「소방기본법」 제16조의5(소방활동에 대한 면책)
소방공무원이 제16조 제1항에 따른 소방활동으로 인하여 타인을 사상(死傷)에 이르게 한 경우 그 소방활동이 불가피하고 <u>소방공무원에게 고의 또는 중대한 과실이 없는 때</u>에는 그 정상을 참작하여 사상에 대한 형사책임을 감경하거나 면제할 수 있다.

05

정답 ④

「소방기본법」 제22조(소방대의 <u>긴급통행</u>)
소방대는 화재, 재난·재해, 그 밖의 위급한 상황이 발생한 현장에 신속하게 출동하기 위하여 긴급할 때에는 일반적인 통행에 쓰이지 아니하는 도로·빈터 또는 물 위로 통행할 수 있다.

06

정답 ①

「소방의 화재조사에 관한 법률」 제2조 제1호
"화재"란 사람의 의도에 반하거나 고의 또는 과실에 의하여 발생하는 연소현상으로서 소화할 필요가 있는 현상 또는 사람의 의도에 반하여 발생하거나 확대된 화학적 폭발현상을 말한다.

07

정답 ③

「소방의 화재조사에 관한 법률」 제5조 제2항
소방관서장은 제1항에 따라 화재조사를 하는 경우 다음 각 호의 사항에 대하여 조사하여야 한다.
  1. 화재원인에 관한 사항
  2. 화재로 인한 인명·재산피해상황
  3. 대응활동에 관한 사항
  4. 소방시설 등의 설치·관리 및 작동 여부에 관한 사항
  5. 화재발생건축물과 구조물, 화재유형별 화재위험성 등에 관한 사항
  6. 그 밖에 대통령령(시행령 제3조 제1항)으로 정하는 사항
「소방의 화재조사에 관한 법률 시행령」 제3조 제1항
「화재의 예방 및 안전관리에 관한 법률」 제7조에 따른 화재안전조사의 실시 결과에 관한 사항

08

정답 ④

「소방의 화재조사에 관한 법률 시행령」 제3조(화재조사의 내용·절차) 제2항
화재조사는 다음 각 호의 절차에 따라 실시한다.
  1. 현장출동 중 조사 : 화재발생 접수, 출동 중 화재상황 파악 등
  2. 화재현장 조사 : 화재의 발화(發火)원인, 연소상황 및 피해상황 조사 등
  3. 정밀조사 : 감식·감정, 화재원인 판정 등
  4. <u>화재조사 결과 보고</u>

09

정답 ①

「화재의 예방 및 안전관리에 관한 법률」 제18조(화재예방강화지구의 지정 등) 제1항
시·도지사는 다음 각 호의 어느 하나에 해당하는 지역을 화재예방강화지구로 지정하여 관리할 수 있다.
  1. 시장지역
  2. 공장·창고가 밀집한 지역
  3. 목조건물이 밀집한 지역
  4. 노후·불량건축물이 밀집한 지역
  5. 위험물의 저장 및 처리 시설이 밀집한 지역
  6. 석유화학제품을 생산하는 공장이 있는 지역
  7. 「산업입지 및 개발에 관한 법률」 제2조 제8호에 따른 산업단지
  8. 소방시설·소방용수시설 또는 소방출동로가 없는 지역
  9. 「물류시설의 개발 및 운영에 관한 법률」 제2조 제6호에 따른 물류단지
  10. 그 밖에 제1호부터 제9호까지에 준하는 지역으로서 소방관서장이 화재예방강화지구로 지정할 필요가 있다고 인정하는 지역

10

정답 ②

「화재의 예방 및 안전관리에 관한 법률」 제40조(소방안전 특별관리시설물의 안전관리)
소방청장은 화재 등 재난이 발생할 경우 사회·경제적으로 피해가 큰 다음 각 호의 시설(이하 "소방안전 특별관리시설물"이라 한다)에 대하여 소방안전 특별관리를 하여야 한다.
  1. 「공항시설법」 제2조 제7호의 공항시설
  2. 「철도산업발전기본법」 제3조 제2호의 철도시설
  3. 「도시철도법」 제2조 제3호의 도시철도시설

4. 「항만법」 제2조 제5호의 항만시설
5. 「문화유산의 보존 및 활용에 관한 법률」 제2조 제3항의 지정문화유산 및 「자연유산의 보존 및 활용에 관한 법률」 제2조 제5호에 따른 천연기념물 등인 시설(시설이 아닌 지정문화유산 및 천연기념물등을 보호하거나 소장하고 있는 시설을 포함한다)
6. 「산업기술단지 지원에 관한 특례법」 제2조 제1호의 산업기술단지
7. 「산업입지 및 개발에 관한 법률」 제2조 제8호의 산업단지
8. 「초고층 및 지하연계 복합건축물 재난관리에 관한 특별법」 제2조 제1호·제2호의 초고층 건축물 및 지하연계 복합건축물
9. 「영화 및 비디오물의 진흥에 관한 법률」 제2조 제10호의 영화상영관 중 수용인원 1천명 이상인 영화상영관
10. 전력용 및 통신용 지하구
11. 「한국석유공사법」 제10조 제1항 제3호의 석유비축시설
12. 「한국가스공사법」 제11조 제1항 제2호의 천연가스 인수기지 및 공급망
13. 「전통시장 및 상점가 육성을 위한 특별법」 제2조 제1호의 전통시장으로서 대통령령으로 정하는 전통시장
14. 그 밖에 대통령령으로 정하는 시설물

「화재의 예방 및 안전관리에 관한 법률 시행령」 제41조 제1항
법 제40조 제1항 제13호에서 "대통령령으로 정하는 전통시장"이란 점포가 500개 이상인 전통시장을 말한다.

「화재의 예방 및 안전관리에 관한 법률 시행령」 제41조 제2항
법 제40조 제1항 제14호에서 "대통령령으로 정하는 시설물"이란 다음 각 호의 시설물을 말한다.
1. 「전기사업법」 제2조 제4호에 따른 발전사업자가 가동 중인 발전소(「발전소주변지역 지원에 관한 법률 시행령」 제2조 제2항에 따른 발전소는 제외한다)
2. 「물류시설의 개발 및 운영에 관한 법률」 제2조 제5호의2에 따른 물류창고로서 연면적 10만제곱미터 이상인 것
3. 「도시가스사업법」 제2조 제5호에 따른 가스공급시설

11   정답 ④

「소방시설 설치 및 관한 법률 시행규칙」 제39조 관련 [별표 8]
바. 처분권자는 고의 또는 중과실이 없는 위반행위자가 「소상공인기본법」 제2조에 따른 소상공인인 경우에는 다음의 사항을 고려하여 제2호 나목의 개별기준에 따른 처분을 감경할 수 있다. 이 경우 그 처분이 영업정지인 경우에는 그 처분기준의 100분의 70 범위에서 감경할 수 있고, 그 처분이 등록취소(법 제35조 제1항 제1호·제4호·제5호를 위반하여 등록취소된 경우는 제외한다)인 경우에는 3개월의 영업정지 처분으로 감경할 수 있다. 다만, 마목에 따른 감경과 중복하여 적용하지 않는다.
  1) 해당 행정처분으로 위반행위자가 더 이상 영업을 영위하기 어렵다고 객관적으로 인정되는지 여부
  2) 경제위기 등으로 위반행위자가 속한 시장·산업 여건이 현저하게 변동되거나 지속적으로 악화된 상태인지 여부

12   정답 ④

「소방시설 설치 및 관리에 관한 법률 시행령」 제31조 제2항 제3호
탄화한 면적은 50제곱센티미터 이내, 탄화한 길이는 20센티미터 이내일 것

13   정답 ④

「소방시설 설치 및 관리에 관한 법률 시행령」 제11조 관련 [별표 4] 근거
① 지붕 또는 외벽이 불연재료나 내화구조로 된 판매시설, 운수시설 및 창고시설(물류터미널에 한정한다)로서 바닥면적의 합계가 5천m² 이상인 경우에는 모든 층
② 지붕 또는 외벽이 불연재료나 내화구조가 아닌 판매시설, 운수시설 및 창고시설(물류터미널에 한정한다)로서 수용인원이 250명 이상인 경우는 모든 층

③ 문화 및 집회시설 중 영화상영관의 용도로 쓰이는 층의 바닥면적이 지하층 또는 무창층인 경우에는 5백m² 이상인 경우에는 모든 층

14   정답 ②

「소방시설 설치 및 관리에 관한 법률 시행령」 제8조 제2항
법 제7조에서 "대통령령으로 정하는 소방시설"이란 소방시설 중 옥내소화전설비, 스프링클러설비 및 물분무등소화설비를 말한다.

15   정답 ①

「소방시설 설치 및 관리에 관한 법률 시행규칙」 제20조 제1항 관련 [별표 3] 근거
종합점검의 점검횟수는 연 1회 이상(특급 특정소방대상물의 경우에는 반기에 1회 이상) 실시한다.

16   정답 ④

「소방시설공사업법 시행령」 제5조
㉮ 문화 및 집회시설, 종교시설, 판매시설, 노유자(老幼者)시설, 수련시설, 운동시설, 숙박시설, 창고시설, 지하상가 및 「다중이용업소의 안전관리에 관한 특별법」에 따른 다중이용업소
㉯ 다음에 해당하는 설비가 설치되는 특정소방대상물
  ㉠ 스프링클러설비등
  ㉡ 물분무등소화설비(호스릴 방식의 소화설비는 제외한다)
㉰ 연면적 1만제곱미터 이상이거나 11층 이상인 특정소방대상물(아파트는 제외)
㉱ 가연성가스를 제조·저장 또는 취급하는 시설 중 지상에 노출된 가연성 가스탱크의 저장용량 합계가 1천톤 이상인 시설

17   정답 ③

「소방시설공사업법 시행령」 제4조
2. 특정소방대상물에 다음 각 목의 어느 하나에 해당하는 설비 또는 구역 등을 증설하는 공사
  가. 옥내·옥외소화전설비
  나. 스프링클러설비등 또는 물분무등소화설비의 방호·방수구역, 자동화재탐지설비 또는 화재알림설비의 경계구역, 제연설비의 제연구역(소방용 외의 용도와 겸용되는 제연설비를 「건설산업기본법 시행령」 별표 1에 따른 기계설비·가스공사업자가 공사하는 경우는 제외한다), 연결송수관설비의 송수구역, 연결살수설비의 살수구역, 비상콘센트설비의 전용회로, 연소방지설비의 살수구역

18   정답 ①

「소방시설공사업법 시행령」 제9조 관련 [별표 3] : 상주공사 감리 대상
㉠ 연면적 3만제곱미터 이상의 특정소방대상물(아파트는 제외)에 대한 소방시설의 공사
㉡ 지하층을 포함한 층수가 16층 이상으로서 500세대 이상인 아파트에 대한 소방시설의 공사

19   정답 ④

「소방시설공사업법 시행규칙」 제8조
법 제8조 제4항에서 "행정안전부령으로 정하는 관계 서류"란 다음 각 호의 구분에 따른 해당 서류(전자문서를 포함한다)를 말한다.
1. 소방시설설계업 : 별지 제10호 서식의 소방시설 설계기록부 및 「소방시설 설치 및 관리에 관한 법률 시행규칙」 제3조 제2항 제2호 나목에 따른 소방시설 설계도서

2. 소방시설공사업 : 별지 제11호 서식의 소방시설공사 기록부
3. 소방공사감리업 : 별지 제12호 서식의 소방공사 감리기록부, 별지 제13호
   서식의 소방공사 감리일지 및 소방시설의 완공 당시 설계도서(「소방시설
   설치 및 관리에 관한 법률 시행규칙」 제3조 제2항 제2호에 따른 설계도
   서를 말한다. 이하 같다)

20
정답 ❶

「소방시설공사업법 시행령」 제6조
법 제15조 제1항에 따라 하자를 보수하여야 하는 소방시설과 소방시설별 하
자보수 보증기간은 다음 각 호의 구분과 같다.
1. 비상경보설비, 비상방송설비, 피난기구, 유도등, 비상조명등 및 무선통신
   보조설비 : 2년
2. 자동소화장치, 옥내소화전설비, 스프링클러설비등, 물분무등소화설비,
   옥외소화전설비, 자동화재탐지설비, 화재알림설비, 소화용수설비 및 소
   화활동설비(무선통신보조설비는 제외한다) : 3년

21
정답 ❹

「위험물안전관리법 시행규칙」 제41조 제2항·제42조 제2항 및 제43조 제
2항 관련 [별표 17]

제조소 등의 구분	제조소등의 규모, 저장 또는 취급하는 위험물의 품명 및 최대수량 등
제조소 일반 취급소	연면적 1,000m² 이상인 것
	지정수량의 100배 이상인 것(고인화점위험물만을 100℃ 미만의 온도에서 취급하는 것 및 제48조의 위험물을 취급하는 것은 제외)
	지반면으로부터 6m 이상의 높이에 위험물 취급설비가 있는 것(고인화점위험물만을 100℃ 미만의 온도에서 취급하는 것은 제외)
	일반취급소로 사용되는 부분 외의 부분을 갖는 건축물에 설치된 것(내화구조로 개구부 없이 구획된 것, 고인화점위험물만을 100℃ 미만의 온도에서 취급하는 것 및 별표 16 X의2의 화학실험의 일반취급소는 제외)
옥내 저장소	지정수량의 150배 이상인 것(고인화점위험물만을 저장하는 것 및 제48조의 위험물을 저장하는 것은 제외)
	연면적 150m²를 초과하는 것(150m² 이내마다 불연재료로 개구부 없이 구획된 것 및 인화성고체 외의 제2류 위험물 또는 인화점 70℃ 이상의 제4류 위험물만을 저장하는 것은 제외)
	처마높이가 6m 이상인 단층건물의 것
	옥내저장소로 사용되는 부분 외의 부분이 있는 건축물에 설치된 것(내화구조로 개구부 없이 구획된 것 및 인화성고체 외의 제2류 위험물 또는 인화점 70℃ 이상의 제4류 위험물만을 저장하는 것은 제외)
옥외 탱크 저장소	액표면적이 40m² 이상인 것(제6류 위험물을 저장하는 것 및 고인화점위험물만을 100℃ 미만의 온도에서 저장하는 것은 제외)
	지반면으로부터 탱크 옆판의 상단까지 높이가 6m 이상인 것(제6류 위험물을 저장하는 것 및 고인화점위험물만을 100℃ 미만의 온도에서 저장하는 것은 제외)
	지중탱크 또는 해상탱크로서 지정수량의 100배 이상인 것(제6류 위험물을 저장하는 것 및 고인화점위험물만을 100℃ 미만의 온도에서 저장하는 것은 제외)
	고체위험물을 저장하는 것으로서 지정수량의 100배 이상인 것
암반 탱크 저장소	액표면적이 40m² 이상인 것(제6류 위험물을 저장하는 것 및 고인화점위험물만을 100℃ 미만의 온도에서 저장하는 것은 제외)
	고체위험물만을 저장하는 것으로서 지정수량의 100배 이상인 것

22
정답 ❸

「위험물안전관리법 시행규칙」 제35조 관련 [별표 11]
옥외저장소의 위치·구조 및 설비의 기준

저장 또는 취급하는 위험물의 최대수량	공지의 너비
지정수량의 10배 이하	3m 이상
지정수량의 10배 초과 20배 이하	5m 이상
지정수량의 20배 초과 50배 이하	9m 이상
지정수량의 50배 초과 200배 이하	12m 이상
지정수량의 200배 초과	15m 이상

23
정답 ❸

「위험물안전관리법」 제13조 제1항
시·도지사는 제12조 각 호의 어느 하나에 해당하는 경우로서 제조소등에
대한 사용의 정지가 그 이용자에게 심한 불편을 주거나 그 밖에 공익을 해칠
우려가 있는 때에는 사용정지 처분에 갈음하여 2억원 이하의 과징금을 부과
할 수 있다.

24
정답 ❹

「위험물안전관리법 시행령」 제15조(관계인이 예방규정을 정하여야 하는 제
조소등)
1) 지정수량의 10배 이상의 위험물을 취급하는 제조소
2) 지정수량의 100배 이상의 위험물을 저장하는 옥외저장소
3) 지정수량의 150배 이상의 위험물을 저장하는 옥내저장소
4) 지정수량의 200배 이상의 위험물을 저장하는 옥외탱크저장소
5) 암반탱크저장소
6) 이송취급소
7) 지정수량의 10배 이상의 위험물을 취급하는 일반취급소. 다만, 제4류 위
   험물(특수인화물을 제외한다)만을 지정수량의 50배 이하로 취급하는 일
   반취급소(제1석유류·알코올류의 취급량이 지정수량의 10배 이하인 경
   우에 한한다)로서 다음 각 목의 어느 하나에 해당하는 것을 제외한다.
   ㉠ 보일러·버너 또는 이와 비슷한 것으로서 위험물을 소비하는 장치로
      이루어진 일반취급소
   ㉡ 위험물을 용기에 옮겨 담거나 차량에 고정된 탱크에 주입하는 일반취
      급소

25
정답 ❷

「위험물안전관리법 시행령」 제2조 및 제3조 관련 [별표 1] 근거
제6류 위험물(산화성액체)
과염소산, 질산, 과산화수소, 할로젠간화합물 : 300kg(지정수량)
단, 과염소산과 할로젠간화합물은 특별한 기준이 없으나
·질산 : 비중이 1.49 이상인 것
·과산화수소 : 농도가 36wt% 이상인 것
따라서, ㉠ 비중 1.39인 질산과 ㉢ 물 70g + 과산화수소 30g 혼합수용액은
위험물이 아니다.
㉡ 과염소산(300kg) + ㉣ 할로젠간화합물(300kg) = 600kg

제 **03** 회 정답과 해설

📎 문제 p.79

Answer

01	②	02	②	03	②	04	③	05	③
06	①	07	③	08	④	09	③	10	④
11	②	12	④	13	④	14	③	15	②
16	④	17	④	18	③	19	③	20	②
21	④	22	④	23	①	24	③	25	③

01

정답 ②

「소방기본법」 제1조(목적)
이 법은 화재를 예방·경계하거나 진압하고 화재, 재난·재해, 그 밖의 위급한 상황에서의 구조·구급 활동 등을 통하여 국민의 생명·신체 및 재산을 보호함으로써 공공의 안녕 및 질서 유지와 복리증진에 이바지함을 목적으로 한다.

02

정답 ②

「소방기본법」 제2조(정의) 제1호
"소방대상물"이란 건축물, 차량, 선박(「선박법」 제1조의2 제1항에 따른 선박으로서 항구에 매어둔 선박만 해당한다), 선박 건조 구조물, 산림, 그 밖의 인공 구조물 또는 물건을 말한다.

03

정답 ②

「소방기본법 시행령」 제13조 제2항
보상위원회는 위원장 1명을 포함하여 5명 이상 7명 이하의 위원으로 구성한다. 다만, 청구금액이 100만원 이하인 사건에 대해서는 제3항 제1호(소속 소방공무원)에 해당하는 위원 3명으로만 구성할 수 있다.

04

정답 ③

① 「건축법 시행령」상의 아파트의 경우에는 100세대 이상인 경우 소방자동차 전용구역 설치 대상이다.
② 「주차장법」 제19조에 따른 부설주차장의 주차구획 내에 주차하는 것은 전용구역 방해행위에 해당하지 않는다.
④ 건축주는 소방활동의 원활한 수행을 위하여 공동주택에 소방자동차 전용구역을 설치하여야 한다.

05

정답 ③

「소방기본법 시행규칙」 제6조 제2항 관련 [별표 3] 제2호 다목
저수조의 설치기준
㉠ 지면으로부터의 낙차가 4.5미터 이하일 것
㉡ 흡수부분의 수심이 0.5미터 이상일 것
㉢ 소방펌프자동차가 쉽게 접근할 수 있도록 할 것
㉣ 흡수에 지장이 없도록 토사 및 쓰레기 등을 제거할 수 있는 설비를 갖출 것
㉤ 흡수관의 투입구가 사각형의 경우에는 한 변의 길이가 60센티미터 이상, 원형의 경우에는 지름이 60센티미터 이상일 것
㉥ 저수조에 물을 공급하는 방법은 상수도에 연결하여 자동으로 급수되는 구조일 것

06

정답 ❶

「화재의 예방 및 안전관리에 관한 법률 시행령」 제19조 제2항 관련 [별표 3] 제2호 가목
특수가연물 표지
특수가연물을 저장 또는 취급하는 장소에는 품명, 최대저장수량, 단위부피당 질량 또는 단위체적당 질량, 관리책임자 성명·직책, 연락처 및 화기취급의 금지표시가 포함된 특수가연물 표지를 설치해야 한다.

07

정답 ❸

「화재의 예방 및 안전관리에 관한 법률 시행령」 제17조 제1항
소방관서장은 법 제17조 제2항 각 호 외의 부분 단서에 따라 옮긴 물건 등(이하 "옮긴 물건등"이라 한다)을 보관하는 경우에는 그날부터 14일 동안 해당 소방관서의 인터넷 홈페이지에 그 사실을 공고해야 한다.

08

정답 ❹

「화재의 예방 및 안전관리에 관한 법률 시행령」 제20조 제3항
소방관서장은 제2항에 따라 훈련 및 교육을 실시하려는 경우에는 화재예방강화지구 안의 관계인에게 훈련 또는 교육 ㉠ 10일 전까지 그 사실을 통보해야 한다.

「화재의 예방 및 안전관리에 관한 법률 시행령」 제19조 제2항
법 제17조 제5항에 따른 특수가연물의 저장 및 취급 기준은 별표 3과 같다.

구분	살수설비를 설치하거나 방사능력 범위에 해당 특수가연물이 포함되도록 대형수동식 소화기를 설치하는 경우	그 밖의 경우
높이	㉢ 15미터 이하	㉡ 10미터 이하
쌓는 부분의 바닥면적	200제곱미터(석탄·목탄류의 경우에는 300제곱미터) 이하	50제곱미터(석탄·목탄류의 경우에는 200제곱미터) 이하

「소방기본법 시행령」 제12조 제2항 및 제4항
• 소방청장등은 제13조에 따른 손실보상심의위원회의 심사·의결을 거쳐 특별한 사유가 없으면 보상금 지급 청구서를 받은 날부터 ㉣ 60일 이내에 보상금 지급 여부 및 보상금액을 결정하여야 한다.
• 소방청장등은 제2항 또는 제3항에 따른 결정일부터 ㉤ 10일 이내에 행정안전부령으로 정하는 바에 따라 결정 내용을 청구인에게 통지하고, 보상금을 지급하기로 결정한 경우에는 특별한 사유가 없으면 통지한 날부터 ㉥ 30일 이내에 보상금을 지급하여야 한다.

09

정답 ❸

「소방기본법 시행규칙」 제10조(소방신호의 종류 및 방법)
㉠ 경계신호 : 화재예방상 필요하다고 인정되거나 「화재의 예방 및 안전관리에 관한 법률」 제20조의 규정에 의한 화재위험경보시 발령
㉡ 발화신호 : 화재가 발생한 때 발령
㉢ 해제신호 : 소화활동이 필요 없다고 인정되는 때 발령
㉣ 훈련신호 : 훈련상 필요하다고 인정되는 때 발령

10 정답 ❹

「소방기본법 시행령」 제8조(소방활동구역의 출입자)
1. 소방활동구역 안에 있는 소방대상물의 소유자·관리자 또는 점유자
2. 전기·가스·수도·통신·교통의 업무에 종사하는 사람으로서 원활한 소방활동을 위하여 필요한 사람
3. 의사·간호사 그 밖의 구조·구급업무에 종사하는 사람
4. 취재인력 등 보도업무에 종사하는 사람
5. 수사업무에 종사하는 사람
6. 그 밖에 소방대장이 소방활동을 위하여 출입을 허가한 사람

11 정답 ❷

「소방시설 설치 및 관리에 관한 법률 시행령」 제2조(정의)
무창층의 개구부는 해당 층의 바닥면으로부터 개구부 밑부분까지의 높이가 1.2미터 이내일 것

12 정답 ❹

「소방시설 설치 및 관리에 관한 법률 시행령」 제13조(강화된 소방시설기준의 적용대상)
법 제13조 제1항 제2호 각 목 외의 부분에서 "대통령령으로 정하는 것"이란 다음 각 호의 소방시설을 말한다.
1. 「국토의 계획 및 이용에 관한 법률」 제2조 제9호에 따른 공동구에 설치하는 소화기, 자동소화장치, 자동화재탐지설비, 통합감시시설, 유도등 및 연소방지설비
2. 전력 및 통신사업용 지하구에 설치하는 소화기, 자동소화장치, 자동화재탐지설비, 통합감시시설, 유도등 및 연소방지설비
3. 노유자 시설에 설치하는 간이스프링클러설비, 자동화재탐지설비 및 단독경보형 감지기
4. 의료시설에 설치하는 스프링클러설비, 간이스프링클러설비, 자동화재탐지설비 및 자동화재속보설비

13 정답 ❹

「소방시설 설치 및 관리에 관한 법률 시행령」 제9조(성능위주설계를 해야 하는 특정소방대상물의 범위)
법 제8조 제1항에서 "대통령령으로 정하는 특정소방대상물"이란 다음 각 호의 어느 하나에 해당하는 특정소방대상물(신축하는 것만 해당한다)을 말한다.
1. 연면적 20만제곱미터 이상인 특정소방대상물. 다만, 별표 2 제1호 가목에 따른 아파트등(이하 "아파트등"이라 한다)은 제외한다.
2. 50층 이상(지하층은 제외한다)이거나 지상으로부터 높이가 200미터 이상인 아파트등
3. 30층 이상(지하층은 포함한다)이거나 지상으로부터 높이가 120미터 이상인 특정소방대상물(아파트등은 제외한다)
4. 연면적 3만제곱미터 이상인 특정소방대상물로서 다음 각 목의 어느 하나에 해당하는 특정소방대상물
   가. 별표 2 제6호 나목의 철도 및 도시철도 시설
   나. 별표 2 제6호 다목의 공항시설
5. 별표 2 제16호의 창고시설 중 연면적 10만제곱미터 이상인 것 또는 지하층의 층수가 2개 층 이상이고 지하층의 바닥면적의 합계가 3만제곱미터 이상인 것
6. 하나의 건축물에 「영화 및 비디오물의 진흥에 관한 법률」 제2조 제10호에 따른 영화상영관이 10개 이상인 특정소방대상물
7. 「초고층 및 지하연계 복합건축물 재난관리에 관한 특별법」 제2조 제2호에 따른 지하연계 복합건축물에 해당하는 특정소방대상물
8. 별표 2 제27호의 터널 중 수저(水底)터널 또는 길이가 5천미터 이상인 것

14 정답 ❸

「소방시설 설치 및 관리에 관한 법률 시행령」 제31조 제2항
법 제20조 제3항에 따른 방염성능기준은 다음 각 호의 기준에 따르되, 제1항에 따른 방염대상물품의 종류에 따른 구체적인 방염성능기준은 다음 각 호의 기준의 범위에서 소방청장이 정하여 고시하는 바에 따른다.
1. 버너의 불꽃을 제거한 때부터 불꽃을 올리며 연소하는 상태가 그칠 때까지 시간은 20초 이내일 것
2. 버너의 불꽃을 제거한 때부터 불꽃을 올리지 않고 연소하는 상태가 그칠 때까지 시간은 30초 이내일 것
3. 탄화(炭化)한 면적은 50제곱센티미터 이내, 탄화한 길이는 20센티미터 이내일 것
4. 불꽃에 의하여 완전히 녹을 때까지 불꽃의 접촉 횟수는 3회 이상일 것
5. 소방청장이 정하여 고시한 방법으로 발연량(發煙量)을 측정하는 경우 최대연기밀도는 400 이하일 것

15 정답 ❷

「소방시설 설치 및 관리에 관한 법률 시행령」 제7조 제1항
3. 차고·주차장 또는 주차 용도로 사용되는 층이 있는 건축물이나 주차시설
   → [시행일 2026. 3. 1]
3의2. 승강기 등 기계장치에 의한 주차시설을 이용하여 차량을 주차할 수 있는 시설
   → [시행일 2026. 3. 1]

16 정답 ❹

「소방시설공사업법 시행령」 제11조 관련 [별표 4]
고급감리원 배치기준
가. 물분무등소화설비(호스릴 방식의 소화설비는 제외한다) 또는 제연설비가 설치되는 특정소방대상물의 공사 현장
나. 연면적 3만제곱미터 이상 20만제곱미터 미만인 아파트의 공사 현장

17 정답 ❹

「소방시설공사업법 시행령」 제4조(소방시설공사의 착공신고 대상)
3. 특정소방대상물에 설치된 소방시설등을 구성하는 다음 각 목의 어느 하나에 해당하는 것의 전부 또는 일부를 개설(改設), 이전(移轉) 또는 정비(整備)하는 공사. 다만, 고장 또는 파손 등으로 인하여 작동시킬 수 없는 소방시설을 긴급히 교체하거나 보수하여야 하는 경우에는 신고하지 않을 수 있다.
   가. 수신반(受信盤)
   나. 소화펌프
   다. 동력제어반
   라. 감시제어반

18 정답 ❸

「소방시설공사업법 시행령」 제10조
공사감리자 지정대상 특정소방대상물의 범위
1. 옥내소화전설비를 신설·개설 또는 증설할 때
2. 스프링클러설비등(캐비닛형 간이스프링클러설비는 제외한다)을 신설·개설하거나 방호·방수 구역을 증설할 때
3. 물분무등소화설비(호스릴 방식의 소화설비는 제외한다)를 신설·개설하거나 방호·방수 구역을 증설할 때
4. 옥외소화전설비를 신설·개설 또는 증설할 때
5. 자동화재탐지설비를 신설 또는 개설할 때
5의2. 화재알림설비를 신설 또는 개설할 때
5의3. 비상방송설비를 신설 또는 개설할 때

6. 통합감시시설을 신설 또는 개설할 때
6의2. 삭제(2023.11.28.)
7. 소화용수설비를 신설 또는 개설할 때
8. 다음 각 목에 따른 소화활동설비에 대하여 각 목에 따른 시공을 할 때
  가. 제연설비를 신설·개설하거나 제연구역을 증설할 때
  나. 연결송수관설비를 신설 또는 개설할 때
  다. 연결살수설비를 신설·개설하거나 송수구역을 증설할 때
  라. 비상콘센트설비를 신설·개설하거나 전용회로를 증설할 때
  마. 무선통신보조설비를 신설 또는 개설할 때
  바. 연소방지설비를 신설·개설하거나 살수구역을 증설할 때

19
정답 ❸

「소방시설공사업법 시행령」 제6조
1. 비상경보설비, 비상방송설비, 피난기구, 유도등, 비상조명등 및 무선통신보조설비 : 2년
2. 자동소화장치, 옥내소화전설비, 스프링클러설비등, 물분무등소화설비, 옥외소화전설비, 자동화재탐지설비, 화재알림설비, 소화용수설비 및 소화활동설비(무선통신보조설비는 제외한다) : 3년

20
정답 ❷

「소방시설공사업법」 제16조 제1항
소방공사감리업을 등록한 감리업자는 소방공사를 감리할 때 다음의 업무를 수행하여야 한다.
㉠ 소방시설등의 설치계획표의 적법성 검토
㉡ 소방시설등 설계도서의 적합성(적법성과 기술상의 합리성을 말한다) 검토
㉢ 소방시설등 설계 변경 사항의 적합성 검토
㉣ 「소방시설 설치·유지 및 안전관리에 관한 법률」의 소방용품의 위치·규격 및 사용 자재의 적합성 검토
㉤ 공사업자가 한 소방시설등의 시공이 설계도서와 화재안전기준에 맞는지에 대한 지도·감독
㉥ 완공된 소방시설등의 성능시험
㉦ 공사업자가 작성한 시공 상세 도면의 적합성 검토
㉧ 피난시설 및 방화시설의 적법성 검토
㉨ 실내장식물의 불연화(不燃化)와 방염 물품의 적법성 검토

21
정답 ❹

「위험물안전관리법 시행령」 제2조 및 제3조 관련 [별표 1]
제3류 위험물(자연발화성 물질 및 금수성 물질)
㉠ 칼륨, 나트륨, 알킬알루미늄, 알킬리튬 : 10kg
㉡ 황린 : 20kg
㉢ 알칼리금속(칼륨 및 나트륨 제외) 및 알칼리토금속, 유기금속화합물(알킬알루미늄 및 알킬리튬을 제외) : 50kg
㉣ 금속의 수소화물, 금속의 인화물, 칼슘 또는 알루미늄의 탄화물 : 300kg

22
정답 ❹

「위험물안전관리법 시행규칙」 제30조 관련 [별표 6]
높이가 1m를 넘는 방유제 및 간막이 둑의 안팎에는 방유제내에 출입하기 위한 계단 또는 경사로를 약 50m마다 설치할 것

23
정답 ❶

「위험물안전관리법 시행령」 제2조 및 제3조 [별표 1] 비고
12. "특수인화물"이라 함은 이황화탄소, 디에틸에테르 그 밖에 1기압에서 발화점이 섭씨 100도 이하인 것 또는 인화점이 섭씨 영하 20도 이하이고 비점이 섭씨 40도 이하인 것을 말한다.
13. "제1석유류"라 함은 아세톤, 휘발유 그 밖에 1기압에서 인화점이 섭씨 21도 미만인 것을 말한다.

24
정답 ❸

「위험물안전관리법」 제15조
• 제2항 : 안전관리자를 선임한 제조소등의 관계인은 그 안전관리자를 해임하거나 안전관리자가 퇴직한 때에는 해임하거나 퇴직한 날부터 (ㄱ) 30일 이내에 다시 안전관리자를 선임하여야 한다.
• 제3항 : 제조소등의 관계인은 안전관리자를 선임한 경우에는 선임한 날부터 (ㄴ) 14일 이내에 행정안전부령으로 정하는 바에 따라 소방본부장 또는 소방서장에게 신고하여야 한다.

25
정답 ❸

「위험물안전관리법 시행규칙」 제42조(경보설비의 기준)
㉠ 위험물안전관리법 제5조 제4항의 규정에 의하여 영 별표 1의 규정에 의한 지정수량의 10배 이상의 위험물을 저장 또는 취급하는 제조소등(이동탱크저장소를 제외한다)에는 화재발생 시 이를 알릴 수 있는 경보설비를 설치하여야 한다.
㉡ '㉠'의 규정에 의한 경보설비는 자동화재탐지설비·비상경보설비(비상벨장치 또는 경종 포함)·확성장치(휴대용확성기 포함) 및 비상방송설비로 구분하되, 제조소등별로 설치하여야 하는 경보설비의 종류 및 자동화재탐지설비의 설치기준은 별표 17과 같다.

제 **04** 회 정답과 해설

🖉 문제 p.83

Answer

01	①	02	④	03	④	04	①	05	①
06	②	07	②	08	②	09	③	10	③
11	①	12	④	13	④	14	②	15	③
16	④	17	④	18	④	19	①	20	①
21	②	22	②	23	④	24	③	25	④

01

정답 ❶

「소방기본법」 제2조 제1호
'소방대상물'이란 건축물, 차량, 선박(「선박법」 제1조의2 제1항에 따른 선박으로서 항구에 매어둔 선박만 해당한다), 선박 건조 구조물, 산림, 그 밖의 인공 구조물 또는 물건을 말한다.

02

정답 ❹

「소방기본법」 제6조 제3항, 제4항
㉠ 소방청장은 종합계획을 관계 중앙행정기관의 장, 시·도지사에게 통보하여야 한다.
㉡ 시·도지사는 관할 지역의 특성을 고려하여 종합계획의 시행에 필요한 세부계획을 매년 수립하여 소방청장에게 제출하여야 하며, 세부계획에 따른 소방업무를 성실히 수행하여야 한다.

03

정답 ❹

「소방기본법」 제17조 제2항
소방청장, 소방본부장 또는 소방서장은 화재를 예방하고 화재 발생 시 인명과 재산피해를 최소화하기 위하여 다음 각 호에 해당하는 사람을 대상으로 행정안전부령으로 정하는 바에 따라 소방안전에 관한 교육과 훈련을 실시할 수 있다. 이 경우 소방청장, 소방본부장 또는 소방서장은 해당 어린이집·유치원·학교·장애인복지시설·아동복지시설의 장 또는 노인복지시설의 장과 교육일정 등에 관하여 협의하여야 한다.
㉠ 「영유아보육법」 제2조에 따른 어린이집의 영유아
㉡ 「유아교육법」 제2조에 따른 유치원의 유아
㉢ 「초·중등교육법」 제2조에 따른 학교의 학생
㉣ 「장애인복지법」 제58조에 따른 장애인복지시설에 거주하거나 해당 시설을 이용하는 장애인
㉤ 「아동복지법」 제52조에 따른 아동복지시설에 거주하거나 해당 시설을 이용하는 아동
㉥ 「노인복지법」 제31조에 따른 노인복지시설에 거주하거나 해당 시설을 이용하는 노인

04

정답 ❶

「소방기본법」 제20조의2 제1항
관계인은 화재를 진압하거나 구조·구급 활동을 하기 위하여 상설 조직체(「위험물안전관리법」 제19조 및 그 밖의 다른 법령에 따라 설치된 자체소방대를 포함하며, 이하 이 조에서 "자체소방대"라 한다)를 설치·운영할 수 있다.

05

정답 ❶

「소방기본법 시행령」 제8조(소방활동구역의 출입자)
1. 소방활동구역 안에 있는 소방대상물의 소유자·관리자 또는 점유자
2. 전기·가스·수도·통신·교통의 업무에 종사하는 사람으로서 원활한 소방활동을 위하여 필요한 사람
3. 의사·간호사 그 밖의 구조·구급업무에 종사하는 사람
4. 취재인력 등 보도업무에 종사하는 사람
5. 수사업무에 종사하는 사람
6. 그 밖에 소방대장이 소방활동을 위하여 출입을 허가한 사람

06

정답 ❷

「소방의 화재조사에 관한 법률 시행령」 제7조(화재합동조사단의 구성·운영) 제1항
법 제7조 제1항에서 "사상자가 많거나 사회적 이목을 끄는 화재 등 대통령령으로 정하는 대형화재"란 다음 각 호의 화재를 말한다.
1. 사망자가 5명 이상 발생한 화재
2. 화재로 인한 사회적·경제적 영향이 광범위하다고 소방관서장이 인정하는 화재

07

정답 ❷

「소방의 화재조사에 관한 법률」 제5조 제2항
소방관서장은 제1항에 따라 화재조사를 하는 경우 다음 각 호의 사항에 대하여 조사하여야 한다.
㉠ 화재원인에 관한 사항
㉡ 화재로 인한 인명·재산피해상황
㉢ 대응활동에 관한 사항
㉣ 소방시설 등의 설치·관리 및 작동 여부에 관한 사항
㉤ 화재발생건축물과 구조물, 화재유형별 화재위험성 등에 관한 사항
㉥ 그 밖에 대통령령(시행령 제3조)으로 정하는 사항
　「화재의 예방 및 안전관리에 관한 법률」 제7조에 따른 화재안전조사의 실시 결과에 관한 사항

08

정답 ❷

「화재의 예방 및 안전관리에 관한 법률 시행령」 제18조 제2항 [별표 1]
• 보일러 본체와 벽·천장 사이의 거리는 0.6미터 이상 되도록 하여야 한다.
• 난로의 연통은 천장으로부터 0.6미터 이상 떨어지고, 연통의 배출구는 건물 밖으로 0.6미터 이상 나오게 설치해야 한다.
• 건조설비와 벽·천장 사이의 거리는 0.5미터 이상이어야 한다.
• 화목(火木) 등 고체연료를 사용하는 보일러는 고체연료는 보일러 본체와 수평거리 2미터 이상 간격을 두어 보관하거나 불연재료로 된 별도의 구획된 공간에 보관해야 한다.

09

정답 ❸

「화재의 예방 및 안전관리에 관한 법률 시행규칙」 제4조 제1항
「화재의 예방 및 안전관리에 관한 법률 시행령」(이하 "영"이라 한다) 제9조 제2항에 따라 화재안전조사의 연기를 신청하려는 관계인은 화재안전조사 시작 3일 전까지 별지 제1호서식의 화재안전조사 연기신청서(전자문서를 포함한다)에 화재안전조사를 받기 곤란함을 증명할 수 있는 서류(전자문서를 포함한다)를 첨부하여 소방청장, 소방본부장 또는 소방서장(이하 "소방관서장"이라 한다)에게 제출해야 한다.

10

정답 ❸

「화재의 예방 및 안전관리에 관한 법률 시행령」 제19조 제1항 [별표 2]
가연성 액체류는 2m³이 지정수량이다.

11

정답 ❶

「화재의 예방 및 안전관리에 관한 법률」 제18조 제1항
시·도지사는 다음 각 호의 어느 하나에 해당하는 지역을 화재예방강화지구
로 지정하여 관리할 수 있다.
1. 시장지역
2. 공장·창고가 밀집한 지역
3. 목조건물이 밀집한 지역
4. 노후·불량건축물이 밀집한 지역
5. 위험물의 지장 및 치리 시설이 밀집한 지여
6. 석유화학제품을 생산하는 공징이 있는 지역
7. 「산업입지 및 개발에 관한 법률」 제2조 제8호에 따른 산업단지
8. 소방시설·소방용수시설 또는 소방출동로가 없는 지역
9. 「물류시설의 개발 및 운영에 관한 법률」 제2조 제6호에 따른 물류단지
10. 그 밖에 제1호부터 제9호까지에 준하는 지역으로서 소방관서장이 화재
　　예방강화지구로 지정할 필요가 있다고 인정하는 지역

12

정답 ❹

「화재의 예방 및 안전관리에 관한 법률 시행령」 제29조(건설현장 소방안전
관리대상물)
㉮ 신축·증축·개축·재축·이전·용도변경 또는 대수선을 하려는 부분
　의 연면적의 합계가 1만5천제곱미터 이상인 것
㉯ 신축·증축·개축·재축·이전·용도변경 또는 대수선을 하려는 부분
　의 연면적이 5천제곱미터 이상인 것으로서 다음 각 목의 어느 하나에 해
　당하는 것
　　㉠ 지하층의 층수가 2개 층 이상인 것
　　㉡ 지상층의 층수가 11층 이상인 것
　　㉢ 냉동창고, 냉장창고 또는 냉동·냉장창고

13

정답 ❹

「화재의 예방 및 안전관리에 관한 법률 시행령」 제44조 제3항 관련 [별표 7]

안전등급	화재예방안전진단 대상물의 상태
우수(A)	화재예방안전진단 실시 결과 문제점이 발견되지 않은 상태
양호(B)	화재예방안전진단 실시 결과 문제점이 일부 발견되었으나 대상물의 화재안전에는 이상이 없으며 대상물 일부에 대해 법 제41조 제5항에 따른 보수·보강 등의 조치명령(이하 이 표에서 "조치명령"이라 한다)이 필요한 상태
보통(C)	화재예방안전진단 실시 결과 문제점이 다수 발견되었으나 대상물의 전반적인 화재안전에는 이상이 없으며 대상물에 대한 다수의 조치명령이 필요한 상태
미흡(D)	화재예방안전진단 실시 결과 광범위한 문제점이 발견되어 대상물의 화재안전을 위해 조치명령의 즉각적인 이행이 필요하고 대상물의 사용 제한을 권고할 필요가 있는 상태
불량(E)	화재예방안전진단 실시 결과 중대한 문제점이 발견되어 대상물의 화재안전을 위해 조치명령의 즉각적인 이행이 필요하고 대상물의 사용 중단을 권고할 필요가 있는 상태
※ 비고	안전등급의 세부적인 기준은 소방청장이 정하여 고시한다.

14

정답 ❷

「소방시설 설치 및 관리에 관한 법률 시행령」 제11조 관련 [별표 4] 근거
단독형감지기 설치대상 단, ㉤의 연립주택 및 다세대주택에 설치하는 단독
경보형 감지기는 연동형으로 설치해야 한다.
㉠ 교육연구시설 내에 있는 기숙사 또는 합숙소로서 연면적 2천m² 미만인 것
㉡ 수련시설 내에 있는 기숙사 또는 합숙소로서 연면적 2천m² 미만인 것
㉢ 숙박시설이 있는 수련시설 + 수용인원 100명 미만
㉣ 연면적 400m² 미만의 유치원
㉤ 공동주택 중 연립주택 및 다세대주택
㉥ 건축물의 지하에 차고·주차장이 설치된 경우로서 차고 또는 주차장으
　로 사용되는 면적의 합계가 200m² 미만인 경우에는 해당 차고·주차장
　부분

15

정답 ❸

「소방시설 설치 및 관리에 관한 법률 시행규칙」 제20조 제1항 [별표 4]
2. 제1호 가목에 따라 관리업자가 점검하는 경우 특정소방대상물의 규모 등
　에 따른 점검인력의 배치기준은 다음과 같다.

구분	주된 점검인력	보조 점검인력
가. 50층 이상 또는 성능위주설계를 한 특정소방대상물	소방시설관리사 경력 5년 이상인 특급점검자 1명 이상	고급점검자 이상의 기술인력 1명 이상 및 중급점검자 이상의 기술인력 1명 이상
나. 「화재의 예방 및 안전관리에 관한 법률 시행령」 별표 4 제1호에 따른 특급 소방안전관리대상물(가목의 특정소방대상물은 제외한다)	소방시설관리사 경력 3년 이상인 특급점검자 1명 이상	고급점검자 이상의 기술인력 1명 이상 및 초급점검자 이상의 기술인력 1명 이상
다. 「화재의 예방 및 안전관리에 관한 법률 시행령」 별표 4 제2호 및 제3호에 따른 1급 또는 2급 소방안전관리대상물	소방시설관리사 경력 1년 이상인 특급점검자 1명 이상	중급점검자 이상의 기술인력 1명 이상 및 초급점검자 이상의 기술인력 1명 이상
라. 「화재의 예방 및 안전관리에 관한 법률 시행령」 별표 4 제4호에 따른 3급 소방안전관리대상물	특급점검자 1명 이상	초급점검자 이상의 기술인력 2명 이상

비고
1. "주된 점검인력"이란 해당 점검 업무 전반을 총괄하는 사람을 말한다.
2. "보조 점검인력"이란 주된 점검인력을 보조하고, 주된 점검인력의 지시
　를 받아 점검 업무를 수행하는 사람을 말한다.
3. 점검인력의 등급구분(특급점검자, 고급점검자, 중급점검자, 초급점검
　자)은 「소방시설공사업법 시행규칙」 별표 4의2에서 정하는 기준에 따
　른다.

16

정답 ❹

「소방시설 설치 및 관리에 관한 법률 시행령」 제11조 관련 [별표 4] 제1호
바목 : 물분무등소화설비를 설치해야 하는 특정소방대상물
소화수를 수집·처리하는 설비가 설치되어 있지 않은 중·저준위방사성폐
기물의 저장시설. 이 시설에는 이산화탄소소화설비, 할론소화설비 또는 할
로겐화합물 및 불활성기체 소화설비를 설치해야 한다.

17
정답 ❹

「소방시설 설치 및 관리에 관한 법률 시행규칙」 제9조 제1항
법 제8조 제7항에 따른 성능위주설계의 기준은 다음 각 호와 같다.
1. 소방자동차 진입(통로) 동선 및 소방관 진입 경로 확보
2. 화재·피난 모의실험을 통한 화재위험성 및 피난안전성 검증
3. 건축물의 규모와 특성을 고려한 최적의 소방시설 설치
4. 소화수 공급시스템 최적화를 통한 화재피해 최소화 방안 마련
5. 특별피난계단을 포함한 피난경로의 안전성 확보
6. 건축물의 용도별 방화구획의 적정성
7. 침수 등 재난상황을 포함한 지하층 안전확보 방안 마련

18
정답 ❷

「소방시설공사업법 시행규칙」 제24조 제1항 관련 [별표 4의2] 제3호 다목
소방시설 자체점검 점검자의 기술등급

구분	기술자격
특급 점검자	• 소방시설관리사, 소방기술사 • 소방설비기사 자격을 취득한 후 8년 이상 소방 관련 업무를 수행한 사람 • 소방설비산업기사 자격을 취득한 후 소방시설관리업체에서 10년 이상 점검업무를 수행한 사람
고급 점검자	• 소방설비기사 자격을 취득한 후 5년 이상 소방 관련 업무를 수행한 사람 • 소방설비산업기사 자격을 취득한 후 8년 이상 소방 관련 업무를 수행한 사람 • 건축설비기사, 건축기사, 공조냉동기계기사, 일반기계기사, 위험물기능장 자격을 취득한 후 15년 이상 소방 관련 업무를 수행한 사람
중급 점검자	• 소방설비기사 자격을 취득한 사람 • 소방설비산업기사 자격을 취득한 후 3년 이상 소방 관련 업무를 수행한 사람 • 건축설비기사, 건축기사, 공조냉동기계기사, 일반기계기사, 위험물기능장, 전기기사, 전기공사기사, 전파전자통신기사, 정보통신기사 자격을 취득한 후 10년 이상 소방 관련 업무를 수행한 사람
초급 점검자	• 소방설비산업기사 자격을 취득한 사람 • 가스기능장, 전기기능장, 위험물기능장 자격을 취득한 사람 • 건축기사, 건축설비기사, 건설기계설비기사, 일반기계기사, 공조냉동기계기사, 화공기사, 가스기사, 전기기사, 전기공사기사, 산업안전기사, 위험물산업기사 자격을 취득한 사람 • 건축산업기사, 건축설비산업기사, 건설기계설비산업기사, 공조냉동기계산업기사, 화공산업기사, 가스산업기사, 전기산업기사, 전기공사산업기사, 산업안전산업기사, 위험물기능사 자격을 취득한 사람

19
정답 ❶

「소방시설공사업법 시행규칙」 제24조 제1항 [별표 4의2] 제3호 나목
소방공사감리원의 기술등급

구분	기계분야	전기분야
고급 감리원	• 소방설비기사 기계분야 자격을 취득한 후 5년 이상 소방 관련 업무를 수행한 사람 • 소방설비산업기사 기계분야 자격을 취득한 후 8년 이상 소방 관련 업무를 수행한 사람	• 소방설비기사 전기분야 자격을 취득한 후 5년 이상 소방 관련 업무를 수행한 사람 • 소방설비산업기사 전기분야 자격을 취득한 후 8년 이상 소방 관련 업무를 수행한 사람

20
정답 ❶

「소방시설공사업법」 제15조 제3항
관계인은 하자보수 기간에 소방시설의 하자가 발생하였을 때에는 공사업자에게 그 사실을 알려야 하며, 통보를 받은 공사업자는 3일 이내에 하자를 보수하거나 보수 일정을 기록한 하자보수계획을 관계인에게 서면으로 알려야 한다.

21
정답 ❷

「소방시설공사업법 시행령」 제11조 관련 [별표 4]
16층 이상 40층 미만의 특정소방대상물 공사 현장에는 특급감리원 이상의 소방공사 감리원을 책임감리원으로 배치하여야 한다.

22
정답 ❷

「위험물안전관리법」 제6조 제1항
제조소등을 설치하고자 하는 자는 대통령령이 정하는 바에 따라 그 설치장소를 관할하는 특별시장·광역시장·특별자치시장·도지사 또는 특별자치도지사(시·도지사)의 허가를 받아야 한다. 제조소등의 위치·구조 또는 설비 가운데 행정안전부령이 정하는 사항을 변경하고자 하는 때에도 또한 같다.

23
정답 ❹

「위험물안전관리법 시행령」 제2조 및 제3조 관련 [별표 1] 근거
지정수량 및 배수 계산
㉮ 산화프로필렌(특수인화물)의 지정수량 : 50L, 따라서 지정수량의 600배
㉯ 에탄올(알코올류)의 지정수량 : 400L, 따라서 지정수량의 100,000배
㉰ 벤젠(제1석유류 중 비수용성)의 지정수량 : 200L, 따라서 A 제조소는 지정수량의 400배, B 옥외탱크저장소는 지정수량의 100배

「위험물안전관리법 시행령」 제15조(관계인이 예방규정을 정하여야 하는 제조소등)
1. 지정수량의 10배 이상의 위험물을 취급하는 제조소
4. 지정수량의 200배 이상의 위험물을 저장하는 옥외탱크저장소

「위험물안전관리법 시행령」 제18조(자체소방대를 설치하여야 하는 사업소)
㉮ 제4류 위험물을 취급하는 제조소 또는 일반취급소의 경우 : 제조소 또는 일반취급소에서 취급하는 제4류 위험물의 최대수량의 합이 지정수량의 3천배 이상 : 3천배 이상 12만배 미만－화학자동차 1대, 자체소방대원 5인
㉯ 제4류 위험물을 저장하는 옥외탱크저장소의 경우 : 옥외탱크저장소에 저장하는 제4류 위험물의 최대수량이 지정수량의 50만배 이상－자체소방대 설치 기준에 해당되지 않는다.

24
정답 ❸

「위험물안전관리법 시행령」 제9조(탱크안전성능검사의 면제) 제1항
법 제8조 제1항 후단의 규정에 의하여 시·도지사가 면제할 수 있는 탱크안전성능검사는 제8조 제2항 및 별표 4의 규정에 의한 충수·수압검사로 한다.

25
정답 ❹

「위험물안전관리법 시행규칙」 제41조 제2항·제42조 제2항 및 제43조 제2항 관련 [별표 17]
소화난이도등급 Ⅰ 의 제조소등에 설치하여야 하는 소화설비
• 제조소 및 일반취급소
옥내소화전설비, 옥외소화전설비, 스프링클러설비 또는 물분무등소화설비(화재발생 시 연기가 충만할 우려가 있는 장소에는 스프링클러설비 또는 이동식 외의 물분무등소화설비에 한한다)

제 **05** 회 정답과 해설

문제 p.88

Answer

01	④	02	④	03	③	04	④	05	③
06	③	07	③	08	②	09	③	10	②
11	①	12	③	13	②	14	①	15	④
16	④	17	④	18	③	19	①	20	②
21	④	22	①	23	①	24	②	25	④

01

정답 ④

「소방기본법」 제3조
- 제2항 : 소방업무를 수행하는 소방본부장 또는 소방서장은 그 소재지를 관할하는 특별시장·광역시장·특별자치시장·도지사 또는 특별자치도지사(이하 "시·도지사"라 한다)의 지휘와 감독을 받는다.
- 제3항 : 시·도지사의 지휘와 감독권에도 불구하고 소방청장은 화재 예방 및 대형 재난 등 필요한 경우 시·도 소방본부장 및 소방서장을 지휘·감독할 수 있다.

* 소방본부장 또는 소방서장의 지휘·감독은 시·도지사에게 있으며, 화재 예방 및 대형 재난 등 필요한 경우에만 소방청장이 지휘·감독할 수 있다.

02

정답 ④

「소방기본법」 제10조 제1항
시·도지사는 소방활동에 필요한 소화전(消火栓)·급수탑(給水塔)·저수조(貯水槽)(이하 "소방용수시설"이라 한다)를 설치하고 유지·관리하여야 한다.

03

정답 ③

「소방기본법 시행규칙」 제3조 제2항 제2호
종합상황실의 실장의 보고 업무
「긴급구조대응활동 및 현장지휘에 관한 규칙」에 의한 통제단장의 현장지휘가 필요한 재난상황

04

정답 ④

「화재의 예방 및 안전관리에 관한 법률 시행령」 제19조 제1항 [별표 2] 비고
1. "면화류"라 함은 불연성 또는 난연성이 아닌 면상(綿狀) 또는 팽이모양의 섬유와 마사(麻絲) 원료를 말한다.
3. "사류"라 함은 불연성 또는 난연성이 아닌 실(실부스러기와 솜털을 포함한다)과 누에고치를 말한다.

05

정답 ③

「소방기본법」 제50조
다음 각 호의 어느 하나에 해당하는 사람은 5년 이하의 징역 또는 5천만원 이하의 벌금에 처한다.
1. 제16조 제2항(소방활동)을 위반하여 다음 각 목의 어느 하나에 해당하는 행위를 한 사람
   가. 위력(威力)을 사용하여 출동한 소방대의 화재진압·인명구조 또는 구급활동을 방해하는 행위

나. 소방대가 화재진압·인명구조 또는 구급활동을 위하여 현장에 출동하거나 현장에 출입하는 것을 고의로 방해하는 행위
다. 출동한 소방대원에게 폭행 또는 협박을 행사하여 화재진압·인명구조 또는 구급활동을 방해하는 행위
라. 출동한 소방대의 소방장비를 파손하거나 그 효용을 해하여 화재진압·인명구조 또는 구급활동을 방해하는 행위
2. 제21조 제1항(소방자동차의 우선통행권)을 위반하여 소방자동차의 출동을 방해한 사람
따라서, ①, ②, ④는 제16조의 소방활동에 대한 벌칙이고, ③은 제21조의 우선통행에 대한 벌칙이다.

06

정답 ③

「소방시설 설치 및 관리에 관한 법률 시행령」 제13조
강화된 소방시설기준의 적용대상
㉠ 「국토의 계획 및 이용에 관한 법률」 제2조 제9호에 따른 공동구에 설치하는 소화기, 자동소화장치, 자동화재탐지설비, 통합감시시설, 유도등 및 연소방지설비
㉡ 전력 및 통신사업용 지하구에 설치하는 소화기, 자동소화장치, 자동화재탐지설비, 통합감시시설, 유도등 및 연소방지설비
㉢ 노유자 시설에 설치하는 간이스프링클러설비, 자동화재탐지설비 및 단독경보형 감지기
㉣ 의료시설에 설치하는 스프링클러설비, 간이스프링클러설비, 자동화재탐지설비 및 자동화재속보설비

07

정답 ③

「소방시설 설치 및 관리에 관한 법률 시행령」 제9조
성능위주설계를 하여야 하는 특정소방대상물의 범위
㉮ 연면적 20만제곱미터 이상인 특정소방대상물. 다만, 별표 2 제1호 가목(공동주택 중 주택으로 쓰이는 층수가 5층 이상인 주택으로 이하 "아파트등"이라 한다)은 제외한다.
㉯ 다음의 어느 하나에 해당하는 특정소방대상물
   ㉠ 50층 이상(지하층은 제외한다)이거나 지상으로부터 높이가 200미터 이상인 아파트등
   ㉡ 30층 이상(지하층을 포함한다)이거나 지상으로부터 높이가 120미터 이상인 특정소방대상물(아파트등은 제외한다)
㉰ 연면적 3만제곱미터 이상인 특정소방대상물로서 다음의 어느 하나에 해당하는 특정소방대상물
   ㉠ 철도 및 도시철도 시설
   ㉡ 공항시설
㉱ 창고시설 중 연면적 10만제곱미터 이상인 것 또는 지하층의 층수가 2개 층 이상이고 지하층의 바닥면적의 합계가 3만제곱미터 이상인 것
㉲ 하나의 건축물에 「영화 및 비디오물의 진흥에 관한 법률」 제2조 제10호에 따른 영화상영관이 10개 이상인 특정소방대상물
㉳ 「초고층 및 지하연계 복합건축물 재난관리에 관한 특별법」 제2조 제2호에 따른 지하연계 복합건축물에 해당하는 특정소방대상물
㉴ 터널 중 수저(水底)터널 또는 길이가 5천미터 이상인 것

08

정답 ②

「소방시설 설치 및 관리에 관한 법률 시행령」 제5조 관련 [별표 2]
27의2. 터널
가. 차량(궤도차량은 제외한다) 등의 통행을 목적으로 지하, 수저 또는 산을 뚫어서 만든 것
나. 「도로법」 제50조 제2항에 따른 방음터널

09 정답 ❸

「소방시설 설치 및 관리에 관한 법률 시행령」 제7조 제2항
제1항에도 불구하고 다음 각 호의 어느 하나에 해당하는 특정소방대상물은 소방본부장 또는 소방서장의 건축허가등의 동의대상에서 제외된다.
1. 별표 4에 따라 특정소방대상물에 설치되는 소화기구, 자동소화장치, 누전경보기, 단독경보형감지기, 가스누설경보기 및 피난구조설비(비상조명등은 제외한다)가 화재안전기준에 적합한 경우 해당 특정소방대상물
2. 건축물의 증축 또는 용도변경으로 인하여 해당 특정소방대상물에 추가로 소방시설이 설치되지 않는 경우 해당 특정소방대상물
3. 「소방시설공사업법 시행령」 제4조에 따른 소방시설공사의 착공신고 대상에 해당하지 않는 경우 해당 특정소방대상물

10 정답 ❷

「소방시설 설치 및 관리에 관한 법률 시행령」 제31조 제2항
법 제20조 제3항에 따른 방염성능기준은 다음 각 호의 기준에 따르되, 제1항에 따른 방염대상물품의 종류에 따른 구체적인 방염성능기준은 다음 각 호의 기준의 범위에서 소방청장이 정하여 고시하는 바에 따른다.
1. 버너의 불꽃을 제거한 때부터 불꽃을 올리며 연소하는 상태가 그칠 때까지 시간은 <u>20초</u> 이내일 것
2. 버너의 불꽃을 제거한 때부터 불꽃을 올리지 않고 연소하는 상태가 그칠 때까지 시간은 <u>30초</u> 이내일 것
3. 탄화(炭化)한 면적은 <u>50제곱센티미터</u> 이내, 탄화한 길이는 <u>20센티미터</u> 이내일 것
4. 불꽃에 의하여 완전히 녹을 때까지 불꽃의 접촉 횟수는 3회 이상일 것
5. 소방청장이 정하여 고시한 방법으로 발연량(發煙量)을 측정하는 경우 최대연기밀도는 <u>400</u> 이하일 것

11 정답 ❶

② 물분무등소화설비(호스릴방식 제외)가 설치되는 특정소방대상물
③ 연면적 1만제곱미터 이상이거나 11층 이상인 특정소방대상물(아파트 제외)
④ 가연성가스를 제조·저장 또는 취급하는 시설 중 지상에 노출된 가연성 가스탱크의 저장용량 합계가 1천톤 이상인 시설

12 정답 ❸

「소방시설공사업법 시행령」 제9조 관련 [별표 3]
상주공사감리 대상
㉠ 연면적 3만제곱미터 이상의 특정소방대상물(아파트는 제외)에 대한 소방시설의 공사
㉡ 지하층을 포함한 층수가 16층 이상으로서 500세대 이상인 아파트에 대한 소방시설의 공사

13 정답 ❷

「소방시설공사업법 시행령」 제2조 제1항 관련 [별표 1]
4. 방염처리업 : 섬유류 방염업, 합성수지류 방염업, 합판·목재류 방염업

14 정답 ❶

「소방시설공사업법 시행령」 제4조 제1호 나목
비상경보설비는 신설하는 공사일 때 착공신고 대상이다.

15 정답 ❹

「소방시설공사업법」 제20조(공사감리 결과의 통보 등)
감리업자는 소방공사의 감리를 마쳤을 때에는 행정안전부령으로 정하는 바에 따라 그 감리 결과를 <u>그 특정소방대상물의 관계인, 소방시설공사의 도급인, 그 특정소방대상물의 공사를 감리한 건축사에게 서면으로 알리고, 소방본부장이나 소방서장에게 공사감리 결과보고서를 제출하여야 한다.</u>

16 정답 ❹

「위험물안전관리법」 제2조 제1항 제2호
"지정수량"이란 위험물의 종류별로 위험성을 고려하여 대통령령이 정하는 수량으로서 제조소등의 설치허가 등에 있어서 <u>최저</u>의 기준이 되는 수량을 말한다.

17 정답 ❹

「위험물안전관리법 시행규칙」 제28조 관련 [별표 4] V의 제1호 다목
제조소의 위치·구조 및 설비의 기준 중 환기설비
3) 급기구는 낮은 곳에 설치하고 가는 눈의 구리망 등으로 인화방지망을 설치할 것

18 정답 ❸

「위험물안전관리법 시행령」 제16조(정기점검의 대상인 제조소등)
1. 제15조 제1항 각 호의 어느 하나에 해당하는 제조소등(예방규정을 두어야 하는 제조소등)
2. 지하탱크저장소
3. 이동탱크저장소
4. 위험물을 취급하는 탱크로서 지하에 매설된 탱크가 있는 제조소·주유취급소 또는 일반취급소

「위험물안전관리법 시행령」 제15조(예방규정)
① 법 제17조 제1항에서 "대통령령으로 정하는 제조소등"이란 다음 각 호의 어느 하나에 해당하는 제조소등을 말한다.
　1. 지정수량의 10배 이상의 위험물을 취급하는 제조소
　2. 지정수량의 100배 이상의 위험물을 저장하는 옥외저장소
　3. 지정수량의 150배 이상의 위험물을 저장하는 옥내저장소
　4. 지정수량의 200배 이상의 위험물을 저장하는 옥외탱크저장소
　5. 암반탱크저장소
　6. 이송취급소
　7. 지정수량의 10배 이상의 위험물을 취급하는 일반취급소

19 정답 ❶

「위험물안전관리법 시행규칙」 제28조 관련 [별표 4] VI의 제2호
<u>배출설비는</u> 배풍기(오염된 공기를 뽑아내는 통풍기)·배출 덕트(공기 배출 통로)·후드 등을 이용하여 <u>강제적으로 배출하는</u> 것으로 해야 한다.

20 정답 ❷

「위험물안전관리법」 제6조 제3항
다음에 해당하는 제조소등의 경우에는 허가를 받지 아니하고 당해 제조소등을 설치하거나 그 위치·구조 또는 설비를 변경할 수 있으며, 신고를 하지 아니하고 위험물의 품명·수량 또는 지정수량의 배수를 변경할 수 있다.
1. 주택의 난방시설(공동주택의 중앙난방시설을 제외한다)을 위한 저장소 또는 취급소
2. 농예용·축산용 또는 수산용으로 필요한 난방시설 또는 건조시설을 위한 지정수량 20배 이하의 저장소

21
정답 ❹

「위험물안전관리법」 제39조 제1항
500만원 이하의 과태료를 부과한다.
7의3. 제19조의2 제1항을 위반하여 흡연을 한 자

22
정답 ❶

「소방의 화재조사에 관한 법률」 제6조 제1항
소방관서장은 전문성에 기반하는 화재조사를 위하여 화재조사전담부서(이하 "전담부서"라 한다)를 설치·운영하여야 한다.

23
정답 ❶

「소방기본법」 제49조의2 및 「소방기본법 시행령」 제12조, 제13조 제2항 근거
- 손실보상을 청구할 수 있는 권리는 손실이 있음을 안 날부터 (가) 3년, 손실이 발생한 날부터 (나) 5년간 행사하지 아니하면 시효의 완성으로 소멸한다.
- 특별한 사유가 없으면 보상금 지급 청구서를 받은 날부터 (다) 60일 이내에 보상금 지급 여부 및 보상금액을 결정하여야 한다.
- 보상위원회는 위원장 1명을 포함하여 5명 이상 7명 이하의 위원으로 구성한다. 다만, 청구금액이 (라) 100만원 이하인 사건에 대해서는 제3항 제1호(소속 소방공무원)에 해당하는 위원 (마) 3명으로만 구성할 수 있다.

24
정답 ❷

「위험물안전관리법 시행규칙」 제18조 제4항
제1항의 규정에 의한 탱크안전성능검사의 신청시기는 다음 각 호의 구분에 의한다.
1. 기초·지반검사 : 위험물탱크의 기초 및 지반에 관한 공사의 개시 전
2. 충수·수압검사 : 위험물을 저장 또는 취급하는 탱크에 배관 그 밖의 부속설비를 부착하기 전
3. 용접부검사 : 탱크본체에 관한 공사의 개시 전
4. 암반탱크검사 : 암반탱크의 본체에 관한 공사의 개시 전

25
정답 ❹

「소방의 화재조사에 관한 법률 시행령」 제12조 제1항 제2호
화재조사에 필요한 다음 각 목의 구분에 따른 전문인력을 각각 보유할 것
가. 주된 기술인력 : 다음의 어느 하나에 해당하는 사람을 2명 이상 보유할 것
    1) 「국가기술자격법」에 따른 국가기술자격의 직무분야 중 화재감식평가 분야의 기사 자격 취득 후 화재조사 관련 분야에서 5년 이상 근무한 사람
    2) 화재조사관 자격 취득 후 화재조사 관련 분야에서 5년 이상 근무한 사람
    3) 이공계 분야의 박사학위 취득 후 화재조사 관련 분야에서 2년 이상 근무한 사람
나. 보조 기술인력 : 다음의 어느 하나에 해당하는 사람을 3명 이상 보유할 것
    1) 「국가기술자격법」에 따른 국가기술자격의 직무분야 중 화재감식평가 분야의 기사 또는 산업기사 자격을 취득한 사람
    2) 화재조사관 자격을 취득한 사람
    3) 소방청장이 인정하는 화재조사 관련 국제자격증 소지자
    4) 이공계 분야의 석사 이상 학위 취득 후 화재조사관련 분야에서 1년 이상 근무한 사람

제06회 정답과 해설

📎 문제 p.92

Answer

01	③	02	②	03	①	04	③	05	③
06	③	07	②	08	①	09	②	10	③
11	①	12	①	13	②	14	①	15	③
16	④	17	④	18	③	19	②	20	①
21	④	22	①	23	③	24	④	25	④

01

정답 ③

「소방기본법 시행규칙」 제3조 제2항 제1호 나목
이재민이 100인 이상 발생한 화재

02

정답 ②

㉠ 「소방기본법」 제8조 제3항 규정
㉡ 「소방기본법」 제9조 제2호 규정
㉢ 소방기관이 소방업무를 수행하는 데에 필요한 인력과 장비 등에 관한 기준은 <u>행정안전부령</u>으로 정한다. ─「소방기본법」 제8조 제1항

03

정답 ①

「소방기본법」 제19조 제2항
다음의 어느 하나에 해당하는 지역 또는 장소에서 화재로 오인할 만한 우려가 있는 불을 피우거나 연막(煙幕) 소독을 하려는 자는 시·도의 조례로 정하는 바에 따라 관할 소방본부장 또는 소방서장에게 신고하여야 한다.
1. 시장지역
2. 공장·창고가 밀집한 지역
3. 목조건물이 밀집한 지역
4. 위험물의 저장 및 처리시설이 밀집한 지역
5. 석유화학제품을 생산하는 공장이 있는 지역
6. 그 밖에 시·도의 조례로 정하는 지역 또는 장소

04

정답 ③

「소방기본법 시행령」 제7조의2 관련 [별표 2의2]
4. 「영유아보육법」 제21조에 따라 어린이집의 원장 또는 보육교사의 자격을 취득한 사람(보육교사 자격을 취득한 사람은 보육교사 자격을 <u>취득한 후 3년 이상</u>의 보육업무 경력이 있는 사람만 해당한다)

05

정답 ③

「화재의 예방 및 안전관리에 관한 법률 시행령」 제17조 제5항
소방관서장은 매각되거나 폐기된 옮긴 물건등의 소유자가 보상을 요구하는 경우에는 보상금액에 대하여 소유자와의 협의를 거쳐 이를 보상해야 한다.

06

정답 ③

「소방의 화재조사에 관한 법률」 제5조 제1항
소방청장, 소방본부장 또는 소방서장(이하 "소방관서장"이라 한다)은 화재발생 사실을 알게 된 때에는 지체 없이 화재조사를 하여야 한다. 이 경우 수사기관의 범죄수사에 지장을 주어서는 아니 된다.

07

정답 ②

「소방기본법 시행령」 제7조의13 제1항
제7조의12 각 호 외의 부분 본문에 따른 <u>공동주택의 건축주</u>는 소방자동차가 접근하기 쉽고 소방활동이 원활하게 수행될 수 있도록 각 동별 전면 또는 후면에 소방자동차 전용구역(이하 "전용구역"이라 한다)을 1개소 이상 설치해야 한다. 다만, 하나의 전용구역에서 여러 동에 접근하여 소방활동이 가능한 경우로서 소방청장이 정하는 경우에는 각 동별로 설치하지 않을 수 있다.

08

정답 ①

「소방기본법」 제17조 제1항
소방청장, 소방본부장 또는 소방서장은 소방업무를 전문적이고 효과적으로 수행하기 위하여 소방대원에게 필요한 교육·훈련을 실시하여야 한다.

09

정답 ②

「화재의 예방 및 안전관리에 관한 법률」 제7조 제1항
소방관서장은 다음 각 호의 어느 하나에 해당하는 경우 화재안전조사를 실시할 수 있다. 다만, 개인의 주거(실제 주거용도로 사용되는 경우에 한정한다)에 대한 화재안전조사는 관계인의 승낙이 있거나 화재발생의 우려가 뚜렷하여 긴급한 필요가 있는 때에 한정한다.

10

정답 ③

「화재의 예방 및 안전관리에 관한 법률 시행령」 제17조 제4항
소방관서장은 보관하던 옮긴 물건등을 매각한 경우에는 <u>지체 없이</u> 「국가재정법」에 따라 세입조치를 해야 한다.

11

정답 ①

「화재의 예방 및 안전관리에 관한 법률 시행령」 제18조 제2항 관련 [별표 1]
용접 또는 용단 작업장에서는 다음 각 목의 사항을 지켜야 한다. 다만, 「산업안전보건법」 제38조의 적용을 받는 사업장에는 적용하지 않는다.
㉠ 용접 또는 용단 작업장 주변 반경 <u>5미터</u> 이내에 소화기를 갖추어 둘 것
㉡ 용접 또는 용단 작업장 주변 반경 <u>10미터</u> 이내에는 가연물을 쌓아두거나 놓아두지 말 것. 다만, 가연물의 제거가 곤란하여 방화포 등으로 방호조치를 한 경우는 제외한다.

12

정답 ①

「화재의 예방 및 안전관리에 관한 법률 시행령」 제41조 제2항
법 제40조 제1항 제14호에서 "대통령령으로 정하는 시설물"이란 다음 각 호의 시설물을 말한다.
1. 「전기사업법」 제2조 제4호에 따른 발전사업자가 가동 중인 발전소(「발전소주변지역 지원에 관한 법률 시행령」 제2조 제2항에 따른 발전소는 제외한다)
2. 「물류시설의 개발 및 운영에 관한 법률」 제2조 제5호의2에 따른 물류창고로서 연면적 10만제곱미터 이상인 것
3. 「도시가스사업법」 제2조 제5호에 따른 가스공급시설

13

정답 ②

① 무창층에 설치되는 개구부의 크기는 지름 50cm의 원이 통과할 수 있어야 한다.
③ 화재를 진압하는 데 필요한 물을 공급하거나 저장하는 설비를 소화용수설비라 한다.
④ 방열복, 공기호흡기, 인공소생기는 인명구조기구이며, 공기안전매트는 피난기구이다.

14

정답 ❶

「소방시설의 설치 및 관리에 관한 법률 시행령」 제3조 관련 [별표 1] 제1호
마. 물분무등소화설비
물분무소화설비, 미분무소화설비, 포소화설비, 이산화탄소소화설비, 할론소화설비, 할로겐화합물 및 불활성기체 소화설비, 분말소화설비, 강화액소화설비, 고체에어로졸소화설비

15

정답 ❸

ㄱ. 노인의료복지시설−노유자시설 / ㄹ. 한방의원−근린생활시설
「소방시설의 설치 및 관리에 관한 법률 시행령」 제5조 관련 [별표 2] 제7호
의료시설
가. 병원 : 종합병원, 병원, 치과병원, 한방병원, 요양병원
나. 격리병원 : 진염병원, 마약진료소, 그 밖에 이와 비슷한 것
다. 정신의료기관
라. 「장애인복지법」 제58조 제1항 제4호에 따른 장애인 의료재활시설

16

정답 ❹

「소방시설 설치 및 관리에 관한 법률 시행령」 제7조 제1항 제7호
「건축법 시행령」에 따른 단독주택 또는 공동주택에 다음의 시설이 설치되는 경우 건축허가 동의 대상에서 제외한다.
㉠ 「노인복지법」에 따른 학대피해노인 전용쉼터
㉡ 「아동복지법」에 따른 아동복지시설(아동상담소, 아동전용시설 및 지역아동센터는 제외)
㉢ 「장애인복지법」에 따른 장애인 거주시설
㉣ 정신질환자 관련 시설(「정신건강증진 및 정신질환자 복지서비스 지원에 관한 법률」에 따른 공동생활가정을 제외한 재활훈련시설과 같은 법 시행령에 따른 종합시설 중 24시간 주거를 제공하지 아니하는 시설은 제외한다)
㉤ 노숙인 관련 시설 중 노숙인자활시설, 노숙인재활시설 및 노숙인요양시설
㉥ 결핵환자나 한센인이 24시간 생활하는 노유자시설

17

정답 ❹

「소방시설 설치 및 관리에 관한 법률」 제18조 제2항
다음 각 호의 사항을 심의하기 위하여 시·도에 지방소방기술심의위원회(이하 "지방위원회"라 한다)를 둔다.
1. 소방시설에 하자가 있는지의 판단에 관한 사항
2. 그 밖에 소방기술 등에 관하여 대통령령으로 정하는 사항

18

정답 ❸

「소방시설공사업법 시행령」 제2조 관련 [별표 1] 제1호 비고
가. 기계분야
1) 소화기구, 자동소화장치, 옥내소화전설비, 스프링클러설비등, 물분무등소화설비, 옥외소화전설비, 피난기구, 인명구조기구, 상수도소화용수설비, 소화수조·저수조, 그 밖의 소화용수설비, 제연설비, 연결송수관설비, 연결살수설비 및 연소방지설비
2) 기계분야 소방시설에 부설되는 전기시설. 다만, 비상전원, 동력회로, 제어회로, 기계분야 소방시설을 작동하기 위하여 설치하는 화재감지기에 의한 화재감지장치 및 전기신호에 의한 소방시설의 작동장치는 제외한다.
나. 전기분야
1) 단독경보형감지기, 비상경보설비, 비상방송설비, 누전경보기, 자동화재탐지설비, 시각경보기, 화재알림설비, 자동화재속보설비, 가스누설경보기, 통합감시시설, 유도등, 비상조명등, 휴대용비상조명등, 비상콘센트설비 및 무선통신보조설비
2) 기계분야 소방시설에 부설되는 전기시설 중 가목2) 단서의 전기시설

19

정답 ❷

「소방시설공사업법」 제5조
다음에 해당하는 자는 소방시설업을 등록할 수 없다.
㉠ 피성년후견인
㉡ 「소방시설공사업법」, 「소방기본법」, 「화재의 예방 및 안전관리에 관한 법률」, 「소방시설 설치 및 관리에 관한 법률」 또는 「위험물안전관리법」에 따른 금고 이상의 실형을 선고받고 그 집행이 끝나거나(집행이 끝난 것으로 보는 경우를 포함한다) 면제된 날부터 2년이 지나지 아니한 사람
㉢ 「소방시설공사업법」, 「소방기본법」, 「화재의 예방 및 안전관리에 관한 법률」, 「소방시설 설치 및 관리에 관한 법률」 또는 「위험물안전관리법」에 따른 금고 이상의 형의 집행유예를 선고받고 그 유예기간 중에 있는 사람
㉣ 등록하려는 소방시설업 등록이 취소(피성년후견인에 해당하여 등록이 취소된 경우는 제외한다)된 날부터 2년이 지나지 아니한 자
㉤ 법인의 대표자가 ㉠부터 ㉣까지의 규정에 해당하는 경우 그 법인
㉥ 법인의 임원이 ㉡부터 ㉣까지의 규정에 해당하는 경우 그 법인

20

정답 ❶

「소방시설공사업법」 제11조 제2항
"소방시설설계업자는 화재안전기준에 맞게 소방시설을 설계하여야 한다."(제1항 본문)에도 불구하고 「소방시설 설치 및 관리에 관한 법률」 제8조 제1항에 따른 특정소방대상물(신축하는 것만 해당한다)에 대해서는 그 용도, 위치, 구조, 수용 인원, 가연물(可燃物)의 종류 및 양 등을 고려하여 설계(이하 "성능위주설계"라 한다)하여야 한다.

21

정답 ❹

「소방시설공사업법 시행령」 제5조
완공검사를 위한 현장확인 대상 특정소방대상물의 범위
1. 문화 및 집회시설, 종교시설, 판매시설, 노유자(老幼者)시설, 수련시설, 운동시설, 숙박시설, 창고시설, 지하상가 및 「다중이용업소의 안전관리에 관한 특별법」에 따른 다중이용업소
2. 다음 각 목의 어느 하나에 해당하는 설비가 설치되는 특정소방대상물
가. 스프링클러설비등
나. 물분무등소화설비(호스릴 방식의 소화설비는 제외한다)
3. 연면적 1만제곱미터 이상이거나 11층 이상인 특정소방대상물(아파트는 제외한다)
4. 가연성가스를 제조·저장 또는 취급하는 시설 중 지상에 노출된 가연성가스탱크의 저장용량 합계가 1천톤 이상인 시설

22

정답 ❶

「위험물안전관리법 시행규칙」 제56조(1인의 안전관리자를 중복하여 선임할 수 있는 저장소 등)
1. 10개 이하의 옥내저장소
2. 30개 이하의 옥외탱크저장소
3. 옥내탱크저장소
4. 지하탱크저장소
5. 간이탱크저장소
6. 10개 이하의 옥외저장소
7. 10개 이하의 암반탱크저장소

23　　　　　　　　　　　　　　　　　정답 ❸

「위험물안전관리법 시행규칙」 제73조
자체소방대의 설치 제외대상인 일반취급소
1. 보일러, 버너 그 밖에 이와 유사한 장치로 위험물을 소비하는 일반취급소
2. 이동저장탱크 그 밖에 이와 유사한 것에 위험물을 주입하는 일반취급소
3. 용기에 위험물을 옮겨 담는 일반취급소
4. 유압장치, 윤활유순환장치 그 밖에 이와 유사한 장치로 위험물을 취급하
   는 일반취급소
5. 「광산안전법」의 적용을 받는 일반취급소

24　　　　　　　　　　　　　　　　　정답 ❹

「위험물안전관리법 시행령」 제20조
법 제28조 제1항에서 "대통령령이 정하는 자"란 다음 각 호의 자를 말한다.
1. 안전관리자로 선임된 자
2. 탱크시험자의 기술인력으로 종사하는 자
3. 법 제20조 제2항에 따른 위험물운반자로 종사하는 자
4. 법 제21조 제1항에 따른 위험물운송자(이하 "위험물운송자"라 한다)로 종
   사하는 자

25　　　　　　　　　　　　　　　　　정답 ❹

「위험물안전관리법 시행규칙」 제75조 제1항 관련 [별표 23]
① 포수용액 방사차 : 포수용액의 방사능력이 매분 2,000L이상일 것
② 분말 방사차 : 1,400kg 이상의 분말을 비치할 것
③ 할로젠화합물 방사차 : 할로젠화합물의 방사능력이 매초 40kg 이상일 것
④ 이산화탄소 방사차 : 3,000kg 이상의 이산화탄소를 비치할 것

제 **07** 회 정답과 해설

📎 문제 p.96

Answer

01	③	02	③	03	②	04	②	05	④
06	③	07	③	08	④	09	①	10	④
11	①	12	④	13	③	14	②	15	①
16	①	17	④	18	①	19	②	20	①
21	④	22	②	23	③	24	③	25	③

01

정답 ❸

「위험물안전관리법」 제11조(제조소등의 폐지)
제조소등의 관계인(소유자·점유자 또는 관리자)은 당해 제조소등의 용도를 폐지(장래에 대하여 위험물시설로서의 기능을 완전히 상실시키는 것을 말한다)한 때에는 행정안전부령이 정하는 바에 따라 제조소등의 용도를 폐지한 날부터 14일 이내에 시·도지사에게 신고하여야 한다.

02

정답 ❸

「위험물안전관리법 시행령」 제15조(예방규정)
지정수량의 200배 이상의 위험물을 저장하는 옥외탱크저장소

03

정답 ❷

「위험물안전관리법 시행규칙」 제30조 관련 [별표 6]
나. 방유제는 높이 0.5m 이상 3m 이하, 두께 0.2m 이상, 지하매설깊이 1m 이상으로 할 것. 다만, 방유제와 옥외저장탱크 사이의 지반면 아래에 불침윤성(不浸潤性 : 수분 흡수를 막는 성질) 구조물을 설치하는 경우에는 지하매설깊이를 해당 불침윤성 구조물까지로 할 수 있다.
다. 방유제내의 면적은 8만㎡ 이하로 할 것
아. 용량이 1,000만L 이상인 옥외저장탱크의 주위에 설치하는 방유제에는 다음의 규정에 따라 당해 탱크마다 간막이 둑을 설치할 것
　1) 간막이 둑의 높이는 0.3m(방유제내에 설치되는 옥외저장탱크의 용량의 합계가 2억L를 넘는 방유제에 있어서는 1m) 이상으로 하되, 방유제의 높이보다 0.2m 이상 낮게 할 것
　2) 간막이 둑은 흙 또는 철근콘크리트로 할 것
　3) 간막이 둑의 용량은 간막이 둑안에 설치된 탱크의 용량의 10% 이상일 것

04

정답 ❷

• 위험물의 종류 : 제4류 위험물 중 아세톤(수용성 제1석유류) → 지정수량 400L
• 저장하는 위험물의 최대수량 : 400,000리터 → 지정수량의 1,000배
옥외저장탱크의 보유공지

저장 또는 취급하는 위험물의 최대수량	공지의 너비
지정수량의 500배 이하	3m 이상
지정수량의 500배 초과 1,000배 이하	5m 이상
지정수량의 1,000배 초과 2,000배 이하	9m 이상
지정수량의 2,000배 초과 3,000배 이하	12m 이상
지정수량의 3,000배 초과 4,000배 이하	15m 이상
지정수량의 4,000배 초과	당해 탱크의 수평단면의 최대지름(가로형인 경우에는 긴 변)과 높이 중 큰 것과 같은 거리 이상. 다만, 30m 초과의 경우에는 30m 이상으로 할 수 있고, 15m 미만의 경우에는 15m 이상으로 하여야 한다.

• 기준에 적합한 물분무설비에 의한 방호조치 여부 : 있음
　옥외저장탱크에 기준에 적합한 물분무설비로 방호조치를 하는 경우에는 그 보유공지를 2분의 1 이상의 너비(최소 3m 이상)로 할 수 있다.
위험물의 최대수량이 지정수량의 1,000배이므로 보유공지는 5m 이상이어야 한다. 이때 방호조치를 한 경우 그 너비의 2분의 1 이상인 2.5m로 할 수 있으나, 보유공지의 최소 너비는 3m 이상이어야 하므로 〈보기〉의 조건에서 보유 공지는 3m 이상이 되어야 한다.

05

정답 ❹

「소방시설공사업법 시행령」 제20조 제1항
소방청장은 법 제33조 제2항에 따라 법 제29조에 따른 소방기술자 실무교육에 관한 업무를 법 제29조 제3항에 따라 소방청장이 지정하는 실무교육기관 또는 「소방기본법」 제40조에 따른 한국소방안전원에 위탁한다.

06

정답 ❸

「소방시설공사업법」 제16조 제1항
제4조 제1항에 따라 소방공사감리업을 등록한 자(이하 '감리업자'라 한다)는 소방공사를 감리할 때 다음 각 호의 업무를 수행하여야 한다.
1. 소방시설등의 설치계획표의 적법성 검토
2. 소방시설등 설계도서의 적합성(적법성과 기술상의 합리성을 말한다) 검토
3. 소방시설등 설계 변경 사항의 적합성 검토
4. 「소방시설 설치 및 관리에 관한 법률」 제2조 제1항 제7호의 소방용품의 위치·규격 및 사용 자재의 적합성 검토
5. 공사업자가 한 소방시설등의 시공이 설계도서와 화재안전기준에 맞는지에 대한 지도·감독
6. 완공된 소방시설등의 성능시험
7. 공사업자가 작성한 시공 상세 도면의 적합성 검토
8. 피난시설 및 방화시설의 적법성 검토
9. 실내장식물의 불연화(不燃化)와 방염 물품의 적법성 검토

07

정답 ❸

「소방시설공사업법」 제23조
특정소방대상물의 관계인 또는 발주자는 해당 도급계약의 수급인이 다음 각 호의 어느 하나에 해당하는 경우에는 도급계약을 해지할 수 있다.
1. 소방시설업이 등록취소되거나 영업정지된 경우
2. 소방시설업을 휴업하거나 폐업한 경우
3. 정당한 사유 없이 30일 이상 소방시설공사를 계속하지 아니하는 경우
4. 제22조의2 제2항에 따른 요구에 정당한 사유 없이 따르지 아니하는 경우

08

정답 ❹

「소방시설공사업법 시행규칙」 제5조(등록사항의 변경신고사항)
1. 상호(명칭) 또는 영업소 소재지
2. 대표자
3. 기술인력

09
정답 ❶

「소방시설공사업법」 제4조 제1항
특정소방대상물의 소방시설공사등을 하려는 자는 업종별로 <u>자본금</u>(개인인 경우에는 <u>자산평가액</u>을 말한다), <u>기술인력</u> 등 대통령령으로 정하는 요건을 갖추어 특별시장·광역시장·특별자치시장·도지사 또는 특별자치도지사에게 소방시설업을 등록하여야 한다.

10
정답 ❹

「소방시설공사업법」 제10조 제1항
시·도지사는 제9조 제1항 각 호의 어느 하나에 해당하는 경우로서 영업정지가 그 이용자에게 불편을 주거나 그 밖에 공익을 해칠 우려가 있을 때에는 영업정지처분을 갈음하여 2억원 이하의 과징금을 부과할 수 있다.

11
정답 ❶

① 「소방시설 설치 및 관리에 관한 법률」 제56조 제1항 5년 이하의 징역 또는 5천만원 이하의 벌금
② 「소방시설 설치 및 관리에 관한 법률」 제57조 제1항 3년 이하의 징역 또는 3천만원 이하의 벌금
③ 「소방시설 설치 및 관리에 관한 법률」 제57조 제1항 3년 이하의 징역 또는 3천만원 이하의 벌금
④ 「소방시설 설치 및 관리에 관한 법률」 제57조 제1항 3년 이하의 징역 또는 3천만원 이하의 벌금

12
정답 ❹

「소방시설 설치 및 관리에 관한 법률」 제49조
소방청장 또는 시·도지사는 다음 각 호의 어느 하나에 해당하는 처분을 하려면 청문을 하여야 한다.
㉠ 관리사 자격의 취소 및 정지
㉡ 관리업의 등록취소 및 영업정지
㉢ 소방용품의 형식승인 취소 및 제품검사 중지
㉣ 성능인증의 취소
㉤ 우수품질인증의 취소
㉥ 전문기관의 지정취소 및 업무정지

13
정답 ❸

「소방시설 설치 및 관리에 관한 법률 시행규칙」 제20조 제1항 관련 [별표 3] 제3호
종합점검은 다음의 어느 하나에 해당하는 특정소방대상물을 대상으로 한다.
㉠ 법 제22조 제1항 제1호(신설된 경우)에 해당하는 특정소방대상물
㉡ 스프링클러설비가 설치된 특정소방대상물
㉢ 물분무등소화설비[호스릴(hose reel) 방식의 물분무등소화설비만을 설치한 경우는 제외한다]가 설치된 연면적 5,000㎡ 이상인 특정소방대상물(제조소등은 제외한다)
㉣ 「다중이용업소의 안전관리에 관한 특별법 시행령」 제2조 제1호 나목, 같은 조 제2호(비디오물소극장업은 제외한다)·제6호·제7호·제7호의2 및 제7호의5의 다중이용업의 영업장이 설치된 특정소방대상물로서 연면적이 2,000㎡ 이상인 것
㉤ 제연설비가 설치된 터널
㉥ 「공공기관의 소방안전관리에 관한 규정」 제2조에 따른 공공기관 중 연면적(터널·지하구의 경우 그 길이와 평균 폭을 곱하여 계산된 값을 말한다)이 1,000㎡ 이상인 것으로서 옥내소화전설비 또는 자동화재탐지설비가 설치된 것. 다만, 「소방기본법」 제2조 제5호에 따른 소방대가 근무하는 공공기관은 제외한다.

14
정답 ❷

「소방시설 설치 및 관리에 관한 법률 시행령」 제30조 제1항
㉮ 근린생활시설 중 의원, 치과의원, 한의원, 조산원, 산후조리원, 체력단련장, 공연장 및 종교집회장
㉯ 건축물의 옥내에 있는 다음 각 목의 시설
  ㉠ 문화 및 집회시설
  ㉡ 종교시설
  ㉢ 운동시설(수영장은 제외한다)
㉰ 의료시설
㉱ 교육연구시설 중 합숙소
㉲ 노유자 시설
㉳ 숙박이 가능한 수련시설
㉴ 숙박시설
㉵ 방송통신시설 중 방송국 및 촬영소
㉶ 「다중이용업소의 안전관리에 관한 특별법」 제2조 제1항 제1호에 따른 다중이용업의 영업소(이하 "다중이용업소"라 한다)
㉷ ㉮부터 ㉶까지의 시설에 해당하지 않는 것으로서 층수가 11층 이상인 것(아파트등은 제외한다)

15
정답 ❶

「소방시설 설치 및 관리에 관한 법률 시행령」 제14조(유사한 소방시설의 설치 면제의 기준) [별표 5]
10. 화재알림설비
  화재알림설비를 설치해야 하는 특정소방대상물에 <u>자동화재탐지설비</u>를 화재안전기준에 적합하게 설치한 경우에는 그 설비의 유효범위에서 설치가 면제된다.
8. 비상경보설비 또는 단독경보형 감지기
  비상경보설비 또는 단독경보형 감지기를 설치해야 하는 특정소방대상물에 <u>자동화재탐지설비</u> 또는 <u>화재알림설비</u>를 화재안전기준에 적합하게 설치한 경우에는 그 설비의 유효범위에서 설치가 면제된다.

16
정답 ❶

「소방시설 설치 및 관리에 관한 법률 시행령」 제11조 관련 [별표 4]
단독형감지기 설치대상 단, ㉤의 연립주택 및 다세대주택에 설치하는 단독경보형 감지기는 연동형으로 설치해야 한다.
㉠ 교육연구시설 내에 있는 기숙사 또는 합숙소로서 연면적 2천㎡ 미만인 것
㉡ 수련시설 내에 있는 기숙사 또는 합숙소로서 연면적 2천㎡ 미만인 것
㉢ 수련시설(숙박시설이 있는 것만 해당) + 수용인원 100명 미만
㉣ 연면적 400㎡ 미만의 유치원
㉤ 공동주택 중 연립주택 및 다세대주택
㉥ 건축물의 지하에 차고·주차장이 설치된 경우로서 차고 또는 주차장으로 사용되는 면적의 합계가 200㎡ 미만인 경우에는 해당 차고·주차장 부분

17
정답 ❹

「화재의 예방 및 안전관리에 관한 법률 시행령」 제25조 제2항 관련 [별표 5]
소방안전관리보조자를 두어야 하는 특정소방대상물
㉮ 「건축법 시행령」 별표 1 제2호 가목에 따른 아파트 중 <u>300세대</u> 이상인 아파트
㉯ 연면적이 <u>1만5천제곱미터</u> 이상인 특정소방대상물(아파트 및 연립주택은 제외한다)

18
정답 ❶

「화재의 예방 및 안전관리에 관한 법률 시행령」 제18조 제2항 관련 [별표 1]
노·화덕설비
가. 실내에 설치하는 경우에는 흙바닥 또는 금속 외의 불연재료로 된 바닥에 설치해야 한다.
나. 노 또는 화덕을 설치하는 장소의 벽·천장은 불연재료로 된 것이어야 한다.
다. 노 또는 화덕의 주위에는 녹는 물질이 확산되지 않도록 높이 0.1미터 이상의 턱을 설치해야 한다.
라. 시간당 열량이 30만킬로칼로리 이상인 노를 설치하는 경우에는 다음의 사항을 지켜야 한다.
  1) 「건축법」 제2조 제1항 제7호에 따른 주요구조부는 불연재료 이상으로 할 것
  2) 창문과 출입구는 「건축법 시행령」 제64조에 따른 60분+ 방화문 또는 60분 방화문으로 설치 할 것
  3) 노 주위에는 1미터 이상 공간을 확보할 것

19
정답 ❶

「화재의 예방 및 안전관리에 관한 법률 시행령」 제28조
① 법 제25조 제1항 전단에서 "대통령령으로 정하는 소방안전관리대상물"이란 다음 각 호의 소방안전관리대상물을 말한다.
  1. 별표 4 제2호 가목 3)에 따른 지상층의 층수가 11층 이상인 1급 소방안전관리대상물(연면적 1만5천제곱미터 이상인 특정소방대상물과 아파트는 제외한다)
  2. 별표 4 제3호에 따른 2급 소방안전관리대상물
  3. 별표 4 제4호에 따른 3급 소방안전관리대상물
② 법 제25조 제1항 전단에서 "대통령령으로 정하는 업무"란 다음 각 호의 업무를 말한다.
  1. 법 제24조 제5항 제3호에 따른 피난시설, 방화구획 및 방화시설의 관리
  2. 법 제24조 제5항 제4호에 따른 소방시설이나 그 밖의 소방 관련 시설의 관리

20
정답 ❶

① 연면적 1만5천m²인 위락시설−1급 소방안전관리대상물
② 동·식물원−특급 소방안전관리대상물 및 1급 소방안전관리대상물에서 제외
③ 지하구−2급 소방안전관리대상물
④ 목조건출물−2급 소방안전관리대상물

21
정답 ❹

「화재의 예방 및 안전관리에 관한 법률」 제18조 제1항
시·도지사는 다음 각 호의 어느 하나에 해당하는 지역을 화재예방강화지구로 지정하여 관리할 수 있다.
㉠ 시장지역
㉡ 공장·창고가 밀집한 지역
㉢ 노후·불량건축물이 밀집한 지역
㉣ 위험물의 저장 및 처리 시설이 밀집한 지역

22
정답 ❷

「소방기본법 시행규칙」 제7조 제1조
소방본부장 또는 소방서장은 원활한 소방활동을 위하여 다음 각 호의 조사를 월 1회 이상 실시하여야 한다.
㉠ 법 제10조의 규정에 의하여 설치된 소방용수시설(소화전·급수탑·저수조)에 대한 조사
㉡ 소방대상물에 인접한 도로의 폭·교통상황, 도로주변의 토지의 고저·건축물의 개황 그 밖의 소방활동에 필요한 지리에 대한 조사

23
정답 ❸

자연재해에 따른 급수·배수 및 제설 등 지원활동은 소방지원활동이다.

24
정답 ❸

① 「소방기본법」 제19조 제2항 연막소독 등의 통지이다.
② 「소방기본법」 제25조 제1항 강제처분의 내용이다.
③ 「소방기본법」 제26조 제1항 피난명령의 내용이다.
④ 「소방기본법」 제27조 제1항 위험시설 등에 대한 긴급조치의 내용이다.

25
정답 ❸

「소방기본법 시행령」 제1조의2 제4항
소방청장 또는 소방본부장은 소방기술민원센터의 업무수행을 위하여 필요하다고 인정하는 경우에는 관계 기관의 장에게 소속 공무원 또는 직원의 파견을 요청할 수 있다.

제 **08** 회 정답과 해설

🖋 문제 p.100

Answer

01	③	02	②	03	②	04	④	05	④
06	①	07	④	08	③	09	④	10	④
11	②	12	③	13	①	14	②	15	③
16	①	17	④	18	③	19	①	20	①
21	①	22	④	23	③	24	②	25	②

01

정답 ❸

옥내소화전설비는 소화설비에 해당된다.
「소방시설 설치 및 관리에 관한 법률 시행령」 제3조 관련 [별표 1]
물분무등소화설비란　분문무소화설비·포소화설비·이산화탄소소화설비·
할론소화설비·할로젠화합물 및 불활성기체 소화설비·미분무소화설비·
강화액소화설비 및 분말소화설비 등을 말한다.

02

정답 ❷

「소방시설공사업법 시행령」 제6조 제1호 및 제2호
② 비상방송설비의 하자보수보증기간은 2년이다. 그 외 하자보수 보증기간
이 2년인 것은 피난기구, 유도등, 비상경보설비, 비상조명등 및 무선통신
보조설비가 있다.

03

정답 ❷

「소방시설공사업법」 제9조 제1항
시·도지사는 소방시설업자가 다음 각 호의 어느 하나에 해당하면 행정안전
부령으로 정하는 바에 따라 그 등록을 취소하거나 6개월 이내의 기간을 정
하여 시정이나 그 영업의 정지를 명할 수 있다. 다만, 제1호·제3호 또는 제7
호에 해당하는 경우에는 그 등록을 취소하여야 한다.
1. 거짓이나 그 밖의 부정한 방법으로 등록한 경우
3. 제5조 각 호의 등록 결격사유에 해당하게 된 경우. 다만, 제5조 제6호
또는 제7호에 해당하게 된 법인이 그 사유가 발생한 날부터 3개월 이내
에 그 사유를 해소한 경우는 제외한다.
7. 제8조 제2항을 위반하여 영업정지 기간 중에 소방시설공사등을 한 경우

04

정답 ❹

「소방시설공사업법 시행령」 제10조 제2항 근거
④ 물분무등소화설비에서 호스릴 방식의 소화설비는 제외한다.

05

정답 ❹

학원은 500제곱미터 미만은 근린생활시설에, 500제곱미터 이상은 교육연
구시설에 해당된다.
「소방시설 설치 및 관리에 관한 법률 시행령」 제5조 관련 [별표 2]
3. 문화 및 집회시설
　가. 공연장으로서 근린생활시설에 해당하지 않는 것
　나. 집회장 : 예식장, 공회당, 회의장, 마권(馬券) 장외 발매소, 마권 전화
　　투표소, 그 밖에 이와 비슷한 것으로서 근린생활시설에 해당하지 않
　　는 것

　다. 관람장 : 경마장, 경륜장, 경정장, 자동차 경기장, 그 밖에 이와 비슷
　　한 것과 체육관 및 운동장으로서 관람석의 바닥면적의 합계가 1천m²
　　이상인 것
　라. 전시장 : 박물관, 미술관, 과학관, 문화관, 체험관, 기념관, 산업전시
　　장, 박람회장, 견본주택, 그 밖에 이와 비슷한 것
　마. 동·식물원 : 동물원, 식물원, 수족관, 그 밖에 이와 비슷한 것

06

정답 ❶

「소방시설 설치 및 관리에 관한 법률」 제6조 제5항 제3호
「건축법」 제50조, 제50조의2, 제51조, 제52조, 제52조의2 및 제53조에 따
른 방화벽, 마감재료 등(이하 "방화시설"이라 한다)

07

정답 ❹

「소방시설 설치 및 관리에 관한 법률 시행령」 제31조 제1항 제2호
건축물 내부의 천장이나 벽에 부착하거나 설치하는 다음 각 목의 것. 다만,
가구류(옷장, 찬장, 식탁, 식탁용 의자, 사무용 책상, 사무용 의자, 계산대,
그 밖에 이와 비슷한 것을 말한다. 이하 이 조에서 같다)와 너비 10센티미터
이하인 반자돌림대 등과 「건축법」 제52조에 따른 내부 마감재료는 제외한다.
가. 종이류(두께 2밀리미터 이상인 것을 말한다)·합성수지류 또는 섬유류
를 주원료로 한 물품

08

정답 ❸

「소방시설 설치 및 관리에 관한 법률 시행규칙」 제32조 제4항
관리업자는 다음 각 호의 어느 하나에 해당하는 경우에는 지체 없이 시·도
지사에게 그 소방시설관리업 등록증 및 등록수첩을 반납해야 한다.
1. 법 제35조에 따라 등록이 취소된 경우
2. 소방시설관리업을 폐업한 경우
3. 제1항에 따라 재발급을 받은 경우. 다만, 등록증 또는 등록수첩을 잃어버
리고 재발급을 받은 경우에는 이를 다시 찾은 경우로 한정한다.
cf) **「소방시설공사업법 시행규칙」 제4조 제4항**
소방시설업자는 다음 각 호의 어느 하나에 해당하는 경우에는 지체 없이
협회를 경유하여 시·도지사에게 그 소방시설업 등록증 및 등록수첩을
반납하여야 한다.
1. 법 제9조에 따라 소방시설업 등록이 취소된 경우
2. 삭제 〈2016.8.25.〉
3. 제1항에 따라 재발급을 받은 경우. 다만, 소방시설업 등록증 또는 등
록수첩을 잃어버리고 재발급을 받은 경우에는 이를 다시 찾은 경우
에만 해당한다.

09

정답 ❹

박물관－문화 및 집회시설
「소방시설 설치 및 관리에 관한 법률 시행령」 제5조 관련 [별표 2]
① 공연장으로서 같은 건축물에 해당 용도로 쓰는 바닥면적의 합계가
300m² 미만인 것－근린생활시설 / 바닥면적의 합계가 300m² 이상인 경
우 문화 및 집회시설
② 금융업소로서 같은 건축물에 해당 용도로 쓰는 바닥면적의 합계가
500m² 미만인 것－근린생활시설 / 바닥면적의 합계가 500m² 이상인 경
우 업무시설
③ 학원으로서 같은 건축물에 해당 용도로 쓰는 바닥면적의 합계가 500m²
미만인 것－근린생활시설 / 바닥면적의 합계가 500m² 이상인 경우 교육
시설

10
정답 ❹

「소방시설 설치 및 관리에 관한 법률 시행령」 제37조(소방시설관리사시험의 응시자격)
법 제25조 제1항에 따른 소방시설관리사시험(이하 "관리사시험"이라 한다)에 응시할 수 있는 사람은 다음 각 호와 같다.
1. 소방기술사·건축사·건축기계설비기술사·건축전기설비기술사 또는 공조냉동기계기술사
2. 위험물기능장
3. 소방설비기사
4. 「국가과학기술 경쟁력 강화를 위한 이공계지원 특별법」 제2조 제1호에 따른 이공계 분야의 박사학위를 취득한 사람
5. 소방청장이 정하여 고시하는 소방안전 관련 분야의 석사 이상의 학위를 취득한 사람
6. 소방공무원 등 소방청상이 정하여 고시하는 사람 중 소방에 관한 실무경력이 3년 이상인 사람
7. 소방설비산업기사 자격을 취득한 사람 중 소방에 관한 실무경력이 <u>3년 이상</u>(자격 취득 후의 경력으로 한정한다)인 사람

11
정답 ❷

「위험물안전관리법」 제11조
제조소등의 관계인(소유자·점유자 또는 관리자)은 당해 제조소등의 용도를 폐지(장래에 대하여 위험물시설로서의 기능을 완전히 상실시키는 것을 말한다)한 때에는 행정안전부령이 정하는 바에 따라 제조소등의 용도를 폐지한 날부터 14일 이내에 시·도지사에게 신고하여야 한다.

12
정답 ❸

「위험물안전관리법」 제5조 제2항
다음에 해당하는 경우에는 제조소등이 아닌 장소에서 지정수량 이상의 위험물을 취급할 수 있다. 이 경우 임시로 저장 또는 취급하는 장소에서의 저장 또는 취급의 기준과 임시로 저장 또는 취급하는 장소의 위치·구조 및 설비의 기준은 시·도의 조례로 정한다.
1. 시·도의 조례가 정하는 바에 따라 관할소방서장의 승인을 받아 지정수량 이상의 위험물을 90일 이내의 기간동안 임시로 저장 또는 취급하는 경우
2. 군부대가 지정수량 이상의 위험물을 군사목적으로 임시로 저장 또는 취급하는 경우

13
정답 ❶

「위험물안전관리법」 제15조 제1항
제조소등[제6조 제3항의 규정에 따라 <u>허가를 받지 아니하는 제조소등과 이동탱크저장소(차량에 고정된 탱크에 위험물을 저장 또는 취급하는 저장소를 말한다)를 제외한다.</u> 이하 이 조에서 같다]의 관계인은 위험물의 안전관리에 관한 직무를 수행하게 하기 위하여 제조소등마다 대통령령이 정하는 위험물의 취급에 관한 자격이 있는 자(이하 "위험물취급자격자"라 한다)를 위험물안전관리자(이하 "안전관리자"라 한다)로 선임하여야 한다.

14
정답 ❷

「위험물안전관리법 시행규칙」 제8조 관련 [별표 1의2]
옥외저장탱크의 지붕판 표면적 30% 이상을 교체하거나 구조·재질 또는 두께를 변경하는 경우에 변경허가를 받아야 한다.

15
정답 ❸

「위험물안전관리법」 제19조
다량의 위험물을 저장·취급하는 제조소등으로서 대통령령이 정하는 제조소등이 있는 동일한 사업소에서 대통령령이 정하는 수량 이상의 위험물을 저장 또는 취급하는 경우 당해 사업소의 관계인은 대통령령이 정하는 바에 따라 당해 사업소에 자체소방대를 설치하여야 한다.

16
정답 ❶

「화재의 예방 및 안전관리에 관한 법률 시행령」 제17조 제2항
옮긴 물건등의 보관기간은 제1항에 따른 공고기간의 종료일 다음 날부터 7일까지로 한다.

17
정답 ❹

「소방기본법 시행규칙」 제9조 제2항 관련 [별표 3의3] 제5호
교육현황 관리 등
가. 소방청장, 소방본부장 또는 소방서장은 소방안전교육훈련의 실시결과, 만족도 조사결과 등을 기록하고 이를 3년간 보관하여야 한다.
나. 소방청장, 소방본부장 또는 소방서장은 소방안전교육훈련의 효과 및 개선사항 발굴 등을 위하여 이용자를 대상으로 만족도 조사를 실시하여야 한다. 다만, 이용자가 거부하거나 만족도 조사를 실시할 시간적 여유가 없는 등의 경우에는 만족도 조사를 실시하지 아니할 수 있다.
다. 소방청장, 소방본부장 또는 소방서장은 소방안전교육훈련을 이수한 사람에게 교육이수자의 성명, 교육내용, 교육시간 등을 기재한 소방안전교육훈련 이수증을 발급할 수 있다.

18
정답 ❸

「소방의 화재조사에 관한 법률 시행령」 제9조(화재현장 보존조치 등의 해제)
소방관서장이나 경찰서장은 다음 각 호의 경우에는 법 제8조 제1항에 따른 화재현장 보존조치나 통제구역의 설정을 지체 없이 해제해야 한다.
1. 화재조사가 완료된 경우
2. 화재현장 보존조치나 통제구역의 설정이 해당 화재조사와 관련이 없다고 인정되는 경우

19
정답 ❶

「소방기본법」 제16조의5
소방공무원이 제16조 제1항에 따른 소방활동으로 인하여 타인을 사상(死傷)에 이르게 한 경우 그 소방활동이 불가피하고 소방공무원에게 고의 또는 중대한 과실이 없는 때에는 그 정상을 참작하여 사상에 대한 형사책임을 감경하거나 면제할 수 있다.

20
정답 ❶

「화재의 예방 및 안전관리에 관한 법률 시행령」 제18조 제2항 관련 [별표 1]
보일러와 벽·천장 사이의 거리는 0.6m 이상이 되도록 설치하여야 한다.

21
정답 ❶

「위험물안전관리법 시행규칙」 제33조 관련 [별표 9]
가. 밸브 없는 통기관
   1) 통기관의 지름은 25mm 이상으로 할 것
   2) 통기관은 옥외에 설치하되, 그 끝부분의 높이는 지상 1.5m 이상으로 할 것
   3) 통기관의 끝부분은 수평면에 대하여 아래로 45° 이상 구부려 빗물 등이 침투하지 아니하도록 할 것

4) 가는 눈의 구리망 등으로 인화방지장치를 할 것. 다만, 인화점 70℃ 이상의 위험물만을 해당 위험물의 인화점 미만의 온도로 저장 또는 취급하는 탱크에 설치하는 통기관에 있어서는 그러하지 아니하다.

22
정답 ❹

「소방의 화재조사에 관한 법률」 제2조 제1항 제2호
"화재조사"란 소방청장, 소방본부장 또는 소방서장이 화재원인, 피해상황, 대응활동 등을 파악하기 위하여 자료의 수집, 관계인등에 대한 질문, 현장 확인, 감식, 감정 및 실험 등을 하는 일련의 행위를 말한다.

23
정답 ❸

「소방시설공사업법」 제21조의4 제1항과 「소방시설공사업법 시행령」 제11조 의5에 의거 공사대금의 지급보증 등의 예외 대상은 국가, 지방자치단체, 「공공기관의 운영에 관한 법률」 제5조에 따른 공기업 및 준정부기관, 「지방공기업법」 제49조에 따른 지방공사 및 같은 법 제76조에 따른 지방공단이다.
「소방시설공사업법 시행령」 제11조의6
공사대금의 지급보증 등의 예외가 되는 소방시설공사의 범위
㉠ 공사 1건의 도급금액이 1천만원 미만인 소규모 소방시설공사
㉡ 공사기간이 3개월 이내인 단기의 소방시설공사

24
정답 ❷

「소방시설 설치 및 관리에 관한 법률 시행령」 제11조 관련 [별표 4]
ㄴ. 교육연구시설 내에 있는 합숙소로서 연면적 100m^2 이상인 경우-간이스프링클러설비 설치 대상
ㄷ. 숙박시설로 사용되는 바닥면적의 합계가 300m^2 이상 600m^2 미만인 시설-간이스프링클러설비 설치 대상
ㅁ. 근린생활시설 중 조산원 및 산후조리원으로서 연면적 600m^2 미만인 시설-간이스프링클러설비 설치 대상

25
정답 ❷

① 제3류 위험물 중 황린 그 밖에 물속에 저장하는 물품과 금수성물질은 동일한 저장소에서 저장하지 아니하여야 한다.
③ 옥외저장소에서 위험물을 수납한 용기를 선반에 저장하는 경우에는 6m 이하의 높이로 저장하여야 한다.
④ 보냉장치가 있는 이동저장탱크에 저장하는 아세트알데히드등 또는 디에틸에테르등의 온도는 당해 위험물의 비점 이하로 유지하여야 한다.

제 09 회 정답과 해설

📎 문제 p.104

Answer

01	②	02	④	03	②	04	④	05	①
06	①	07	④	08	①	09	③	10	③
11	④	12	④	13	①	14	②	15	②
16	④	17	①	18	④	19	①	20	②
21	③	22	④	23	②	24	④	25	①

01

정답 ②

「소방기본법 시행규칙」 제4조의2 제1항

법 제5조 제1항에 따라 설립된 소방체험관은 다음 각 호의 기능을 수행한다.

1. 재난 및 안전사고 유형에 따른 예방, 대처, 대응 등에 관한 체험교육의 제공
2. 체험교육 프로그램의 개발 및 국민 안전의식 향상을 위한 홍보·전시
3. 체험교육 인력의 양성 및 유관기관·단체 등과의 협력
4. 그 밖에 체험교육을 위하여 시·도지사가 필요하다고 인정하는 사업의 수행

02

정답 ④

「소방기본법 시행규칙」 제8조의5(소방지원활동 등의 기록관리)

① 소방대원은 법 제16조의2 제1항에 따른 소방지원활동 및 법 제16조의3 제1항에 따른 생활안전활동(이하 "소방지원활동등"이라 한다)을 한 경우 별지 제3호의2 서식의 소방지원활동등 기록지에 해당 활동상황을 상세히 기록하고, 소속 소방관서에 3년간 보관해야 한다.

② 소방본부장은 소방지원활동등의 상황을 종합하여 연 2회 소방청장에게 보고해야 한다.

03

정답 ②

「소방기본법」 제49조의2(손실보상) 제1항

소방청장 또는 시·도지사는 다음에 해당하는 자에게 손실보상심의위원회의 심사·의결에 따라 정당한 보상을 하여야 한다.

㉠ 생활안전활동(제16조의3 제1항)에 따른 조치로 인하여 손실을 입은 자
㉡ 소방활동 종사명령(제24조 제1항 전단)에 따른 소방활동 종사로 인하여 사망하거나 부상을 입은 자
㉢ 소방대상물 또는 토지 외의 소방대상물에 대한 강제처분(제25조 제2항) 또는 소방활동을 위한 긴급 출동 시에 방해가 되는 주차 및 정차된 차량이나 물건 등을 제거하거나 이동시키는 처분으로 인하여 손실을 입은 자(제25조 제3항). 다만, 법령을 위반하여 소방자동차의 통행과 소방활동에 방해가 된 경우는 제외한다.
㉣ 화재 진압 등 소방활동을 위하여 필요할 때 소방용수 외에 댐·저수지 또는 수영장 등의 물을 사용하거나 수도(水道)의 개폐장치 등을 조작하는 행위(제27조 제1항) 또는 화재 발생을 막거나 폭발 등으로 화재가 확대되는 것을 막기 위하여 가스·전기 또는 유류 등의 시설에 대하여 위험물질의 공급을 차단하는 등 필요한 조치(제27조 제2항)에 따른 조치로 인하여 손실을 입은 자
㉤ 그 밖에 소방기관 또는 소방대의 적법한 소방업무 또는 소방활동으로 인하여 손실을 입은 자

오답정리

① 화재가 발생하거나 불이 번질 우려가 있는 소방대상물 및 토지 외의 소방대상물을 일시적으로 사용하거나 그 사용의 제한 또는 소방활동에 필요한 강제처분으로 손실을 입은 자
③ 소방력 동원요청에 따라 동원된 민간 소방 인력으로서 소방활동을 수행하다가 사망하거나 부상을 입은 자는 「소방기본법 시행령」 제2조의3에 의해 화재, 재난·재해 또는 그 밖의 구조·구급이 필요한 상황이 발생한 시·도가 해당 시·도의 조례로 정하는 바에 따라 보상한다.
④ 「화재의 예방 및 안전관리에 관한 법률 시행령」 제17조 제5항 : 화재예방법 적용 대상이다.
  소방관서장은 제3항에 따라 매각되거나 폐기된 옮긴 물건등의 소유자가 보상을 요구하는 경우에는 보상금액에 대하여 소유자와의 협의를 거쳐 이를 보상해야 한다.

04

정답 ④

「소방기본법 시행규칙」 제3조 제2항 1호 바목

바. 철도차량, 항구에 매어둔 총 톤수가 1천톤 이상인 선박, 항공기, 발전소 또는 변전소에서 발생한 화재

05

정답 ①

「소방기본법」 제19조 제2항

다음의 어느 하나에 해당하는 지역 또는 장소에서 화재로 오인할 만한 우려가 있는 불을 피우거나 연막(煙幕) 소독을 하려는 자는 시·도의 조례로 정하는 바에 따라 관할 소방본부장 또는 소방서장에게 신고하여야 한다.

1. 시장지역
2. 공장·창고가 밀집한 지역
3. 목조건물이 밀집한 지역
4. 위험물의 저장 및 처리시설이 밀집한 지역
5. 석유화학제품을 생산하는 공장이 있는 지역
6. 그 밖에 시·도의 조례로 정하는 지역 또는 장소

06

정답 ①

「위험물안전관리법 시행규칙」 제41조 제2항·제42조 제2항 및 제43조 제2항 관련 [별표 17]

② 저장소의 건축물은 외벽이 내화구조가 아닌 것은 연면적 $75m^2$를 1소요단위로 할 것
③ 제조소등에 전기설비(전기배선, 조명기구 등은 제외한다)가 설치된 경우에는 당해 장소의 면적 $100m^2$마다 소형수동식소화기를 1개 이상 설치할 것
④ 옥내소화전은 제조소등의 건축물의 층마다 당해 층의 각 부분에서 하나의 호스접속구까지의 수평거리가 25m 이하가 되도록 설치할 것

07

정답 ④

「소방의 화재조사에 관한 법률 시행령」 제12조 제2항

법 제17조 제1항에 따라 지정된 화재감정기관(이하 "화재감정기관"이라 한다)이 갖추어야 할 시설과 전문인력 등에 관한 세부적인 기준은 소방청장이 정하여 고시한다.

08
정답 ❶

「화재의 예방 및 안전관리에 관한 법률」 제2조 제1항
"예방"이란 화재의 위험으로부터 사람의 생명·신체 및 재산을 보호하기 위하여 화재발생을 사전에 제거하거나 방지하기 위한 모든 활동을 말한다.

오답정리
"재난이나 그 밖의 각종 사고로부터 사람의 생명·신체 및 재산의 안전을 확보하기 위하여 하는 모든 활동을 말한다."는 「재난 및 안전관리 기본법」 제3조에서 정하는 '안전관리'이다.

09
정답 ❸

「화재의 예방 및 안전관리에 관한 법률 시행규칙」 제2조 제2항
소방청장은 제1항에 따른 실태조사를 실시하려는 경우 실태조사 시작 7일 전까지 조사 일시, 조사 사유 및 조사 내용 등을 포함한 조사계획을 조사대상자에게 서면 또는 전자우편 등의 방법으로 미리 알려야 한다.

10
정답 ❸

「화재의 예방 및 안전관리에 관한 법률 시행령」 제7조(화재안전조사의 항목)
소방청장, 소방본부장 또는 소방서장(이하 "소방관서장"이라 한다)은 법 제7조 제1항에 따라 다음 각 호의 항목에 대하여 화재안전조사를 실시한다.
1. 법 제17조에 따른 화재의 예방조치 등에 관한 사항
2. 법 제24조, 제25조, 제27조 및 제29조에 따른 소방안전관리 업무 수행에 관한 사항
3. 법 제36조에 따른 피난계획의 수립 및 시행에 관한 사항
4. 법 제37조에 따른 소화·통보·피난 등의 훈련 및 소방안전관리에 필요한 교육(이하 "소방훈련·교육"이라 한다)에 관한 사항
5. 「소방기본법」 제21조의2에 따른 소방자동차 전용구역의 설치에 관한 사항
6. 「소방시설공사업법」 제12조에 따른 시공, 같은 법 제16조에 따른 감리 및 같은 법 제18조에 따른 감리원의 배치에 관한 사항
7. 「소방시설 설치 및 관리에 관한 법률」 제12조에 따른 소방시설의 설치 및 관리에 관한 사항
8. 「소방시설 설치 및 관리에 관한 법률」 제15조에 따른 건설현장 임시소방시설의 설치 및 관리에 관한 사항
9. 「소방시설 설치 및 관리에 관한 법률」 제16조에 따른 피난시설, 방화구획(防火區劃) 및 방화시설의 관리에 관한 사항
10. 「소방시설 설치 및 관리에 관한 법률」 제20조에 따른 방염(防炎)에 관한 사항
11. 「소방시설 설치 및 관리에 관한 법률」 제22조에 따른 소방시설등의 자체점검에 관한 사항
12. 「다중이용업소의 안전관리에 관한 특별법」 제8조, 제9조, 제9조의2, 제10조, 제10조의2 및 제11조부터 제13조까지의 규정에 따른 안전관리에 관한 사항
13. 「위험물안전관리법」 제5조, 제6조, 제14조, 제15조 및 제18조에 따른 위험물 안전관리에 관한 사항
14. 「초고층 및 지하연계 복합건축물 재난관리에 관한 특별법」 제9조, 제11조, 제12조, 제14조, 제16조 및 제22조에 따른 초고층 및 지하연계 복합건축물의 안전관리에 관한 사항
15. 그 밖에 소방대상물에 화재의 발생 위험이 있는지 등을 확인하기 위해 소방관서장이 화재안전조사가 필요하다고 인정하는 사항

11
정답 ❹

「화재의 예방 및 안전관리에 관한 법률 시행령」 제18조 제2항 관련 [별표 1]
비고
보일러, 난로, 건조설비, 불꽃을 사용하는 용접·용단기구 및 노·화덕설비가 설치된 장소에는 소화기 1개 이상을 갖추어 두어야 한다.

12
정답 ❹

「화재의 예방 및 안전관리에 관한 법률 시행령」 제39조
법 제37조 제4항에서 "대통령령으로 정하는 특정소방대상물"이란 소방안전관리대상물 중 다음 각 호의 특정소방대상물을 말한다.
1. 「소방시설 설치 및 관리에 관한 법률 시행령」 별표 2 제7호에 따른 의료시설
2. 「소방시설 설치 및 관리에 관한 법률 시행령」 별표 2 제8호에 따른 교육연구시설
3. 「소방시설 설치 및 관리에 관한 법률 시행령」 별표 2 제9호에 따른 노유자 시설
4. 그 밖에 화재 발생 시 불특정 다수의 인명피해가 예상되어 소방본부장 또는 소방서장이 소방훈련·교육이 필요하다고 인정하는 특정소방대상물

13
정답 ❶

「소방시설 설치 및 관리에 관한 법률 시행령」 제11조 관련 [별표 4]
㉮ 비상방송설비를 설치해야 하는 특정소방대상물(위험물 저장 및 처리 시설 중 가스시설, 사람이 거주하지 않거나 벽이 없는 축사 등 동물 및 식물 관련 시설, 터널 및 지하구는 제외한다)은 다음의 어느 하나에 해당하는 것으로 한다.
　㉠ 연면적 3천5백m^2 이상인 것은 모든 층
　㉡ 층수가 11층 이상인 것은 모든 층
　㉢ 지하층의 층수가 3층 이상인 것은 모든 층
㉯ 인명구조기구를 설치해야 하는 특정소방대상물은 다음의 어느 하나에 해당하는 것으로 한다.
　㉠ 방열복 또는 방화복(안전모, 보호장갑 및 안전화를 포함한다), 인공소생기 및 공기호흡기를 설치해야 하는 특정소방대상물 : 지하층을 포함하는 층수가 7층 이상인 것 중 관광호텔 용도로 사용하는 층
　㉡ 방열복 또는 방화복(안전모, 보호장갑 및 안전화를 포함한다) 및 공기호흡기를 설치해야 하는 특정소방대상물 : 지하층을 포함하는 층수가 5층 이상인 것 중 병원 용도로 사용하는 층
　㉢ 공기호흡기를 설치해야 하는 특정소방대상물은 다음의 어느 하나에 해당하는 것으로 한다.
　　ⓐ 수용인원 100명 이상인 문화 및 집회시설 중 영화상영관
　　ⓑ 판매시설 중 대규모점포
　　ⓒ 운수시설 중 지하역사
　　ⓓ 지하상가
　　ⓔ 화재안전기준에 따라 이산화탄소소화설비(호스릴 이산화탄소소화설비는 제외)를 설치해야 하는 특정소방대상물
㉰ 휴대용비상조명등을 설치해야 하는 특정소방대상물은 다음의 어느 하나에 해당하는 것으로 한다.
　㉠ 숙박시설
　㉡ 수용인원 100명 이상의 영화상영관, 판매시설 중 대규모점포, 철도 및 도시철도 시설 중 지하역사, 지하상가
㉱ 누전경보기는 계약전류용량(같은 건축물에 계약 종류가 다른 전기가 공급되는 경우에는 그중 최대계약전류용량을 말한다)이 100암페어를 초과하는 특정소방대상물(내화구조가 아닌 건축물로서 벽·바닥 또는 반자의 전부나 일부를 불연재료 또는 준불연재료가 아닌 재료에 철망을 넣어 만든 것만 해당한다)에 설치해야 한다. 다만, 위험물 저장 및 처리 시설 중 가스시설, 터널 및 지하구의 경우에는 그렇지 않다.

14
정답 ❷

「소방시설 설치 및 관리에 관한 법률 시행령」 제7조 제1항 제8호
「의료법」 제3조 제2항 제3호 라목에 따른 요양병원(이하 "요양병원"이라 한다). 다만, 의료재활시설은 제외한다.

15
정답 ❷

「소방시설 설치 및 관리에 관한 법률 시행규칙」 제3조 제2항(건축허가등의 동의요구 시 제출서류)

㉮ 건축물 설계도서
- ㉠ 건축물 개요 및 배치도
- ㉡ 주단면도 및 입면도(立面圖 : 물체를 정면에서 본대로 그린 그림을 말한다)
- ㉢ 층별 평면도(용도별 기준층 평면도를 포함한다. 이하 같다)
- ㉣ 방화구획도(창호도를 포함한다)
- ㉤ 실내ㆍ실외 마감재료표
- ㉥ 소방자동차 진입 동선도 및 부서 공간 위치도(조경계획을 포함)

㉯ 소방시설 설계도서
- ㉠ 소방시설(기계ㆍ선기 분야의 시설을 말한디)의 계통도(시설별 계산서를 포함한다)
- ㉡ 소방시설별 층별 평면도
- ㉢ 실내장식물 방염대상물품 설치 계획(「건축법」 제52조에 따른 건축물의 마감재료는 제외)
- ㉣ 소방시설의 내진설계 계통도 및 기준층 평면도(내진 시방서 및 계산서 등 세부 내용이 포함된 상세 설계도면은 제외한다)

16
정답 ❹

「소방시설 설치 및 관리에 관한 법률 시행령」 제9조

1. 연면적 20만제곱미터 이상인 특정소방대상물. 다만, 별표 2 제1호 가목에 따른 아파트등(이하 "아파트등"이라 한다)은 제외한다.
2. 50층 이상(지하층은 제외한다)이거나 지상으로부터 높이가 200미터 이상인 아파트등
3. 30층 이상(지하층을 포함한다)이거나 지상으로부터 높이가 120미터 이상인 특정소방대상물(아파트등은 제외한다)
4. 연면적 3만제곱미터 이상인 특정소방대상물로서 다음 각 목의 어느 하나에 해당하는 특정소방대상물
   가. 별표 2 제6호 나목의 철도 및 도시철도 시설
   나. 별표 2 제6호 다목의 공항시설
5. 별표 2 제16호의 창고시설 중 연면적 10만제곱미터 이상인 것 또는 지하층의 층수가 2개 층 이상이고 지하층의 바닥면적의 합계가 3만제곱미터 이상인 것
6. 하나의 건축물에 「영화 및 비디오물의 진흥에 관한 법률」 제2조 제10호에 따른 영화상영관이 10개 이상인 특정소방대상물
7. 「초고층 및 지하연계 복합건축물 재난관리에 관한 특별법」 제2조 제2호에 따른 지하연계 복합건축물에 해당하는 특정소방대상물
8. 별표 2 제27호의 터널 중 수저(水底)터널 또는 길이가 5천미터 이상인 것

17
정답 ❶

「소방시설 설치 및 관리에 관한 법률 시행령」 제31조 제1항 제1호

제조 또는 가공 공정에서 방염처리를 한 다음 각 목의 물품

가. 창문에 설치하는 커튼류(블라인드를 포함한다)
나. 카펫
다. 벽지류(두께가 2밀리미터 미만인 종이벽지는 제외한다)
라. 전시용 합판ㆍ목재 또는 섬유판, 무대용 합판ㆍ목재 또는 섬유판(합판ㆍ목재류의 경우 불가피하게 설치 현장에서 방염처리한 것을 포함한다)
마. 암막ㆍ무대막(「영화 및 비디오물의 진흥에 관한 법률」 제2조 제10호에 따른 영화상영관에 설치하는 스크린과 「다중이용업소의 안전관리에 관한 특별법 시행령」 제2조 제7호의4에 따른 가상체험 체육시설업에 설치하는 스크린을 포함한다)
바. 섬유류 또는 합성수지류 등을 원료로 하여 제작된 소파ㆍ의자(「다중이용업소의 안전관리에 관한 특별법 시행령」 제2조 제1호 나목 및 같은 조 제6호에 따른 단란주점영업, 유흥주점영업 및 노래연습장업의 영업장에 설치하는 것으로 한정한다)

18
정답 ❹

「소방시설 설치 및 관리에 관한 법률 시행규칙」 제2조 제5항

제1항부터 제4항까지에서 규정한 사항 외에 기술기준의 제정ㆍ개정을 위하여 필요한 사항은 국립소방연구원장이 정한다.

19
정답 ❶

「소방시설공사업법」 제32조

소방시설업 등록취소처분이나 영업정지처분 또는 소방기술 인정 자격취소처분을 하려면 청문을 하여야 한다.

오답정리

② 소방시설업의 영업정지 기간 중에 소방시설 공사등을 한 경우 영업취소 사유이다.
③ 소방시설업의 등록의 취소는 시ㆍ도지사가 한다.
④ 영업정지 처분기간 중 영업정지에 해당하는 위반사항이 있는 경우에는 종전의 처분기간 만료일의 다음 날부터 새로운 위반사항에 대한 영업정지의 행정처분을 한다.

20
정답 ❷

「소방시설공사업법 시행령」 제3조 관련 [별표 2]

지하층을 포함한 층수가 16층 이상 40층 미만인 특정소방대상물의 공사 현장에는 행정안전부령으로 정하는 고급기술자 이상의 소방기술자(기계분야 및 전기분야)를 배치하여야 한다.

21
정답 ❸

「소방시설공사업법 시행령」 제8조(감리업자가 아닌 자가 감리할 수 있는 보안성 등이 요구되는 소방대상물의 시공 장소)

법 제16조 제2항에서 "대통령령으로 정하는 장소"란 「원자력안전법」 제2조 제10호에 따른 관계시설이 설치되는 장소를 말한다.

22
정답 ❹

「위험물안전관리법 시행규칙」 제23조의2 제1항

법 제11조의2 제1항에서 "위험물의 제거 및 제조소등에의 출입통제 등 행정안전부령으로 정하는 안전조치"란 다음 각 호의 조치를 말한다.

1. 탱크ㆍ배관 등 위험물을 저장 또는 취급하는 설비에서 위험물 및 가연성 증기 등의 제거
2. 관계인이 아닌 사람에 대한 해당 제조소등에의 출입금지 조치
3. 해당 제조소등의 사용중지 사실의 게시
4. 그 밖에 위험물의 사고 예방에 필요한 조치

23
정답 ❷

「위험물안전관리법 시행령」 제2조 및 제3조 [별표 1]

"철분"이라 함은 철의 분말로서 53마이크로미터의 표준체를 통과하는 것이 50중량퍼센트 미만인 것은 제외한다.

24

정답 ❹

「위험물안전관리법 시행령」 제11조 [별표 5]

위험물취급자격자의 구분	취급할 수 있는 위험물
1. 「국가기술자격법」에 따라 위험물 기능장, 위험물산업기사, 위험물 기능사의 자격을 취득한 사람	모든 위험물(산화성고체, 가연성고체, 자연발화성 물질 및 금수성 물질, 인화성 액체, 자기반응성 물질, 산화성액체)
2. 안전관리자교육이수자(소방청장이 실시하는 안전관리자교육을 이수한 자를 말한다)	제4류 위험물(특수인화물, 제1석유류, 알코올류, 제2석유류, 제3석유류, 제4석유류, 동식물류)
3. 소방공무원 경력자(소방공무원으로 근무한 경력이 3년 이상인 자를 말한다)	제4류 위험물(특수인화물, 제1석유류, 알코올류, 제2석유류, 제3석유류, 제4석유류, 동식물류)

25

정답 ❶

「위험물안전관리법 시행규칙」 제28조 [별표 4]

② 「의료법」 제3조 제2항 제3호에 따른 병원급 의료기관의 안전거리는 50m → 30m 이상이다.

③ 「문화유산의 보존 및 활용에 관한 법률」의 규정에 의한 유형문화유산과 기념물 중 지정문화유산에 있어서는 100m → 50m 이상이다.

④ 사용전압이 35,000V를 초과하는 특고압가공전선에 있어서는 3m → 5m 이상이다.

제 **10** 회 정답과 해설   📎 문제 p.109

Answer

01	①	02	②	03	②	04	③	05	④
06	①	07	①	08	②	09	②	10	④
11	②	12	②	13	④	14	④	15	②
16	①	17	④	18	③	19	④	20	①
21	④	22	③	23	②	24	④	25	①

01 정답 ❶

「소방기본법 시행규칙」 제8조 제1호
소방활동에 관한 사항
가. 화재의 경계ㆍ진압활동
나. 구조ㆍ구급업무의 지원
다. 화재조사활동

02 정답 ❷

「소방기본법」 제3조(소방기관의 설치 등) 제1항
시ㆍ도의 화재 예방ㆍ경계ㆍ진압 및 조사, 소방안전교육ㆍ홍보와 화재, 재난ㆍ재해, 그 밖의 위급한 상황에서의 구조ㆍ구급 등의 업무(이하 "소방업무"라 한다)를 수행하는 소방기관의 설치에 필요한 사항은 대통령령으로 정한다.

03 정답 ❷

「소방기본법 시행규칙」 제6조 제3항
법 제10조 제2항에 따른 비상소화장치의 설치기준은 다음 각 호와 같다.
1. 비상소화장치는 <u>비상소화장치함, 소화전, 소방호스</u>(소화전의 방수구에 연결하여 소화용수를 방수하기 위한 도관으로서 호스와 연결금속구로 구성되어 있는 소방용릴호스 또는 소방용고무내장호스를 말한다), 관창(소방호스용 연결금속구 또는 중간연결금속구 등의 끝에 연결하여 소화용수를 방수하기 위한 나사식 또는 차입식 토출기구를 말한다)을 포함하여 구성할 것
2. 소방호스 및 관창은 「소방시설 설치 및 관리에 관한 법률」 제37조 제5항에 따라 소방청장이 정하여 고시하는 형식승인 및 제품검사의 기술기준에 적합한 것으로 설치할 것
3. 비상소화장치함은 「소방시설 설치 및 관리에 관한 법률」 제40조 제4항에 따라 소방청장이 정하여 고시하는 성능인증 및 제품검사의 기술기준에 적합한 것으로 설치할 것

04 정답 ❸

「소방의 화재조사에 관한 법률 시행규칙」 제11조 제3항
소방관서장은 제1항에 따라 수집한 증거물이 다음 각 호의 어느 하나에 해당하는 경우에는 증거물을 지체 없이 <u>반환해야</u> 한다.
1. 화재와 관련이 없다고 인정되는 경우
2. 화재조사가 완료되는 등 증거물을 보관할 필요가 없게 된 경우

05 정답 ❹

「소방의 화재조사에 관한 법률」 제10조 제1항
소방관서장은 화재조사가 필요한 경우 관계인등을 소방관서에 출석하게 하여 질문할 수 있다.

06 정답 ❶

「화재의 예방 및 안전관리에 관한 법률 시행령」 제19조 제1항 관련 [별표 2]

품명		수량
<u>가</u>연성 액체류		<u>2</u>m³ 이상
<u>목</u>재가공품 및 나무부스러기		<u>10</u>m³ 이상
<u>면</u>화류		<u>2</u>00kg 이상
나무껍질 및 대팻밥		<u>4</u>00kg 이상
<u>넝</u>마 및 종이부스러기		
<u>사</u>류(絲類)		1,000kg 이상
<u>볏</u>짚류		
<u>가</u>연성 고체류		<u>3</u>,000kg 이상
고무류ㆍ플라스틱류	발포시킨 것(액체)	<u>2</u>0m³ 이상
	그 밖의 것(고체)	<u>3</u>,000kg 이상
<u>석</u>탄ㆍ목탄류		<u>1</u>0,000kg 이상

암기 Tip

가액 : 2, 목 : 1, 면 : 2, 나 : 4, 넝사볏 : 천, 가고 : 3, 고플액 : 2, 고플고 : 3, 석 : 만

07 정답 ❶

「화재의 예방 및 안전관리에 관한 법률」 제41조 제2항
제1항에 따른 화재예방안전진단의 범위는 다음 각 호와 같다.
1. 화재위험요인의 조사에 관한 사항
2. 소방계획 및 피난계획 수립에 관한 사항
3. 소방시설등의 유지ㆍ관리에 관한 사항
4. 비상대응조직 및 교육훈련에 관한 사항
5. 화재 위험성 평가에 관한 사항
6. 그 밖에 화재예방진단을 위하여 대통령령(시행령 제45조)으로 정하는 사항

시행령 제45조(화재예방안전진단의 범위)
법 제41조 제2항 제6호에서 "대통령령으로 정하는 사항"이란 다음 각 호의 사항을 말한다.
1. 화재 등의 재난 발생 후 재발방지 대책의 수립 및 그 이행에 관한 사항
2. 지진 등 외부 환경 위험요인 등에 대한 예방ㆍ대비ㆍ대응에 관한 사항
3. 화재예방안전진단 결과 보수ㆍ보강 등 개선요구 사항 등에 대한 이행 여부

08 정답 ❷

① 숙박시설로 사용되는 바닥면적의 합계가 <u>300㎡ 이상 600㎡ 미만</u>인 시설
③ 근린생활시설 중 조산원 및 산후조리원으로서 연면적 600㎡ 미만인 시설
④ 의료시설 중 정신의료기관 또는 의료재활시설로 사용되는 바닥면적의 합계가 <u>300㎡ 이상 600㎡ 미만</u>인 시설

09 정답 ❷

ㄷ. 스프링클러설비는 소방시설 중 소화설비에 연결송수관설비는 소화활동
  설비에 포함된다.
ㅁ. 내진설계 대상 : 옥내소화전설비, 스프링클러설비, 물분무등소화설비를
  말한다.

10 정답 ❹

「소방시설 설치 및 관리에 관한 법률」 제59조
다음 각 호의 어느 하나에 해당하는 자는 300만원 이하의 벌금에 처한다.
1. 성능위주설계평가단에 소속된 사람에 대한 금지 규정(제9조 제2항) 및 위
  탁기관 종사자의 금지 규정(제50조 제7항)을 위반하여 업무를 수행하면
  서 알게 된 비밀을 이 법에서 정한 목적 외의 용도로 사용하거나 다른
  사람 또는 기관에 제공하거나 누설한 자

11 정답 ❷

① 소방시설공사 현장에 감리원을 배치하지 아니한 감리업자는 300만원 이
  하의 벌금이 부과된다. -「소방시설공사업법」 제37조
③ 소방공사감리업자는 감리원 배치변경 7일 이내에 통보서에 서류를 첨부
  하여 소방본부장, 소방서장에게 통보해야 한다. -「소방시설공사업법 시
  행규칙」 제17조
④ 소방공무원으로 3년 이상 소방관련업무에 근무한 경력이 있는 사람은 초
  급 감리자가 가능하다. -「소방시설공사업법 시행규칙」 제17조 제1항 제1
  호 근거규정

12 정답 ❷

「소방기본법 시행령」 제7조의12(소방자동차 전용구역 설치 대상)
법 제21조의2 제1항에서 "대통령령으로 정하는 공동주택"이란 다음 각 호의
주택을 말한다. 다만, 하나의 대지에 하나의 동(棟)으로 구성되고 「도로교통
법」 제32조 또는 제33조에 따라 정차 또는 주차가 금지된 편도 2차선 이상
의 도로에 직접 접하여 소방자동차가 도로에서 직접 소방활동이 가능한 공
동주택은 제외한다.
1. 「건축법 시행령」 별표 1 제2호 가목의 아파트 중 세대수가 100세대 이상
  인 아파트
2. 「건축법 시행령」 별표 1 제2호 라목의 기숙사 중 3층 이상의 기숙사

13 정답 ❹

「화재의 예방 및 안전관리에 관한 법률 시행령」 제14조 제4항
제3항에 따른 보상금의 지급 또는 공탁의 통지에 불복하는 자는 지급 또는
공탁의 통지를 받은 날부터 30일 이내에 「공익사업을 위한 토지 등의 취득
및 보상에 관한 법률」 제49조에 따른 중앙토지수용위원회 또는 관할 지방토
지수용위원회에 재결(裁決)을 신청할 수 있다.

14 정답 ❹

「소방의 화재조사에 관한 법률 시행령」 제11조 제3항
소방관서장은 제1항에 따라 수집한 증거물이 다음 각 호의 어느 하나에 해당
하는 경우에는 증거물을 지체 없이 반환해야 한다.
1. 화재와 관련이 없다고 인정되는 경우
2. 화재조사가 완료되는 등 증거물을 보관할 필요가 없게 된 경우

15 정답 ❷

「화재의 예방 및 안전관리에 관한 법률 시행령」 제44조 제2항
화재예방안전진단을 받은 소방안전 특별관리시설물의 관계인은 제3항에 따
른 안전등급(이하 "안전등급"이라 한다)에 따라 정기적으로 다음 각 호의 기
간에 법 제41조 제1항에 따라 화재예방안전진단을 받아야 한다.
1. 안전등급이 우수인 경우 : 안전등급을 통보받은 날부터 6년이 경과한 날
  이 속하는 해
2. 안전등급이 양호·보통인 경우 : 안전등급을 통보받은 날부터 5년이 경과
  한 날이 속하는 해
3. 안전등급이 미흡·불량인 경우 : 안전등급을 통보받은 날부터 4년이 경과
  한 날이 속하는 해

16 정답 ❶

「소방시설 설치 및 관리에 관한 법률 시행령」 제11조 관련 [별표 4]
㉠ 소화기구, 유도등 : 터널
㉡ 비상경보설비, 비상조명등, 비상콘센트설비, 연결송수관설비, 무선통신
  보조설비 : 길이가 500m 이상인 터널
㉢ 옥내소화전설비, 자동화재탐지설비 : 길이가 1천m 이상인 터널

17 정답 ❹

「소방시설 설치 및 관리에 관한 법률 시행령」 제17조 [별표 7]
㉠ 종업원 수(10) + 1인 침대(50) + 2인 침대(100 × 2 = 200) = 260명

㉡ 종업원 수(20) + $\dfrac{\text{사용되는 바닥면적의 합계}}{3}$ $(\dfrac{600}{3} = 200)$ = 220명

㉢ $\dfrac{\text{실습실 용도로 쓰는 바닥면적의 합계}}{1.9}$ = $\dfrac{570}{1.9}$ = 300명

㉣ $\dfrac{\text{운동시설 용도로 쓰는 바닥면적의 합계}}{4.6}$ = $\dfrac{920}{4.6}$ = 200명

18 정답 ❸

㉠ 「위험물안전관리법」 제11조의2 제2항 : 제조소등의 관계인은 제조소등
  의 사용을 중지하거나 중지한 제조소등의 사용을 재개하려는 경우에는
  해당 제조소등의 사용을 중지하려는 날 또는 재개하려는 날의 14일 전까
  지 행정안전부령으로 정하는 바에 따라 제조소등의 사용 중지 또는 재개
  를 시·도지사에게 신고하여야 한다.
㉡ 「위험물안전관리법 시행령」 제18조 제2항 제2호 : 옥외탱크저장소에 저
  장하는 제4류 위험물의 최대수량이 지정수량의 50만배 이상인 경우 관
  계인은 대통령령이 정하는 바에 따라 당해 사업소에 자체소방대를 설치
  하여야 한다.
㉢ 「위험물안전관리법 시행령」 제12조 제1항 제3호 : 동일구내에 있거나 상
  호 100미터 이내의 거리에 있는 저장소로서 저장소의 규모, 저장하는 위
  험물의 종류 등을 고려하여 행정안전부령이 정하는 저장소를 동일인이
  설치한 경우
㉣ 「위험물안전관리법 시행규칙」 제56조 제1항 제2호 : 30개 이하의 옥외
  탱크저장소
㉤ 「위험물안전관리법 시행령」 제15조 제1항 제3호 : 지정수량의 150배 이
  상의 위험물을 저장하는 옥내저장소

19
정답 ❹

「위험물안전관리법 시행령」 제8조(탱크안전성능검사의 대상이 되는 탱크 등)
1. 기초·지반검사 : 옥외탱크저장소의 액체위험물탱크 중 그 용량이 100만리터 이상인 탱크
2. 충수(充水)·수압검사 : 액체위험물을 저장 또는 취급하는 탱크. 다만, 다음에 해당하는 탱크는 제외한다.
   가. 제조소 또는 일반취급소에 설치된 탱크로서 용량이 지정수량 미만인 것
   나. 「고압가스 안전관리법」에 따른 특정설비에 관한 검사에 합격한 탱크
   다. 「산업안전보건법」에 따른 안전인증을 받은 탱크
3. 용접부검사 : 옥외탱크저장소의 액체위험물탱크 중 그 용량이 100만리터 이상인 탱크. 다만, 탱크의 저부에 관계된 변경공사(탱크의 옆판과 관련되는 공사를 포함하는 것을 제외한다) 시에 행하여진 정기검사에 의하여 용접부에 관한 사항이 행정안전부령으로 정하는 기준에 적합하다고 인정된 탱크를 제외한다.
4. 암반탱크검사 : 액체위험물을 저장 또는 취급하는 암반내의 공간을 이용한 탱크

20
정답 ❶

「화재의 예방 및 안전관리에 관한 법률 시행령」 제8조 제2항
소방관서장은 화재안전조사를 실시하려는 경우 사전에 법 제8조 제2항 각 호 외의 부분 본문에 따라 조사대상, 조사기간 및 조사사유 등 조사계획을 소방청, 소방본부 또는 소방서의 인터넷 홈페이지나 법 제16조 제3항에 따른 전산시스템을 통해 7일 이상 공개해야 한다.

21
정답 ❹

「소방시설 설치 및 관리에 관한 법률 시행규칙」 제2조(기술기준의 제정·개정 절차)
① 국립소방연구원장은 화재안전기준 중 기술기준(이하 "기술기준"이라 한다)을 제정·개정하려는 경우 제정안·개정안을 작성하여 「소방시설 설치 및 관리에 관한 법률」(이하 "법"이라 한다) 제18조 제1항에 따른 중앙소방기술심의위원회(이하 "중앙위원회"라 한다)의 심의·의결을 거쳐야 한다. 이 경우 제정안·개정안의 작성을 위해 소방 관련 기관·단체 및 개인 등의 의견을 수렴할 수 있다.
② 국립소방연구원장은 제1항에 따라 중앙위원회의 심의·의결을 거쳐 다음 각 호의 사항이 포함된 승인신청서를 소방청장에게 제출해야 한다.
   1. 기술기준의 제정안 또는 개정안
   2. 기술기준의 제정 또는 개정 이유
   3. 기술기준의 심의 경과 및 결과
③ 제2항에 따라 승인신청서를 제출받은 소방청장은 제정안 또는 개정안이 화재안전기준 중 성능기준 등을 충족하는지를 검토하여 승인 여부를 결정하고 국립소방연구원장에게 통보해야 한다.
④ 제3항에 따라 승인을 통보받은 국립소방연구원장은 승인받은 기술기준을 관보에 게재하고, 국립소방연구원 인터넷 홈페이지를 통해 공개해야 한다.

22
정답 ❸

「위험물안전관리법 시행규칙」 제39조(이송취급소의 위치·구조 및 설비의 기준) [별표 15]
이송취급소의 지상설치 기준
배관을 지상에 설치하는 경우에는 다음 각목의 기준에 의하여야 한다.
㉮ 배관이 지표면에 접하지 아니하도록 할 것
㉯ 배관[이송기지(펌프에 의하여 위험물을 보내거나 받는 작업을 행하는 장소를 말한다. 이하 같다)의 구내에 설치된 것을 제외한다]은 다음의 기준에 의한 안전거리를 둘 것
   ㉠ 철도(화물수송용으로만 쓰이는 것을 제외한다) 또는 도로 (「국토의 계획 및 이용에 관한 법률」에 의한 공업지역 또는 전용공업지역에 있는 것을 제외한다)의 경계선으로부터 25m 이상

㉡ 별표 4 ㅣ제1호 나목1)·2)·3) 또는 4)의 규정에 의한 시설로부터 45m 이상
㉢ 별표 4 ㅣ제1호 다목의 규정에 의한 시설로부터 65m 이상
㉣ 별표 4 ㅣ제1호 라목1)·2)·3)·4) 또는 5)의 규정에 의한 시설로부터 35m 이상
㉤ 「국토의 계획 및 이용에 관한 법률」에 의한 공공공지 또는 「도시공원법」에 의한 도시공원으로부터 45m 이상
㉥ 판매시설·숙박시설·위락시설 등 불특정다중을 수용하는 시설 중 연면적 1,000m^2 이상인 것으로부터 45m 이상
㉦ 1일 평균 20,000명 이상 이용하는 기차역 또는 버스터미널로부터 45m 이상
㉧ 「수도법」에 의한 수도시설 중 위험물이 유입될 가능성이 있는 것으로부터 300m 이상
㉨ 주택 또는 '㉠' 내지 '㉧'과 유사한 시설 중 다수의 사람이 출입하거나 근무하는 것으로부터 25m 이상

23
정답 ❷

「화재의 예방 및 안전관리에 관한 법률」 제18조
소방관서장은 화재예방강화지구 안의 관계인에 대하여 소방에 필요한 훈련 및 교육을 연 1회 이상 실시할 수 있다.

24
정답 ❹

「소방시설 설치 및 관리에 관한 법률 시행령」 제3조 관련 [별표 1]
"소화용수설비"란 화재진압에 필요한 물을 공급하거나 저장하는 설비로서 상수도소화용수설비, 소화수조, 저수조 등이 있다.
※ 연결살수설비는 소화활동설비이다.

25
정답 ❶

「소방시설 설치 및 관리에 관한 법률 시행령」 제5조 관련 [별표 2] 특정소방대상물
노유자시설－학교의 교사 중 병설유치원으로 사용되는 부분

제 **11** 회 정답과 해설

📎 문제 p.114

01	①	02	③	03	④	04	③	05	②
06	④	07	②	08	④	09	③	10	④
11	③	12	①	13	④	14	①	15	③
16	④	17	②	18	③	19	④	20	④
21	③	22	④	23	①	24	③	25	④

01

정답 ❶

「소방시설 설치 및 관리에 관한 법률 시행령」 제11조 관련 [별표 4]
자동화재탐지설비 설치대상
- 층수가 6층 이상인 건축물의 경우에는 모든 층
- 터널로서 길이가 1천m 이상인 것
- 노유자 생활시설에 해당하지 않는 노유자 시설로서 연면적 400m² 이상인 노유자 시설 및 숙박시설이 있는 수련시설로서 수용인원 100명 이상인 경우에는 모든 층

02

정답 ❸

「소방시설 설치 및 관리에 관한 법률 시행령」 제16조 관련 [별표 6]
화재안전기준을 적용하기 어려운 특정소방대상물

대상 특정소방대상물	면제 대상
펄프공장의 작업장, 음료수 공장의 세정 또는 충전을 하는 작업장 또는 유사 용도	스프링클러설비, 상수도소화용수설비 및 연결살수설비
정수장, 수영장, 목욕장, 농예·축산·어류양식용 시설 또는 유사 용도	자동화재탐지설비, 상수도소화용수설비 및 연결살수설비

03

정답 ❹

「소방시설 설치 및 관리에 관한 법률」 제18조 제2항
1. 소방시설에 하자가 있는지의 판단에 관한 사항
2. 그 밖에 소방기술 등에 관하여 대통령령(시행령 제20조 제2항)으로 정하는 사항

「소방시설 설치 및 관리에 관한 법률 시행령」 제20조(소방기술심의위원회의 심의사항) 제2항
법 제18조 제2항 제2호에서 "대통령령으로 정하는 사항"이란 다음 각 호의 사항을 말한다.
1. 연면적 10만제곱미터 미만의 특정소방대상물에 설치된 소방시설의 설계·시공·감리의 하자 유무에 관한 사항
2. 소방본부장 또는 소방서장이 「위험물안전관리법」 제2조 제1항 제6호에 따른 제조소등의 시설기준 또는 화재안전기준의 적용에 관하여 기술검토를 요청하는 사항
3. 그 밖에 소방기술과 관련하여 특별시장·광역시장·특별자치시장·도지사 또는 특별자치도지사가 소방기술심의위원회의 심의에 부치는 사항

04

정답 ❸

「소방시설공사업법 시행령」 제2조의3 [별표 1의2]

성능위주설계자의 자격	기술인력	설계범위
1. 전문 소방시설설계업을 등록한 자 2. 전문 소방시설설계업 등록기준에 따른 기술인력을 갖춘 자로서 소방청장이 정하여 고시하는 연구기관 또는 단체	소방기술사 2명 이상	「소방시설 설치 및 관리에 관한 법률 시행령」 제9조에 따라 성능위주설계를 하여야 하는 특정소방대상물

「소방시설 설치 및 관리에 관한 법률 시행령」 제9조
성능위주설계를 해야 하는 특정소방대상물의 범위
㉮ 연면적 20만제곱미터 이상인 특정소방대상물. 다만, 별표 2 제1호 가목에 따른 아파트등(이하 "아파트등"이라 한다)은 제외한다.
㉯ 50층 이상(지하층은 제외한다)이거나 지상으로부터 높이가 200미터 이상인 아파트등
㉰ 30층 이상(지하층을 포함한다)이거나 지상으로부터 높이가 120미터 이상인 특정소방대상물(아파트등은 제외한다)

05

정답 ❷

「위험물안전관리법 시행규칙」 제41조 제2항·제42조 제2항 및 제43조 제2항 관련 [별표 17] 소화설비, 경보설비 및 피난설비의 기준
제조소등별로 설치해야 하는 경보설비의 종류
가. 제조소 및 일반취급소 중 연면적이 500제곱미터 이상인 것은 자동화재탐지설비를 설치해야 한다.
나. 옥내저장소 중 지정수량의 100배 이상을 저장 또는 취급하는 것(고인화점위험물만을 저장 또는 취급하는 것은 제외한다)은 자동화재탐지설비를 설치해야 한다.
다. 옥외탱크저장소 중 특수인화물, 제1석유류 및 알코올류를 저장 또는 취급하는 탱크의 용량이 1,000만리터 이상인 것은 자동화재탐지설비, 자동화재속보설비를 설치해야 한다.
라. 주유취급소 중 옥내주유취급소는 자동화재탐지설비를 설치해야 한다.

06

정답 ❹

① 「소방기본법」 제3조 제2항
소방업무를 수행하는 소방본부장 또는 소방서장은 그 소재지를 관할하는 특별시장·광역시장·특별자치시장·도지사 또는 특별자치도지사(이하 "시·도지사"라 한다)의 지휘와 감독을 받는다.
② 「화재의 예방 및 안전관리에 관한 법률」 제2조 제1항 제4호
"화재예방강화지구"란 특별시장·광역시장·특별자치시장·도지사 또는 특별자치도지사(이하 "시·도지사"라 한다)가 화재발생 우려가 크거나 화재가 발생할 경우 피해가 클 것으로 예상되는 지역에 대하여 화재의 예방 및 안전관리를 강화하기 위해 지정·관리하는 지역을 말한다.
③ 「화재의 예방 및 안전관리에 관한 법률」 제3조 제1항
국가는 화재로부터 국민의 생명과 재산을 보호할 수 있도록 화재의 예방 및 안전관리에 관한 정책을 수립·시행하여야 한다.
④ 「소방기본법 시행규칙」 제8조의5 제2항
소방본부장은 소방지원활동등의 상황을 종합하여 연 2회 소방청장에게 보고해야 한다.

07 　　　　정답 ❷

「소방기본법」 제20조의2(자체소방대의 설치·운영)
㉠ 관계인은 화재를 진압하거나 구조·구급 활동을 하기 위하여 상설 조직체(「위험물안전관리법」 제19조 및 그 밖의 다른 법령에 따라 설치된 자체소방대를 포함하며, 이하 이 조에서 "자체소방대"라 한다)를 설치·운영할 수 있다.
㉡ 자체소방대는 소방대가 현장에 도착한 경우 소방대장의 지휘·통제에 따라야 한다.
㉢ 소방청장, 소방본부장 또는 소방서장은 자체소방대의 역량 향상을 위하여 필요한 교육·훈련 등을 지원할 수 있다.

08 　　　　정답 ❹

「소방기본법 시행규칙」 제3조의2(소방전보통신망의 구축·운영)
㉠ 소방정보통신망의 이중화된 각 회선은 하나의 회선 장애 발생 시 즉시 다른 회선으로 전환되도록 구축하여야 한다.
㉡ 법 제4조의2 제1항에 따른 소방정보통신망은 회선 수, 구간별 용도, 속도 등을 산정하여 설계·구축하여야 한다. 이 경우 소방정보통신망 회선 수는 최소 2회선 이상이어야 한다.
㉢ 소방청장 및 시·도지사는 소방정보통신망이 안정적으로 운영될 수 있도록 연 1회 이상 소방정보통신망을 주기적으로 점검·관리하여야 한다.
㉣ 그 밖에 소방정보통신망의 속도, 점검 주기 등 세부 사항은 소방청장이 정한다.

09 　　　　정답 ❸

「소방기본법 시행령」 제7조의13 제2항 관련 [별표 2의5] 비고
㉠ 전용구역 노면표지의 외곽선은 빗금무늬로 표시하되, 빗금은 두께를 30센티미터로 하여 50센티미터 간격으로 표시한다.
㉡ 전용구역 노면표지 도료의 색채는 황색을 기본으로 하되, 문자(P, 소방차 전용)는 백색으로 표시한다.

10 　　　　정답 ❹

「소방의 화재조사에 관한 법률 시행령」 제9조(화재현장 보존조치 등의 해제)
소방관서장이나 경찰서장은 다음 각 호의 경우에는 법 제8조 제1항에 따른 화재현장 보존조치나 통제구역의 설정을 지체 없이 해제해야 한다.
㉠ 화재조사가 완료된 경우
㉡ 화재현장 보존조치나 통제구역의 설정이 해당 화재조사와 관련이 없다고 인정되는 경우

11 　　　　정답 ❸

「화재의 예방 및 안전관리에 관한 법률」 제41조 제2항
제1항에 따른 화재예방안전진단의 범위는 다음 각 호와 같다.
㉮ 화재위험요인의 조사에 관한 사항
㉯ 소방계획 및 피난계획 수립에 관한 사항
㉰ 소방시설등의 유지·관리에 관한 사항
㉱ 비상대응조직 및 교육훈련에 관한 사항
㉲ 화재 위험성 평가에 관한 사항
㉳ 그 밖에 화재예방진단을 위하여 대통령령으로 정하는 사항
　㉠ 화재 등의 재난 발생 후 재발방지 대책의 수립 및 그 이행에 관한 사항
　㉡ 지진 등 외부 환경 위험요인 등에 대한 예방·대비·대응에 관한 사항
　㉢ 화재예방안전진단 결과 보수·보강 등 개선요구 사항 등에 대한 이행 여부

12 　　　　정답 ❶

「화재의 예방 및 안전관리에 관한 법률 시행령」 제2조
소방청장은 「화재의 예방 및 안전관리에 관한 법률」(이하 "법"이라 한다) 제4조 제1항에 따른 화재의 예방 및 안전관리에 관한 기본계획(이하 "기본계획"이라 한다)을 계획 시행 전년도 8월 31일까지 관계 중앙행정기관의 장과 협의한 후 계획 시행 전년도 9월 30일까지 수립해야 한다.

13 　　　　정답 ❹

「화재의 예방 및 안전관리에 관한 법률」 제6조 제3항
소방청장은 제1항에 따른 통계자료의 작성·관리에 관한 업무의 전부 또는 일부를 행정안전부령으로 정하는 바에 따라 전문성이 있는 기관을 지정하여 수행하게 할 수 있다.

14 　　　　정답 ❶

「소방시설 설치 및 관리에 관한 법률 시행규칙」 제20조 제1항 관련 [별표 4] 제2호
제1호 가목에 따라 관리업자가 점검하는 경우 특정소방대상물의 규모 등에 따른 점검인력의 배치기준은 다음과 같다.

구분	주된 점검인력	보조 점검인력
가. 50층 이상 또는 성능위주설계를 한 특정소방대상물	소방시설관리사 경력 5년 이상인 특급점검자 1명 이상	고급점검자 이상의 기술인력 1명 이상 및 중급점검자 이상의 기술인력 1명 이상
나. 「화재의 예방 및 안전관리에 관한 법률 시행령」 별표 4 제1호에 따른 특급 소방안전관리대상물(가목의 특정소방대상물은 제외한다)	소방시설관리사 경력 3년 이상인 특급점검자 1명 이상	고급점검자 이상의 기술인력 1명 이상 및 초급점검자 이상의 기술인력 1명 이상
다. 「화재의 예방 및 안전관리에 관한 법률 시행령」 별표 4 제2호 및 제3호에 따른 1급 또는 2급 소방안전관리대상물	소방시설관리사 경력 1년 이상인 특급점검자 1명 이상	중급점검자 이상의 기술인력 1명 이상 및 초급점검자 이상의 기술인력 1명 이상
라. 「화재의 예방 및 안전관리에 관한 법률 시행령」 별표 4 제4호에 따른 3급 소방안전관리대상물	특급점검자 1명 이상	초급점검자 이상의 기술인력 2명 이상

비고
1. "주된 점검인력"이란 해당 점검 업무 전반을 총괄하는 사람을 말한다.
2. "보조 점검인력"이란 주된 점검인력을 보조하고, 주된 점검인력의 지시를 받아 점검 업무를 수행하는 사람을 말한다.
3. 점검인력의 등급구분(특급점검자, 고급점검자, 중급점검자, 초급점검자)은 「소방시설공사업법 시행규칙」 별표 4의2에서 정하는 기준에 따른다.

15
정답 ❸

「소방시설 설치 및 관리에 관한 법률 시행령」 제2조
"무창층"(無窓層)이란(시행령 제2조) 지상층 중 다음 각 목의 요건을 모두 갖춘 개구부(건축물에서 채광·환기·통풍 또는 출입 등을 위하여 만든 창·출입구, 그 밖에 이와 비슷한 것을 말한다. 이하 같다)의 면적의 합계가 해당 층의 바닥면적(「건축법 시행령」 제119조 제1항 제3호에 따라 산정된 면적을 말한다. 이하 같다)의 30분의 1 이하가 되는 층을 말한다.

16
정답 ❹

「소방시설공사업법」 제8조(소방시설업의 운영) 제3항
소방시설업자는 다음 각 호의 어느 하나에 해당하는 경우에는 소방시설공사 등을 맡긴 특정소방대상물의 관계인에게 지체 없이 그 사실을 알려야 한다.
1. 소방시설업자의 지위를 승계한 경우
2. 소방시설업의 등록취소처분 또는 영업정지처분을 받은 경우
3. 휴업하거나 폐업한 경우
* 영업정지처분이나 등록취소처분을 받은 소방시설업자는 그 날부터 소방시설공사 등을 하여서는 아니 된다(제8조 제2항).

17
정답 ❷

「소방시설공사업법 시행규칙」 제22조 제1항 제1호 마목
공사업자의 자기수요에 따른 소방시설공사의 경우 : 그 공사의 감리자가 확인한 별지 제33호 서식의 소방시설공사 실적증명서

18
정답 ❸

「위험물안전관리법 시행령」 제2조 및 제3조 관련(위험물 및 지정수량 세부기준) [별표 1]
제4류 위험물(인화성액체)
특수인화물(이황화탄소, 디에틸에테르 등) : 50리터

19
정답 ❹

「위험물안전관리법」 제15조(위험물안전관리자) 제5항
안전관리자를 선임한 제조소등의 관계인은 안전관리자가 여행·질병 그 밖의 사유로 인하여 일시적으로 직무를 수행할 수 없거나 안전관리자의 해임 또는 퇴직과 동시에 다른 안전관리자를 선임하지 못하는 경우에는 국가기술자격법에 따른 위험물의 취급에 관한 자격취득자 또는 위험물안전에 관한 기본지식과 경험이 있는 자로서 행정안전부령이 정하는 자를 대리자(代理者)로 지정하여 그 직무를 대행하게 하여야 한다. 이 경우 대리자가 안전관리자의 직무를 대행하는 기간은 30일을 초과할 수 없다.

20
정답 ❹

「위험물안전관리법 시행규칙」 제70조 제1항
법 제18조 제3항에 따른 정기검사(이하 "정기검사"라 한다)를 받아야 하는 특정·준특정옥외탱크저장소의 관계인은 다음 각 호의 구분에 따라 정밀정기검사 및 중간정기검사를 받아야 한다. 다만, 재난 그 밖의 비상사태의 발생, 안전유지상의 필요 또는 사용상황 등의 변경으로 해당 시기에 정기검사를 실시하는 것이 적당하지 않다고 인정되는 때에는 소방서장의 직권 또는 관계인의 신청에 따라 소방서장이 따로 지정하는 시기에 정기검사를 받을 수 있다.
1. 정밀정기검사 : 다음 각 목의 어느 하나에 해당하는 기간 내에 1회
　가. 특정·준특정옥외탱크저장소의 설치허가에 따른 완공검사합격확인증을 발급받은 날부터 12년
　나. 최근의 정밀정기검사를 받은 날부터 11년

2. 중간정기검사 : 다음 각 목의 어느 하나에 해당하는 기간 내에 1회
　가. 특정·준특정옥외탱크저장소의 설치허가에 따른 완공검사합격확인증을 발급받은 날부터 4년
　나. 최근의 정밀정기검사 또는 중간정기검사를 받은 날부터 4년

21
정답 ❸

「소방시설 설치 및 관리에 관한 법률 시행령」 제5조 관련 [별표 2]
지하구
가. 전력·통신용의 전선이나 가스·냉난방용의 배관 또는 이와 비슷한 것을 집합수용하기 위하여 설치한 지하 인공구조물로서 사람이 점검 또는 보수를 하기 위하여 출입이 가능한 것 중 다음의 어느 하나에 해당하는 것
　1) 전력 또는 통신사업용 지하 인공구조물로서 전력구(케이블 접속부가 없는 경우에는 제외한다) 또는 통신구 방식으로 설치된 것
　2) 1) 외의 지하 인공구조물로서 폭이 1.8미터 이상이고 높이가 2미터 이상이며 길이가 50미터 이상인 것
나. 「국토의 계획 및 이용에 관한 법률」 제2조 제9호에 따른 공동구

22
정답 ❹

「화재의 예방 및 안전관리에 관한 법률」 제4조 제3항
기본계획에는 다음 각 호의 사항이 포함되어야 한다.
1. 화재예방정책의 기본목표 및 추진방향
2. 화재의 예방과 안전관리를 위한 법령·제도의 마련 등 기반 조성
3. 화재의 예방과 안전관리를 위한 대국민 교육·홍보
4. 화재의 예방과 안전관리 관련 기술의 개발·보급
5. 화재의 예방과 안전관리 관련 전문인력의 육성·지원 및 관리
6. 화재의 예방과 안전관리 관련 산업의 국제경쟁력 향상
7. 그 밖에 대통령령으로 정하는 화재의 예방과 안전관리에 필요한 사항

23
정답 ❶

「소방기본법」 제17조의2
소방안전교육사는 소방안전교육의 기획·진행·분석·평가 및 교수업무를 수행한다.

24
정답 ❸

「소방기본법」 제24조 제3항
소방활동에 종사한 사람은 시·도지사로부터 소방활동의 비용을 지급받을 수 있다. 다만, 다음의 어느 하나에 해당하는 사람의 경우에는 그러하지 아니하다.
1. 소방대상물에 화재, 재난·재해, 그 밖의 위급한 상황이 발생한 경우 그 관계인
2. 고의 또는 과실로 화재 또는 구조·구급 활동이 필요한 상황을 발생시킨 사람
3. 화재 또는 구조·구급 현장에서 물건을 가져간 사람

25
정답 ❹

「소방시설공사업법」 제40조 제1항
200만원 이하의 과태료
5. 제14조 제1항을 위반하여 완공검사를 받지 아니한 자

제12회 정답과 해설

🔗 문제 p.119

Answer

01	④	02	④	03	②	04	①	05	③
06	④	07	①	08	①	09	④	10	④
11	④	12	①	13	①	14	①	15	②
16	②	17	②	18	③	19	③	20	④
21	④	22	④	23	①	24	④	25	④

01

정답 ④

① 「소방기본법」 제56조 제2항 제3호의2 − 200만원 이하의 과태료
법 제21조 제3항의 소방자동차의 우선통행 규정을 위반하여 소방자동차의 출동에 지장을 준 자
「소방기본법 시행령」 제19조 관련 [별표 3]

라. 법 제21조 제3항을 위반하여 소방자동차의 출동에 지장을 준 경우	법 제56조 제2항 제3호의2	100

② 「소방기본법」 제56조 제2항 제4호 − 200만원 이하의 과태료
법 제23조 제1항의 소방대장의 소방활동구역 출입 제한 규정을 위반하여 소방활동구역을 출입한 사람
「소방기본법 시행령」 제19조 관련 [별표 3]

바. 법 제23조 제1항을 위반하여 소방활동구역을 출입한 경우	법 제56조 제2항 제4호	100

③ 「화재의 예방 및 안전관리에 관한 법률」 제52조 제3항 − 100만원 이하의 과태료
법 제34조 제1항 제2호의 소방안전관리자에 대한 실무교육 규정을 위반하여 실무교육을 받지 아니한 소방안전관리자 및 소방안전관리보조
「화재의 예방 및 안전관리에 관한 법률 시행령」 제51조 관련 [별표 9]

차. 법 제34조 제1항 제2호를 위반하여 실무교육을 받지 않은 경우	법 제52조 제3항	50

④ 「화재의 예방 및 안전관리에 관한 법률」 제52조 제2항 제5호 − 200만원 이하의 과태료
법 제26조 제1항의 소방안전관리자 선임신고의 규정을 위반하여 기간 내에 선임신고를 하지 아니하거나 소방안전관리자의 성명 등을 게시하지 아니한 자
「화재의 예방 및 안전관리에 관한 법률 시행령」 제51조 관련 [별표 9]

바. 법 제26조 제1항을 위반하여 기간 내에 선임신고를 하지 않거나 소방안전관리자의 성명 등을 게시하지 않은 경우	법 제52조 제2항 제3호			
1) 지연 신고기간이 1개월 미만인 경우				50
2) 지연 신고기간이 1개월 이상 3개월 미만인 경우				100
3) 지연 신고기간이 3개월 이상이거나 신고하지 않은 경우				200
4) 소방안전관리자의 성명 등을 게시하지 않은 경우		50	100	200

02

정답 ④

「소방시설공사업법」 제26조의3(소방시설업 종합정보시스템의 구축 등) 제4항
제1항에 따른 소방시설업 종합정보시스템의 구축 및 운영 등에 필요한 사항은 행정안전부령으로 정한다.

03

정답 ②

① 소방청장은 소방안전교육을 위하여 소방청장이 실시하는 시험에 합격한 사람에게 소방안전교육사 자격을 부여한다. −「소방기본법」 제17조의2 제1항
③ 소방공무원으로 3년 이상 근무한 경력이 있는 사람은 소방안전교육사시험의 응시자격이 부여 된다. −「소방기본법 시행령」 제7조의2 [별표 2의2]
④ 소방안전교육사시험의 제1차 시험과목은 소방학개론, ┼급·응급처치론, 재난관리론 및 교육학개론 중 응시자가 선택하는 3과목이다. −「소방기본법 시행령」 제7조의4

04

정답 ①

「소방기본법 시행규칙」 제6조 제2항 관련 [별표 3]
저수조의 설치기준
㉠ 지면으로부터의 낙차가 4.5미터 이하일 것
㉡ 흡수부분의 수심이 0.5미터 이상일 것
㉢ 소방펌프자동차가 쉽게 접근할 수 있도록 할 것
㉣ 흡수에 지장이 없도록 토사 및 쓰레기 등을 제거할 수 있는 설비를 갖출 것
㉤ 흡수관의 투입구가 사각형의 경우에는 한 변의 길이가 60센티미터 이상, 원형의 경우에는 지름이 60센티미터 이상일 것
㉥ 저수조에 물을 공급하는 방법은 상수도에 연결하여 자동으로 급수되는 구조일 것

05

정답 ③

「소방기본법」 제56조 제2항
다음 각 호의 어느 하나에 해당하는 자에게는 200만원 이하의 과태료를 부과한다.
2의2. 제17조의6 제5항을 위반하여 한국119청소년단 또는 이와 유사한 명칭을 사용한 자

06

정답 ④

「소방의 화재조사에 관한 법률」 제6조 제2항
전담부서는 다음 각 호의 업무를 수행한다.
㉠ 화재조사의 실시 및 조사결과 분석·관리
㉡ 화재조사 관련 기술개발과 화재조사관의 역량증진
㉢ 화재조사에 필요한 시설·장비의 관리·운영
㉣ 그 밖의 화재조사에 관하여 필요한 업무

07

정답 ①

「소방시설 설치 및 관리에 관한 법률 시행령」 제11조 관련 [별표 4]
ㅁ. 비상경보설비 : 50명 이상의 근로자가 작업하는 옥내 작업장
ㅂ. 단독경보감지기 : 숙박시설이 있는 수련시설로 수용인원이 100명 미만인 경우

더알아보기

수용인원별 설치해야 하는 소방시설 정리
㉮ 스프링클러설비
　㉠ 문화 및 집회시설(동·식물원은 제외), 종교시설(주요구조부가 목조인 것은 제외), 운동시설(물놀이형 시설 및 바닥이 불연재료이고 관람석이 없는 운동시설은 제외)로서 수용인원이 100명 이상인 것

   ⓒ 판매시설, 운수시설 및 창고시설(물류터미널로 한정한다)로서 바닥
면적의 합계가 5천m² 이상이거나 수용인원이 500명 이상인 경우에
는 모든 층
   ⓓ 창고시설(물류터미널로 한정) 중 내화구조에 해당하지 않는 것으로
서 바닥면적의 합계가 2천 5백m² 이상이거나 수용인원이 250명 이
상인 경우에는 모든 층
  ⓑ 자동화재탐지설비
노유자 생활시설에 해당하지 않는 노유자 시설로서 연면적 400m² 이상
인 노유자 시설 및 숙박시설이 있는 수련시설로서 수용인원 100명 이상
인 경우에는 모든 층
  ⓒ 비상경보설비
50명 이상의 근로자가 작업하는 옥내 작업장
  ⓓ 단독형 감지기
숙박시설이 있는 수련시설로 수용인원이 100명 미만인 경우
  ⓔ 공기호흡기
수용인원 100명 이상인 문화 및 집회시설 중 영화상영관
  ⓕ 휴대용비상조명등
수용인원 100명 이상의 영화상영관
  ⓖ 제연설비
문화 및 집회시설 중 영화상영관으로서 수용인원 100명 이상인 경우에
는 해당 영화상영관

08
정답 ❶

「화재의 예방 및 안전관리에 관한 법률」 제10조 제1항
소방관서장은 화재안전조사의 대상을 객관적이고 공정하게 선정하기 위하
여 필요한 경우 화재안전조사위원회를 구성하여 화재안전조사의 대상을 선
정할 수 있다.

09
정답 ❹

「화재의 예방 및 안전관리에 관한 법률」 제5조 제1항
소방청장은 기본계획 및 시행계획의 수립·시행에 필요한 기초자료를 확보
하기 위하여 다음 각 호의 사항에 대하여 실태조사를 할 수 있다. 이 경우
관계 중앙행정기관의 장의 요청이 있는 때에는 합동으로 실태조사를 할 수
있다.
1. 소방대상물의 용도별·규모별 현황
2. 소방대상물의 화재의 예방 및 안전관리 현황
3. 소방대상물의 소방시설등 설치·관리 현황
4. 그 밖에 기본계획 및 시행계획의 수립·시행을 위하여 필요한 사항

10
정답 ❹

「소방의 화재조사에 관한 법률 시행규칙」 제8조 제2항
소방관서장은 제1항에 따라 화재조사의 결과를 공표할 때에는 다음 각 호의
사항을 포함시켜야 한다. – 아래의 사항은 '포함시켜야' 하는 기속행위이다.
1. 화재원인에 관한 사항
2. 화재로 인한 인명·재산피해에 관한 사항
3. 화재발생 건축물과 구조물에 관한 사항
4. 그 밖에 화재예방을 위해 공표할 필요가 있다고 소방관서장이 인정하는
   사항

11
정답 ❹

「화재의 예방 및 안전관리에 관한 법률 시행령」 제16조 제1항
법 제17조 제1항 각 호 외의 부분 본문에서 "대통령령으로 정하는 장소"란
다음 각 호의 장소를 말한다.
1. 제조소등
2. 「고압가스 안전관리법」 제3조 제1호에 따른 저장소

3. 「액화석유가스의 안전관리 및 사업법」 제2조 제1호에 따른 액화석유가스
의 저장소·판매소
4. 「수소경제 육성 및 수소 안전관리에 관한 법률」 제2조 제7호에 따른 수
소연료공급시설 및 같은 조 제9호에 따른 수소연료사용시설
5. 「총포·도검·화약류 등의 안전관리에 관한 법률」 제2조 제3항에 따른
화약류를 저장하는 장소

12
정답 ❶

「화재의 예방 및 안전관리에 관한 법률 시행규칙」 제36조 제1항
소방안전관리대상물의 관계인은 법 제37조 제1항에 따른 소방훈련과 교육
을 연 1회 이상 실시해야 한다. 다만, 소방본부장 또는 소방서장이 화재예방
을 위하여 필요하다고 인정하여 2회의 범위에서 추가로 실시할 것을 요청하
는 경우에는 소방훈련과 교육을 추가로 실시해야 한다.

13
정답 ❶

「소방시설 설치 및 관리에 관한 법률 시행령」 제5조 관련 [별표 2] 제1호
나목
연립주택 : 주택으로 쓰는 1개 동의 바닥면적(2개 이상의 동을 지하주차장으
로 연결하는 경우에는 각각의 동으로 본다) 합계가 660m²를 초과하고, 층수
가 4개 층 이하인 주택

14
정답 ❹

「소방시설 설치 및 관리에 관한 법률」 제4조
관계인의 의무(「소방기본법」 제2조 제3호에 따른 관계인을 말한다. 이하 같다)
  ⓐ 관계인은 소방시설등의 기능과 성능을 보전·향상시키고 이용자의 편의
와 안전성을 높이기 위하여 노력하여야 한다.
  ⓑ 관계인은 매년 소방시설등의 관리에 필요한 재원을 확보하도록 노력하
여야 한다.
  ⓒ 관계인은 국가 및 지방자치단체의 소방시설등의 설치 및 관리 활동에 적
극 협조하여야 한다.
  ⓓ 관계인 중 <u>점유자는 소유자 및 관리자</u>의 소방시설등 관리 업무에 적극
협조하여야 한다.

15
정답 ❷

「소방시설 설치 및 관리에 관한 법률 시행령」 제17조 관련 [별표 7] 제1호 나목
침대가 없는 숙박시설 : 해당 특정소방대상물의 종사자 수에 숙박시설 바닥
면적의 합계를 3m²로 나누어 얻은 수를 합한 수

16
정답 ❷

「소방시설 설치 및 관리에 관한 법률 시행령」 제30조 제2호
법 제20조 제1항에서 "대통령령으로 정하는 특정소방대상물"이란 다음 각
호의 것을 말한다.
2. 건축물의 옥내에 있는 다음 각 목의 시설
   가. 문화 및 집회시설
   나. 종교시설
   다. 운동시설(수영장은 제외한다)

17
정답 ❷

「소방시설공사업법 시행령」 제2조 제1항 관련 [별표 1]
일반 소방시설설계업
연면적 3만제곱미터(공장의 경우에는 1만제곱미터) 미만의 특정소방대상물
(제연설비가 설치되는 특정소방대상물은 제외한다)에 설치되는 기계분야 소
방시설의 설계

18
정답 ❸

「소방시설공사업법 시행규칙」 제24조 제1항 관련 [별표 4의2] 제3호 다목
중급 점검자
- 소방설비기사 자격을 취득한 사람
- 소방설비산업기사 자격을 취득한 후 3년 이상 소방 관련 업무를 수행한 사람
- 건축설비기사, 건축기사, 공조냉동기계기사, 일반기계기사, 위험물기능장, 전기기사, 전기공사기사, 전파전자통신기사, 정보통신기사 자격을 취득한 후 10년 이상 소방 관련 업무를 수행한 사람

19
정답 ❸

「소방시설공사업법 시행령」 제12조의9 제1항
법 제26조의2 제2항 선난에 따라 시·도지사가 감리업지를 선정해야 하는 주택건설공사의 규모 및 대상은 「주택법」에 따른 공동주택(기숙사는 제외한다)으로서 300세대 이상인 것으로 한다.

20
정답 ❸

「소방시설공사업법」 제19조 제3항
감리업자는 공사업자가 그 공사의 시정 또는 보완 등의 요구를 이행하지 아니하고 그 공사를 계속할 때에는 행정안전부령으로 정하는 바에 따라 소방본부장이나 소방서장에게 그 사실을 보고하여야 한다.

21
정답 ❹

「소방시설공사업법」 제21조의5(부정한 청탁에 의한 재물 등의 취득 및 제공 금지)
- ㉠ 발주자·수급인·하수급인(발주자, 수급인 또는 하수급인이 법인인 경우 해당 법인의 임원 또는 직원을 포함한다) 또는 이해관계인은 도급계약의 체결 또는 소방시설공사등의 시공 및 수행과 관련하여 부정한 청탁을 받고 재물 또는 재산상의 이익을 취득하거나 부정한 청탁을 하면서 재물 또는 재산상의 이익을 제공하여서는 아니 된다.
- ㉡ 국가, 지방자치단체 또는 대통령령으로 정하는 공공기관이 발주한 소방시설공사등의 업체 선정에 심사위원으로 참여한 사람은 그 직무와 관련하여 부정한 청탁을 받고 재물 또는 재산상의 이익을 취득하여서는 아니 된다.
- ㉢ 국가, 지방자치단체 또는 대통령령으로 정하는 공공기관이 발주한 소방시설공사등의 업체 선정에 참여한 법인, 해당 법인의 대표자, 상업사용인, 그 밖의 임원 또는 직원은 그 직무와 관련하여 부정한 청탁을 받고 재물 또는 재산상의 이익을 취득하거나 부정한 청탁을 하면서 재물 또는 재산상의 이익을 제공하여서는 아니 된다.

22
정답 ❹

「위험물안전관리법 시행규칙」 제20조
법 제9조 제1항에 따른 제조소등의 완공검사 신청시기는 다음 각 호의 구분에 따른다.
1. 지하탱크가 있는 제조소등의 경우 : 당해 지하탱크를 매설하기 전

23
정답 ❶

「위험물안전관리법 시행령」 제15조 제1항
법 제17조 제1항에서 "대통령령이 정하는 제조소등(관계인이 예방규정을 정하여야 하는 제조소등)"이라 함은 다음 각 호의 어느 하나에 해당하는 제조소등을 말한다.
1. 지정수량의 10배 이상의 위험물을 취급하는 제조소
2. 지정수량의 100배 이상의 위험물을 저장하는 옥외저장소

3. 지정수량의 150배 이상의 위험물을 저장하는 옥내저장소
4. 지정수량의 200배 이상의 위험물을 저장하는 옥외탱크저장소
5. 암반탱크저장소
6. 이송취급소
7. 지정수량의 10배 이상의 위험물을 취급하는 일반취급소. 다만, 제4류 위험물(특수인화물을 제외한다)만을 지정수량의 50배 이하로 취급하는 일반취급소(제1석유류·알코올류의 취급량이 지정수량의 10배 이하인 경우에 한한다)로서 다음 각목의 어느 하나에 해당하는 것을 제외한다.
   가. 보일러·버너 또는 이와 비슷한 것으로서 위험물을 소비하는 장치로 이루어진 일반취급소
   나. 위험물을 용기에 옮겨 담거나 차량에 고정된 탱크에 주입하는 일반취급소

24
정답 ❹

「위험물안전관리법 시행규칙」 제35조 관련 [별표 11]
III. 인화성고체, 제1석유류 또는 알코올류의 옥외저장소의 특례
   ㉠ 인화성고체, 제1석유류 또는 알코올류를 저장 또는 취급하는 장소에는 당해 위험물을 적당한 온도로 유지하기 위한 살수설비 등을 설치하여야 한다.
   ㉡ 제1석유류 또는 알코올류를 저장 또는 취급하는 장소의 주위에는 배수구 및 집유설비를 설치하여야 한다.
* 특수인화물은 옥외저장소 저장 제외 대상이다.

25
정답 ❹

「위험물안전관리법 시행규칙」 제38조 관련 [별표 14] I 제1호 자목
위험물을 배합하는 실은 다음에 의할 것
1) 바닥면적은 6m² 이상 15m² 이하로 할 것
2) 내화구조 또는 불연재료로 된 벽으로 구획할 것
3) 바닥은 위험물이 침투하지 아니하는 구조로 하여 적당한 경사를 두고 집유설비를 할 것
4) 출입구에는 수시로 열 수 있는 자동폐쇄식의 60분+방화문 또는 60분방화문을 설치할 것
5) 출입구 문턱의 높이는 바닥면으로부터 0.1m 이상으로 할 것
6) 내부에 체류한 가연성의 증기 또는 가연성의 미분을 지붕 위로 방출하는 설비를 할 것

제13회 정답과 해설

📎 문제 p.124

Answer

01	④	02	③	03	②	04	③	05	④
06	②	07	④	08	④	09	①	10	④
11	③	12	②	13	③	14	④	15	②
16	②	17	②	18	①	19	①	20	②
21	③	22	③	23	③	24	②	25	②

01
정답 ④

「소방기본법」 제16조의5
소방공무원이 제16조 제1항에 따른 소방활동으로 인하여 타인을 사상(死傷)에 이르게 한 경우 그 소방활동이 불가피하고 소방공무원에게 고의 또는 중대한 과실이 없는 때에는 그 정상을 참작하여 사상에 대한 형사책임을 감경하거나 면제할 수 있다.
• 소방지원활동등 = 소방지원활동 + 생활안전활동

02
정답 ③

「소방기본법 시행령」 제1조의4 제2항
소방청장은 제1항에 따른 평가를 하려는 경우 다음 연도의 평가계획을 11월 30일까지 시·도지사에게 통지해야 한다.

03
정답 ②

「소방기본법 시행령」 제2조(국고보조 대상사업의 범위와 기준보조율)
국고보조 대상사업의 범위
㉮ 소방활동장비와 설비의 구입 및 설치
　㉠ 소방자동차
　㉡ 소방헬리콥터 및 소방정
　㉢ 소방전용통신설비 및 전산설비
　㉣ 그 밖에 방화복 등 소방활동에 필요한 소방장비
㉯ 소방관서용 청사의 건축(「건축법」 제2조제1항제8호에 따른 건축을 말한다)
* 「건축법」 제2조 제1항 제8호에서 말하는 "건축"이란 건축물을 신축·증축·개축·재축(再築)하거나 건축물을 이전하는 것을 말한다.

04
정답 ③

「소방기본법」 제16조의2 제3항
유관기관·단체 등의 요청에 따른 소방지원활동에 드는 비용은 지원요청을 한 유관기관·단체 등에게 부담하게 할 수 있다. 다만, 부담금액 및 부담방법에 관하여는 지원요청을 한 유관기관·단체 등과 협의하여 결정한다.

05
정답 ④

「소방의 화재조사에 관한 법률 시행령」 제10조 제2항
관계인등은 제1항에 따라 지정된 출석 일시에 출석하는 경우 업무 또는 생활에 지장이 있을 때에는 소방관서장에게 출석 일시를 변경하여 줄 것을 신청할 수 있다. 이 경우 소방관서장은 화재조사의 목적을 달성할 수 있는 범위에서 출석 일시를 변경할 수 있다.

06
정답 ②

「소방의 화재조사에 관한 법률」 제16조 제2항
화재증명원의 발급신청 절차·방법·서식 및 기재사항, 온라인 발급 등에 필요한 사항은 행정안전부령으로 정한다.

07
정답 ④

「화재의 예방 및 안전관리에 관한 법률」 제1조
이 법은 화재의 예방과 안전관리에 필요한 사항을 규정함으로써 화재로부터 국민의 생명·신체 및 재산을 보호하고 공공의 안전과 복리증진에 이바지함을 목적으로 한다.

08
정답 ④

「화재의 예방 및 안전관리에 관한 법률」 제5조 제1항
소방청장은 기본계획 및 시행계획의 수립·시행에 필요한 기초자료를 확보하기 위하여 다음 각 호의 사항에 대하여 실태조사를 할 수 있다. 이 경우 관계 중앙행정기관의 장의 요청이 있는 때에는 합동으로 실태조사를 할 수 있다.
1. 소방대상물의 용도별·규모별 현황
2. 소방대상물의 화재의 예방 및 안전관리 현황
3. 소방대상물의 소방시설등 설치·관리 현황
4. 그 밖에 기본계획 및 시행계획의 수립·시행을 위하여 필요한 사항

09
정답 ①

「화재의 예방 및 안전관리에 관한 법률」 제7조 제1항
소방관서장은 다음 각 호의 어느 하나에 해당하는 경우 화재안전조사를 실시할 수 있다. 다만, 개인의 주거(실제 주거용도로 사용되는 경우에 한정한다)에 대한 화재안전조사는 관계인의 승낙이 있거나 화재발생의 우려가 뚜렷하여 긴급한 필요가 있는 때에 한정한다.
1. 「소방시설 설치 및 관리에 관한 법률」 제22조에 따른 자체점검이 불성실하거나 불완전하다고 인정되는 경우
2. 화재예방강화지구 등 법령에서 화재안전조사를 하도록 규정되어 있는 경우
3. 화재예방안전진단이 불성실하거나 불완전하다고 인정되는 경우
4. 국가적 행사 등 주요 행사가 개최되는 장소 및 그 주변의 관계 지역에 대하여 소방안전관리 실태를 조사할 필요가 있는 경우
5. 화재가 자주 발생하였거나 발생할 우려가 뚜렷한 곳에 대한 조사가 필요한 경우
6. 재난예측정보, 기상예보 등을 분석한 결과 소방대상물에 화재의 발생 위험이 크다고 판단되는 경우
7. 제1호부터 제6호까지에서 규정한 경우 외에 화재, 그 밖의 긴급한 상황이 발생할 경우 인명 또는 재산 피해의 우려가 현저하다고 판단되는 경우

10
정답 ④

「화재의 예방 및 안전관리에 관한 법률」 제22조 제3항
위원장은 위원 중에서 호선하고, 위원은 다음 각 호의 사람으로 한다.
1. 화재안전과 관련되는 법령이나 정책을 담당하는 관계 기관의 소속 직원으로서 대통령령으로 정하는 사람
2. 소방기술사 등 대통령령으로 정하는 화재안전과 관련된 분야의 학식과 경험이 풍부한 전문가로서 소방청장이 위촉한 사람

「화재의 예방 및 안전관리에 관한 법률 시행령」 제22조 제2항
법 제22조 제3항 제2호에서 "소방기술사 등 대통령령으로 정하는 화재안전과 관련된 분야의 학식과 경험이 풍부한 전문가"란 다음 각 호의 어느 하나에 해당하는 사람을 말한다.
1. 소방기술사

2. 다음 각 목의 기관이나 법인 또는 단체에서 화재안전 관련 업무를 수행하는 사람으로서 해당 기관이나 법인 또는 단체의 장이 추천하는 사람
    가. 안전원
    나. 기술원
    다. 화재보험협회
    라. 가스안전공사
    마. 전기안전공사

11
정답 ❸

「화재의 예방 및 안전관리에 관한 법률 시행령」 제19조 제1항 관련 [별표 2] 비고
7. "가연성 액체류"란 다음 각 목의 것을 말한다.
    가. 1기압과 섭씨 20도 이하에서 액상인 것으로서 가연성 액체량이 40 중량퍼센트 이하이면서 인화섬이 섭씨 40도 이상 섭씨 70도 미만이고 연소점이 섭씨 60도 이상인 것
    나. 1기압과 섭씨 20도에서 액상인 것으로서 가연성 액체량이 40중량퍼센트 이하이고 인화점이 섭씨 70도 이상 섭씨 250도 미만인 것
    다. 동물의 기름과 살코기 또는 식물의 씨나 과일의 살에서 추출한 것으로서 다음의 어느 하나에 해당하는 것
        1) 1기압과 섭씨 20도에서 액상이고 인화점이 250도 미만인 것으로서 「위험물안전관리법」 제20조 제1항에 따른 용기기준과 수납·저장기준에 적합하고 용기외부에 물품명·수량 및 "화기엄금" 등의 표시를 한 것
        2) 1기압과 섭씨 20도에서 액상이고 인화점이 섭씨 250도 이상인 것

12
정답 ❷

「소방시설 설치 및 관리에 관한 법률 시행령」 제5조 관련 [별표 2]
8. 교육연구시설
    가. 학교
        1) 초등학교, 중학교, 고등학교, 특수학교, 그 밖에 이에 준하는 학교 : 「학교시설사업 촉진법」 제2조 제1호 나목의 교사(校舍)(교실·도서실 등 교수·학습활동에 직접 또는 간접적으로 필요한 시설물을 말하되, 병설유치원으로 사용되는 부분은 제외한다. 이하 같다), 체육관, 「학교급식법」 제6조에 따른 급식시설, 합숙소(학교의 운동부, 기능선수 등이 집단으로 숙식하는 장소를 말한다. 이하 같다)
        2) 대학, 대학교, 그 밖에 이에 준하는 각종 학교: 교사 및 합숙소
    나. 교육원(연수원, 그 밖에 이와 비슷한 것을 포함한다)
    다. 직업훈련소
    라. 학원(근린생활시설에 해당하는 것과 자동차운전학원·정비학원 및 무도학원은 제외한다)
    마. 연구소(연구소에 준하는 시험소와 계량계측소를 포함한다)
    바. 도서관

13
정답 ❸

「소방시설 설치 및 관리에 관한 법률 시행규칙」 제3조 제1항
법 제6조 제1항에 따른 건축물 등의 신축·증축·개축·재축·이전·용도변경 또는 대수선의 허가·협의 및 사용승인(「주택법」 제15조에 따른 승인 및 같은 법 제49조에 따른 사용검사, 「학교시설사업 촉진법」 제4조에 따른 승인 및 같은 법 제13조에 따른 사용승인을 포함하며, 이하 "건축허가등"이라 한다)의 동의 요구는 다음 각 호의 권한이 있는 행정기관이 「소방시설 설치 및 관리에 관한 법률 시행령」 제7조 제1항 각 호에 따른 동의대상물의 시공지 또는 소재지를 관할하는 소방본부장 또는 소방서장에게 해야 한다.
1. 「건축법」 제11조에 따른 허가 및 같은 법 제29조 제2항에 따른 협의의 권한이 있는 행정기관
2. 「주택법」 제15조에 따른 승인 및 같은 법 제49조에 따른 사용검사의 권한이 있는 행정기관

3. 「학교시설사업 촉진법」 제4조에 따른 승인 및 같은 법 제13조에 따른 사용승인의 권한이 있는 행정기관
4. 「고압가스 안전관리법」 제4조에 따른 허가의 권한이 있는 행정기관
5. 「도시가스사업법」 제3조에 따른 허가의 권한이 있는 행정기관
6. 「액화석유가스의 안전관리 및 사업법」 제5조 및 제6조에 따른 허가의 권한이 있는 행정기관
7. 「전기안전관리법」 제8조에 따른 자가용전기설비의 공사계획의 인가의 권한이 있는 행정기관
8. 「전기사업법」 제61조에 따른 전기사업용전기설비의 공사계획에 대한 인가의 권한이 있는 행정기관
9. 「국토의 계획 및 이용에 관한 법률」 제88조 제2항에 따른 도시·군계획시설사업 실시계획 인가의 권한이 있는 행정기관

14
정답 ❹

「소방시설 설치 및 관리에 관한 법률 시행규칙」 제14조 관련 [별표 2] 근거
2. 승합자동차
    가. 경형승합자동차 : 능력단위 1 이상의 소화기 1개 이상을 사용하기 쉬운 곳에 설치 또는 비치한다.
    나. 승차정원 15인 이하 : 능력단위 2 이상인 소화기 1개 이상 또는 능력단위 1 이상인 소화기 2개 이상을 설치한다. 이 경우 승차정원 11인 이상 승합자동차는 운전석 또는 운전석과 옆으로 나란한 좌석 주위에 1개 이상을 설치한다.
    다. 승차정원 16인 이상 35인 이하 : 능력단위 2 이상인 소화기 2개 이상을 설치한다. 이 경우 승차정원 23인을 초과하는 승합자동차로서 너비 2.3미터를 초과하는 경우에는 운전자 좌석 부근에 가로 600밀리미터, 세로 200밀리미터 이상의 공간을 확보하고 1개 이상의 소화기를 설치한다.
    라. 승차정원 36인 이상 : 능력단위 3 이상인 소화기 1개 이상 및 능력단위 2 이상인 소화기 1개 이상을 설치한다. 다만, 2층 대형승합자동차의 경우에는 위층 차실에 능력단위 3 이상인 소화기 1개 이상을 추가 설치한다.

15
정답 ❷

「소방시설 설치 및 관리에 관한 법률 시행령」 제11조 [별표 4] 근거
ㄱ. 화재알림설비 - [별표 4] 제2호 마목 : 판매시설 중 전통시장에 설치
ㄴ. 통합감시시설 - [별표 4] 제2호 아목 : 지하구에 설치
ㄷ. 연소방지설비 - [별표 4] 제5호 바목 : 지하구(전력 또는 통신사업용인 것만 해당)에 설치
ㄹ. 자동화재탐지설비 - [별표 4] 제2호 다목 : 9) 판매시설 중 전통시장에 설치
ㅁ. 자동화재속보설비 - [별표 4] 제2호 사목 : 7) 판매시설 중 전통시장에 설치

16
정답 ❷

「소방시설 설치 및 관리에 관한 법률」 제49조
소방청장 또는 시·도지사는 다음 각 호의 어느 하나에 해당하는 처분을 하려면 청문을 하여야 한다.
1. 제28조에 따른 관리사 자격의 취소 및 정지
2. 제35조 제1항에 따른 관리업의 등록취소 및 영업정지
3. 제39조에 따른 소방용품의 형식승인 취소 및 제품검사 중지
4. 제42조에 따른 성능인증의 취소
5. 제43조 제5항에 따른 우수품질인증의 취소
6. 제47조에 따른 전문기관의 지정취소 및 업무정지

17

정답 ❷

「소방시설공사업법」 제2조 제1항

4. "소방기술자"란 제28조에 따라 소방기술 경력 등을 인정받은 사람과 다음 각 목의 어느 하나에 해당하는 사람으로서 소방시설업과 「소방시설 설치 및 관리에 관한 법률」에 따른 소방시설관리업의 기술인력으로 등록된 사람을 말한다.
   가. 「소방시설 설치 및 관리에 관한 법률」에 따른 소방시설관리사
   나. 국가기술자격 법령에 따른 <u>소방기술사, 소방설비기사, 소방설비산업기사</u>, 위험물기능장, 위험물산업기사, 위험물기능사

18

정답 ❶

「소방시설공사업법」 제4조 제1항

특정소방대상물의 소방시설공사등을 하려는 자는 업종별로 자본금(개인인 경우에는 자산 평가액을 말한다), 기술인력 등 <u>대통령령으로 정하는 요건</u>을 갖추어 특별시장 · 광역시장 · 특별자치시장 · 도지사 또는 특별자치도지사(이하 "시 · 도지사"라 한다)에게 소방시설업을 등록하여야 한다.

19

정답 ❶

「소방시설공사업법 시행규칙」 제21조(소방기술용역의 대가 기준 산정방식)

법 제25조에서 "행정안전부령으로 정하는 방식"이란 「엔지니어링산업 진흥법」 제31조 제2항에 따라 산업통상부장관이 고시한 엔지니어링사업대가의 기준 중 다음 각 호에 따른 방식을 말한다.
1. 소방시설설계의 대가 : 통신부문에 적용하는 공사비 요율에 따른 방식
2. 소방공사감리의 대가 : 실비정액 가산방식

20

정답 ❷

「소방시설공사업법」 제14조 제1항 단서

공사업자는 소방시설공사를 완공하면 소방본부장 또는 소방서장의 완공검사를 받아야 한다. 다만, 공사감리자가 지정되어 있는 경우에는 공사감리 결과보고서로 완공검사를 갈음하되, 대통령령으로 정하는 특정소방대상물의 경우에는 소방본부장이나 소방서장이 소방시설공사가 공사감리 결과보고서대로 완공되었는지를 현장에서 <u>확인할 수 있다.</u>

21

정답 ❸

「소방시설공사업법」 제23조

특정소방대상물의 관계인 또는 발주자는 해당 도급계약의 수급인이 다음 각 호의 어느 하나에 해당하는 경우에는 도급계약을 해지할 수 있다.
1. 소방시설업이 등록취소되거나 영업정지된 경우
2. 소방시설업을 휴업하거나 폐업한 경우
3. <u>정당한 사유 없이 30일 이상 소방시설공사를 계속하지 아니하는 경우</u>
4. 제22조의2 제2항에 따른 요구에 정당한 사유 없이 따르지 아니하는 경우

22

정답 ❸

「위험물안전관리법」 제15조 제8항 후단

이 경우 대통령령(시행령 제12조 제2항)이 정하는 제조소등의 관계인은 대리자의 자격이 있는 자를 각 제조소등 별로 지정하여 안전관리자를 보조하게 하여야 한다.

「위험물안전관리법 시행령」 제12조 제2항

법 제15조 제8항 후단에서 "대통령령이 정하는 제조소등"이란 다음 각 호의 어느 하나에 해당하는 제조소등을 말한다.
1. 제조소
2. 이송취급소

3. 일반취급소. 다만, 인화점이 38도 이상인 제4류 위험물만을 지정수량의 <u>30배 이하</u>로 취급하는 일반취급소로서 다음 각목의 1에 해당하는 일반취급소를 제외한다.
   가. 보일러 · 버너 또는 이와 비슷한 것으로서 위험물을 소비하는 장치로 이루어진 일반취급소
   나. 위험물을 용기에 옮겨 담거나 차량에 고정된 탱크에 주입하는 일반취급소

23

정답 ❸

「위험물안전관리법」 제17조 제4항

소방청장은 대통령령으로 정하는 제조소등에 대하여 행정안전부령으로 정하는 바에 따라 예방규정의 이행 실태를 정기적으로 평가할 수 있다.

「위험물안전관리법 시행령」 제15조 제2항

법 제17조 제4항에서 "대통령령으로 정하는 제조소등"이란 제1항에 따른 제조소등 가운데 저장 또는 취급하는 위험물의 최대수량의 합이 <u>지정수량의 3천배 이상인 제조소등</u>을 말한다. 이 경우 소방청장은 예방규정 이행 실태 평가 대상인 제조소등의 위험성 등을 고려하여 행정안전부령으로 정하는 바에 따라 평가 방법을 다르게 할 수 있다.

24

정답 ❷

「위험물안전관리법 시행규칙」 제25조, 제58조 제1항 및 제62조 제1항 관련 [별표 2]

위반행위	근거 법조문	행정처분기준		
		1차	2차	3차
법 제9조에 따른 완공검사를 받지 않고 제조소등을 사용한 경우	법 제12조 제2호	사용정지 15일	사용정지 60일	허가취소

25

정답 ❷

「위험물안전관리법 시행규칙」 제28조 관련 [별표 4]

Ⅲ. 표지 및 게시판
2. 제조소에는 보기 쉬운 곳에 다음 각목의 기준에 따라 방화에 관하여 필요한 사항을 게시한 게시판을 설치하여야 한다.
   라. 나목의 게시판 외에 저장 또는 취급하는 위험물에 따라 다음의 규정에 의한 주의사항을 표시한 게시판을 설치할 것
      3) 제2류 위험물 중 인화성고체, 제3류 위험물 중 자연발화성물질, 제4류 위험물 또는 제5류 위험물에 있어서는 "화기엄금"

제 **14** 회 정답과 해설　　✎ 문제 p.129

Answer

01	①	02	④	03	②	04	③	05	①
06	④	07	④	08	①	09	②	10	③
11	②	12	①	13	①	14	②	15	②
16	②	17	④	18	④	19	②	20	③
21	③	22	②	23	①	24	④	25	①

01　　　　　　　　　　　　　　　　　　　　정답 ❶

「소방기본법」 제4조 제1항
소방청장, 소방본부장 및 소방서장은 화재, 재난·재해, 그 밖에 구조·구급이 필요한 상황이 발생하였을 때에 신속한 <u>소방활동을 위한 정보의 수집·분석과 판단·전파, 상황관리, 현장 지휘 및 조정·통제</u> 등의 업무를 수행하기 위하여 119종합상황실을 설치·운영하여야 한다.
* 재난의 대응·복구 등에 관한 사항을 총괄·조정은 중앙재난안전대책본부의 설치 목적이다.

02　　　　　　　　　　　　　　　　　　　　정답 ❹

「소방기본법」 제26조 제1항
피난명령
소방본부장, 소방서장 또는 소방대장은 화재, 재난·재해, 그 밖의 위급한 상황이 발생하여 사람의 생명을 위험하게 할 것으로 인정할 때에는 일정한 구역을 지정하여 그 구역에 있는 사람에게 그 구역 밖으로 피난할 것을 명할 수 있다.

03　　　　　　　　　　　　　　　　　　　　정답 ❷

「소방기본법」 제56조 제2항
다음 각 호의 어느 하나에 해당하는 자에게는 200만원 이하의 과태료를 부과한다.
3의2. 제21조 제3항(소방자동차의 우선통행 규정)을 위반하여 소방자동차의 출동에 지장을 준 자

04　　　　　　　　　　　　　　　　　　　　정답 ❸

「소방기본법」 제49조의2 제1항
소방청장 또는 시·도지사는 다음에 해당하는 자에게 손실보상심의위원회의 심사·의결에 따라 정당한 보상을 하여야 한다.
1. 생활안전활동(제16조의3 제1항)에 따른 조치로 인하여 손실을 입은 자
2. 소방활동 종사명령(제24조 제1항 전단)에 따른 소방활동 종사로 인하여 사망하거나 부상을 입은 자
3. 소방대상물 또는 토지 외의 소방대상물에 대한 강제처분(제25조 제2항) 또는 소방활동을 위한 긴급 출동 시에 방해가 되는 주차 및 정차된 차량이나 물건 등을 제거하거나 이동시키는 처분으로 인하여 손실을 입은 자(제25조 제3항). 다만, 법령을 위반하여 소방자동차의 통행과 소방활동에 방해가 된 경우는 제외한다.

4. 화재 진압 등 소방활동을 위하여 필요할 때에는 소방용수 외에 댐·저수지 또는 수영장 등의 물을 사용하거나 수도(水道)의 개폐장치 등을 조작하는 행위(제27조 제1항) 또는 화재 발생을 막거나 폭발 등으로 화재가 확대되는 것을 막기 위하여 가스·전기 또는 유류 등의 시설에 대하여 위험물질의 공급을 차단하는 등 필요한 조치(제27조 제2항)에 따른 조치로 인하여 손실을 입은 자
5. 그 밖에 소방기관 또는 소방대의 적법한 소방업무 또는 소방활동으로 인하여 손실을 입은 자
* 「소방기본법 시행령」 제2조의3 제2항에 근거 동원된 민간 소방 인력이 소방활동을 수행하다가 사망하거나 부상을 입은 경우 화재, 재난·재해 또는 그 밖의 구조·구급이 필요한 상황이 발생한 시·도가 해당 시·도의 조례로 정하는 바에 따라 보상한다.

05　　　　　　　　　　　　　　　　　　　　정답 ❶

「소방의 화재조사에 관한 법률 시행규칙」 제8조 제2항
소방관서장은 제1항에 따라 화재조사의 결과를 공표할 때에는 다음 각 호의 사항을 포함시켜야 한다.
1. 화재원인에 관한 사항
2. 화재로 인한 인명·재산피해에 관한 사항
3. 화재발생 건축물과 구조물에 관한 사항
4. 그 밖에 화재예방을 위해 공표할 필요가 있다고 소방관서장이 인정하는 사항

06　　　　　　　　　　　　　　　　　　　　정답 ❹

「소방의 화재조사에 관한 법률」 제23조 제2항
제1항에 따른 과태료는 대통령령으로 정하는 바에 따라 소방관서장 또는 경찰서장이 부과·징수한다.

「소방의 화재조사에 관한 법률」 제17조 제1항
법 제23조 제1항에 따른 과태료는 소방관서장이 부과·징수한다. 다만, 법 제8조 제2항을 위반하여 <u>경찰서장이 설정한 통제구역을 허가 없이 출입한 사람에 대한 과태료는 경찰서장이 부과·징수한다.</u>

07　　　　　　　　　　　　　　　　　　　　정답 ❹

「화재의 예방 및 안전관리에 관한 법률」 제2조 제1항 제3호
"화재안전조사"란 소방청장, 소방본부장 또는 소방서장(이하 "소방관서장"이라 한다)이 소방대상물, 관계지역 또는 관계인에 대하여 소방시설등(「소방시설 설치 및 관리에 관한 법률」 제2조제1항제2호에 따른 소방시설등을 말한다. 이하 같다)이 소방 관계 법령에 적합하게 설치·관리되고 있는지, 소방대상물에 화재의 발생 위험이 있는지 등을 확인하기 위하여 실시하는 <u>현장조사·문서열람·보고요구</u> 등을 하는 활동을 말한다.

08　　　　　　　　　　　　　　　　　　　　정답 ❶

「화재의 예방 및 안전관리에 관한 법률」 제9조 제1항
소방관서장은 <u>화재안전조사를 효율적으로 수행하기 위하여</u> 대통령령으로 정하는 바에 따라 소방청에는 중앙화재안전조사단을 소방본부 및 소방서에는 지방화재안전조사단을 편성하여 운영할 수 있다.

09
정답 ❷

「화재의 예방 및 안전관리에 관한 법률 시행령」 제18조 제2항 관련 [별표 1]
제6호

6. 노·화덕설비

　가. 실내에 설치하는 경우에는 흙바닥 또는 금속 외의 불연재료로 된 바
닥에 설치해야 한다.

　나. 노 또는 화덕을 설치하는 장소의 벽·천장은 불연재료로 된 것이어
야 한다.

　다. 노 또는 화덕의 주위에는 녹는 물질이 확산되지 않도록 높이 0.1미터
이상의 턱을 설치해야 한다.

　라. 시간당 열량이 30만킬로칼로리 이상인 노를 설치하는 경우에는 다
음의 사항을 지켜야 한다.

　　1) 「건축법」 제2조 제1항 제7호에 따른 주요구조부(이하 "주요구조
부"라 한다)는 불연재료 이상으로 할 것

　　2) 창문과 출입구는 「건축법 시행령」 제64조에 따른 60분+ 방화문
또는 60분 방화문으로 설치할 것

　　3) 노 주위에는 1미터 이상 공간을 확보할 것

10
정답 ❸

「화재의 예방 및 안전관리에 관한 법률」 제29조 제2항
제1항에 따른 건설현장 소방안전관리대상물의 소방안전관리자의 업무는 다
음 각 호와 같다.

1. 건설현장의 소방계획서의 작성
2. 「소방시설 설치 및 관리에 관한 법률」 제15조 제1항에 따른 임시소방시
설의 설치 및 관리에 대한 감독
3. 공사진행 단계별 피난안전구역, 피난로 등의 확보와 관리
4. 건설현장의 작업자에 대한 소방안전 교육 및 훈련
5. 초기대응체계의 구성·운영 및 교육
6. 화기취급의 감독, 화재위험작업의 허가 및 관리
7. 그 밖에 건설현장의 소방안전관리와 관련하여 소방청장이 고시하는 업무

11
정답 ❷

「화재의 예방 및 안전관리에 관한 법률」
「화재의 예방 및 안전관리에 관한 법률 시행규칙」 제19조 관련 [별표 3]
1. 일반기준

　가. 위반행위가 둘 이상인 경우로서 그에 해당하는 각각의 처분기준이
다른 경우에는 그 중 무거운 처분기준에 따른다.

　나. 위반행위의 횟수에 따른 행정처분 기준은 최근 3년간 같은 위반행위
로 행정처분을 받은 경우에 적용한다. 이 경우 기준 적용일은 위반행
위에 대한 행정처분일과 그 처분 후에 한 위반행위가 다시 적발된
날을 기준으로 한다.

　다. 나목에 따라 가중된 부과처분을 하는 경우 가중처분의 적용 차수는
그 위반행위 전 부과처분 차수(나목에 따른 기간 내에 처분이 둘 이
상 있었던 경우에는 높은 차수를 말한다)의 다음 차수로 한다.

　라. 처분권자는 위반행위의 동기·내용·횟수 및 위반 정도 등 다음의
감경 사유에 해당하는 경우 그 처분기준의 2분의 1의 범위에서 감경
할 수 있다.

　　1) 위반행위가 사소한 부주의나 오류 등으로 인한 것으로 인정되는
경우

　　2) 위반행위를 바로 정정하거나 시정하여 해소한 경우

　　3) 그 밖에 위반행위의 정도, 위반행위의 동기와 그 결과 등을 고려
하여 처분을 줄일 필요가 있다고 인정되는 경우

12
정답 ❷

「소방시설 설치 및 관리에 관한 법률 시행령」 제7조 제4항
법 제6조 제5항 제4호에서 "소방자동차의 접근이 가능한 통로의 설치 등 대
통령령으로 정하는 사항"이란 다음 각 호의 사항을 말한다.

1. 소방자동차의 접근이 가능한 통로의 설치
2. 「건축법」 제64조 및 「주택건설기준 등에 관한 규정」 제15조에 따른 승강
기의 설치
3. 「주택건설기준 등에 관한 규정」 제26조에 따른 주택단지 안 도로의 설치
4. 「건축법 시행령」 제40조 제2항에 따른 옥상광장, 같은 조 제3항에 따른
비상문자동개폐장치 또는 같은 조 제4항에 따른 헬리포트의 설치
5. 그 밖에 소방본부장 또는 소방서장이 소화활동 및 피난을 위해 필요하다
고 인정하는 사항

13
정답 ❶

「소방시설 설치 및 관리에 관한 법률」
「소방시설 설치 및 관리에 관한 법률 시행령」 제6조 관련 [별표 3]
4. 소화용으로 사용하는 제품 또는 기기

　가. 소화약제[별표 1 제1호 나목2) 및 3)의 자동소화장치와 같은 호 마목
3)부터 9)까지의 소화설비용만 해당한다]

　　*[별표 1 제1호 나목2) 및 3) : (상업용·캐비닛형)자동소화장치]

　　*[별표 1 제1호 마목3)부터 9)까지 : (포·이산화탄소·할론·할로
겐화합물 및 불활성기체·분말·강화액·고체에어로졸)소화설비용]

　나. 방염제(방염액·방염도료 및 방염성물질을 말한다)

14
정답 ❷

「소방시설 설치 및 관리에 관한 법률 시행령」 제11조 관련 [별표 4]

　나. 자동소화장치를 설치해야 하는 특정소방대상물은 다음의 어느 하나에
해당하는 특정소방대상물 중 후드 및 덕트가 설치되어 있는 주방이 있
는 특정소방대상물로 한다. 이 경우 해당 주방에 자동소화장치를 설치
해야 한다.

　　1) 주거용 주방자동소화장치를 설치해야 하는 것 : 아파트등 및 오피스
텔의 모든 층

　　2) 상업용 주방자동소화장치를 설치해야 하는 것

　　　가) 판매시설 중 「유통산업발전법」 제2조 제3호에 해당하는 대규모
점포에 입점해 있는 일반음식점

　　　나) 「식품위생법」 제2조 제12호에 따른 집단급식소

　　3) 캐비닛형 자동소화장치, 가스자동소화장치, 분말자동소화장치 또는
고체에어로졸자동소화장치를 설치해야 하는 것 : 화재안전기준에서
정하는 장소

15
정답 ❷

「소방시설 설치 및 관리에 관한 법률 시행규칙」 제25조
소방본부장 또는 소방서장에게 자체점검 결과 보고를 마친 관계인은 법 제
24조 제1항에 따라 보고한 날부터 10일 이내에 별표 5의 소방시설등 자체점
검기록표를 작성하여 특정소방대상물의 출입자가 쉽게 볼 수 있는 장소에
게시해야 한다. 이 경우 자체점검기록표를 게시하는 기간은 그 다음 자체점
검기록표를 작성·게시하기 전까지로 한다.

16
정답 ❷

「소방시설 설치 및 관리에 관한 법률 시행령」 제12조 제1항
소방청장, 소방본부장 또는 소방서장이 법 제12조 제4항에 따라 소방시설의
작동정보 등을 실시간으로 수집·분석할 수 있는 시스템(이하 "소방시설정
보관리시스템"이라 한다)을 구축·운영하는 경우 그 구축·운영의 대상은
「화재의 예방 및 안전관리에 관한 법률」 제24조 제1항 전단에 따른 소방안
전관리대상물 중 다음 각 호의 특정소방대상물로 한다.

1. 문화 및 집회시설
2. 종교시설
3. 판매시설
4. 의료시설
5. 노유자 시설
6. 숙박이 가능한 수련시설
7. 업무시설
8. 숙박시설
9. 공장
10. 창고시설
11. 위험물 저장 및 처리 시설
12. 지하상가
13. 터널
14. 지하구
15. 그 밖에 소방청장, 소방본부장 또는 소방서장이 소방안전관리의 취약성과 화재위험성을 고려하여 필요하다고 인정하는 특정소방대상물

17   정답 ❹

「소방시설공사업법 시행령」 제3조 관련 [별표 2] 비고

마. 공사업자는 다음의 경우를 제외하고는 1명의 소방기술자를 2개의 공사 현장을 초과하여 배치해서는 안 된다. 다만, 연면적 3만제곱미터 이상의 특정소방대상물(아파트는 제외한다)이거나 지하층을 포함한 층수가 16층 이상으로서 500세대 이상인 아파트에 대한 소방시설 공사의 경우에는 1개의 공사 현장에만 배치해야 한다.
  1) 건축물의 연면적이 5천제곱미터 미만인 공사 현장에만 배치하는 경우. 다만, 그 연면적의 합계는 2만제곱미터를 초과해서는 안 된다.
  2) 건축물의 연면적이 5천제곱미터 이상인 공사 현장 2개 이하와 5천제곱미터 미만인 공사 현장에 같이 배치하는 경우. 다만, 5천제곱미터 미만의 공사 현장의 연면적의 합계는 1만제곱미터를 초과해서는 안 된다.

18   정답 ❹

「소방시설공사업법」
「소방시설공사업법 시행령」 제3조 관련 [별표 2]
1. 소방기술자의 배치기준

소방기술자의 배치기준	소방시설공사 현장의 기준
가. 행정안전부령으로 정하는 특급기술자인 소방기술자(기계분야 및 전기분야)	1) 연면적 20만제곱미터 이상인 특정소방대상물의 공사 현장 2) 지하층을 포함한 층수가 40층 이상인 특정소방대상물의 공사 현장
나. 행정안전부령으로 정하는 고급기술자 이상의 소방기술자 (기계분야 및 전기분야)	1) 연면적 3만제곱미터 이상 20만제곱미터 미만인 특정소방대상물(아파트는 제외한다)의 공사 현장 2) 지하층을 포함한 층수가 16층 이상 40층 미만인 특정소방대상물의 공사 현장
다. 행정안전부령으로 정하는 중급기술자 이상의 소방기술자 (기계분야 및 전기분야)	1) 물분무등소화설비(호스릴 방식의 소화설비는 제외한다) 또는 제연설비가 설치되는 특정소방대상물의 공사 현장 2) 연면적 5천제곱미터 이상 3만제곱미터 미만인 특정소방대상물(아파트는 제외한다)의 공사 현장 3) 연면적 1만제곱미터 이상 20만제곱미터 미만인 아파트의 공사 현장
라. 행정안전부령으로 정하는 초급기술자 이상의 소방기술자 (기계분야 및 전기분야)	1) 연면적 1천제곱미터 이상 5천제곱미터 미만인 특정소방대상물(아파트는 제외한다)의 공사 현장 2) 연면적 1천제곱미터 이상 1만제곱미터 미만인 아파트의 공사 현장 3) 지하구(地下溝)의 공사 현장
마. 법 제28조제2항에 따라 자격수첩을 발급받은 소방기술자	연면적 1천제곱미터 미만인 특정소방대상물의 공사 현장

19   정답 ❸

「소방시설공사업법 시행규칙」 제11조

법 제10조 제2항에 따른 과징금의 징수절차는 「국고금 관리법 시행규칙」을 준용한다.

20   정답 ❸

「소방시설공사업법」 제21조의6

국가, 지방자치단체 또는 대통령령으로 정하는 공공기관은 소방시설업자가 제21조의5를 위반한 사실을 발견하면 시·도지사가 제9조 제1항에 따라 그 등록을 취소하거나 6개월 이내의 기간을 정하여 그 영업의 정지를 명할 수 있도록 그 사실을 시·도지사에게 통보하여야 한다.

21   정답 ❸

「위험물안전관리법 시행규칙」 제37조 관련 [별표 13]

고정주유설비 또는 고정급유설비는 다음 각목의 기준에 적합한 위치에 설치하여야 한다.
㉮ 고정주유설비의 중심선을 기점으로 하여 도로경계선까지 4m 이상, 부지경계선·담 및 건축물의 벽까지 2m(개구부가 없는 벽까지는 1m) 이상의 거리를 유지하고, 고정급유설비의 중심선을 기점으로 하여 도로경계선까지 4m 이상, 부지경계선 및 담까지 1m 이상, 건축물의 벽까지 2m(개구부가 없는 벽까지는 1m) 이상의 거리를 유지할 것
㉯ 고정주유설비와 고정급유설비의 사이에는 4m 이상의 거리를 유지할 것

22   정답 ❷

「위험물안전관리법 시행규칙」 제65조 제1항

법 제18조 제1항에 따라 옥외탱크저장소 중 저장 또는 취급하는 액체위험물의 최대수량이 50만리터 이상인 것(이하 "특정·준특정옥외탱크저장소"라 한다)에 대해서는 제64조에 따른 정기점검 외에 다음 각 호의 어느 하나에 해당하는 기간 이내에 1회 이상 특정·준특정옥외저장탱크(특정·준특정옥외탱크저장소의 탱크)의 구조 등에 관한 안전점검(이하 "구조안전점검"이라 한다)을 해야 한다. 다만, 해당 기간 이내에 특정·준특정옥외저장탱크의 사용중단 등으로 구조안전점검을 실시하기가 곤란한 경우에는 별지 제39호의2서식에 따라 관할소방서장에게 구조안전점검의 실시기간 연장신청(전자문서에 의한 신청을 포함한다)을 할 수 있으며, 그 신청을 받은 소방서장은 1년(특정·준특정옥외저장탱크의 사용을 중지한 경우에는 사용중지기간)의 범위에서 실시기간을 연장할 수 있다.
1. 특정·준특정옥외탱크저장소의 설치허가에 따른 완공검사합격확인증을 발급받은 날부터 12년
2. 제70조 제1항 제1호에 따른 최근의 정밀정기검사를 받은 날부터 11년
3. 제2항에 따라 특정·준특정옥외저장탱크에 안전조치를 한 후 제71조 제2항에 따라 구조안전점검시기 연장신청을 하여 해당 안전조치가 적정한 것으로 인정받은 경우에는 제70조 제1항 제1호에 따른 최근의 정밀정기검사를 받은 날부터 13년

23

정답 ❶

「소방시설공사업법 시행규칙」 제10조 제2호 관련 [별표 2의2]
바. 별표 1 제2호 행정처분 개별기준 중 나목·마목·거목·도목·로목 및 모목의 위반사항에는 법 제10조 제1항에 따른 영업정지를 갈음하여 과징금을 부과할 수 없다.

「소방시설공사업법 시행규칙」 제9조 관련 [별표 1]
2. 개별기준

위반기준	근거법령	행정처분기준		
		1차	2차	3차
나. 법 제4조 제1항에 따른 등록기준에 미달하게 된 후 30일이 경과한 경우(법 제9조 제1항 제2호 단서에 해당하는 경우는 제외)	법 제9조	경고 (시정명령)	영업정지 3개월	등록취소
마. 법 제8조 제1항을 위반하여 다른 자에게 자기의 성명이나 상호를 사용하여 소방시설공사등을 수급 또는 시공하게 하거나 소방시설업의 등록증 또는 등록수첩을 빌려준 경우	법 제9조	영업정지 6개월	등록취소	
거. 법 제17조 제3항을 위반하여 인수·인계를 거부·방해·기피한 경우	법 제9조	영업정지 1개월	영업정지 3개월	등록취소
도. 법 제26조의2 제1항 후단에 따른 사업수행능력 평가에 관한 서류를 위조하거나 변조하는 등 거짓이나 그 밖의 부정한 방법으로 입찰에 참여한 경우	법 제9조	영업정지 3개월	영업정지 6개월	등록취소
로. 법 제31조에 따른 명령을 위반하여 보고 또는 자료 제출을 하지 아니하거나 거짓으로 보고 또는 자료 제출을 한 경우	법 제9조	영업정지 3개월	영업정지 6개월	등록취소
모. 정당한 사유 없이 법 제31조에 따른 관계 공무원의 출입 또는 검사·조사를 거부·방해 또는 기피한 경우	법 제9조	영업정지 3개월	영업정지 6개월	등록취소

24

정답 ❹

「위험물안전관리법 시행규칙」 제29조 관련 [별표 5] 옥내저장소의 위치·구조 및 설비의 기준
하나의 저장창고의 바닥면적(2 이상의 구획된 실이 있는 경우에는 각 실의 바닥면적의 합계)은 다음 각목의 구분에 의한 면적 이하로 하여야 한다. 이 경우 '㉮'의 위험물과 '㉯'의 위험물을 같은 저장창고에 저장하는 때에는 '㉮'의 위험물을 저장하는 것으로 보아 그에 따른 바닥면적을 적용한다.
㉮ 다음의 위험물을 저장하는 창고 : 1,000m²
  ㉠ 제1류 위험물 중 아염소산염류, 염소산염류, 과염소산염류, 무기과산화물 그 밖에 지정수량이 50kg인 위험물
  ㉡ 제3류 위험물 중 칼륨, 나트륨, 알킬알루미늄, 알킬리튬 그 밖에 지정수량이 10kg인 위험물 및 황린
  ㉢ 제4류 위험물 중 특수인화물, 제1석유류 및 알코올류
  ㉣ 제5류 위험물 중 유기과산화물, 질산에스터류 그 밖에 지정수량이 10kg인 위험물
  ㉤ 제6류 위험물
㉯ '㉮'의 위험물 외의 위험물을 저장하는 창고 : 2,000m²
㉰ '㉮'의 위험물과 '㉯'의 위험물을 내화구조의 격벽으로 완전히 구획된 실에 각각 저장하는 창고 : 1,500m²(가목의 위험물을 저장하는 실의 면적은 500m²를 초과할 수 없다)

25

정답 ❶

② 사태를 발견한 자는 즉시 그 사실을 소방서, 경찰서 또는 그 밖의 관계 기관에 통보하여야 한다. (「위험물안전관리법」 제27조 제2항)
③ 소방본부장 또는 소방서장은 제조소등의 관계인이 응급조치를 강구하지 아니하였다고 인정하는 때에는 응급조치를 강구하도록 명할 수 있다. (「위험물안전관리법」 제27조 제3항)
④ 소방본부장 또는 소방서장은 그 관할하는 구역에 있는 이동탱크저장소의 관계인에 대하여 응급조치를 강구하도록 명할 수 있다. (「위험물안전관리법」 제27조 제4항)

제 15 회 정답과 해설

📎 문제 p.134

Answer

01 ②	02 ④	03 ①	04 ③	05 ③
06 ①	07 ③	08 ②	09 ①	10 ④
11 ②	12 ④	13 ③	14 ②	15 ①
16 ②	17 ③	18 ①	19 ④	20 ①
21 ④	22 ②	23 ④	24 ③	25 ②

01

정답 ❷

「소방기본법 시행령」 제11조
㉠ 법 제49조의2 제1항에 따라 같은 항 각 호(제2호는 제외한다)의 어느 하나에 해당하는 자에게 물건의 멸실·훼손으로 인한 손실보상을 하는 때에는 다음 각 호의 기준에 따른 금액으로 보상한다. 이 경우 영업자가 손실을 입은 불건의 수리나 교환으로 인하여 영업을 계속할 수 없는 때에는 영업을 계속할 수 없는 기간의 영업이익액에 상당하는 금액을 더하여 보상한다.
  1. 손실을 입은 물건을 수리할 수 있는 때 : 수리비에 상당하는 금액
  2. 손실을 입은 물건을 수리할 수 없는 때 : 손실을 입은 당시의 해당 물건의 <u>교환가액</u>
㉡ 물건의 멸실·훼손으로 인한 손실 외의 재산상 손실에 대해서는 직무집행과 상당한 인과관계가 있는 범위에서 보상한다.

02

정답 ❹

「소방기본법 시행령」 제7조의12
법 제21조의2 제1항에서 "대통령령으로 정하는 공동주택"이란 다음 각 호의 주택을 말한다. 다만, 하나의 대지에 하나의 동(棟)으로 구성되고 「도로교통법」 제32조 또는 제33조에 따라 정차 또는 주차가 금지된 편도 2차선 이상의 도로에 직접 접하여 소방자동차가 도로에서 직접 소방활동이 가능한 공동주택은 제외한다.

03

정답 ❶

「소방기본법」 제39조의7 제1항
국가는 소방기술 및 소방산업의 국제경쟁력과 국제적 통용성을 높이는 데에 필요한 기반 조성을 촉진하기 위한 시책을 마련하여야 한다.

04

정답 ❸

「소방기본법 시행규칙」 제9조 제2항 관련 [별표 3의3]
2. 강사 및 보조강사의 자격 기준 등
  가. 강사는 다음의 어느 하나에 해당하는 사람이어야 한다.
    1) 소방 관련학과의 석사학위 이상을 취득한 사람
    2) 「소방기본법」 제17조의2에 따른 소방안전교육사, 「소방시설 설치 및 관리에 관한 법률」 제25조에 따른 소방시설관리사, 「국가기술자격법」에 따른 소방기술사 또는 소방설비기사 자격을 취득한 사람
    3) 응급구조사, 인명구조사, 화재대응능력 등 소방청장이 정하는 소방활동 관련 자격을 취득한 사람
    4) 소방공무원으로서 5년 이상 근무한 경력이 있는 사람

  나. 보조강사는 다음의 어느 하나에 해당하는 사람이어야 한다.
    1) 가목에 따른 강사의 자격을 갖춘 사람
    2) 소방공무원으로서 3년 이상 근무한 경력이 있는 사람
    3) 그 밖에 보조강사의 능력이 있다고 소방청장, 소방본부장 또는 소방서장이 인정하는 사람

05

정답 ❸

「소방의 화재조사에 관한 법률」 제8조 및 같은 법 시행령 제9조 근거
① 소방관서장은 화재조사를 위하여 <u>필요한 범위</u>에서 화재현장 보존조치를 하거나 화재현장과 그 인근 지역을 통제구역으로 설정할 수 있다.
② 화재현장 보존조치를 하거나 통제구역을 설정한 경우 누구든지 소방관서장 또는 경찰서장의 허가 없이 화재현장에 있는 물건 등을 이동시키거나 변경·훼손하여서는 아니 되며, 이를 위반하여 허가 없이 통제구역에 출입한 사람에게는 <u>200만원 이하의 과태료</u>를 부과한나.
④ 소방관서장이나 경찰서장은 화재조사가 완료된 경우와 <u>화재조사와 관련이 없다고 인정되는 경우</u>에는 화재현장 보존조치나 통제구역의 설성을 지체 없이 해제해야 한다.

06

정답 ❶

「소방의 화재조사에 관한 법률」 제17조 제3항
소방청장은 감정기관으로 지정받은 자가 다음 각 호의 어느 하나에 해당하는 경우에는 지정을 취소할 수 있다. 다만, 제1호에 해당하는 경우에는 지정을 취소하여야 한다.
1. 거짓이나 그 밖의 부정한 방법으로 지정을 받은 경우
  * 제1호는 필요적 취소사유이다. 취소할 수 있는 경우가 아닌 취소해야 하는 사유이다.

07

정답 ❸

「화재의 예방 및 안전관리에 관한 법률 시행령」 제42조 제3항
시·도지사는 특별관리기본계획을 시행하기 위하여 매년 법 제40조 제3항에 따른 소방안전 특별관리시행계획(이하 "특별관리시행계획"이라 한다)을 수립·시행하고, 그 결과를 다음 연도 <u>1월 31일</u>까지 소방청장에게 통보해야 한다.

08

정답 ❷

「화재의 예방 및 안전관리에 관한 법률 시행규칙」 제40조 제1항
법 제38조 제1항에 따른 소방안전교육의 교육대상자는 법 제37조를 적용받지 않는 특정소방대상물 중 다음 각 호의 어느 하나에 해당하는 <u>특정소방대상물의 관계인</u>으로서 관할 소방서장이 소방안전교육이 필요하다고 인정하는 사람으로 한다.
1. 소화기 또는 비상경보설비가 설치된 공장·창고 등의 특정소방대상물
2. 그 밖에 관할 소방본부장 또는 소방서장이 화재에 대한 취약성이 높다고 인정하는 특정소방대상물

09

정답 ❶

「화재의 예방 및 안전관리에 관한 법률 시행규칙」 제34조 제1항
법 제36조 제1항에 따른 피난계획(이하 "피난계획"이라 한다)에는 다음 각 호의 사항이 포함되어야 한다.
1. 화재경보의 수단 및 방식
2. <u>층별, 구역별 피난대상 인원의 연령별·성별 현황</u>
3. <u>피난약자의 현황</u>
4. 각 거실에서 옥외(옥상 또는 피난안전구역을 포함한다)로 이르는 피난경로
5. 피난약자 및 피난약자를 동반한 사람의 피난동선과 피난방법
6. 피난시설, 방화구획, 그 밖에 피난에 영향을 줄 수 있는 제반 사항

10
정답 ❹

「화재의 예방 및 안전관리에 관한 법률 시행령」 제25조 제2항 관련 [별표 5]
1. 소방안전관리보조자를 선임해야 하는 소방안전관리대상물의 범위
   별표 4에 따라 소방안전관리자를 선임해야 하는 소방안전관리대상물 중 다음 각 목의 어느 하나에 해당하는 소방안전관리대상물
   가. 「건축법 시행령」 별표 1 제2호 가목에 따른 아파트 중 300세대 이상인 아파트
   나. 연면적이 1만5천제곱미터 이상인 특정소방대상물(아파트 및 연립주택은 제외한다)
   다. 가목 및 나목에 따른 특정소방대상물을 제외한 특정소방대상물 중 다음의 어느 하나에 해당하는 특정소방대상물
      1) 공동주택 중 기숙사
      2) 의료시설
      3) 노유자 시설
      4) 수련시설
      5) 숙박시설(숙박시설로 사용되는 바닥면적의 합계가 1천500제곱미터 미만이고 관계인이 24시간 상시 근무하고 있는 숙박시설은 제외한다)
3. 선임인원
   가. 제1호 가목에 따른 소방안전관리대상물의 경우에는 1명. 다만, 초과되는 300세대마다 1명 이상을 추가로 선임해야 한다.
   나. 제1호 나목에 따른 소방안전관리대상물의 경우에는 1명. 다만, 초과되는 연면적 1만5천제곱미터(특정소방대상물의 방재실에 자위소방대가 24시간 상시 근무하고 「소방장비관리법 시행령」별표 1 제1호 가목에 따른 소방자동차 중 소방펌프차, 소방물탱크차, 소방화학차 또는 무인방수차를 운용하는 경우에는 3만제곱미터로 한다)마다 1명 이상을 추가로 선임해야 한다.
   다. 제1호 다목에 따른 소방안전관리대상물의 경우에는 1명. 다만, 해당 특정소방대상물이 소재하는 지역을 관할하는 소방서장이 야간이나 휴일에 해당 특정소방대상물이 이용되지 않는다는 것을 확인한 경우에는 소방안전관리보조자를 선임하지 않을 수 있다.

11
정답 ❷

「화재의 예방 및 안전관리에 관한 법률」
「화재의 예방 및 안전관리에 관한 법률 시행령」 제19조 제1항 관련 [별표 3] 의거
실내에 쌓아 저장하는 경우 주요구조부는 <u>내화구조</u>이면서 불연재료여야 하고, 다른 종류의 특수가연물과 같은 공간에 보관하지 않을 것. 다만, <u>내화구조</u>의 벽으로 분리하는 경우는 그렇지 않다.
* 방화구조는 내화구조보다 조금 완화된 기준을 적용한다.

12
정답 ❹

「소방시설 설치 및 관리에 관한 법률 시행령」 제2조 제1호
"무창층"(無窓層)이란 지상층 중 다음 각 목의 요건을 모두 갖춘 개구부(건축물에 채광·환기·통풍 또는 출입 등을 위하여 만든 창·출입구, 그 밖에 이와 비슷한 것을 말한다. 이하 같다)의 면적의 합계가 해당 층의 바닥면적(「건축법 시행령」 제119조 제1항 제3호에 따라 산정된 면적을 말한다. 이하 같다)의 <u>30분의 1</u> 이하가 되는 층을 말한다.
가. 크기는 지름 <u>50센티미터</u> 이상의 원이 통과할 수 있을 것
나. 해당 층의 바닥면으로부터 개구부 밑부분까지의 높이가 <u>1.2미터</u> 이내일 것
다. 도로 또는 차량이 진입할 수 있는 빈터를 향할 것
라. 화재 시 건축물로부터 쉽게 피난할 수 있도록 창살이나 그 밖의 장애물이 설치되지 않을 것
마. 내부 또는 외부에서 쉽게 부수거나 열 수 있을 것

13
정답 ❸

「소방시설 설치 및 관리에 관한 법률 시행령」 제5조 관련 [별표 2]
27. 지하상가
   지하의 인공구조물 안에 설치되어 있는 상점, 사무실, 그 밖에 이와 비슷한 시설이 연속하여 지하도에 면하여 설치된 것과 그 지하도를 합한 것

14
정답 ❷

「소방시설 설치 및 관리에 관한 법률 시행규칙」 제17조
영 별표 4 제1호 사목 1) 후단에서 "행정안전부령으로 정하는 연소(延燒) 우려가 있는 구조"란 다음 각 호의 기준에 모두 해당하는 구조를 말한다.
1. 건축물대장의 건축물 현황도에 표시된 대지경계선 안에 둘 이상의 건축물이 있는 경우
2. 각각의 건축물이 다른 건축물의 외벽으로부터 수평거리가 <u>1층의 경우에는 6미터 이하</u>, 2층 이상의 층의 경우에는 10미터 이하인 경우
3. 개구부(영 제2조 제1호 각 목 외의 부분에 따른 개구부를 말한다)가 다른 건축물을 향하여 설치되어 있는 경우

15
정답 ❶

「소방시설 설치 및 관리에 관한 법률 시행규칙」 제20조 제1항 관련 [별표4]
2. 제1호 가목에 따라 관리업자가 점검하는 경우 특정소방대상물의 규모 등에 따른 점검인력의 배치기준은 다음과 같다.

구분	주된 점검인력	보조 점검인력
가. 50층 이상 또는 성능위주설계를 한 특정소방대상물	소방시설관리사 경력 5년 이상인 특급점검자 1명 이상	고급점검자 이상의 기술인력 1명 이상 및 중급점검자 이상의 기술인력 1명 이상

16
정답 ❷

「소방시설 설치 및 관리에 관한 법률 시행령」 제71조 관련 [별표 7] 근거
① 침대가 있는 숙박시설은 해당 특정소방대상물의 종사자 수에 침대 수(2인용 침대는 2개로 산정한다)를 합한 수로 한다.
③ 바닥면적을 산정할 때에는 복도(「건축법 시행령」 제2조 제11호에 따른 준불연재료 이상의 것을 사용하여 바닥에서 천장까지 벽으로 구획한 것을 말한다), 계단 및 화장실의 바닥면적을 포함하지 않는다.
④ 계산 결과 소수점 이하의 수는 반올림한다.

17
정답 ❸

「소방시설공사업법」 제11조 제2항
제1항의 본문에도 불구하고 「소방시설 설치 및 관리에 관한 법률」 제8조 제1항에 따른 특정소방대상물(신축하는 것만 해당한다)에 대해서는 그 <u>용도, 위치, 구조, 수용 인원, 가연물(可燃物)의 종류 및 양</u> 등을 고려하여 설계(이하 "성능위주설계"라 한다)하여야 한다.
* 규모·용도·수용인원 및 이용자 특성 등을 고려하여야하는 경우는 특정소방대상물에 설치하는 소방시설 을 정할 때이다. - 「소방시설 설치 및 관리에 관한 법률」 제14조 제1항 근거

18
정답 ❸

「소방시설공사업법 시행령」 제4조
법 제13조 제1항에서 "대통령령으로 정하는 소방시설공사(착공신고 대상)"란 다음 각 호의 어느 하나에 해당하는 소방시설공사를 말한다. 다만, 「위험물안전관리법」 제2조 제1항 제6호에 따른 제조소등 또는 「다중이용업소의 안전관리에 관한 특별법」 제2조 제1항 제4호에 따른 <u>다중이용업소에서의 소방시설공사는 제외한다.</u>

19

정답 ❹

「소방시설공사업법 시행규칙」 제19조의2 제2항

별지 제30호의2 서식의 방염처리능력 평가 신청서에는 다음 각 호의 서류(전자문서를 포함한다)를 첨부해야 하며, 협회는 방염처리업자가 첨부해야 할 서류를 갖추지 못한 경우에는 15일의 보완기간을 부여하여 보완하게 해야 한다. 이 경우 「전자정부법」 제36조 제1항에 따른 행정정보의 공동이용을 통하여 첨부서류에 대한 정보를 확인할 수 있는 경우에는 그 확인으로 첨부서류를 갈음할 수 있다.

20

정답 ❶

「소방시설공사업법 시행규칙」 제23조 관련 [별표 4]

1. 실적평가액은 다음 계산식으로 산정한다.

> 실적평가액 = 연평균공사실적액

　가. 공사실적액(발주자가 공급하는 자재비를 제외한다)은 해당 업체의 수급금액 중 하수급금액은 포함하고 하도급금액은 제외한다.
　나. 공사업을 한 기간이 산정일을 기준으로 3년 이상인 경우에는 최근 3년간의 공사실적을 합산하여 3으로 나눈 금액을 연평균공사실적액으로 한다.
　다. 공사업을 한 기간이 산정일을 기준으로 1년 이상 3년 미만인 경우에는 그 기간의 공사실적을 합산한 금액을 그 기간의 개월수로 나눈 금액에 12를 곱한 금액을 연평균공사실적액으로 한다.
　라. 공사업을 한 기간이 산정일을 기준으로 1년 미만인 경우에는 그 기간의 공사실적액을 연평균공사실적액으로 한다.

21

정답 ❹

「위험물안전관리법 시행규칙」 제34조 [별표 10]

Ⅱ. 이동저장탱크의 구조

　이동저장탱크는 그 내부에 4,000L 이하마다 3.2mm 이상의 강철판 또는 이와 동등 이상의 강도·내열성 및 내식성이 있는 금속성의 것으로 칸막이를 설치하여야 한다. 다만, 고체인 위험물을 저장하거나 고체인 위험물을 가열하여 액체 상태로 저장하는 경우에는 그러하지 아니하다.

22

정답 ❷

「위험물안전관리법 시행규칙」 제30조 관련 [별표 6]

아. 용량이 1,000만L 이상인 옥외저장탱크의 주위에 설치하는 방유제에는 다음의 규정에 따라 당해 탱크마다 간막이 둑을 설치할 것
　1) 간막이 둑의 높이는 0.3m(방유제 내에 설치되는 옥외저장탱크의 용량의 합계가 2억L를 넘는 방유제에 있어서는 1m) 이상으로 하되, 방유제의 높이보다 0.2m 이상 낮게 할 것
　2) 간막이 둑은 흙 또는 철근콘크리트로 할 것
　3) 간막이 둑의 용량은 간막이 둑안에 설치된 탱크의 용량의 10% 이상일 것

23

정답 ❹

「위험물안전관리법 시행규칙」 제63조의2 제1항

법 제17조 제4항에 따른 예방규정의 이행 실태 평가는 다음 각 호의 구분에 따라 실시한다.
1. 최초평가 : 법 제17조 제1항 전단에 따라 예방규정을 최초로 제출한 날부터 3년이 되는 날이 속하는 연도에 실시
2. 정기평가 : 최초평가 또는 직전 정기평가를 실시한 날을 기준으로 4년마다 실시. 다만, 제3호에 따라 수시평가를 실시한 경우에는 수시평가를 실시한 날을 기준으로 4년마다 실시한다.
3. 수시평가 : 위험물의 누출·화재·폭발 등의 사고가 발생한 경우 소방청장이 제조소등의 관계인 또는 종업원의 예방규정 준수 여부를 평가할 필요가 있다고 인정하는 경우에 실시

24

정답 ❸

「위험물안전관리법」 제15조 제1항

제조소등[제6조 제3항의 규정에 따라 허가를 받지 아니하는 제조소등과 이동탱크저장소(차량에 고정된 탱크에 위험물을 저장 또는 취급하는 저장소를 말한다)를 제외한다. 이하 이 조에서 같다]의 관계인은 위험물의 안전관리에 관한 직무를 수행하게 하기 위하여 제조소등마다 대통령령이 정하는 위험물의 취급에 관한 자격이 있는 자(이하 "위험물취급자격자"라 한다)를 위험물안전관리자(이하 "안전관리자"라 한다)로 선임하여야 한다. 다만, 제조소등에서 저장·취급하는 위험물이 「화학물질관리법」에 따른 인체급성유해성물질, 인체만성유해성물질, 생태유해성물질에 해당하는 경우 등 대통령령이 정하는 경우에는 당해 제조소등을 설치한 자는 다른 법률에 의하여 안전관리업무를 하는 자로 선임된 자 가운데 대통령령이 정하는 자를 안전관리자로 선임할 수 있다.

25

정답 ❷

「위험물안전관리법 시행규칙」 제23조의2 제1항

법 제11조의2 제1항에서 "위험물의 제거 및 제조소등에의 출입통제 등 행정안전부령으로 정하는 안전조치"란 다음 각 호의 조치를 말한다.
1. 탱크·배관 등 위험물을 저장 또는 취급하는 설비에서 위험물 및 가연성 증기 등의 제거
2. 관계인이 아닌 사람에 대한 해당 제조소등에의 출입금지 조치
3. 해당 제조소등의 사용중지 사실의 게시
4. 그 밖에 위험물의 사고 예방에 필요한 조치

1회

1. ④	2. ②	3. ③	4. ③	5. ②
6. ②	7. ③	8. ④	9. ④	10. ④
11. ③	12. ①	13. ②	14. ①	15. ③
16. ③	17. ④	18. ④	19. ③	20. ④
21. ③	22. ③	23. ②	24. ①	25. ①

2회

1. ④	2. ④	3. ②	4. ②	5. ④
6. ④	7. ④	8. ④	9. ①	10. ③
11. ④	12. ①	13. ①	14. ③	15. ④
16. ②	17. ④	18. ③	19. ④	20. ④
21. ①	22. ④	23. ④	24. ④	25. ②

3회

1. ②	2. ②	3. ④	4. ④	5. ④
6. ③	7. ④	8. ③	9. ③	10. ④
11. ②	12. ②	13. ②	14. ④	15. ④
16. ①	17. ②	18. ③	19. ④	20. ③
21. ①	22. ③	23. ④	24. ①	25. ②

4회

1. ③	2. ④	3. ④	4. ④	5. ③
6. ②	7. ①	8. ④	9. ④	10. ④
11. ④	12. ④	13. ④	14. ②	15. ④
16. ④	17. ①	18. ②	19. ①	20. ③
21. ②	22. ③	23. ④	24. ②	25. ④

5회

1. ①	2. ④	3. ④	4. ③	5. ④
6. ①	7. ③	8. ②	9. ④	10. ③
11. ①	12. ②	13. ④	14. ④	15. ③
16. ③	17. ②	18. ④	19. ②	20. ④
21. ③	22. ①	23. ④	24. ④	25. ④

6회

1. ①	2. ①	3. ②	4. ②	5. ②
6. ②	7. ①	8. ③	9. ③	10. ①
11. ④	12. ④	13. ④	14. ④	15. ②
16. ②	17. ④	18. ④	19. ③	20. ④
21. ④	22. ①	23. ②	24. ④	25. ③

7회

1. ③	2. ②	3. ③	4. ④	5. ④
6. ③	7. ①	8. ②	9. ②	10. ④
11. ①	12. ③	13. ④	14. ④	15. ③
16. ①	17. ④	18. ④	19. ③	20. ④
21. ④	22. ①	23. ④	24. ④	25. ③

8회

1. ④	2. ④	3. ①	4. ④	5. ③
6. ④	7. ①	8. ③	9. ④	10. ③
11. ④	12. ④	13. ④	14. ①	15. ④
16. ④	17. ②	18. ③	19. ④	20. ④
21. ③	22. ②	23. ④	24. ②	25. ④

9회

1. ②	2. ④	3. ③	4. ①	5. ③
6. ②	7. ②	8. ③	9. ①	10. ③
11. ③	12. ④	13. ③	14. ②	15. ④
16. ①	17. ②	18. ③	19. ④	20. ④
21. ①	22. ③	23. ②	24. ③	25. ④

10회

1. ②	2. ④	3. ④	4. ②	5. ②
6. ④	7. ④	8. ③	9. ①	10. ②
11. ④	12. ③	13. ③	14. ④	15. ③
16. ④	17. ④	18. ②	19. ③	20. ①
21. ③	22. ①	23. ①	24. ④	25. ①

11회

1. ②	2. ①	3. ①	4. ④	5. ①
6. ①	7. ②	8. ①	9. ④	10. ②
11. ②	12. ④	13. ④	14. ④	15. ①
16. ②	17. ②	18. ④	19. ②	20. ①
21. ④	22. ③	23. ④	24. ②	25. ①

12회

1. ③	2. ③	3. ④	4. ①	5. ④
6. ③	7. ②	8. ①	9. ①	10. ④
11. ④	12. ③	13. ②	14. ③	15. ②
16. ④	17. ③	18. ④	19. ③	20. ④
21. ④	22. ①	23. ③	24. ①	25. ②

13회

1. ①	2. ②	3. ④	4. ③	5. ④
6. ③	7. ③	8. ④	9. ①	10. ④
11. ③	12. ②	13. ②	14. ①	15. ③
16. ①	17. ④	18. ①	19. ③	20. ④
21. ④	22. ③	23. ②	24. ③	25. ①

14회

1. ③	2. ④	3. ①	4. ②	5. ④
6. ④	7. ①	8. ②	9. ④	10. ②
11. ①	12. ②	13. ③	14. ②	15. ③
16. ④	17. ②	18. ③	19. ③	20. ①
21. ④	22. ④	23. ②	24. ①	25. ④

15회

1. ③	2. ③	3. ②	4. ②	5. ④
6. ④	7. ①	8. ④	9. ①	10. ③
11. ②	12. ④	13. ②	14. ①	15. ④
16. ②	17. ③	18. ②	19. ①	20. ①
21. ②	22. ②	23. ④	24. ③	25. ③

소방관계법규 빠른 정답 찾기

1회

1. ①	2. ④	3. ①	4. ③	5. ③
6. ③	7. ②	8. ③	9. ④	10. ③
11. ②	12. ①	13. ②	14. ④	15. ①
16. ③	17. ③	18. ②	19. ②	20. ③
21. ②	22. ④	23. ④	24. ①	25. ①

2회

1. ④	2. ②	3. ②	4. ④	5. ④
6. ①	7. ④	8. ④	9. ①	10. ④
11. ④	12. ④	13. ④	14. ②	15. ①
16. ④	17. ④	18. ①	19. ④	20. ①
21. ④	22. ③	23. ③	24. ④	25. ④

3회

1. ②	2. ②	3. ②	4. ③	5. ③
6. ①	7. ③	8. ④	9. ③	10. ④
11. ②	12. ④	13. ④	14. ③	15. ②
16. ④	17. ④	18. ③	19. ④	20. ②
21. ④	22. ④	23. ①	24. ④	25. ③

4회

1. ①	2. ④	3. ④	4. ①	5. ①
6. ②	7. ②	8. ②	9. ③	10. ③
11. ①	12. ④	13. ④	14. ②	15. ③
16. ④	17. ④	18. ②	19. ①	20. ①
21. ②	22. ②	23. ④	24. ③	25. ④

5회

1. ④	2. ④	3. ③	4. ④	5. ③
6. ③	7. ③	8. ②	9. ③	10. ②
11. ①	12. ③	13. ②	14. ①	15. ④
16. ④	17. ④	18. ③	19. ①	20. ②
21. ④	22. ①	23. ①	24. ②	25. ④

6회

1. ③	2. ②	3. ①	4. ③	5. ③
6. ③	7. ②	8. ①	9. ②	10. ③
11. ①	12. ①	13. ②	14. ①	15. ③
16. ④	17. ④	18. ③	19. ②	20. ①
21. ④	22. ①	23. ③	24. ④	25. ④

7회

1. ③	2. ③	3. ②	4. ②	5. ④
6. ③	7. ③	8. ④	9. ①	10. ④
11. ①	12. ④	13. ③	14. ②	15. ①
16. ①	17. ④	18. ①	19. ①	20. ①
21. ④	22. ②	23. ③	24. ③	25. ③

8회

1. ③	2. ②	3. ②	4. ④	5. ④
6. ①	7. ④	8. ③	9. ④	10. ④
11. ④	12. ③	13. ①	14. ②	15. ③
16. ①	17. ④	18. ③	19. ①	20. ①
21. ①	22. ④	23. ③	24. ②	25. ②

9회

1. ②	2. ④	3. ②	4. ④	5. ①
6. ①	7. ④	8. ①	9. ③	10. ③
11. ④	12. ④	13. ①	14. ②	15. ②
16. ④	17. ①	18. ④	19. ①	20. ②
21. ④	22. ④	23. ②	24. ④	25. ①

10회

1. ①	2. ②	3. ②	4. ③	5. ④
6. ①	7. ①	8. ②	9. ②	10. ④
11. ①	12. ②	13. ④	14. ④	15. ②
16. ①	17. ④	18. ③	19. ④	20. ①
21. ④	22. ③	23. ②	24. ④	25. ①

11회

1. ①	2. ③	3. ④	4. ③	5. ②
6. ④	7. ②	8. ④	9. ③	10. ④
11. ①	12. ①	13. ④	14. ①	15. ③
16. ④	17. ④	18. ④	19. ④	20. ④
21. ③	22. ④	23. ①	24. ③	25. ④

12회

1. ④	2. ④	3. ②	4. ①	5. ③
6. ④	7. ①	8. ①	9. ④	10. ④
11. ④	12. ①	13. ①	14. ④	15. ②
16. ②	17. ②	18. ④	19. ③	20. ③
21. ④	22. ④	23. ①	24. ④	25. ④

정답과 해설

13회

1. ④	2. ③	3. ②	4. ③	5. ④
6. ②	7. ④	8. ④	9. ①	10. ④
11. ③	12. ②	13. ③	14. ④	15. ②
16. ②	17. ②	18. ①	19. ①	20. ②
21. ③	22. ③	23. ③	24. ②	25. ②

14회

1. ①	2. ④	3. ②	4. ③	5. ①
6. ④	7. ④	8. ①	9. ②	10. ③
11. ②	12. ②	13. ①	14. ②	15. ②
16. ②	17. ④	18. ④	19. ③	20. ③
21. ③	22. ②	23. ①	24. ④	25. ①

15회

1. ②	2. ④	3. ①	4. ③	5. ③
6. ①	7. ③	8. ②	9. ①	10. ④
11. ②	12. ④	13. ③	14. ②	15. ①
16. ②	17. ③	18. ③	19. ④	20. ①
21. ④	22. ②	23. ④	24. ③	25. ②

정태화 교수

주요 약력

- 경영학 · 행정학 · 법학 학사
- 행정학 석사
- 법학 박사수료
- 김재규경찰학원(서울, 안동) 소방학개론 및 소방관계법규 전임
- YBM공무원학원 행정법 전임
- 인천행정고시학원 소방학개론 및 소방관계법규 전임
- 인천스파르타행정고시학원 소방학개론 및 소방관계법규 전임
- 동부직업전문학교 강사
- 에듀윌 소방학개론 및 소방관계법규 검수위원 및 해설 강의
- 중앙공무원학원 행정법 전임
- 중앙국가고시학원 소방학개론 및 소방관계법규 전임

주요 저서

- 정태화 소방학개론 기본서(박문각)
- 정태화 소방학개론 단원별 문제집(박문각)
- 정태화 소방관계법규 기본서(박문각)
- 정태화 소방관계법규 조문별 문제집(박문각)
- 소방학개론 및 소방관계법규 기본서(서원각)
- 소방학개론 및 소방관계법규 기출(서원각)
- 소방학개론 및 소방관계법규 기본서(법학원)
- 소방학개론 및 소방관계법규 기출(법학원)

정태화 소방학개론, 소방관계법규
FINAL 동형 모의고사

2판 인쇄 | 2026. 2. 20.　**2판 발행** | 2026. 2. 25.　**편저자** | 정태화
발행인 | 박 용　**발행처** | (주)박문각출판　**등록** | 2015년 4월 29일 제2019-000137호
주소 | 06654 서울시 서초구 효령로 283 서경 B/D 4층　**팩스** | (02)584-2927
전화 | 교재 문의 (02)6466-7202

저자와의
협의하에
인지생략

이 책의 무단 전재 또는 복제 행위를 금합니다.

정가 18,000원
ISBN 979-11-7519-762-6